Warum der Spaß am Bösen ein Teil von uns ist

Christoph Klotter

Warum der Spaß am Bösen ein Teil von uns ist

Über das fragmentierte Subjekt der Moderne

Christoph Klotter
Hochschule Fulda
Fulda, Deutschland

ISBN 978-3-658-18637-1   ISBN 978-3-658-18638-8 (eBook)
https://doi.org/10.1007/978-3-658-18638-8

Die Deutsche Nationalbibliothek verzeichnet diese Publikation in der Deutschen Nationalbibliografie; detaillierte bibliografische Daten sind im Internet über http://dnb.d-nb.de abrufbar.

© Springer Fachmedien Wiesbaden GmbH, ein Teil von Springer Nature 2018
Das Werk einschließlich aller seiner Teile ist urheberrechtlich geschützt. Jede Verwertung, die nicht ausdrücklich vom Urheberrechtsgesetz zugelassen ist, bedarf der vorherigen Zustimmung des Verlags. Das gilt insbesondere für Vervielfältigungen, Bearbeitungen, Übersetzungen, Mikroverfilmungen und die Einspeicherung und Verarbeitung in elektronischen Systemen.
Die Wiedergabe von Gebrauchsnamen, Handelsnamen, Warenbezeichnungen usw. in diesem Werk berechtigt auch ohne besondere Kennzeichnung nicht zu der Annahme, dass solche Namen im Sinne der Warenzeichen- und Markenschutz-Gesetzgebung als frei zu betrachten wären und daher von jedermann benutzt werden dürften.
Der Verlag, die Autoren und die Herausgeber gehen davon aus, dass die Angaben und Informationen in diesem Werk zum Zeitpunkt der Veröffentlichung vollständig und korrekt sind. Weder der Verlag noch die Autoren oder die Herausgeber übernehmen, ausdrücklich oder implizit, Gewähr für den Inhalt des Werkes, etwaige Fehler oder Äußerungen. Der Verlag bleibt im Hinblick auf geografische Zuordnungen und Gebietsbezeichnungen in veröffentlichten Karten und Institutionsadressen neutral.

Umschlaggestaltung: deblik Berlin

Gedruckt auf säurefreiem und chlorfrei gebleichtem Papier

Springer ist ein Imprint der eingetragenen Gesellschaft Springer Fachmedien Wiesbaden GmbH und ist Teil von Springer Nature
Die Anschrift der Gesellschaft ist: Abraham-Lincoln-Str. 46, 65189 Wiesbaden, Germany

Vorwort: Zu diesem Vorhaben

Trotz erheblicher Kritik an unserer Gesellschaft und Kultur erlebt die große Mehrheit der Bevölkerung unser *System* als positiv und anderen *Systemen* als deutlich überlegen. In diesem Zusammenhang wird dann eine funktionierende Demokratie, die Wahrung der Menschenrechte, persönliche Freiheit (so sind wir zum Beispiel im Gegensatz zum Feudalismus nicht mehr an die Scholle gebunden) genannt. Keine Frage, auf all das können wir stolz sein. Wir haben viele Werte, die es zu verteidigen gilt.

Wir vergessen aber beeindruckend gründlich die Schattenseiten unserer Kultur in den letzten zwei Jahrhunderten: Kolonialismus, zwei Weltkriege, die Shoa, den Export einer dem deutschen Idealismus entlehnten totalisierenden Philosophie, des Marxismus, mit dem unter anderem in der UDSSR, in China, in Kambodscha der politische Massenmord legitimiert worden ist. Diese Formen grausamer Gewalt sind vermutlich unserem politischen *System* inhärent. Wir wollen aber das Böse unserer Kultur nicht sehen, wir spalten es ab.

Mit diesem Buch soll diese Spaltung ein wenig reduziert werden; zumindest soll es versucht werden. Es soll versucht werden, das Böse in unserer Kultur als omnipräsent anzuerkennen.

Auch mit unserem Menschenbild retuschieren wir das Böse in uns weg. Wir wähnen uns als willensstarke vernunftgeleitete Wesen, beziehen uns hierbei auf die griechische frühantike Philosophie und auf das Denken der Aufklärung; wir konzipieren uns als Wesen, die sich mäßigen können, die ihre körperlichen Impulse kontrollieren können, die überwiegend friedliebend sind, die einer Kultur der gegenseitigen Anerkennung und der Verständigung angehören. Aber wie schaffen es etwa diese *lieben* deutschen Menschen, sechs Millionen Juden systematisch umzubringen?

So scheint auch unser Menschenbild dieselbe Tendenz zu haben wie unsere Ansicht über unsere Kultur. Wir klammern auf eine unheimliche Weise das Böse aus. Wir sind, wie so gesagt wird, auf einem Auge blind. Dann glauben wir, gute Menschen zu sein, oder wie das Heinrich Himmler formuliert, „anständig" zu sein. Dieses Festhalten an einem positiven Menschenbild bewirkt das Gegenteil von dem, was es intendiert: eine verstärkte psychische Desintegration des Menschen.

Es sind zwei Autoren, die das Böse in der Moderne thematisieren und die deshalb auch nicht besonders beliebt sind, um es vorsichtig zu thematisieren: de Sade und Freud. De Sade geht davon aus, dass der Mensch von Natur aus böse ist und das Böse leben soll. Freud geht auch davon aus, dass in der Psyche des Menschen das Böse angelegt ist. Sade ist aber zudem der Meinung, dass das Böse die menschliche Gesellschaft beherrscht, dass diejenigen die Gesellschaft bestimmen, die die Bösesten sind.

Für eine Kultur, die der Moderne, die dem Anspruch nach darauf aus ist, das Wohlbefinden der Menschen bereits im Diesseits zu steigern und an den Fortschritt auf allen Ebenen glaubt, sind de Sade und Freud undenkbar. Von ihnen darf nichts übrig bleiben. Sie müssen getilgt werden.

Anliegen des vorliegenden Buches ist es deshalb auch, diese beiden Autoren in Erinnerung zu bringen.

Wir gehen in Europa in den letzten zweihundert Jahren davon aus, dass wir als überwiegend gute Menschen in einer höher entwickelten Kultur leben, höher als andere derzeitige Kulturen, höher als unsere in früheren Epochen.

Bezüglich der nutritiven Lage stimmt das auch. Seit dreihundert Jahren wird die Lebensmittelversorgung zunehmend besser. Wir leben in Europa überwiegend im Schlaraffenland, in einer in der Menschheitsgeschichte einzigartigen Situation.

Über das, was unsere kulturelle Mentalität betrifft, lässt sich dasselbe nicht sagen. Von kulturellem Schlaraffenland kann nicht die Rede sein. Culianu, der die Kultur der Renaissance rekonstruiert hat, und Foucault, der die unterschiedlichen Denksysteme in der Neuzeit untersucht hat, notieren einen unermesslichen Verlust an kultureller Fülle im Zeitraum vom Ende des Mittelalters bis heute. Im Menschenbild der Renaissance war nach Gott der Mensch das absolute Zentrum der Welt. Die Welt und der Mensch standen in vollkommener Harmonie zueinander. Die Welt war entzifferbar.

Von all dem kann heute nicht mehr die Rede sein. Auch durch die kopernikanische Wende ist der Mensch zu einem Staubkorn geronnen, das sich müht, irgendetwas von der Welt (vergeblich) zu verstehen, der in einem kontingenten Verhältnis zur Welt steht. Er ist ein Rätsel in einer rätselhaften Welt.

Maligner Narzissmus, also ein Narzissmus, der mit massiver Gewaltausübung verbunden sein kann, ist eine mögliche Antwort auf diese kulturellen Veränderungen. Der maligne Narzisst versucht, durch Bösartigkeit sein im Grunde fehlendes Selbstwertgefühl ein wenig zu stabilisieren. Bösartige Diktatoren wie Hitler, Stalin, Mao bilden die Speerspitze des Syndroms des malignen Narzissmus. Ihr Tatenrausch des Mordens ist ein Versuch, ihre vollkommen leere Existenz passager vergessen zu machen. So teilt Stalin mit, dass er besonders gut schläft, wenn er jemanden umgebracht hat.

Eine andere Möglichkeit, die Verlorenheit des Menschen in der Moderne zu kompensieren, wäre der Weg nach innen, die Erkundung und libidinöse Besetzung des eigenen psychischen Binnenraums. Das Unbewusste wird zum Haltegriff des am Abgrund stehenden Subjekts. Freud ist dafür der Prototyp und die Leitfigur. In der Regel verhindert der Weg nach Innen die mörderische Aggression nach außen. Insofern ist dagegen nichts einzuwenden.

De Sade und Freud verteidigen die imaginäre Welt der Renaissance, sind Katechonten der Renaissance, insofern sie der Welt des Sexes eine imaginäre Prägung geben. De

Vorwort: Zu diesem Vorhaben

Sades Texte sind voll von grausamen sexuellen Phantasien. Aber sie werden nicht vollzogen, wie es die Männer der Tat im 20. Jahrhundert getan hätten, sondern sie bleiben Phantasma. Auch die polymorph-perverse Sexualität, die Freud dem Menschen zuschreibt, ist ja in der Regel keine Tat, sondern unbewusstes verborgenes Wünschen. So schaurig die sexuellen Phantasmen und Wünsche bei Sade und Freud sein können, so wenig verlangen sie nach Umsetzung.

Das Medium, in dem sich de Sade und Freud äußern, ist die Schrift. Die Leserin und der Leser können aus ihren Worten Bilder machen. Aber die beiden liefern diese Bilder nicht. Die Ungeheuerlichkeit ihrer Worte wird produziert durch die Phantasie der Leser. De Sade, Freud und ihre Leserinnen und Leser kommunizieren in einem imaginären Raum. Das verbleibt das Vermächtnis der Renaissance. Heute – in einer Welt, in der eigentlich nur die Tat zählt, als harte Währung der Phantasie – ist dies überwiegend eliminiert oder verschwunden, und dies nur, wenn es gut geht; sonst zählt nur noch die Tat als die Währung der Tat. Um dies in der Sprache der Wissenschaften zu formulieren: Der naturwissenschaftliche Tatsachenblick hat sich fetischisiert. Er bedarf keiner Gegenüberstellung mehr mit der Theorie.

In den Gesellschaftstheorien der europäischen Neuzeit ist die Gewalt omnipräsent. Hobbes Leviathan, ein staatliches Ungeheuer, das darauf abzielt, eine Gesellschaft mit dem staatlichen Gewaltmonopol zusammenzuhalten und zu ordnen, ist dafür ein gutes Beispiel; nicht minder der Gesellschaftsvertrag im Sinne Rousseaus, der deutliche diktatorische Züge trägt.

Die Neuzeit, in der die Frage aufgeworfen ist, wer das Gewaltmonopol besitzt, wenn dieses nicht mehr in den Händen des absoluten Herrschers liegt, muss sich unausweichlich mit der Souveränität beschäftigen: Wer hat letztlich das Sagen? Für Hobbes ist es der Leviathan, für Rousseau eine Form von demokratisch angehauchter Diktatur. Carl Schmitt gibt das martialische Statement ab: Souverän ist, wer über den Ausnahmezustand entscheidet. Bataille ist der einzige, der davon ausgeht, dass Souveränität zutiefst auch etwas Lächerliches ist. Außer in seinem Konzept der Souveränität ist diese stets mit massiver Gewalt verbunden. Die Moderne steht so unter dem Zeichen erheblicher Gewaltausübung, die aber fast immer legitimiert werden kann, die als notwendig erachtet wird, werden kann, als unausweichlich. So haben wir es in der Regel mit einer *guten* Form von Gewaltausübung zu tun. Nur de Sade widerspricht dem. Für ihn ist böse immer böse, Gewalt immer reine Gewalt. Die Idee der guten Gewalt hingegen bildet die Grundlage einer massiven Fragmentierung desjenigen, der diese Form der Gewalt ausübt und glaubt, sie ausüben zu müssen.

Die Demokratie beschwört eine Idee von Gleichheit, Freiheit, Brüderlichkeit, in der ein jeder Teil einer Gemeinschaft ist. Damit ist in keiner Weise die Gefahr getilgt, ein Außenseiter, ein Verfemter zu werden, ein Verfolgter, ein Getöteter. Zugehörigkeit zu einer Gemeinschaft ist permanent mit der Gefahr verbunden, es morgen nicht mehr zu sein. Der Außenseiter ist ein Produkt der Idee von Gleichheit, Freiheit, Brüderlichkeit. Derjenige, der friedlich mit den anderen an einem Tisch isst und trinkt, weiß darum, dass er morgen von den anderen erschossen werden kann; auch das ist eine Grundlage des fundamentalen Fragmentiertseins.

Es gehört zu den herausragenden Leistungen der Moderne, dass sie mit der Romantik als Gegenbewegung zur Aufklärung das Modell des Fragmentiertseins ausformuliert. Die Romantik will alle Gefühle ausloten, die schönsten und die schrecklichsten, sie will vernünftig und unvernünftig sein, sie insistiert auf der Rolle des Außenseiters, bevor der Romantiker verbannt werden konnte, sie betont Lebensbejahung wie Todessehnsucht, sie erkennt an die Doppelgesichtigkeit der Natur: Leben geben und Leben nehmen.

Und zugleich verfemt die Moderne dieses romantische Konzept. Es ist schwierig, fragmentierter zu denken und zu sein.

Wer über das Fragmentiertsein schreibt, wer im Sinne Blanchots die Allgegenwärtigkeit des Desasters wahrnimmt und spürt, wer von der Kraft des Unbewussten überzeugt ist, der sollte auch davon Zeugnis ablegen – in der Art, wie er schreibt, also anteilig Abstand haben zu einem rein vernünftigen Diskurs. So ist das Vorwort als Aufriss überwiegend vernünftig gehalten, ebenso die Zusammenfassungen der einzelnen Kapitel; der Rest schwankt zwischen Diskurs und thematisiertem Abgrund und gewinnt dann die Qualität eines Essays.

Christoph Klotter
Berlin
im November 2017

Inhaltsverzeichnis

1	**Vorgriffe auf die Aufklärung & die Fragmente & das Desaster**	1
1.1	Diderot	2
1.2	Der Abgrund der Moderne	6
1.3	„Die Leiden des jungen Werther" oder die Unausweichlichkeit der natürlichen Gewalt	7
1.4	Die ersten Minuten von „Lethal Weapon"	13
1.5	Der Beginn von „Die Hard"	16
1.6	Und die Literatur	19
1.7	Das Verdrängte, das Verworfene	21
1.8	Zusammenfassung	22
2	**Das Böse – das Desaster**	23
2.1	Eine biographische Notiz	24
2.2	Das Böse denken	24
2.3	Freud – de Sade	25
2.4	Heile Psyche – unheile Psyche	31
2.5	Das Desaster	33
2.6	Dezision	38
2.7	Desaster und Moderne	40
2.8	Soziabilität – Dissoziabilität	44
2.9	Große Desaster	47
2.10	Zusammenfassung	52
3	**Sades sexuelle Phantasmen**	55
3.1	Sex heute	56
3.2	Der Marquis und der Sex	57
3.3	Das Missgeschick der Tugend – Teil eins	58
3.4	Ein Ausflug in das Imaginäre	60
3.5	Ein zweiter Ausflug in das Imaginäre	69
3.6	Zusammenfassung	84
4	**Unter der Lupe: de Sade und Freud**	87
4.1	Das Missgeschick der Tugend – Teil zwei	88
4.2	Fortsetzung: Das Missgeschick der Tugend	94
4.3	Das Gewissen: ersatzlos streichen	96
4.4	Vielgestaltig-verkehrt	102
4.5	Freud denkt Böse	111
4.6	Gott und so	118
4.7	Zusammenfassung	120

5	**Tat und Täter**	121
5.1	Massenmörder	122
5.2	Mao Zedong	123
5.3	Der Nutzen des Desasters oder das Kalkül als Vorwand	125
5.4	Zusammenfassung	128
6	**Nützlichkeit versus Verausgabung – Sade, der Zwitter**	129
6.1	Sich bewähren für den Staat	130
6.2	Die Abwehr des Bösen	133
6.3	Zusammenfassung	134
7	**Neuzeitliche Gesellschaftstheorien versus de Sade**	137
7.1	Der Leviathan	138
7.2	Souveränität bei Rousseau	141
7.3	Souveränität im Sinne G. Batailles	146
7.4	Souveränität und Narzissmus	150
7.5	Zusammenfassung	160
8	**Das Böse und de Sade**	161
8.1	Das Böse in der Moderne	162
8.2	Wir und das Böse	164
8.3	Der Todestrieb	166
8.4	Subjektivierung und Legitimierung politischer Gewalt: ihr Begründer Rousseau	173
8.5	Das Schicksal des Bösen – das Böse als das Schicksal	178
8.6	Zusammenfassung	185
9	**Der einsame Bürger in der Höhe**	187
9.1	Zum Beispiel Peter Brückner	188
9.2	Zusammenfassung	196
10	**Romantische Liebe**	197
10.1	Eine große Liebe	198
10.2	Das Programm der romantischen Liebe	200
10.3	Romantik versus Lebenskunst	201
10.4	Radikalisierung des Lebens durch romantische Liebe	203
10.5	Die Funktion der Romantik	207
10.6	Was übrig bleibt I	210
10.7	Was übrig bleibt II	211
10.8	Zusammenfassung	213
11	**Ein kurzer Ausblick**	215
	Serviceteil	
	Literatur	218

Vorgriffe auf die Aufklärung & die Fragmente & das Desaster

1.1 Diderot – 2

1.2 Der Abgrund der Moderne – 6

1.3 „Die Leiden des jungen Werther" oder die Unausweichlichkeit der natürlichen Gewalt – 7

1.4 Die ersten Minuten von „Lethal Weapon" – 13

1.5 Der Beginn von „Die Hard" – 16

1.6 Und die Literatur – 19

1.7 Das Verdrängte, das Verworfene – 21

1.8 Zusammenfassung – 22

© Springer Fachmedien Wiesbaden GmbH, ein Teil von Springer Nature 2018
C. Klotter, *Warum der Spaß am Bösen ein Teil von uns ist*,
https://doi.org/10.1007/978-3-658-18638-8_1

1.1 Diderot

Denis Diderot, der Herausgeber der *Enzyklopädie*, einer der wichtigsten Aufklärer des 18. Jahrhunderts, war einerseits davon überzeugt, dass der Mensch zwiegespalten ist, dass er nicht notwendig fragmentiert, jedoch nicht aus einem Guss ist.

> „Wahrhaftig, der Mensch tritt vor seine Zeitgenossen hin & sieht sich, wie er ist: ein sonderbares Wesen, gemischt aus erhabenen Eigenschaften & beschämenden Schwächen."

Und:

> „Wir sind abwechselnd Zwerge & Riesen, Giganten & Pygmäen; bald gerade gewachsen, gut geraten & wohlproportioniert, bald bucklig, lahm & missraten."
> (Selg, Wieland 2013, S. 38)

Die eben genannten deutschsprachigen Herausgeber der Enzyklopädie aus dem Jahre 2001 stellen diese Zitate, die Diderot in seinem Beitrag zur *Enzyklopädie* schrieb, fast an den Schluss ihrer Einleitung, wohl wissend, dass die Philosophie der Aufklärung überwiegend den Menschen als kohärentes Wesen begriff, geleitet durch Vernunft und Wille, zumindest soll dieses Wesen den Anspruch hegen, dass seine Vernunft sein Denken und Handeln bestimmt.

So schleicht sich mit diesen Zitaten von Diderot ein leichter Zweifel in diesen Anspruch hinein, wobei Diderots Beitrag zur Erklärung dessen, wozu die Enzyklopädie dienen soll, insgesamt einen anderen Ton anschlägt, nämlich einen sehr optimistischen.

> „Tatsächlich zielt eine Enzyklopädie darauf ab, die auf der Erdoberfläche verstreuten Kenntnisse zu sammeln, das allgemeine System dieser Kenntnisse den Menschen darzulegen, mit denen wir zusammen leben, & es den nach uns kommenden Menschen zu überliefern, damit die Arbeit der vergangenen Jahrhunderte nicht nutzlos für die kommenden Jahrhunderte gewesen sei; damit unsere Enkeln nicht nur gebildeter, sondern gleichzeitig auch tugendhafter & glücklicher werden, & damit wir nicht sterben, ohne uns um die Menschheit verdient gemacht zu haben."
> (Diderot in Enzyklopädie 2013, S. 134)

Die Tradition zu bewahren, Wissen zu bündeln und zu überliefern, zum Wohle der Menschheit. Menschen sollen für Menschen nützlich sein; sie sollen sich um diese verdient machen. Da geht es nicht um Lust um Laune, vielmehr um eine große Aufgabe: das Schicksal der Menschheit zu verbessern. Und die Zukunft ist nach Diderot einfach besser: mehr Bildung, mehr Sittlichkeit und damit mehr Glück. So etwas nennt sich Fortschrittstaumel. Im 18. Jahrhundert war der offenbar, angestachelt durch die naturwissenschaftlichen Revolutionen und die demokratischen Visionen der Aufklärung, noch möglich. Dieser Taumel bildet den Grundton Diderots Erklärung der Enzyklopädie.

> „Heute, da die Philosophie mit großen Schritten vorwärtsschreitet & ihrer Herrschaft alle Gegenstände in ihrem Bereich unterwirft, da sie tonangebend ist & da man das Joch der Autorität & des Vorbilds abzuwerfen beginnt, um sich an die Gesetze der Vernunft zu halten, gibt es kaum noch ein elementares Lehrbuch, von dem man völlig befriedigt ist. Man findet, dass diese Produkte auf den Fiktionen der Menschen, nicht aber auf den Wahrheiten der Natur beruhen." (ebd., S. 137)

1.1 · Diderot

Weg mit der Autorität der *Pfaffen*, der absoluten Herrscher. Ersetzt werden sie durch eigenständiges Denken, das aber bestimmt wird durch die „Gesetze der Vernunft" und nach den „Wahrheiten der Natur" sucht. Beliebigkeit zieht also nach Diderot keineswegs ein. Im Gegenteil: Der Vernunft und der Natur wird endlich der Raum geöffnet, der ihnen gebührt. Das gelingt allerdings nur, wenn die Menschen der Menschheit dienen wollen.

> „Doch die Zeit lüftet den Schleier; jeder wird dann nach seinem Verdienst beurteilt. Man unterscheidet den nachlässigen Mitarbeiter von dem redlichen, der seine Pflicht erfüllt hat. Das, was einige vollbracht haben, zeigt deutlich, was man mit Recht von allen fordern durfte; die Öffentlichkeit nennt diejenigen, mit denen sie unzufrieden ist, & bedauert, dass sie der Bedeutung des Unternehmens & der Wahl, durch die man sie geehrt hatte, so wenig entsprochen haben." (ebd., S. 151)

Ein bisschen vom Tugendterror der Jakobiner klingt da schon an. Menschen müssen um jeden Preis etwas leisten. Ihnen wird die soziale Anerkennung verwehrt, sollten sie sich diesbezüglich verweigern.

Diese Haltung macht historisch Sinn, weil einerseits der müßiggängerische Adlige angegriffen werden kann, andererseits eine zukünftige starke Nation beschworen wird, die nur dann eine derartige wird, wenn sich alle oder möglichst alle richtig anstrengen.

Deshalb kann Jaucourt unter der Überschrift „Großer Herr, großer Mann" schreiben:

> „Die großen Herren sind in der Welt sehr häufig, die großen Männer dagegen sehr selten; der eine ist zuweilen für den Staat eine große Last, der andere immer dessen Rückhalt & Stütze. Herkunft, Titel & Ämter machen jemanden zum großen Herrn; außergewöhnliche Verdienste, Genie & hervorragende Talente machen jemanden zum großen Mann." (ebd., S. 220)

Auch hier wieder: Weg da mit dem faulen Adel! Ein Mensch ist nur dann groß, wenn er Hervorragendes leistet.

Der große Mann ist auch nur dann groß, wenn er fest mit einer der Haupttugenden des Abendlandes verbunden ist, der Mäßigung. So darf Jaucourt schreiben:

> „Schließen wir daraus, dass wir die Jagd nach dem guten Essen als einem der höchsten Güter des Lebens im Gegenteil als gesundheitsschädlich ansehen dürfen … Alles, was über das Maß der Natur hinausgeht, ist unnütz & meist schädlich. Man braucht der Natur nicht einmal immer so weit zu folgen, wie sie es erlaubt; besser ist es, sich diesseits der Grenzen zu halten, die sie uns gesetzt hat, als sie zu überschreiten. Am Ende stumpft der Geschmack ab, erlahmt bei den köstlichsten Gerichten & unzählige Gebrechen rächen die beleidigte Natur – die gerechte Strafe für die Exzesse einer Genusssucht, deren Wonnen man allzusehr ausgekostet hat." (ebd., S. 174)

Unter der Überschrift „Feinschmeckerei" werden diese düsteren Drohungen ausgesprochen. Sie stammen nicht aus dem protestantischen England oder der Schweiz. Der Tugendterror lächelt einen in diesen Sätzen doch schon an.

Und wir ahnen es, dass das Desaster womöglich beiden winkt: dem Tugendlosen, weil sich die Natur an ihm rächt, zumindest denken so die Gesundheitsapostel, und dem Tugendhaften, weil er mehr und mehr verbittert oder bei dem Versuch zugrunde geht, tugendhaft sein zu wollen.

Und Diderot reiht sich ein in den Kreis der Tugendhaften. Er schreibt 30 Jahre nach dem Erscheinen des Anti-Seneca La Mettries über diesen:

> „Ich erkenne den Titel eines Philosophen nur demjenigen zu, der sich stets bemüht, die Wahrheit zu suchen und die Tugend zu üben. Wenn ich einen in seinen Sitten und Anschauungen so verdorbenen Menschen aus der Gemeinde der Philosophen ausschließe: darf ich dann wirklich hoffen, dass die Feinde der Philosophie endlich schweigen werden? Nein!" (nach Laska 2004, S. XVII)

Diderot exkommuniziert La Mettrie mal kurzerhand.

Aber warum tut dies Diderot? Weil La Mettrie der menschlichen Lust das Wort redet.

> „Ich habe zum einen – wie die Stoiker – versucht, die Summe der Übel des Lebens zu verringern. Ich tat dies, indem ich bei meinen Lesern die Schuldgefühle und jene kindischen und unbegründeten Ängste vor einem phantasierten Jenseits zu zerstreuen suchte, die uns daran hindern, unbesorgt die Freuden dieses Lebens auszukosten und somit die eigentlichen Übel, ja die eigentlichen Qualen dieses Lebens sind.
> Ich habe mir zum anderen – wie Epikur bzw. seine Jünger vorgenommen, die Summe der Güter zu vergrößern, und zwar durch Ermunterung zu den köstlichen Wonnen, die uns die Liebe und alle Spielarten der Lust zu spenden vermögen." (La Mettrie 2004, S. 8)

Das nennen wir heute Hedonismus und ist zum Glaubensbekenntnis unserer Zeit geronnen, ca. 270 Jahre später. Damals war dies die reine Provokation.

La Mettrie fühlt sich bemüßigt, klarzustellen, dass er in keiner Weise auf das gesellschaftliche Chaos zuarbeiten wolle.

> „Ich bringe überall klar zum Ausdruck, wie sehr ich die Gesellschaft liebe und wie glücklich ich mich fühle – weit davon entfernt, ihre Sicherheit gefährden zu wollen – zu ihrem Nutzen und Wohlergehen beitragen zu können." (ebd., S. 9)

Genutzt hat ihm dieses Bekenntnis nicht. Voltaire und Diderot haben ihn verstoßen. Voltaire hat über ihn gehöhnt, ihn zur Lachnummer werden lassen.

Zurück zur *Enzyklopädie*: Wenn wir dann heute noch resigniert feststellen, dass der Fortschrittsglaube Diderots erhebliche Risse bekommen hat, dann hat das Desaster, das noch über Maurice Blanchot näher ausgeführt wird (siehe Einleitung, ▶ Kap. 2), über den Fortschritt oder auch mit dem Fortschritt gewonnen, zumindest die Oberhand behalten.

Die *Enzyklopädie* zelebriert nicht nur die Tugendhaftigkeit, sondern auch die empfindsame Seele. Jaucourt schreibt zum Stichwort Empfindsamkeit:

> „Die Empfänglichkeit eines weichen & feinfühligen Herzens, mit der es sich leicht ergreifen & rühren lässt. Die *Empfindsamkeit*, sagt der Autor der *Abhandlung über die Sitten* vollkommen zutreffend, verleiht ihrem Besitzer eine Art Scharfblick für alles Rechtschaffene & durchdringt die Dinge tiefer, als der Verstand es vermag. *Empfindsame Seelen* können aufgrund lebhafter Eindrücke Fehler begehen, die zupackenden Menschen niemals unterlaufen würden, doch sie übertreffen diese bei weitem aufgrund der Vielzahl ihrer guten Taten. *Empfindsame* Menschen leben intensiver, das Gute & das Üble nimmt in ihrem Blick größere Ausmaße an. Nachdenklichkeit kann den Menschen rechtschaffen machen, doch erst

Empfindsamkeit verleiht ihm Tugend. Von der *Empfindsamkeit* rühren die Menschlichkeit & die Großzügigkeit her. Sie dient dem Ansehen, unterstützt den Geist & ist zuguterletzt überzeugend." (Encyclopédie 2001, S. 129)

Das von Diderot und Jaucourt verwendete &-Zeichen anstelle des „und" signalisiert: Es ist keine Zeit zu verschwenden für die zwei Buchstaben „nd". Tempus fugit. Und wir wollen nützlich und effektiv sein.

Das Kursiv-Setzen von Empfindsamkeit etc. weist wiederum auf die empfindsame Seele hin, die dieses Stichwort geschrieben hat. Die empfindsame Seele wird gleichsam vorgehaucht.

Und sie wird gelobt. Die empfindsame Seele weiß sehr viel besser um die Moral, durchdringt Dinge tiefer. Ja, aufgrund ihrer starken Emotionalität unterlaufen ihr auch Fehler. Aber diese sind in Kauf zu nehmen, weil sie doch fast immer das Gute tut und die Grundlage von Menschlichkeit und Großzügigkeit ist.

Dass Empfindsamkeit auch Element einer sozialen Inszenierung ist, die darauf beruht, sich von der adligen Oberflächlichkeit abzusetzen und an ihre Stelle bürgerliche Aufrichtigkeit, Wahrhaftigkeit, Echtheit, Intensität, tiefes Gefühl setzen will (siehe Kapitel zur Romantik), wird von Jaucourt geflissentlich übersehen.

Zugleich wird von Jaucourt eine empfindsame Seele vorgestellt, die offener und experimenteller der Umgebung gegenübertritt. Der naturwissenschaftliche Blick der Moderne fußt mit auf dieser empfindsamen Seele, der sich Welt viel stärker einprägt, die sich viel *tiefer* von anderem berühren lässt als die starre in Konventionen gegossene Seele des Adels. Nur die empfindsame Seele lässt Fortschritt sprießen. Sie ist die nützliche Seele.

Aber auch von dieser Seele schreibt der Autor nicht direkt. Sie lässt sich nur (empfindsam) erahnen.

Wir fassen vorläufig Diderots Aufklärungsphilosophie zusammen: Die Grundhaltung in Diderots Enzyklopädie ist nicht nur revolutionär, leicht anarchisch (Weg da mit dem ersten und zweiten Stand!), sie ist auch spießig und brav – offenbar, um das revolutionäre Ansinnen zu kompensieren: Seht doch, wir sind gar nicht wirklich rebellisch, sondern brave Staatsbürger, die Frankreich voran bringen wollen.

Und tatsächlich ist das politische Programm der Enzyklopädie nichts anderes als säkularisiertes Frühchristentum mit den Grundwerten: Gleichheit, Gerechtigkeit, Brüderlichkeit, Solidarität. Offenbar dauert es 1800 Jahre, um aus einer Religion mit entsprechender Lebenspraxis eine politische Offensive zu machen.

Die Enzyklopädie, so sehr sie verdeckt atheistisch ist (wäre der Atheismus manifest in der Enzyklopädie formuliert worden, wäre Diderot an den Galgen gehängt worden, und nicht nur er), sie entkommt dem christlichen Denken in keiner Weise. Im Gegenteil: Sie verlängert es als säkularisiertes Programm und als Tugendensemble.

Die Enzyklopädie ist so ein Textbuch zu einem Innovationsschub des ökonomisch und politisch maroden Ancien Regime, um Frankreich zu modernisieren, ökonomisch und militärisch zu stärken und Paris zum Zentrum von Frankreich werden zu lassen. Nicht zuletzt übernimmt die französische Küche die kulinarische Führung in Europa (und löst mit Carême Italien endgültig ab).

Bei der eben betriebenen Zuspitzung dürfen wir nicht übersehen, dass natürlich die Französische Revolution mit einer erheblichen Zeitversetzung und nach dem Terror der Jakobiner eine Demokratie wurde, mit Gewaltenteilung, Wahrung der Menschenrechte.

1.2 Der Abgrund der Moderne

Dennoch, das aufgeklärte bürgerliche Zeitalter ist fundamental verbunden mit Kolonialismus, Imperialismus, umfassender Militarisierung, zwei Weltkriegen und diversen Diktaturen. In keinem Zeitalter wurde mehr und maschineller gemordet als in diesem. Der sogenannte Fortschritt hat das Desaster nicht verschwinden lassen. Im Gegenteil.

Das Desaster in der Moderne ist nicht nur das Große, das Exzeptionelle (der Krieg), es schwingt im Alltag überall mit. Ja, die Sicherheit beim Fliegen oder Autofahren ist unvergleichlich größer als noch vor 50 Jahren, aber der Unfall auf der Landstraße durch ein leichtsinnig überholendes Fahrzeug auf der Gegenfahrbahn, der Absturz des Flugzeugs beim Start oder bei der Landung ist immer möglich. Und weit gefährlicher als Autofahren oder Fliegen ist das Schmücken des Christbaums oder der Fensterputz zu Hause. Das Desaster als Potenzialität ist allgegenwärtig.

Und es prägt unsere Wahrnehmung. Wir warten förmlich darauf. Beim Nachrichten-Hören oder -Schauen wollen wir im Grunde nur vom nächsten Terrorangriff, von einer großen Naturkatastrophe, von einer irrsinnigen Schlacht in einem irrsinnigen Krieg erfahren. Nur schlimme Nachrichten sind echte Nachrichten. Nur das Desaster birgt die Wahrheit. Alles andere ist nur Schein.

Walter Benjamin (wer auch sonst) hat die permanente Erfahrung des Wartens auf das Desaster wie kein anderer auf den Begriff gebracht:

> „Es gibt ein Bild von Klee, das Angelus Novus heißt. Ein Engel ist darauf dargestellt, der aussieht, als wäre er im Begriff, sich von etwas zu entfernen, worauf er starrt. Seine Augen sind aufgerissen, sein Mund steht offen und seine Flügel sind ausgespannt. Der Engel der Geschichte muss so aussehen. Er hat das Antlitz der Vergangenheit zugewendet. Wo eine Kette von Begebenheiten vor *uns* erscheint, da sieht *er* eine einzige Katastrophe, die unablässig Trümmer auf Trümmer häuft und sie ihm vor die Füße schleudert. Er möchte wohl verweilen, die Toten wecken und das Zerschlagene zusammenfügen. Aber ein Sturm weht vom Paradies her, der sich in seinen Füßen verfangen hat und so stark ist, dass der Engel sie nicht mehr schließen kann. Dieser Sturm treibt ihn unaufhaltsam in die Zukunft, der er den Rücken kehrt, während der Trümmerhaufen vor ihm zum Himmel wächst. Das, was wir Fortschritt nennen, ist *dieser* Sturm." (Benjamin 1991, S., 697f.)

Ich will jetzt nicht sofort und apodiktisch darüber kritisch *richten*, ob Benjamins Wahrnehmung der Moderne, der Epoche des Fortschritts, berechtigt ist. Dafür ist dieses Zitat zu überwältigend (jede kritische Diskussion muss als Abwehr interpretiert werden): Klar ist zumindest, dass seine Haltung Sicherheit gibt: sich auf das Schlimmste einstellen, die Wahrheit des Desasters anerkennen, davon ausgehen, dass das gegenwärtige Desaster nur die Ankündigung eines schlimmeren Desasters darstellt.

Eine andere Interpretation (nachdem der Schrecken ein wenig verklungen ist): Benjamins Deutung des Angelus Novus ist das Gegenbild, der Zerrspiegel, des Glaubens an den naturwissenschaftlich-technischen bürokratischen Fortschritt, der die Moderne kennzeichnen und auszeichnen und den Menschen im Diesseits bereits Sicherheit und Wohlbefinden garantieren soll.

Aber auch Benjamin denkt nicht im Traum daran zu versuchen, diese beiden Bilder zu verbinden, zu integrieren, sie abzuwägen. Er verharrt im *Gegenschuss*, womit das Fragmentierte triumphieren darf. Der Versuch der Integration bedeutete bereits Unterwerfung unter das Verhasste (den Fortschritt); sich ihm anzunähern, wäre Verrat. Nur derjenige bleibt in der manichäischen Logik rein, wer sich auf nichts einlässt, was irdisch zu erscheinen vermag.

Der sogenannte Fortschritt provoziert und produziert eine Stärkung gnostischen Denkens und Glaubens, die in jeglicher Diesseitsorientierung und Bejahung des irdischen Daseins den Grund für Sattheit, Zufriedenheit und wohlige Schläfrigkeit erblickt – Gefühlszustände, die den Aufstieg zum fernen Gott verunmöglichen.

Das von Benjamin beschworene Desaster des Fortschritts wäre so das Gegengift zur runden Zufriedenheit mit der Welt, in der ich lebe.

So hat das Desaster in der Moderne viele unintegrierbare Gesichter:
- den Fortschritt, der dennoch das Schicksal, das Leiden, den Tod nicht besiegt,
- eine totalisierende Idee von dem Sieg der Vernunft, die zu mehr Sittlichkeit führen soll und unablässig verfehlt und unterlaufen wird,
- die Verwerfung des Bösen, die in triumphatorische Gewalt umschlägt,
- den Rückzug in die Reinheit einer gnostischen Position, die es ermöglicht, der Welt vollständig zu entsagen, und sich dabei gut zu fühlen, alles, was ist, zu verdammen.

1.3 „Die Leiden des jungen Werther" oder die Unausweichlichkeit der natürlichen Gewalt

Goethes Sturm-und-Drang-Werk *Die Leiden des jungen Werther* (2005) beschreibt, wie Werther gar nicht anders kann, als sich umzubringen und Lotte zu ruinieren. Ihre unmögliche Liebe lässt keinen anderen Ausweg zu; so ist dieses Buch zu lesen. Ihrer beider psychischen Verfassungen und die soziale Umwelt führen gleichsam unausweichlich in den so genannten Freitod, der eben dann doch nicht frei gewählt ist. Gewalt gegen sich und andere wird so psychologisch deduziert und legitimiert. Sie ist gleichsam natürlich.

Diese Natürlichkeit wird affirmiert in der unablässigen Bezugnahme auf die Natur, vor allem auf das einfache Essen. So natürlich das eine ist, so auch das andere. Es ist nicht die Lust am Bösen wie bei de Sade, die Goethe dramatisiert, sondern die psychologische Logik der Gewalt. Von nun an kann das Morden begründet und verharmlost werden als zwingender Ausdruck natürlicher Prozesse.

Die Gewalt wird herausgelöst aus der Moral. Sie wird von ihr befreit. Kein schlechtes Gewissen, kein Schuldgefühl stellt sich nach der Tat mehr ein. Sie war doch so folgerichtig.

Und dann ist ja auch noch die Gesellschaft schuldig. Schließlich führt das spießige und engstirnige Umfeld Werthers dazu, dass ihm nichts anderes übrig bleibt, als sich umzubringen. Hätten Lotte und Werther ihre Liebe leben können, dann hätte er sich auch nicht erschießen müssen.

Es bleibt ihm keine Wahl hierbei. Er kann sich letztlich nicht entscheiden. Er ist das Opfer einer psychosozialen Logik.

Goethe suspendiert damit das sich frei entscheidende bürgerliche Subjekt, das Subjekt, das im Sinne des christlichen Glaubens die Wahl hat zwischen Gut und Böse. Seltsam, wie sich parallel zur Aufklärungsphilosophie ein Denken etabliert oder fortsetzt, das dem Individuum die Freiheit der Entscheidung abnehmen will.

Von nun an können alle Mörder heiter und mit gutem Gewissen morden und dann auch noch die Gesellschaft für ihr Tun verantwortlich machen. Das Morden ist dann doch nur ein Reflex auf die gesellschaftlichen Verhältnisse.

Die psychologische Logik der Gewalt lässt eine Kohärenz erscheinen, die das Subjekt als stimmig handelnd erscheinen lässt. Es ist dem Anschein nach befreit von dem Fragmentiertsein.

Doch schon wieder wird das Subjekt erlöst und freigesprochen vom Bösen, wie es deshalb nur noch böser, fragmentierter werden kann.

Schauen wir nun genauer in den „Werther" hinein. Erfühlen wir seine Gestimmtheit.

> „Übrigens befinde ich mich hier gar wohl, die Einsamkeit ist meinem Herzen köstlicher Balsam in dieser paradiesischen Gegend, und diese Jahreszeit der Jugend wärmt mit aller Fülle mein oft schauderndes Herz. Jeder Baum, jede Hecke ist ein Strauß von Blüten, und man möchte zum Maienkäfer werden, um in dem Meer von Wohlgerüchen herumschweben und alle seine Nahrung darin finden zu können.
> Die Stadt selbst ist unangenehm." (2005, S. 8)

Dies ist ein typischer Topos in der deutschen Literatur des 19. Jahrhundert: da die schöne Natur, dort die hässliche Stadt.

Ist das Stadtleben ein wichtiger Raum für die Romane und Erzählungen in England, Frankreich Russland in diesem Zeitraum, so erscheint der erste Großstadtroman in Deutschland, „Berlin Alexanderplatz" von dem jüdischen Arzt Alfred Döblin, erst im 20. Jahrhundert. Mit der Beschwörung der einfach vorhandenen Natur wird Unschuld reklamiert, auch für das Morden, was sich eben einfach ereignet.

Der von Goethe eben herbeizitierte Maienkäfer muss übrigens für seine Nahrung nichts zahlen, er muss nur schweben. Dies ist nichts anderes als die Vorwegnahme eines romantischen Lebensentwurfs: nicht zu arbeiten, kein Geld zu verdienen, sich dem System verweigern.

> „So vertraulich, so heimlich habe ich nicht leicht ein Plätzchen gefunden, und dahin lass ich mein Tischchen aus dem Wirtshause bringen und meinen Stuhl, trinke meinen Kaffee da und lese meinen Homer." (S. 13)

Im Wirtshaus ist es laut, ein Stimmengewirr lässt die Luft erzittern, von freier Natur keine Spur, Männer besaufen sich mit Wein und Bier, gleich wird einer auf den Boden knallen; Werther dagegen sitzt alleine beschaulich draußen in der Natur und konsumiert die Droge des Bürgertums: den Kaffee, der Denken und Planen möglich macht. Berauschen lässt Werther sich von seiner tiefen Seele, seiner Empfindungsgabe, seiner Einbildungskraft, seinen Gefühlen. Sein Blick ist zwar ein nüchterner Beobachtungsblick. Aber nur der nüchterne Blick lässt sich geistig-seelisch entflammen. Dem vom Alkohol berauschten Menschen entgeht dagegen die Welt. Sie bleibt für ihn verschlossen. Die empfindsame Beobachtung des seelenvollen Menschen erschließt hingegen das Andere, das sich Welt nennt. Der Mensch der Moderne integriert hingegen Rationalität und Emotionalität, was den Blick nach draußen betrifft. Reine Rationalität würde an der Welt abprallen.

> „Da kommt gegen Abend eine junge Frau auf die Kinder los … Sie grüßte mich, ich dankte ihr, stand auf, trat näher hin und frage sie, ob sie Mutter von den Kindern wäre.

1.3 · „Die Leiden des jungen Werther" oder die Unausweichlichkeit …

> Sie bejahte es, und indem sie dem ältesten einen halben Weck gab, nahm sie das Kleine auf und küsste es mit aller mütterlichen Liebe." (S. 15)

Nichts ist auf dem Brötchen als Belag, alles ist ganz einfach und reduziert, nichts ist vorhanden von der Kunst und Komplexität der französischen Küche, die gerade im Entstehen begriffen ist und nach der Französischen Revolution mit Caréme voll erblühen wird. Goethe zelebriert eine Ode auf die Schlichtheit, auf die Reduktion, auf die Askese in gewisser Weise. Er geht damit auf Abstand zum Adel, auf das reiche feudale Leben. Er wendet sich auch ab von Frankreich und präsentiert das deutsche Essen. Goethe ist hier Nationalist, er bereitet das Deutsche Reich gedanklich vor. Und er prägt ein neues Mönchstum, was zwar mit den Augen genießt, aber nicht mit dem Mund. Die Welt darf wahrgenommen werden, aber nicht berührt oder gar verspeist. Habt Acht vor dieser Welt, will Goethe Werther sagen lassen. Der Werther ist anteilig ein Gnostiker.

> „Seit der Zeit bin ich oft draußen. Die Kinder sind ganz an mich gewöhnt, sie kriegen Zucker, wenn ich Kaffee trinke, und teilen das Butterbrot und die saure Milch mit mir des Abends. Sonntags fehlt ihnen der Kreuzer nie." (S. 16)

Der Höhepunkt der Esskultur besteht für Werther aus Butterbrot und saurer Milch sowie aus Kaffee mit dem damals noch fast luxuriösen Zucker. Damit wird der Werther als einer präsentiert, der es sich leisten kann, Zucker zu verspeisen, und der es sich leisten kann, diesen zu verschenken.

Wir wollen nicht übersehen: Werther besticht die Kinder mit Zucker. Sie sollen ihm gewogen sein. Er möchte mit ihrer Unterstützung operieren.

> „… fiel mir das reizendste Schauspiel in die Augen, das ich je gesehen habe. In dem Vorsaal wimmelten sechs Kinder von eilf zu zwei Jahren um ein Mädchen von schöner Gestalt, mittlerer Größe, die ein simples weißes Kleid mit blassroten Streifen an Arm und Brust anhatte. Sie hielt ein schwarzes Brot und schnitt ihren Kleinen ringsherum jedem sein Stück nach Proportion ihres Alters und Appetit ab, gab´s jedem mit solcher Freundlichkeit, und jedes rief so ungekünstelt sein: `Danke´…" (S. 19)

Goethe nennt die Szene ein „Schauspiel", also eine Inszenierung, die im Widerspruch steht zu dem Adjektiv – „ungekünstelt". Es handelt sich demnach um eine Inszenierung des vermeintlich Natürlichen, einem Schauspiel echter Mütterlichkeit. Werther strebt offenbar danach, das siebte Kind zu werden. Die von Natur aus liebende Mutter wird hier erfunden. Ihre Liebe ist das, was satt macht. Das Essen hingegen darf dann extrem anspruchsarm sein, so wie die mütterliche Liebe einfach und echt ist beziehungsweise so erscheinen soll.

Verabreicht wird von Lotte das deutsche Schwarzbrot der einfachen Menschen, das Brot der Armen. Es symbolisiert den fundamentalen Abstand zum weißen Weizenbrot Frankreichs. Auch hier wird um nationale Identität gerungen. Auch hier wird auf einmal eine Lobrede auf das Leben der einfachen Menschen gehalten. Es ist ein Klassenkampf von unten.

> „Sie ist immer um ihre sterbende Freundin, und ist immer dieselbe, immer das gegenwärtige holde Geschöpf, das, wo sie hinsieht, Schmerzen lindert und Glückliche macht." (S. 31)

Deutlicher kann eine Mutterübertragung (der rein guten Mutter) nicht formuliert werden. Für Neumann, dem wichtigsten Schüler C. G. Jungs, ist das unbewusste Mutterbild stets ambivalent und paradox. Auf der unbewussten Ebene wird die Mutter als Leben gebend und Leben nehmend begriffen. Ihr wird es zugetraut, das Leben, das sie geschenkt hat, auch wieder zu zerstören (de Sade billigt übrigens der Mutter dieses Recht zu, das Leben ihrer Kinder auszuradieren; siehe weiter unten) (Neumann 1997).

Goethes Werther klammert in diesem Stadium seiner beginnenden Verliebtheit den Doppelcharakter der Mutter: Leben gebend – Leben nehmend vollkommen aus, um alsbald umkippen zu können in radikalem Hass gegenüber Lotte, dem geliebten Objekt, das er mit seinem Selbstmord mit zerstören will. Werther agiert mit einem dichotomen Fundamentalismus, dem primitiven Entweder-Oder. Entweder liebt mich das Liebesobjekt total, oder ich hasse und zerstöre es. Es gibt kein Dazwischen. Das Leben ist das Dazwischen. Zu lieben bedeutet, die eigene Ambivalenz gegenüber dem geliebten Objekt und die des Objektes gegenüber mir einigermaßen ertragen zu können. Goethe skizziert mit seinem Werther hingegen totalitäres Denken, das den Keim des Terrorismus bildet.

In einer Bewegung der Ironie wird die reine gute Natur, die reine gute natürliche Mutterliebe, von Goethe in einer radikalen Kehre konterkariert. Goethe fügt das Bild der guten Mutter (Natur) mit dem der bösen Mutter (Natur) nicht zusammen, sondern kippt von einem in das andere. Werther verlangt nach der ausschließlich guten Mutter, die es nicht gibt und geben kann, und muss sich dann anschließend zutiefst enttäuscht rächen. Mit seinem Terror gegen sich (Selbstmord) will er sie zerstören. Goethes Werther nimmt die Selbstmordattentäter unserer Zeit vorweg. Sein bedingungsloses Begehren ebnet der Gewalt den Boden.

> „… sie bat mich, einige Äpfel anzunehmen, das ich tat…" (Goethe 2005, S. 69)

Lotte gibt in der Tat nicht viel. Paar Äpfel – das war es. Das ist ein karger Liebesbeweis, wenn es überhaupt einer ist. Lotte gibt sich Werther nicht im Entferntesten hin. Stattdessen erhält er paar Brosamen. Ist das auch eine Anspielung auf Adam und Eva, auf den unerlaubten Apfel, den Eva pflückt, den beide essen, um dann aus dem Paradies vertrieben zu werden? Werther wird von Lotte aus dem Paradies der imaginierten rein guten Mutter vertrieben. Er fällt aber nicht auf die Erde sondern gleich in die Hölle.

> „Sie sieht nicht, sie fühlt nicht, dass sie ein Gift bereitet, das mich und sie zugrunde richten wird; und ich mit voller Wollust schlürfe den Becher aus, den sie mir zu meinem Verderben reicht." (S. 79)

Goethes Werther arbeitet hier mit einem klassischen männlichen Topos: Frauen morden mit Gift. Da kommt die Leben nehmende Mutter ins Spiel, aber rein dichotom in Schwarz-Weiß, in Entweder-Oder. Warum nur schlürft er den Becher aus? Mit Wollust? Weil er von ihr nichts anderes bekommt? Oder weil er, wie bereits formuliert, auf diese Weise am Effektivsten angreifen kann. Das moderne empfindsame Subjekt bedarf der Bombe nicht, es ist die Bombe – mit einem maximalen Einsatz: dem des eigenen Lebens. Dann muss doch das Anliegen berechtigt sein, wenn jemand dafür sein eigenes Leben opfert. Das ist doch evident. Evidenter kann es nicht sein.

Eine mögliche Interpretation: Werthers Liebe zu Lotte ist nahezu unverhohlen sexualisierter Hass. Er nutzt den Mantel des Verliebtseins, um besser Gewalt ausüben zu können. Es gibt dem Anschein nach nichts Edleres, als sich wegen der Liebe umzubringen. Aber eigentlich gibt es wenig vergleichbares Hässliches und Niederträchtiges, als dies zu

1.3 · „Die Leiden des jungen Werther" oder die Unausweichlichkeit ...

tun. Der andere, die andere ist für immer beschädigt, nach innen und nach außen. Das Kains-Mal bleibt.

Werthers Erleben und Handeln verführt nun wiederum dazu, das zu tun, was ich auch der Kritik unterziehe: Gewalt biographisch verstehen zu wollen. Dieser Versuchung soll dennoch ein wenig nachgegeben werden.

Der Psychoanalytiker Stoller (1998) hätte das Handeln Werthers eventuell als Perversion begriffen; er hat diese so umrissen:

> „Als Feindseligkeit sehe ich den Wunsch an, einem Objekt Schaden zuzufügen. Das unterscheidet sie von der Aggression, die oft nur ungestümes Handeln ist. Die in der Perversion liegende Feindseligkeit nimmt die Gestalt einer Rachephantasie an, die sich in den Handlungen, welche die Perversion ausmachen, verbirgt und dazu dient, ein Kindheitstrauma in den Triumph des Erwachsenen zu verwandeln. Um höchste Erregung hervorzurufen, muss sich die Perversion darüber hinaus als ein riskantes Unternehmen darstellen." (S. 26)

Werther triumphiert mit seinem Freitod über Lotte, über seine Mutter. Dass sein Selbstmord riskant war, liegt auf der Hand, ebenso die Folgen dessen für Lotte.

> „Ein weit herrlicherer Blick wirkte auf mich, voll Ausdruck des innigsten Anteils, des süßesten Mitleidens." (Goethe 2005, ebd.)

Von Freud gibt es den Ausspruch, er sei nicht sadistisch genug, um Mitleid zu empfinden und auszusprechen. Wäre dem so, dann wäre nicht nur Werther hasserfüllt und im Sinne Stollers pervers, sondern auch Lotte. In ihrem Mitleid wohnt ihr Hass. Ihr „süßestes Mitleiden" ist Sadismus pur. Werther und Lotte wollen sich gegenseitig eliminieren, in sexualisierter Form, im Namen der Liebe.

Der Term „süßestes Mitleiden" nährt zudem den grundlegenden Verdacht gegen das Süße, dass es das Gift überdeckt. Es verhüllt das Böse. Es ist böser als das Böse.

Der Zucker im Kaffee Werthers verhüllt die Bitterkeit des nüchternen arbeitsreichen bürgerlichen Lebens. Freuden erlebt Werther wenig. Seinen Zucker, bestimmt für den Kaffee, vermag er gar zu verschenken. Auch darin äußert sich Werthers Argwohn gegen die Materie und ihre damit versprochenen Annehmlichkeiten.

Um die Symbolik des Zuckers zu verstehen, lohnt ein kurzer Blick in seine Geschichte.

Zucker war in Europa lange Zeit ein Symbol für Luxus, war Gewürz und rares Medikament. Kolumbus bringt das Zuckerrohr nach Amerika. Die spanischen Eroberer löschen die Einwohner der Karibik aus und importieren Sklaven, die so günstig Zucker produzieren können, dass der Zuckerrohr-Anbau in Europa (Kanarische Inseln) nicht mehr rentabel ist, und Zucker zum erschwinglichen Lebensmittel für die breite Bevölkerung wird (ab 1850). Zucker ist auch mit seiner Geschichte höchst ambivalent besetzt. Am Süßen klebt das Blut der Ureinwohner und der arbeitenden Sklaven.

Dass Werther Zucker in den Kaffee tun kann, zeichnet ihn als privilegiert aus. Aber die privilegierte (adlige) Schicht ist eine aussterbende Kaste, weil sie nur untätig am Kaffee nippt. Sie tut nur so, als arbeite sie. Und Werther hat an Berufsarbeit wenig Interesse. Die Geschichte hat gleichsam die Pflicht, diese Schicht auszulöschen. Werther kommt diesem Vorhaben zuvor.

Für Werther ist dann Zucker nichts anderes als ein Versprechen, das nicht eingelöst wird – wie Lotte. Zucker symbolisiert seinen Fall. Er ist so billig wie das Ansinnen einer Frau. Eine Frau, die sich Werther beigesellt, ist doch in seinen Augen billig. Nur die unnahbare Frau ist die hohe Frau – die dann dafür attackiert werden muss.

> „Sie nahm ihre Zuflucht zum Klavier und hauchte mit süßer leiser Stimme harmonische Laute zu ihrem Spiele. Nie habe ich ihre Lippen so reizend gesehn; es war, als wenn sie sich lechzend öffneten, jene süßen Töne in sich zu schlürfen, die aus dem Instrument hervorquollen, und nur der heimliche Widerschall aus dem reinen Mund zurück klänge." (S. 79f)

Ein Lüstling, der diese Textzeilen mit Oralsex in Verbindung brächte: reizende Lippen, die sich „lechzend" öffnen, süße Töne schlürfen, die aus einem Instrument hervorquellen; und dennoch bleibt der Mund rein.

Goethes Werther kehrt die Idee der großen Mutter, die ihn stillt, um. Nun imaginiert er sich als Gebender. Er stillt gleichsam die Mutter, die zum Baby geworden ist. Nun wissen wir alle, dass Sperma nicht allzu nahrhaft ist. Selbst in dieser Phantasie versagt Werther. Es ist Zeit, sich das Leben zu nehmen.

Und schon wieder taucht das Adjektiv süß auf, einmal bei der leisen Stimme, das andere Mal bei den Tönen; beides wird im Mund produziert. Der Mund empfängt nicht nur das Süße, er bringt es auch hervor. Bei so viel Süßem kann einem regelrecht schlecht werden. Es muss so viel Süßes her, um das Schreckliche zu überdecken: den gegenseitigen unbarmherzigen Hass.

> „Ich gehe an dem Wasser hin in der Mittagsstunde, ich hatte keine Lust zu essen." (S. 80)

Jetzt geht es bergab: keine Lust zu essen wegen Liebeskummer. Der Werther funktioniert dann doch wie Jedermann. Liebeskummer macht gewöhnlich. Zeit zu sterben! Er schreibt:

> „Es ist beschlossen, Lotte, ich will sterben, und das schreibe ich dir ohne romantische Überspannung, gelassen, an dem Morgen des Tages, an dem ich dich zum letzten Mal sehen werde." (S. 94)

Wer hat das beschlossen? Werther ist nicht Subjekt des Entschlusses. Soweit wird dies klar. Er ist nicht Legislative sondern nur noch Exekutive – eines geheimen Bundes.

Interessant ist, dass Goethe bereits den Begriff der Romantik verwendet und ihn mit Überspanntheit in Verbindung bringt.

Was bedeutet Überspannung? Ein Lüstling würde an eine Dauererektion denken, eine sexuelle Begierde, die nie Erfüllung findet. Das ist zum Verzweifeln. So wird wohl Werthers Penis den Entschluss gefasst haben, dem Leben ein Ende zu setzen.

Die mörderische Wut auf Lotte macht ihn gelassen. Er freut sich, dass er sie mit seinem Tod erschüttern kann, sie aus den Angeln heben kann. Sich zu töten, kann wirksamer sein, als einen anderen zu töten. Werther ist ein moderner Terrorist.

> „Er ließ sich das Essen auf die Stube bringen." (S. 95)

Wenn das kein schweres Zeichen ist: alleine in der Stube zu essen. Da kann er sich ja gleich auf der Straße aufhängen. Am besten nackt!

> „Der Knabe kam mit den Pistolen zu Werthern, der sie ihm mit Entzücken abnahm, als er hörte, Lotte habe sie ihm gegeben. Er ließ sich Brot und Wein bringen, hieß den Knaben zu Tische gehen und setzte sich nieder zu schreiben." (ebd.)

Das machen diese Selbstmordattentäter auch: Sie schreiben irgendeinen Unsinn, bevor sie losziehen.

Es sind gleich mehrere Pistolen. Wie viele Pistolen braucht man für die Selbsttötung? Aber sicher ist sicher. Er kann mit zwei Händen und zwei Füßen schießen: auf sich.

Lotte hat die Waffen rausgerückt. Sie hilft ihm beim Suizid, steht ihm in dieser schweren Stunde bei. Auf diese Frau ist immer Verlass. Von Lotte ist Lotterie nicht abgeleitet. Bei Lotte hat der Zufall keine Chance.

So ein Selbstmord lässt sich mit einem kräftigen Schluck Wein einfach besser bewerkstelligen. Er geht einem leichter von der Hand.

Auf dieses Leben lässt sich einfacher verzichten, wenn es zur Henkersmahlzeit nur Brot gibt. Anspruchslos wie immer.

> „Von dem Weine hatte er nur ein Glas getrunken. *Emilia Galotti* lag auf dem Pulte aufgeschlagen." (S. 111)

Lesen bis zum Schluss. Und Schreiben.

Aber Werther ist nicht einmal zu einem richtigen Selbstmord fähig. Sein Ableben dauert Stunden.

> „Man fürchtete für Lottes Leben." (ebd.)

Werther wird es gefreut haben. Selbstmord kann auch Sinn machen.

„Schöner Sterben" wie Ernst Jandl sagen würde.

> „Kein Geistlicher hat ihn begleitet." (ebd.)

Auch Geistliche können schlau sein.

Wer wollte dieses selbst kasteiende und toxisches Wesen, das sich Werther nennt, der seine Gewalttätigkeit mit tiefen Gefühlen umhüllt, wer wollte ihn begleiten?

Werther verkörpert die Legitimation von Gewalt wegen einer spezifischen Psyche. Es ist deren Natur, die zur Gewalt führt. Gewalt ist nicht mehr das moralisch Böse, sondern ableitbar aus psychischen Befindlichkeiten, gleichsam psychisch logisch. Der Gewalttäter ist von dem schlechten Gewissen befreit. Seine psychische Natur ist halt nun mal so.

1.4 Die ersten Minuten von „Lethal Weapon"

Es sind nicht nur die großen Philosophen, die das Desaster in den Blick nehmen.

Der Alltagsmensch denkt und fühlt nicht viel anders als Benjamin. Er fühlt sich bestätigt in seinem ahnenden dunklen Erfahrungshorizont, wenn er *Lethal Weapon* (1. Teil, 1987, Regie Richard Donner, Darsteller Mel Gibson, Danny Glover) schaut, alljährlich zu Weihnachten im Fernsehen. Dieser Film beziehungsweise diese Serie läuft auch (neben Action-Film) unter der Kategorie „Action-Komödie". So lustig kann das Desaster sein. Vielleicht ist das Lustige ein Verarbeitungsmodus des Desasters.

Hundert weitere Filme könnten ebenfalls hinzugezogen werden, um die wahrgenommene Macht des Desasters auf die Bildwand zu bringen.

Eine sanfte und verträumte Kamerafahrt aus der Luft über Los Angeles. Das Weihnachtslied „Jingle Bells" ertönt. Vorfreude auf das große Fest im Kreis der Familie stellt sich ein. Aber wie dieses Zusammentreffen im Alltag zu einem Höhepunkt an familiären Konflikten führt, so ist auch diese Vorfreude vermutlich trügerisch. Im weichzeichnerischen David Hamilton Stil, im damaligen grobkörnigen Playboy-Stil, räkelt sich eine junge Frau halbnackt im Bett. Sie geht auf den Balkon, lächelt nochmals, um sich dann in den Tod zu stürzen.

Cut.

Der Polizist Murtough hat Geburtstag. Heiter bis besinnlich sitzt er in der Badewanne. Seine Familie stürzt herein, sein Privatsphäre missachtend, um ihm zum Geburtstag zu gratulieren, seinem 50. Die Kamera zeigt den intensiven Blickkontakt mit seiner pubertierenden Tochter. Sie sagt ihm, dass er alt aussehe. Die Hoffnung auf das Desaster, in diesem Fall des Inzests, scheint zu schwinden.

Cut.

Wir sehen das Meer, das unendlich wogende, wir hören die Blues-Gitarre oder wir meinen, sie zu hören, ein Hund läuft den noch ein bisschen wilden und ungepflegten Strand entlang (es ist nicht die Adria), ein Camping-Wagen steht am Strand. Der Polizist Riggs raucht mitten in der Nacht. Ein Kasten Bier stellt sich der Kamera in den Weg. Riggs rülpst. Er wird wohl betrunken sein.

Cut.

Murtaugh nimmt zu Hause Tabletten ein. Schließlich ist er 50 Jahre alt geworden. Da wird er doch hoffentlich eine altersgemäße Krankheit haben. Zum Beispiel Bluthochdruck. Eine Katze läuft durch das Bild. Seine Tochter präsentiert ihm wie auf dem Laufsteg ihr Sylvester-Kleid in der Haltung: „Du sollst mich verführerisch finden, aber für alles andere bist Du einfach zu alt. Du Tablettenkonsument. Bald bist Du tot und kannst mich dann gar nicht einmal mehr sehen."

Cut.

Zurück zum Wohnwagen. Im Fernsehen läuft eine TV-Show. Auch im Fernsehen taucht eine Bierflasche auf. Selbst im Fernsehen. Das Bild der gestorbenen großen Liebe Riggs taucht auf. Damals, als alles noch gut war. Heute ist nur Untergang. Riggs knabbert an einem Keks, anstatt zu rauchen. Er spült mit Bier nach. Er findet die TV-Show so doof, dass er den Fernseher zertrümmert. Der Camping-Wagen steht offen. Kein Schutz nirgendwo.

Cut.

Auf dem Schießstand. Murtaugh trifft. Er ist mit seinem Ergebnis zufrieden. Das Desaster hätte darin bestehen können, dass er an seinem 50 Geburtstag nicht trifft. Dem ist aber nicht so. Das Desaster lässt so auf sich warten. Es hat sich genüsslich in die Zukunft verzogen. Es wird aber kommen.

1.4 · Die ersten Minuten von „Lethal Weapon"

Cut.

Riggs im Wagen auf dem Weg zu einer Schießerei. Wenn der Polizeiruf auf das sich gerade ereignende Desaster hinweist, ist für Riggs kein Halten mehr. Schnell wie der Wind stellt er sich ein und hüpft gleichsam zum Tatort. Der Amokschütze hat einen Neunjährigen angeschossen. Seine weinende Mutter taucht auf. Jetzt heißt es für Riggs, töten oder getötet zu werden (das ist *eine* vollkommene Definition des Desasters). Einer, der auf Kinder schießt, der ist sofort zur Rechenschaft zu ziehen. Ohne Wenn und Aber. Obwohl ihn seine Kollegen aufhalten wollen, entsichert Riggs seine Waffe und läuft los. Im Mund eine Kippe, die er nicht angezündet hat. Der Himmel ist blau. Es ist ein schöner Tag. Riggs spricht den Bösen an. Der ballert wie wild, ohne Riggs zu treffen. Mit einem Kugelhagen tötet Riggs den Amokläufer. Amokläufer sind doof und können nicht treffen. Dessen ungeachtet, hat Riggs sein Leben riskiert. Riggs sucht das Desaster. Gäbe es das nicht, dann würde Riggs es erfinden, weil er nicht leben will. Wie Freud in „Die Zukunft einer Illusion" schreibt (1927) (siehe weiter unten), hat das Leben nicht viel zu bieten, außer den thrill der Todesdrohung, die Riggs wie eine Droge konsumiert. Das Desaster, es ist das herbei gesehnte. „So was Verrücktes wie Sie, habe ich noch nie gesehen, aber Sie sind gut." Sagt der Einsatzleiter zu ihm. Wortlos verlässt Riggs den Tatort. Die Zigarette, die er nicht angezündet hat, wirft er fort. Er will doch mit dem Rauchen aufhören, mit dieser todbringenden Sucht. Ein Spezialkommando rennt an ihm vorbei. Sie wissen noch gar nicht, dass alles vorbei ist. Für Riggs ist nie etwas vorbei. Jedes *vorbei* ist schmerzhafter als der Tod. In der Permanenz des Desasters darf es keine Pause geben. Was ist überhaupt eine Pause, eine Unterbrechung?

Cut.

Murtaugh im Dienst. Am Tatort, an dem sich das *Mädchen* aus dem Fenster gestürzt hat. Das von ihr zerbeulte Autodach ist zu sehen. Die junge Frau ist die Tochter eines Soldaten, mit dem Murtaugh zusammen gedient hat. Dieselbe traurige Musik im Hintergrund wie bei Riggs am Strand, als er ein Bild hervorkramt: sein Kamerad und die glückliche kleine Tochter, die jetzt auf einem Autodach zerschellt ist. Nach wenigen Minuten Film haben wir bereits zwei Leichen junger Frauen. Diese und die Ex von Riggs.

Cut.

Riggs als verdeckter Ermittler bei einem Drogendeal. Wieder ist der Himmel so blau. Es hätte so ein schöner Tag werden können. Christbäume verdecken den Ort des Drogendeals. Riggs will den gesamten Stoff. Die Dealer machen ihm aber klar, dass das 100 Riesen kosten würde. Sie sprechen von 100, und Riggs blättert 100 Dollar auf den Tisch. Die Dealer sind verwirrt. Ein kleiner Streit. Riggs zückt die Dienstmarke. Die Dealer glauben ihm nicht und halten ihn für verrückt wie davor auch der Einsatzleiter. Riggs lächelt zustimmend. Er hält sich auch für verrückt. Auf einem LKW voller Christbäume hat sich der vierte Dealer versteckt. Riggs legt drei Dealer um, der vierte nimmt ihn als Geisel und hält ihm eine Knarre an den Hals. Den nun eingetroffenen verdeckten Ermittlern und Polizisten schlägt er vor, den Geiselnehmer zu erschießen. Riggs verwirrt den Geiselnehmer so sehr, dass es ihm möglich ist, ihn zu entwaffnen. Um ein Haar hätte Riggs im Affekt dann den Dealer erschossen. Dieser wirkt bei seiner Festnahme psychisch stark angegriffen. Riggs hat ihn psychisch fast vollständig fragmentiert. Der Wahnsinn gehört zum Desaster dazu. Er ist seine Quelle. Es gibt kein Desaster ohne diese Quelle. Der Wahnsinn tobt sich im Desaster aus. Wahnsinn – Desaster – Destruktion. Versuchen die Dealer noch eine Ordnung der Vernunft aufrechtzuerhalten – einen Deal durchzuziehen – hat Riggs diese Ordnung verlassen. Das macht seine Überlegenheit aus. Der Wahnsinn als Waffe, diese diente auch den Diktatoren des 20. Jahrhunderts auf hervorragende Weise.

Cut.

Es ist Abend. Ein Lagerfeuer brennt am Strand. Ein Schiff mit zwei Leuchten ist im Hintergrund zu sehen. Da fehlt doch nur noch das Liebespaar, das den Strand entlang tändelt und sich immer wieder küsst. Anstelle dieses geht Riggs mit seinem Hund in seinen Wohnwagen. Er hat einen neuen Fernseher dabei und fragt seinen Hund kameradschaftlich, was dieser am Tage gemacht habe. Die Stimmung ist gemütlich. Von Desaster keine Spur. Riggs öffnet sich ein Bier und bietet seinem Hund ein Sandwich an. Sonst sei nichts zu essen da. Es regnet. Riggs weint und trinkt Bier. Aus dem neuen Fernseher trudeln fröhliche Töne. Er fixiert das Bild seiner Ex. Er richtet die entsicherte Waffe gegen sich und hält sie an seine Stirn. Seine Augen sind geschlossen. Dann nimmt er die Waffe in den Mund. Comics laufen im Fernsehen. Merry Christmas wünscht ein Hase. Riggs schafft es nicht, sich umzubringen.

Merke Die Gemütlichkeit ist stets des Schrecklichen Anfang (frei nach Rilke). Wo Gemütlichkeit jetzt ist, hat 10 min später das Desaster Einzug gehalten. Oder ist die Gemütlichkeit das ekelerregende Desaster der friedlichen Harmonie?

Cut.

1.5 Der Beginn von „Die Hard"

Ein anderes Filmbeispiel für die Unausweichlichkeit der permanenten medialen Inszenierung des Desasters: *Die Hard, Stirb langsam* aus dem Jahr 1988 von John McTiernan mit Bruce Willis.

Ein Flugzeug landet in der untergehenden Sonne. Wir sehen die linke Tragfläche mit zwei Turbinen. Die Landeklappen sind ausgefahren. John McClane (Bruce Willis) sitzt im gelandeten Flugzeug und wird von seinem Nachbarn auf seine Flugangst angesprochen und erhält von ihm auch Tipps gegen die Flugangst. Der Nachbar bemerkt die Knarre an seinem Körper und ist irritiert. McClane holt einen großen Teddybär aus der Gepäckablage und erhält einen interessierten Blick einer Flugbegleiterin. Sie würde gerne mit ihm das Bett teilen. So ist McClane eingeklemmt zwischen Waffe, Teddy und weiblichem Begehren. Das kann ja was werden. Für was soll er sich entscheiden? Kann er überhaupt entscheiden? Bahnt sich das Schicksal nicht einfach seinen Weg? Ist das Desaster unaufhaltsam?

Cut.

Am Förderband des Gepäcks. McClane raucht. Offenkundig ohne schlechtes Gewissen. Er ist kein Riggs, der auf der unbewussten Ebene mit einer Frau identifiziert ist (und sich

1.5 · Der Beginn von „Die Hard"

so auch bewegt) und sich gesundheitsbewusst verhalten will. McClane ist dagegen durch und durch Mann und Krieger.

Cut.

Ein Quartett spielt klassische Musik in gedämpftem Licht. Ein Japaner scheint hier der Boss zu sein. Menschentrauben stehen herum. Menschen plaudern. Der Japaner bittet um Aufmerksamkeit, hält eine kleine Rede, in der er den Versammelten zu einem äußerst erfolgreichen Geschäftsjahr gratuliert. Offenbar hat eine japanische Firma eine amerikanische übernommen. Oder ist das amerikanische Unternehmen eine Dependance des japanischen? Wie es auch immer sein möge, die Botschaft ist klar: Um die amerikanische Wirtschaft steht es potenziell schlecht; die japanische ist ein ernsthafter Konkurrent. Das Desaster hat sich langsam herangeschlichen und droht Amerika zu vernichten. Der japanische Boss wünscht allen schöne Weihnachten. Begeisterte Zurufe erschallen aus dem Publikum. Die Schafe, die zur Schlachtbank geführt werden, jubeln und jubilieren auch noch.

Cut.

Ein Flur im Unternehmen. Holly, die Frau von McClane, wird von einem Kollegen angesprochen. Ist sie für ihn nur eine Kollegin? Oder eher eine Frau? Eine begehrenswerte Frau? Erreicht das Desaster auch die Ebene des Privaten? Ist das dem Mann-die-Frau-abspenstig-machen nicht eine der Urformeln des Desasters? Eine Familie droht auseinander zu brechen. Die Kinder geraten unter die Räder. Der betrogene Ehemann wird womöglich seine Frau umbringen, vielleicht auch ihn, den anderen. „Wollen wir zusammen was essen gehen?", fragt er sie gewinnend-schmierig lächelnd. Sie: „Heute ist Weihnachten." Sie sagt nicht, dass sie nicht will, sondern dass der Termin schwierig ist. Mit einem Bein ist sie schon in seinem Bett. Auch wenn daraus nichts wird, sie ist ihrem Mann bereits abtrünnig geworden. Sie hat ihn schon längst verraten. Das Desaster ist bereits geschehen. Holly und John sind Trümmer der Geschichte, die der Engel der Geschichte nicht einzufangen vermag. Bereits das erste verliebte Lächeln, der erste Kuss kündigen das Desaster des Untergangs der Liebe an. Das Bekenntnis zueinander ist nichts weiter als die Fanfarenklänge am Ende der Liebe, das aus einer Trennung bestehen kann, aus einem zähen Ringen über Jahrzehnte, aus einem sich Fremdwerden, aus einem Fremdgehen. Die Liebe ist nichts als des Desasters Anfang.

Cut.

Holly geht in ihrem Büro, in der auch eine schwangere Sekretärin sitzt; an ihren Tisch, dreht sich um, blickt auf ein Bild mit ihr und zwei Kindern. Es sind die ihren. Von John McClane keine Spur. Immerhin hat sie sich mit dem Drehen des Stuhls auch dem Kontakt mit ihrem potenziellen Liebhaber entzogen, der noch erwartungsfroh und -bitter im Türrahmen steht. Aber die Kamera hat ihn bereits verlassen. Wir wissen nun: Bald wird er tot sein. Holly ruft ihre Kinder an. Neben dem Bild mit ihr und den Kindern taucht dann noch ein weiteres auf. Er, der Vater, ist mit dabei. Die Tochter fragt am Telefon, ob

Pappi zu Weihnachten auch da sein würde. Holly erklärt ihr, dass das der Weihnachtsmann klären müsste. Sie fragt die südamerikanische Haushälterin, ob John angerufen habe. Diese verneint. Holly ist sehr beunruhigt, versucht aber Fassung zu bewahren. Sie wünscht sich die intakte Familie zu Weihnachten. Ob das was wird, ist aber mehr als fraglich. Nichts ist im Lot. Das Desaster hat die Figur des permanent Fragilen, Unabsehbaren, Ungewissen. Alles kann von einer Sekunde auf die andere anders werden. Nichts ist sicher und planbar. Nur das Hoffen und Glauben sind Gegengifte zum Desaster. Holly schlägt der Haushälterin vor, das Gästezimmer für ihn vorzubereiten. Die Haushälterin antwortet, das habe sie bereits gemacht. Der Ehemann ist Gast, nicht Partner, aber nur bis auf weiteres. Da Holly nicht weiß, ob John kommt, kippt sie das Bild mit der gesamten Familie um. Sie begräbt ihre Hoffnung. Das Desaster bildet den einzigen Schutz, den wir im Leben haben. Wir sollten dankbar für es sein. Für immer. Solange …?

Cut.

John McClane bahnt sich den Weg zum Ausgang des Flughafens. In seinen Händen der übergroße Teddy. Ein junger Mann hält ein Schild mit seinem Namen in der Hand. Offenkundig wird er abgeholt Ein junger Chauffeur starrt ihn mit Sonnenbrille an, John macht Augen, als habe er ein unsittliches Angebot erhalten. Der junge Chauffeur will ihn aber doch nur abholen. Unklar ist, wohin? Und von wem er den Auftrag erhalten hat. Wird er in das vorbereitete Gästezimmer befördert? Dieser sonst so misstrauische McClane kommt nicht einmal auf den Gedanken, hier nachzufragen. Zum Desaster gehört offenkundig auch das Unvorsichtigsein, das Mal-schauen-was-passiert. Der Chauffeur hat ihn offenkundig erfolgreich verführt. Zum Wesen des Verführtseins gehört dazu, dass der Ausgang offen ist. Das Desaster kann also auch noch stattfinden – wie auch die unbestimmte Verheißung. Den homophoben John könnte der Chauffeur auch zu einem Schwulenclub bringen oder im Gefängnis absetzen.

Cut.

Stattdessen sitzen sie nebeneinander in einer Luxus-Limousine. Der Chauffeur schwärmt über die Technik. Der Teddy hat auf der Bank im Fond Platz gefunden und schaut erwartungsfroh auf das Paar, das vor ihm sitzt. John schaut aus seinem Fenster, um nicht in Blickkontakt mit dem Chauffeur zu kommen. Arguile, so nennt er sich, fragt ihn über sein Privatleben aus und erfährt, dass Holly wegen ihrer Karriere nach L.A. gezogen ist, seit einem halben Jahr hier sei, aber er, John, als Polizist in New York seinen Dienst nicht aufgeben könne. Das Desaster bekommt jetzt eine soziale Dimension. Die zunehmende Erwerbstätigkeit von Frauen, deren verfluchten Karriereträume, führen zu schweren Problemen in Familien. Früher war das alles anders. Damals wäre McClane noch auf einem Pferd gesessen und hätte Wilderer gejagt, derweil seine Holly mit anderen Frauen zum Fluss gegangen wäre, um Wäsche zu waschen – mit einem zufriedenen Gesichtsausdruck, weil sie auf ihren John gewartet hätte, der lebendig oder tot nach Hause gekommen / getragen worden wäre. Beide Optionen sind gute Optionen.

Cut.

McClane steht im Foyer des „Nakatomi Plaza", benannt nach der Firma seiner Frau. John begehrt Einlass. Er muss beim Pförtner den Namen seiner Frau nennen, um überhaupt hereingelassen zu werden. So ändern sich die Zeiten. Sie ist der Boss und Zukunftsträger. Er ist nur ein kleiner Bulle.

Der gesamte Film wird nun daraus bestehen, ihn zum Helden zu machen, ihn ihr zumindest ebenbürtig zu machen. Aber erst einmal muss er feststellen, dass seine Frau ihren Geburtsnamen wieder angenommen hat.

Cut.

John und Holly freuen sich zunächst, sich zu sehen. John und Holly streiten sich dann sofort wieder über ihre Ehe, darüber, dass Holly ihren Familiennamen wieder angenommen hat, sie sind also mehr als in einem gewohnten Muster, sie sind ganz zu Hause. Da überfallen Gangster den „Nakatomi Tower". Dieses Desaster dient einzig und alleine dazu, John und Holly wieder zusammenzubringen. Im Desaster steckt das Unabsehbare. Das Desaster kann das Gegengift zum Desaster sein. *Man* weiß es nie. Und so drängt sich die perfide Idee auf, dass nur das eine Desaster durch das andere Desaster beendet werden kann. Besessen von dieser Idee haben Mao, Stalin und Hitler Politik betrieben (▶ Kap. 5).

1.6 Und die Literatur

Ja, *American Psycho* hätte in dieses Unterkapitel gut rein gepasst. Kennt jeder, kennt jede wie *Lethal Weapon* und *Die hard*. Aber im Gegensatz zu den beiden Filmen ist in *American Psycho* das Desaster nichts Selbstverständliches, sondern ein Spektakel. Die Messe des Desasters wird hierin gleichsam gelesen, ein Hochamt des Grauens.

Ein wenig anders verhält es sich in „*Sprung*" (1994) von Dennis Cooper. In diesem Buch bleibt das Desaster so erschreckend wie beiläufig.

> „Mir wurde klar, dass ich einigen Leuten wichtig bin. Ich muss gar nichts machen. Es reicht, gut auszusehen, jung zu sein oder so. Manchmal … wünsche ich mir, vorübergehend zu sterben. Die Leute könnten mich rumschieben, sowas. Ich hätte keinen Vornamen, nur eine Oberfläche. Wie Kissen. Die haben keine Namen." (ebd., S. 17)

Der Wunsch nach dem Verschwinden, nach dem Nichtsein als menschliches Subjekt kann nicht besser beschrieben werden. Cooper benennt zwei große Desaster: ein Subjekt zu sein und es nicht zu sein. Das Subjekt möchte verschwinden, so unerträglich ist für es das Leben, das aufgehobene Subjekt möchte endlich wieder sein, zur Geltung kommen.

Das Subjekt möchte verschwinden und es möchte das andere zum Verschwinden bringen.

> „In einer Nacht kriegte ich Samson so voll Drogen, dass er über den Teppich lief wie auf Treibsand oder so. Er konnte nicht sprechen, glaub ich nicht. Ich steuerte ihn Richtung Bett, wo er hinfiel. Ich kniete auf seiner Brust und starrte sein Gesicht an, bis es verschwamm. Dann boxte ich hinein. Und nochmal. Irgendwie kriegte ich die Kurve nicht, weiß nicht mehr so genau. Gegenstände gingen kaputt. Ab und zu fing ich auf, wie eines von Samsons Augen mich musterte, ein Muskelreflex, nehme ich an." (ebd., S. 49)

Der Ich-Erzähler handelt, versucht zu töten. Aber er wird auch gehandelt – vom Todestrieb, würde Freud sagen. Der Ich-Erzähler hat eine andere Begründung.

> „Wenn die Sache vorbei ist, ich meine, lange vorbei, dann werde ich mal versuchen, den Jungen und mich aus der Gewalt rauszusortieren und irgendwas zu fühlen. Aber so weit bin ich noch nicht." (ebd.)

Er fühlt nichts und füllt die Leere mit Gewalt. Diese kann eigentlich nichts zerstören, weil der andere auch nichts fühlt. Leere trifft auf Leere. So nimmt es nicht Wunder, dass sein Opfer ihn nicht verurteilt. Zufällig treffen sie sich in einem Punk-Club. Der Ich-Erzähler möchte zuerst fliehen, doch dann reden sie miteinander.

> „Dann fragte ich ihn, ob´s ihm was ausgemacht hätte.
> `Kein Stück, Spit´. Er schüttelte den Kopf, stoppte, nickte. `Na ja, zuerst schon, klar.´ Er lachte, was seine Narben noch betonte. `Aber es war immer komisch, gut auszusehen. So toll, wie man denkt, ist es gar nicht.´ Er nahm ein Schluck Bier und lehnte sich an die Wand der Höhle. `Also: nein.´ Dann kriegten seine Augen diesen eisigen, distanzierten Blick, den ich irgendwie erwarte bei den Leuten, mit denen ich ficke. `Nicht mehr.´"
> (ebd. S. 51)

Es ist gar nicht möglich, tote Menschen zu töten, ihnen Gewalt anzutun. Sie ärgern sich nicht einmal darüber – auf Dauer. Sie verzeihen – irgendwie. Das ist noch viel schlimmer als Rachegefühle, Vorwürfe. Wie bei de Sade (siehe weiter unten) wehren sich die Opfer nicht. Der Täter kann das Opfer gar nicht erreichen, verletzen. Das Opfer repräsentiert das Unwirkliche, das Unempirische. Der Angriff auf das Opfer zielt auf Wirkliches, was sich entgegenstellt, um es wegzustellen.

> „Nicht dass ich keine Phantasien hatte, Stricher zu ermorden. Es ist nur so, die ersten paar Male, wenn ich mit einem ins Bett gehe, bin ich eher zu verängstigt oder schüchtern, um das zu machen, was ich wirklich will." (ebd., S. 52)

Cooper lässt seinen Ich-Erzähler eine Theorie der Gewalt erzählen:

> „Mein Idealtyp ist eher distanziert, wie ich. Ich meine nicht sachlich, ich meine absolut verschlossen. Als würde er sich vor anderen Menschen schützen oder vor Schmerz oder vor beidem, indem er sich in jeder Hinsicht von der Welt zurückzieht, abgesehen von dem üblichen körperlichen Zeug, das man braucht, um zu existieren, wie gehen, reden, essen usw. (ebd., S. 52)

Er kann sich nur in sein Spiegelbild verlieben, eine rein narzisstische Objektwahl, die den anderen gar nicht zulässt. Der (nicht-)andere muss sich so stark vor der Welt fürchten wie er selbst. Verbindung ist Qual und Schmerz.

Cooper lässt seinen Ich-Erzähler die Nachtseiten des modernen Subjekts erzählen, das vollkommen einsam und individualisiert einer zutiefst feindlichen Umwelt gegenüber steht, aber eigentlich schon längst weg sein will, aber eben nicht auf den Malediven, niemals auf den Malediven, nicht einmal in der Wüste wie die frühchristlichen Anachoreten. Er weiß gar nicht, wohin er will. Dafür gibt es für ihn kein Bild. Die phantasierte Gewalt gegen den anderen ist die imaginierte Gewalt gegen sich selbst. In der Selbstauslöschung hofft das moderne Subjekt die unklärbare Frage zu lösen, wohin er gehört. Er gehört nirgendwo hin. Das Nichts bekommt so eine physische Qualität. Es wird ein (Un-)Ort. Die Verpflichtung des modernen Subjekts, sich aus der Tradition herauszustellen und eigenständig denken zu lernen (Kant), hat möglicherweise eine Schattenseite, die der Vereinsamung. Und Coopers Ich-Erzähler ist mit dem eigenständigen Denken vollkommen überfordert. Er vermag nur zu stammeln, wenn es gut geht. Er muss sich der Welt absolut verschließen, so zumindest sein Wunsch, da er ihr nicht standhält. Er verweigert sich zutiefst dem sich Bewähren-müssen (siehe Diderot). Coopers Ich-Erzähler ist der Anti-Aufklärer schlechthin.

1.7 Das Verdrängte, das Verworfene

Eugen Sorg hat ein Buch geschrieben mit dem Titel *Die Lust am Bösen – Warum Gewalt nicht heilbar ist* (2011). Es könnte der Eindruck entstehen, ich hätte von ihm abgeschrieben, so sehr ähneln sich unsere Positionen.

1992 ist er als Delegierter des Internationalen Komitees des Roten Kreuzes (IKRK) in dem auseinanderfallenden Jugoslawien, das bald aus etlichen Nationen bestehen wird. Er ist konfrontiert mit den Gräueltaten der Bürgerkriegsparteien.

» „Jeder Kroate oder Serbe oder Bosniake wusste von abscheulichen Einzelheiten, die von der jeweils anderen Seite begangen worden waren, und jeder schwor, dass seine Geschichte wahr ist." (ebd., S. 8)

» „Das Auseinanderfallen des jugoslawischen Staates hatte Existenzängste ausgelöst, aber auch Möglichkeiten eröffnet, vom Chaos zu profitieren. Politische, juristische, gesellschaftliche Grenzen waren unverbindlich geworden, es gab keine funktionierenden Einrichtungen mehr, um Übertretungen zu bestrafen. In dieses Vakuum schossen die Geschichten hinein, fiebrig, unkontrolliert, psychotisch. Sie waren der emotionale Treibstoff des Bürgerkriegs, die Gründungsmythen der sich neu erfindenden Nationen, das Alibi der Mörder. Die Dämonisierung der anderen Gruppe schweißte die eigene zusammen, mobilisierte archaische Kampfenergien und setzte zivilisatorische Hemmungen außer Kraft. Alles war erlaubt – Raub, Landnahme, Erniedrigung, Vernichtung – gegenüber dem, den man sich als heimtückischen Untermenschen darstellen konnte. Die Geschichten befreiten von der lästigen Aufsicht des Gewissens und verhalfen zum Persilschein für die Machtübernahme der niedrigen Instinkte. Sie verrieten mehr über die eigenen Taten und Begehrlichkeiten als über diejenigen des Gegners. Sie waren der Siegesgesang des Bösen." (ebd., S. 11)

Dieser Bürgerkrieg ist noch nicht allzu lange her. Unser heutiges Entsetzen über die Untaten des IS legt auch einen Schleier darüber, dass Europa wie zum Beispiel im jugoslawischen Bürgerkrieg ein vergleichbares *Potenzial* wie die IS zum Foltern und Morden hat. Und dieses *Potenzial* wurde nicht zuletzt im Mittelalter eingesetzt.

» „In vielen Fällen kannten sich die Täter und die Opfer von der Arbeit, von den Kaffeehäusern, von gemeinsamen Feiern." (ebd., S. 12)

Sorg ist es wichtig, nicht den erbitterten Streit zwischen Ethnien oder Religionen zur Grundlage der grausamen Konflikte zu erklären. Vielmehr sei es umgekehrt. Dieser Streit werde genutzt, um Grausamkeit zu legitimieren. Das Böse im Menschen sei jederzeit abrufbar, vorausgesetzt die äußeren Bedingungen seien günstig – wie im damaligen Jugoslawien, in dem keine zentrale Staatsgewalt mehr negative Sanktionen durchsetzen konnte.

> „Die meisten Menschen berauschen sich nicht an Ideen, sondern sie benutzen Ideen, um ihren Rausch zu legitimieren. Man bestiehlt und tötet den anderen aus konkreten Gründen: aus Habgier, Eifersucht, Rache und Lust, zur Selbstverteidigung, weil man dazu gezwungen wird, weil man glaubt, nicht erwischt zu werden – aber kaum aus einer abstrakten Idee heraus." (ebd., S. 17)

Entscheidend beim Ausleben der niedrigen Instinkte sei, dass die Täter auf die breite Unterstützung großer Teile der Bevölkerung hoffen können. Sie sind keine einsame Samurais. Sie sind gut eingebettet.

> „Ich lebte in einer Art Grundvertrauen in die mich umgebende Welt und nun wurde mir mit beinahe physischer Wucht bewusst, dass die Decke der Zivilisation dünn und brüchig ist. Dieselben Leute, mit denen ich zu Hause vor der Migros-Kasse in der Schlange gestanden oder im Sommer am See Fußball gespielt hatte, steigen am Freitagabend beim Hauptbahnhof Zürich in Cars und reisten in bosnische Dörfer, um sich an Plünderungen und Tötungen zu beteiligen und eine Woche später wieder auf der Baustelle oder im Restaurant in Zürich-Oerlikon zu arbeiten. Sie taten es nicht aus ideologischen oder krankhaften Motiven, sondern weil sich die Gelegenheit dazu bot. Und sie sahen nicht anders aus als wir, als alle anderen." (ebd., S. 21)

Die Konzeption, dass die Mörder und Vergewaltiger Monster sind, Psychopathen, eine kleine krankhafte Minderheit in der Bevölkerung muss so aufgegeben werden.

1.8 Zusammenfassung

In diesem Kapitel wurde versucht, atmosphärisch einen Eindruck vom Bösen in der Moderne zu erlangen.

Das schöne Bild, das wir von unserer Kultur haben (Demokratie, Menschenrechte, Freiheit, Gleichheit, Brüderlichkeit, technischer und bürokratischer Fortschritt), muss ergänzt werden um seine dunklen Seiten, die zum Beispiel Diderot nicht sehen wollte. Die Moderne ist das Zeitalter massiven Kolonialismus, zweier noch nie da gewesener verheerender Weltkriege. Sie ist das Zeitalter einer unfassbaren Destruktivität, die aber nicht gedacht wird, die verdrängt oder verworfen wird. Wir fühlen uns als gute Menschen in einem guten Zeitalter. Das Verworfene sucht aber seinen Platz, etwa in Filmen, in der Literatur. Und nur wenige schreiben explizit über das Böse.

Das Böse – das Desaster

2.1 Eine biographische Notiz – 24

2.2 Das Böse denken – 24

2.3 Freud – de Sade – 25

2.4 Heile Psyche – unheile Psyche – 31

2.5 Das Desaster – 33

2.6 Dezision – 38

2.7 Desaster und Moderne – 40

2.8 Soziabilität – Dissoziabilität – 44

2.9 Große Desaster – 47

2.10 Zusammenfassung – 52

© Springer Fachmedien Wiesbaden GmbH, ein Teil von Springer Nature 2018
C. Klotter, *Warum der Spaß am Bösen ein Teil von uns ist*,
https://doi.org/10.1007/978-3-658-18638-8_2

2.1 Eine biographische Notiz

Es waren zwei Autoren, die ich als junger Mann fürchtete und zumindest letzteren noch immer fürchte: Freud und de Sade, zusammengeführt in dem Buch *De Sade und Wir – zur sexualökonomischen Pathologie des Imperialismus* (Siegert 1971), das mir mein älterer Bruder damals ausgeliehen hatte, und mir vollkommen neue Denkmöglichkeiten öffnete. So abstrus ich vieles in diesem Buch fand, so ermöglichte es mir doch, (psycho-) analytische Argumentationslinien nachzuvollziehen und Sexualität als mit gesellschaftlich-politisch Geformtes zu begreifen.

Wie es für seine Zeit üblich war, bezieht sich Siegert nicht direkt auf Freud, sondern auf den Freudo-Marxisten Wilhelm Reich, aber auch die Psychoanalytiker Reik und Stekel werden zitiert. Reich steht für die unter den Achtundsechzigern beliebte Idee, dass der Kapitalismus die Sexualität unterdrücke, um brave und angepasste Untertanen zu formen. Dass dieses Konzept so enorm simpel ist, machte es so attraktiv, aber in keiner Weise tauglicher. Das wusste bereits Marcuse oder später Foucault (Klotter 2015).

Siegerts Inhaltsverzeichnis gleicht in gewisser Weise einem surrealen Gedicht. Diese Aussage ist nicht abwertend gemeint. Der Surrealismus war einer der wichtigsten Kultur-Avantgarde-Bewegungen des 20. Jahrhunderts (Klotter und Beckenbach 2012). Die Überschrift des Kapitels 2 lautet etwa „Sexualökonomie des Rokoko", dazu die Unterpunkte „Symbolik der Muschel, der Perle und des Auges", „Die Geburt des Kapitalismus aus dem Luxus. Ursprüngliche Akkumulation", „Kolonialismus und Sexualität". Für einen 16-Jährigen eröffneten sich mit diesem Buch neue Welten.

2.2 Das Böse denken

Das, was mir damals nicht klar war, war, dass beide, Freud und de Sade, und das ist eher etwas Seltenes, das Böse denken und es als Teil der menschlichen Natur begreifen. Ich befürchtete jedoch damals, dass das Böse auch ein gut versteckter Teil von mir sein könnte. Dieser Gedanke ist in keiner Weise angenehm. Deshalb können die meisten Menschen mit den beiden Autoren nichts beziehungsweise viel zu viel anfangen. Und sie können sie auch nicht leiden, verletzen Freud und Sade doch fundamental unser in der Moderne lieb gewordenes Ich-Ideal, ein vernünftiges und sittliches Wesen zu sein, bereinigt von allem destruktiv Bösen. Das schieben wir dann gerne den Psychopathen in die Schuhe, schätzen deren Anteil in der Bevölkerung auf 3%, schreiben ihnen zu, dass sie keinerlei Empathie besitzen und so seelenruhig foltern und morden können.

Mit dieser bequemen Aufteilung sind 97% fein raus. Sie dürfen sich als die Gesitteten, als die Zivilisierten fühlen. Was für ein angenehmes Selbstbild!

Freud und de Sade machen mit dieser Illusion Schluss. Für Freud gehört zur Psyche der Todestrieb, der Verbindungen auflösen und destruktiv sich und den anderen zerstören will. Für de Sade ist ein Teil der menschlichen Natur böse. Und dies soll auch ausgelebt werden, weil es einfach viel Spaß machen kann, dies zur Ordnung der Natur dazugehört und einen Sinn ergibt, der für uns Menschen aber nicht leicht zu erschließen ist.

Die Zertrümmerung der genannten Illusion ertragen und tolerieren wir nicht.

2.3 Freud – de Sade

Diese nicht vorhandene Toleranz wäre doch ein Grund, sich die beiden Autoren nochmals anzuschauen, auch wenn es wenig Spaß macht, sie zu lesen. Das betrifft vor allem de Sade. Dieser soll im Zentrum stehen, auch weil er kaum zu lesen ist. Die Frage, die gestellt werden muss, ist die, warum dies so ist. Was lösen seine Texte in uns aus?

Bei Freud bedeutet die Aussage, es mache wenig Spaß ihn zu lesen, dass der Leser in Freuds Theorien das eigene Abgewehrte wieder finden könnte, sich zu gut erkannt fühlen könnte. Das ist in der Regel wenig erfreulich.

Freud ist ein brillanter Stilist, de Sade ist unsäglich redundant. Sein Schreiben umgeht jegliche Form von Effizienz, ist barock ausladend, ewige Schlaufen desselben.

Und dann implantiert de Sade im Leser die Angst, selbst gerne sexuelle Grausamkeiten ausüben zu wollen. Gerade die Tatsache des Lesens von Sades Texten muss doch unausweichlich den Leser davon überzeugen, eines dieser Monster zu sein oder auch vermittelt durch das Lesen zu werden, von denen es bei Sade nur so wimmelt. Ansonsten würde der Leser doch kein Leser sein. Anstelle dessen würde er in besinnlicher Atmosphäre zu Hause im Lehnstuhl bei einem Glas Tee mit Thomas Mann oder Günter Grass vorlieb nehmen. De Sade zu lesen, macht grundsätzlich verdächtig.

Ich komme nicht darum herum, die Texte von de Sade ein bisschen vorzustellen, sonst wird nicht klar, was Grass und Mann von de Sade unterscheidet.

Zum Beispiel kann das Werk *Die 120 Tage von Sodom* (1972) herangezogen werden, um de Sade kennenzulernen. Es endet zwar auch im endlosen grausamen Schrecken, beginnt aber ironisch-amüsant. De Sade stellt die Protagonisten vor, holzschnittartig, wie Figuren eines Comics. Es wird offensichtlich, dass es sich hierbei um Gedankenfiguren handelt und nicht um *echte* Menschen. Sie müssen Ideen verkörpern. Sonst nichts. Das Physischste, was es gibt, die Gewalttat, wird aufgelöst in der Welt der Ideen. De Sade ist fast ein Platoniker. Selbst die schlimmsten Dinge können der Welt der Ideen nichts anhaben.

1972 musste dem Buch *Die 120 Tage von Sodom* noch eine Notiz in einer Fußnote vorangestellt werden:

> „Der nachfolgende Text ist geeignet, Anstoß zu erregen. Gleichwohl hätte ihn fortzulassen die Intention unserer Auswahl – dem interessierten Publikum eine möglichst umfassende Vorstellung vom Gesamtwerk de Sades zu geben – gröblich verletzt. Wir verweisen daher mit besonderem Nachdruck auf die Kommentare und das Vorwort." (S. 31)

So viel Vorsicht wäre 2017 nicht mehr notwendig gewesen. Zur Vorsicht gesellt sich eine Skandalisierung: Das, was nun folgt, kann nur und muss ungeheuerlich sein. Wir werden sehen!

Der sexbesessene Leser muss sich lange in Geduld üben. Das Buch beginnt mit einer politischen Lageeinschätzung, die einem Leitartikel einer Zeitung entnommen sein könnte.

> „Die gewaltigen Kriege, die Ludwig XIV. während seiner Regierungszeit führen musste und durch die er die Staatsfinanzen und das Vermögen des Volkes erschöpfte, verschafften dennoch einer großen Anzahl von Blutsaugern die Möglichkeit, sich zu bereichern – von Blutsaugern, wie sie stets auf irgendeine Landplage lauern, der sie eher nachhelfen, als dass sie dämpfen, und zwar nur, um aus ihr noch mehr Profit zu schlagen." (ebd., S. 37)

In einer Zeitung würde vermutlich nicht von Blutsaugern die Rede sein, aber die restliche Einschätzung einer politischen Epoche wäre druckbar; eventuell noch mit dem Unterschied, dass ein derart düsteres Bild von bestimmten Menschen – den Blutsaugern – weder der Autorin noch der Leserschaft zumutbar wäre. De Sade schreibt über Menschen, die vollkommen skrupellos und böse sind, die nur an sich denken, an ihren eigenen Vorteil und an ihre eigene Lust. Ihre Lust entsteht über das Leiden anderer. Sie müssen sich in keiner Weise darum bemühen, als die Guten dazustehen.

Wer sich an de Sades Monster stößt, muss nur ein Blick auf das Heute lenken. Wer ein teures Auto fährt, möchte sich damit nicht nur als wohlhabend ausweisen, er möchte auch potenziell diejenigen, die sich dieses Auto nicht leisten können, demütigen, sie kränken. Wer sich mit Bio-Produkten ernährt, demonstriert, sozial besser gestellt zu sein. Wenn er dann denjenigen, die nicht Bio essen, vorwirft, dass sie sich gesundheitsabträglich verhalten, tut potenziell nichts anderes. Wenn jemand sein fast gesamtes Talent darauf verwendet, Steuerzahlungen zu umgehen oder Steuern zu hinterziehen, schädigt auf diese Weise das Gemeinwesen. Er ist ein Blutsauger, der dabei triumphiert, getrickst zu haben.

De Sade tut nichts anderes, als diese Gewaltverhältnisse überspitzt zu beschreiben. Das Tricksen wird in sexuelle Metaphern gegossen, um es unmissverständlich vorzustellen.

Vier Blutsauger bilden in den „120 Tagen" eine „Bruderschaft", um gemeinsam noch lasterhafter, noch bösartiger sein zu können. Sie heiraten jeweils die Tochter des anderen, der bereits Inzest mit ihr betrieben hat.

> „Wir Libertins nehmen uns Ehefrauen, damit sie unsere Sklavinnen sind. Ihr Status macht sie uns unterwürfiger als Mätressen, und Sie wissen ja, welche Bedeutung der Tyrannei in den Freuden, die wir genießen, zukommt." (ebd., S. 38)

Ihre grausamen Taten gegenüber ihren Opfern sind eingebettet in eine hochgradige Verlässlichkeit untereinander. Nie würden sie sich untereinander Gewalt antun oder Vereinbarungen nicht einhalten.

> „Der Verein hatte sich eine gemeinsame Kasse zugelegt, die immer abwechselnd einer von ihnen ein halbes Jahr verwaltete. Der Fonds dieser Kasse, die nur für Vergnügungen bestimmt war, war unermesslich. Ihr ungeheures Vermögen erlaubte ihnen in dieser Hinsicht sehr ausgefallene Dinge, und der Leser darf nicht überrascht sein, wenn man ihm erzählt, dass allein zwei Millionen im Jahr nur für die Freuden der guten Tafel und der Unzucht bestimmt worden waren." (ebd., S. 39)

Was kleine Jungs so träumen: von unermesslichem Reichtum, von einer riesigen Sammlung an Lego-Steinen, von einer Eiswaffel, die ein Meter groß ist.

Und wir sehen auch: Es gibt eine Ökonomie der Lust. Die Lust hat eine Währung, und das ist das Geld. Die Lust wird mit Geld aufgewogen. Wer darüber nicht verfügt, hat an den (schrecklichen) Freuden keinen Anteil. Je mehr Reichtum, umso mehr Vergnügen. Die soziale Ordnung drückt sich aus über die recht unterschiedlichen Quanten an Lust.

Bataille würde de Sades Ökonomie der Lust interpretieren über das Prinzip der Verausgabung, der Überbietung. Die Lust ist das Kind der Verausgabung, auf der Seite der Täter mit der Verschwendung von Unsummen von Geld, auf der Seite der Opfer mit ihrer Auslöschung.

2.3 · Freud – de Sade

Bataille hätte auch angemerkt, dass das bürgerliche Zeitalter Schluss macht mit der Verausgabung, Produktivität und Geiz an die Stelle der Verausgabung treten. So nimmt es nicht Wunder, dass die Libertins de Sade Aristokraten sein müssen und diese bei der Auswahl ihrer Opfer sorgfältig darauf achten, dass diese auch adliger Herkunft sind. So stellen die Werke de Sades einen Abgesang auf eine Epoche dar. War er der einzige, dem es auffiel, dass etwas zu Ende geht?

Wir wollen nicht vergessen, dass de Sade neben der sexuellen Lust, die der Gewalt, aber auch die „Freuden der guten Tafel" erwähnt. So präsentiert er eine Dreieinigkeit der Triebe, die Freud in seinen Triebtheorien 100 Jahre später theoretisch formuliert.

> „Es braucht nicht betont zu werden, dass bei diesen Soupers Überfluss und Erlesenheit die Tafel beherrschen; kein einziges Essen kostete weniger als zehntausend Francs, und es vereinte sich dort alles, was Frankreich und das Ausland an Seltenstem und Köstlichsten zu bieten hatten. Weine und Liköre in gleicher Auslese und gleicher Vielfältigkeit vorhanden, Früchte aller Jahreszeiten sogar während des Winters..."
> (ebd., S. 41f)

Der ungefähr im selben Zeitraum geschriebene *Werther* Goethes (▶ Abschn. 1.3) bildet das radikale Gegenteil kulinarischer Genüsse. Lotte verteilt Stücke von Schwarzbrot an Kinder, und Werther verliebt sich hierbei. Und wir können schlussfolgern: Wer das Essen nicht zelebriert, der hat auch keine sexuelle Befriedigung. Wo an der einen Seite gespart wird, da springt auf der anderen auch nichts raus. Im Sinne Freuds kann da nur Thanatos triumphieren.

An einem Punkt unterscheiden sich de Sade und Freud. Freud würde bei erlesenen nutritiven und sexuellen Genüssen davon ausgehen, dass Eros die Oberhand über Thanatos behält; bei de Sade ist es anders: Wenn Eros da ist, dann ist auch Thanatos da. Die Triebe kompensieren sich nicht, bilden keine Waagschalen, wo, wenn die eine oben, die andere unten ist.

Einer der Libertins beschreibt de Sade deshalb so:

> „Der Herzog von Blangis, mit 18 Jahren Herr eines schon riesigen Vermögens, das er seither durch Steuererpressereien beträchtlich vermehrt hat, lernte alle Übel kennen, das in der Umgebung eines reichen und angesehenen jungen Mannes, der sich nichts zu versagen braucht, üppig blüht. Fast immer wird in einem solchen Fall das Maß der Kräfte jenes des Lasters; je leichter es ist, sich alles zu verschaffen, desto weniger versagt man sich." (ebd., S. 42)

Die Libertins de Sades müssen das Gesetz nie fürchten. Sie sind aufgrund ihres Standes und ihres Vermögens für Verbrechen nicht belangbar. Zur Not kaufen sie sich frei. Sie sind wahrhaft souverän, frei in einem absoluten Sinne. Das bürgerliche Zeitalter wird damit Schluss machen.

Weitere Beschreibungen der Persönlichkeit des Herzogs:

> „Zu einem verruchten und gottlosen Geist hatte sie ihm die abscheulichste und gefühlloseste Seele verliehen samt einer Wüstheit in Geschmack und Launen, woraus die erschreckende Libertinage erwuchs, zu der sich der Herzog so eigentümlich hingezogen fühlte. Von Geburt war er falsch, hart, tyrannisch, ungesittet, egoistisch, gleicherweise verschwenderisch für sein Vergnügen und geizig, wenn es sich darum handelte, etwas Nützliches zu tun." (ebd., S. 42f)

Unsympathischer lässt sich ein Mensch nicht beschreiben. Wenn von de Sade der Begriff Sadismus abgeleitet wird, darf nicht vergessen werden, welche Persönlichkeiten de Sade den Sadisten zuschreibt. Diese sind nicht *liebe* Menschen, die abends einmal dem Hobby des Peitschenschwingens nachgehen.

De Sade liefert doch auch eine Psychologie der Sadisten. Sie sind vollkommen entgrenzt und destrukturiert. Von einem Über-Ich kann nicht die Rede sein. Niemand hat sie begleitet und begrenzt. Sie sind in einem elterlichen Nirgendwo aufgewachsen. Sie haben nur gelernt, dass alleine ihr Wunsch gilt. Wer nun davon ausgeht, dies sei ein einziger Traum, der irrt. Die so Aufgewachsenen verlieren sich im Sinne der Psychoanalyse in einer Nebelwand, in der sich niemand ihnen entgegen stellt.

Der Psychoanalytiker in mir ist versucht, biographische Bezüge zu dem Leben de Sades herzustellen. Er war vollkommen eigensinnig und konnte Realitäten schwerlich oder nie verstehen (Reinhardt 2014). Aber anders als seine Libertins besaß er ein psychisches Binnenleben, das es ihm ermöglichte, den anderen zu verschonen oder gar zu lieben. So beschreibt de Sade in und mit den Libertins einen Teil von sich, den er vermutlich sehr bedrohlich fand.

Wir haben mit Diderot gesehen, wie das Nützlichkeitsdenken unter die Menschen kam, wie der moderne Gedanke aufkam, dass Menschen sich bewähren müssen, um sozial anerkannt zu werden. Genau dieser neuen Haltung stellt sich der Herzog entgegen, ahnend, dass sein Widerstand nichts anderes sein wird, als vollkommen lächerlich. Der Herzog ist eine Figur, die historisch bereits vorbei ist, bevor sie den ersten Grashalm gekrümmt hat. Er ist das entsetzliche Zerrbild einer ganzen Epoche, die gerade im Begriff ist zu verglühen.

Wir sollten nicht davon ausgehen, dass de Sade den Herzog preist oder simpel rechtfertigt. Im Grunde kritisiert er ihn vehement. Er versucht ihn und sich zu verstehen und lehnt zugleich sich und ihn ab. Er leistet eine radikale Zeitdiagnose – mit bewusst grotesken Überzeichnungen. Und er ist der perfekte Zeitzeuge, weil er den Herzog (in sich) kennt und zugleich weiß, dass diese Figur untergehen wird. Er ist ein Adliger, der den Adel hasst.

Der Herzog von Blangis:

> „… er war ein Lügner, ein Vielfraß, ein Säufer, ein Feigling, ein Päderast, Blutschänder, Mörder, Brandstifter und Dieb, und keine einzige Tugend stand gegen alle dieser Laster." (ebd., S. 43)
>
> Ein Lied des Lobes sieht anders aus. Wenn er zumindest kein Feigling gewesen wäre. „… ein entschlossenes Kind hätte diesen Koloss erschreckt. Sobald er sich nicht mehr seiner Hinterlist und des Verrates bedienen konnte, um sich seiner Feinde zu entledigen, wurde er furchtsam und feige. Allein die Vorstellung selbst des ungefährlichsten Kampfes – auch bei gleichem Kräfteverhältnis – hätte ihn bis ans Ende der Welt fliehen lassen." (de Sade 1972, S. 46)

Um weiter zu veranschaulichen, dass de Sade Comics schreibt, sei auf die Vorstellung eine der Ehefrauen der Wüstlinge hingewiesen:

> „Adelaide besaß das Gemüt, das ihr Aussehen vermuten ließ. Sie war äußerst romantisch, suchte mit dem innigsten Vergnügen einsame Orte auf und vergoss dort unwillkürlich Tränen – Tränen, die man nicht ausreichend prüft und die – wie es scheint – eine Vorahnung der Natur entreißt. Sie hatte vor kurzem eine von ihr heißgeliebten Freundin

2.3 · Freud – de Sade

verloren, und dieser schreckliche Verlust beschäftigte ihre Vorstellung unaufhörlich. ... Die Religion ist die Lebensquelle einer Seele von der Art, wie Adelaide sie besaß." (ebd., S. 56)

Den Grausamkeiten ihres Vaters und ihres Ehemannes setzt sie nichts entgegen und flieht in eine andere Welt, der der Religion. „Adelaide litt alles mit Geduld und war tief davon überzeugt, dass der Himmel sie eines Tages entschädigen würde. Ihre ganze Gesinnung war so gutherzig wie ihr Gemüt, und ihre Wohltätigkeit, eine der Tugenden, um derentwillen ihr Vater sie am meisten verachtete, ging ins Maßlose." (ebd., S. 57)

Um seine groteske Erzählung weiter zu akzentuieren, beschreibt de Sade ein streng wissenschaftliches Auswahlverfahren von Mädchen und Jungen durch die Jury der Libertins. Die Grausamkeit der alten Zeit trifft auf den neuen Geist des aufgeklärten Zeitalters. Eigentlich haben ja beide nichts miteinander zu tun, ganz im Gegenteil, aber de Sade führt sie zusammen. Die Präzision der Auswahl verleiht der späteren bösen Tat Würde. Sie adelt sie. Das Alte wird durch den Vorgriff auf das Neue aufgewertet und in ein mildes Licht gerückt.

Mit dieser Operation der Verbindung von Vergangenheit und Zukunft streicht de Sade die Legitimationslücke der adligen souveränen Grausamkeit heraus.

» „Im ersten Gang wurden 50 ausgeschieden. Die 80 anderen nahm man sich erneut vor, aber mit viel mehr Sorgfalt und Strenge; der kleinste Fehler wurde von nun an ein Grund des Ausschlusses. Eine, schön wie der Tag, wurde dennoch abgewiesen, weil einer ihrer Zähne etwas vorstand; desgleichen mehr als zwanzig, weil sie nur Töchter von Bürgern waren." (ebd., S. 66)

Würden wir psychoanalytische Narzissmustheorien hinzuziehen, wären wie eventuell genötigt, die von de Sade gemalten Persönlichkeiten der Wüstlinge als narzisstisch gestört zu begreifen (siehe auch ▶ Abschn. 7.4). Sie haben Größenphantasien, die aus ihrem Gefühl der Inferiorität entspringen. Die wissenschaftliche Musterung dient der Vergoldung ihrer Taten, wo sie insgeheim wissen, wie jämmerlich sie sind. Und dass der Herzog lächerlich/jämmerlich ist, das hat de Sade doch längst beschrieben.

Auch der Ort der geplanten grausamen Orgie muss aufgewertet werden:

» „Aber es ist Zeit, dem Leser hier eine Beschreibung des berühmten Tempels zu geben, der so vielen wollüstigen Opferfesten während der vier geplanten Monate geweiht war. Der Leser wird erkennen, mit wie viel Sorgfalt man einen abgelegenen und einsamen Schlupfwinkel ausgesucht hatte, als ob das Schweigen, die Weltabgeschiedenheit und der Frieden machtvolle Triebwerke der Libertinage wären, und als ob das, was im Gemüt durch eben diese Eigenschaften einen Schauder erweckt, augenscheinlich der Wollust einen Reiz mehr verleihen sollte." (ebd., S. 74)

Nun steht außer Zweifel, dass in katholischen Heimen der sexuelle Missbrauch mit Kindern und Jugendlichen für lange Zeit gang und gäbe war. Dieser Sachverhalt unterstützt de Sades These, dass die Abgeschiedenheit den sexuellen Übergriff begünstigt.

Wenn de Sade den zukünftigen Ort des Schreckens mit religiösen Begriffen belegt (Tempel, Opferfest), dann kann dies auch eine narzisstische Aufwertung dieses Ortes sein.

Der Tempel liegt im „dunkelsten Schwarzwald" (ebd., S. 74), er ist kaum erreichbar, und ein Zurück gibt es nicht. Letzteres erinnert an den Vorgang des Sterbens. Auch da gibt es kein Zurück.

Silling, so nennt sich der Tempel, ist ein Albtraum für jeden Menschen, aber am meisten für einen Klaustrophobiker. Im grotesken Gegensatz dazu erscheint die Beschreibung der Einrichtung auf Silling wie ein Werbetext eines Einrichtungshauses.

> „Von der Galerie trat man in einen sehr schönen Esssalon. Er war mit turmartigen Schränken ausgestattet, die unmittelbare Verbindung zu der Küche hatten, wodurch mit größerer Leichtigkeit heiß und schnell aufgetragen werden konnte … Von diesem mit Teppichen, Öfen, Ottomanen, erstklassigen Sesseln und vielen anderem eingerichteten Esssalon, der ebenso gemütlich wie angenehm wirkte, gelangte man in ein einfach-schlichtes, aber sehr behaglich warmes und gut möbliertes Gesellschaftszimmer." (ebd., S. 75)

Spätestens jetzt wird der *Besucher*, aber auch der Leser des *Besuchs* von Wahnsinn heimgesucht, so radikal sind die unauflösbaren Widersprüche zwischen Aussichtslosigkeit und Behaglichkeit. Diese Kontraste dienen zu nichts anderen, als *Besucher* und Leser psychisch zu fragmentieren. Und die Beschreibung von Silling ist noch längst nicht abgeschlossen. Sie zieht sich noch über Seiten hin.

Wir verlassen *Die 120 Tage von Sodom* und folgen wieder der Spur der potenziell vielfältigen Funktionen von de Sades Texten.

Aber gerade die zahllosen Szenen sexueller Grausamkeiten könnten doch ein Unkenntlichmachen dessen sein, was seine zentralen Botschaften sind, die er in gewisser Weise kaschieren, einhüllen will. Warum das so ist, so sein könnte, auch das kann eine Frage an Sade sein.

Vorab ist bereits zu vermuten, dass Sades Schrecken-Szenarien der Psyche eines kleinen Jungen entspringen könnten, der sich aus welchen Gründen auch immer insuffizient fühlt und mit den Gewaltszenen belegen will, wie mächtig er selbst sein kann. Er möchte den Anderen Angst machen, damit diese nicht erkennen, wie klein und hilflos der kleine Junge ist.

Wir werden weiter unten noch sehen, dass sich de Sade des Öfteren als kleiner Junge gleichsam halluziniert, wenn er etwa gegen das Gewissen wettert und sich in ewige Unschuld hüllen will.

Auch die Monster aus seinen Texten haben sehr häufig mit einer erheblichen Schwäche zu kämpfen: mit einer erektilen Dysfunktion. Der kleine Junge ist dazu noch nicht in der Lage, die Monster nicht mehr. Sie bedürfen unendlicher Unterstützung und vor allem der sexuellen Gewalt, um irgendwann hinreichend stimuliert zu sein. Sie müssen die Gewaltdosis steigern, um sich noch einmal zu befähigen. Wir lernen von de Sade, dass die sexuelle Gewalt mit Impotenz in Verbindung stehen kann. Schmeichelhaft ist das für die Monster nicht.

Die sexuellen Eskapaden könnten auch geschrieben sein, damit der Leser nicht das Interesse an Sades Texten verliert, in denen es zentral auch um philosophisch-politische Positionen geht, die Sade offenbar unbedingt an Mann und Frau bringen will. Sade ist auf einer Mission: etwa gegen das Gewissen, gegen die Religion. Er fühlt sich selbst als Aufklärer, als Erzieher der Nation, letztlich als der einzig richtige Erzieher. Alle anderen haben nicht den Mut, diese Überzeugungen zu verkünden, so könnte Sade gedacht haben. Wegen seinen Überzeugungen sitzt er mehr als die Hälfte seines Lebens im Gefängnis. Auch das ist eine Form des Missgeschicks der Tugend. Mit all den von ihm geschilderten Gräueltaten will er verbergen, was für ein guter Mann er ist: eben *der* Erzieher der Nation.

Freud und de Sade verbindet vieles. Sie begreifen, wie schon gesagt, den Menschen als anteilig böse. Anders als Sade empfiehlt Freud nicht, das Böse auszuleben. Ganz im

Gegenteil. Aber Freud nimmt das Böse ernst. Es ist eine Macht im Menschen. Beide gehen davon aus, dass der Mensch nicht Herr im eigenen Haus ist, in der Lesart Freuds, dass das Unbewusste vieles in ihm bestimmt, in der Version Sades, dass die (bösen) Leidenschaften den Menschen regieren. Beide glauben an das Primat der Sexualität im Menschen. Sie ist es, die sein Erleben und Verhalten bestimmt. Beide sind überzeugt, dass er polymorph-pervers ist. Für Freud übernimmt im Idealfall die genitale Sexualität die Führung. Sade ist davon besessen, dass das Polymorph-Perverse erhalten bleibt. Sade will für immer Kind bleiben. Freud versucht, erwachsen zu werden. Beide sind durch die Thematisierung der Sexualität in gewisser Weise berühmt bis unsterblich geworden, Sade als ungestümer Literat, Freud als hermeneutischer Wissenschaftler. Beide wollten vermutlich berühmt werden. Sie haben es anteilig geschafft, auch wenn sie vergessen, verdrängt worden sind. Beide thematisieren anrüchige, grenzwertige und skandalöse Tabuzonen. Sie wissen, dass dies der Popularität nicht abträglich ist, obwohl sie im Zwielicht stehen. Für immer. Aber das nehmen sie gerne in Kauf. Sie sind moderne Pop-Helden der gekonnten Provokation, der gezielten Tabubrüche. Beide sind gesellschaftliche Dissidenten, von der Mehrheit meilenweit entfernt. Sie lehnen unisono Religion ab. Sie glauben nicht, dass Religion die Menschen moralischer macht. Für beide ist sie billiger Trost, ein Gebäude an Lügen, das die Menschen am Denken hindert. Wenn sie beide etwas nicht sind, dann das, dass sie sich als Optimisten präsentieren wollen, sondern als verhaltene bis wütende Pessimisten. Beide sind die Vorläufer des Punks.

Zu den weiteren Verbindungslinien zwischen Freud und de Sade:

Bei Freud gibt es Text-Passagen, bei denen der Verdacht aufkommt, er habe von de Sade abgeschrieben, etwa beim Thema Religion (siehe weiter unten).

Die Beziehung zwischen Freud und de Sade lässt sich auch so konzipieren, dass die Psychoanalyse Freuds genutzt wird, um die Texte und die Figuren aus Sades Texten zu interpretieren.

Dann könnten die Taten Juliettes, der Figur der bösen Frau in Sades Texten, als Ausdruck der Identifikation mit dem Aggressor interpretiert werden. Juliette erfährt, dass ein Libertin ihre Eltern umgebracht hat. Anstatt ihn zu hassen, ihn zu verlassen, den Drang zu spüren, ihn zu töten, steigert diese Offenbarung ihr gezeigtes Begehren ihm gegenüber (de Sade 1994).

Das ließe sich auch in Richtung des Stockholm-Syndroms verstehen. Das entführte Opfer verliebt sich in den Entführer. Wir sprechen dann davon, dass das entführte Opfer traumatisiert wurde, so wie zum Beispiel derzeit Flüchtlinge aus Syrien, bei denen skrupellose Schlepper ihren Tod in Kauf nehmen.

Dieses Modell unterstellt, dass es etwas anderes gibt, als traumatisiert zu sein – mit den jeweils entsprechenden psychischen Konsequenzen: dort eine zerstörte Seele, da eine heile. Darauf wird im Folgenden einzugehen sein.

2.4 Heile Psyche – unheile Psyche

Wir denken bei der heilen Seele an ein Kind, das geborgen und sicher aufgewachsen ist, Urvertrauen besitzt, ein Leben lang selbstbewusst, glücklich und erfolgreich sein und im Kreis seiner Angehörigen friedlich entschlafen wird.

Doch diese Dichotomie ist trügerisch. Sicherheit und Geborgenheit gibt es, wenn überhaupt, nur für den Augenblick oder für eine bestimmte Frist. Sie sind gleichsam nur Leihgaben, jederzeit zurückforderbar und aufhebbar durch das Unerwartete, den Zufall, das Schicksal. Eine Krankheit kommt, die Eltern werden durch einen Autounfall hinweggerissen.

Das Projekt der Moderne zielt daher darauf ab, die Schicksalsmacht durch technischen und bürokratischen Fortschritt zu minimieren. Aber genau diesem Projekt misstraut de Sade (Freud mit dem Konzept des Todestriebes auch) zutiefst. Mit seinem „Theater der Grausamkeit" (Antonin Artaud) pocht er darauf, dass das menschliche Leben niemals vollständig sicher und glücklich sein kann. Ganz im Gegenteil. Für ihn ist das Projekt der Moderne Lug und Trug. Darauf aufmerksam zu machen – in unendlichen Wiederholungen -, ist seine Mission, in die er seinen ganzen pädagogischen Eros legt. Da plädiert er dafür, dass Mütter ihre Kinder durchaus umbringen dürfen (Sade 1994). Schließlich haben sie ihnen das Leben auch geschenkt.

Sade insistiert darauf, dass wir Menschen ephemeroi sind, die dem Tageslicht Ausgesetzten. Er knüpft an die griechische Früh-Antike an, die die Frage, was das Beste für den Menschen sei, so beantwortete: nicht geboren zu sein. Das ist Sades Leitmotiv. De Sade geht in diesem Zusammenhang in gewisser Weise zurück auf die vorsokratische, homerische Epoche, die den Menschen noch nicht als kohärente Einheit begriff (Böhme 1990).

> „Die homerischen Helden sind nicht die Täter ihrer Taten, sondern nur Gefäße für das Wirken der Götter. Mag es für uns noch als eine gelungene Metapher verständlich sein, von einer Eingebung der Athene zu reden, wenn Odysseus einen Einfall hat, so will es uns schon nicht mehr in den Sinn, dass Paris den Achill an der Ferse trifft, weil Apollo ihm die Hand führte. Die Forschung zeigt nun, dass solche Metaphern nicht Metaphern sind, sondern Beschreibung der Erfahrung bzw. der Organisation des homerischen Menschen. Sie zeigt ferner, dass es sowohl in der griechischen Vasenmalerei wie auch in der homerischen Dichtung so etwas wie die Einheit des Leibes nicht gibt, sie zeigt, dass eine Seele oder ein Wille als zentrale Instanz nicht vorhanden ist.
>
> Der Mensch zeigt sich vielmehr als aufgelöst, zerrissen und ausgesetzt gegenüber ergreifenden Mächten, die er als Götter benennt. Dieser Erfahrung des Ausgesetztseins entspricht, wie Herrmann Fränkel gezeigt hat, das Verständnis des Menschen in der griechischen Lyrik: sie werden dort als ephemeroi, die Ephemeren, die dem Tageslicht Ausgesetzten, bezeichnet. Im 5. Jahrhundert vollzieht sich nun als Gegenbewegung gegen diese Ausgesetztheit die systematische und planvolle Errichtung einer inneren Instanz, die die erfahrenen Regungen kontrollieren soll, dem Leib zum Instrument bündeln und die Ursprung eigenständiger Aktivität werden soll." (Böhme 1990, S. 34f).

An diesem seit Sokrates existierenden Menschenbild (kohärent) hat sich bis heute nichts verändert. Wir zeichnen ein ideales Bild von uns: selbstbeherrscht, vernunft- und willensbestimmt. Aber eine Konzeption kann weit davon entfernt sein von der Art, wie die Psyche, auch die moderne, funktioniert. Es ist möglich, sie nicht minder fragmentiert zu begreifen wie die vorsokratische. Nur versuchen wir das Fragmentierte zu verhüllen. Wir wollen davon nichts wissen. Wir wollen besser und schlüssiger als ein Fragment sein.

De Sade geht zurück zum homerischen Menschenbild. Das, was den Menschen lenkt, lenken soll, sind jedoch nicht die Götter, sondern ist die Natur, die zum Beispiel den Genuss zu Lasten des anderen, das Recht des Stärkeren, einfordert. Daher plädiert Sade für die Abschaffung des Gewissens als leitender Instanz oder der Gesetze. Damit ist de

Sade auf maximalem Konfrontationskurs mit dem Menschenbild in Europa seit dem 5. Jahrhundert vor Christi. Dass er sich damit keine Freunde geschaffen hat, ist sonnenklar. Er ist besessen von der Idee des Ausgesetztseins – bezüglich der eigenen Natur, aber auch hinsichtlich anderer Menschen, die ihn jederzeit foltern und töten wollen. In seinen Texten reiht sich Szene an Szene, die die Erfahrung des Ausgesetztseins veranschaulichen und sexualisieren.

Sades Plädoyer für den fragmentierten Menschen wird wieder möglich, wenn das Modell der Repräsentation Risse bekommt. Ludwig XIV. war noch ein vollgültiger Repräsentant Gottes auf Erden – und das 55 Jahre lang als heiterer König. Ludwig XVI. war ein offenkundig schwacher Mensch, zum König, zum Souverän völlig ungeeignet. Seinen Zeitgenossen war dies klar.

Gott zu repräsentieren, schafft eine psychische Totalität. Gott ist eine Totalität, der Repräsentierende dann auch.

Wenn das offenkundig nicht mehr funktioniert wie unter Ludwig XVI., dann wird das fragmentierte Subjekt eigentlich unübersehbar. De Sade war jedoch nahezu der einzige, der es wagte, das zu sehen und zu beschreiben. Er raubte mit dem allergrößten Vergnügen dem Menschen den Glauben an eine totale Identität.

Selbstredend ist dieser Glaube auch in sich fragil. Die totale Identität ist ja nur eine von Gott geliehene. Und es ist der Mensch selbst, der Gott diese Totalität zuschreibt, womöglich, um sich dann diese ausleihen zu können. Es handelt sich in gewisser Weise um einen Taschenspielertrick. Gott ist eben kein empirisches Objekt sondern ein imaginäres, ein erwünschtes und geträumtes.

Es ist nicht nur der revolutionäre naturwissenschaftliche Erkenntnisgewinn in der Neuzeit und das damit verbundene Fortschrittsdenken, die den Glauben an Gott erschüttern und den Einfluss des Christentums erheblich reduzieren, es ist das empirische Denken selbst, das an Gott zweifeln lässt. Mit ihm wird gefragt: Wer ist Gott? Warum konzipieren Menschen einen Gott? Er ist nicht mehr wie früher selbstverständlich vorhanden. War es vor der Neuzeit nicht denkbar, nicht an Gott zu glauben, so wird es allmählich im Verlauf der Neuzeit unmöglich, an ihn zu glauben. Ja, das Modell des Glaubens wird an sich in Frage gestellt. Es wird ersetzt durch die Idee der rationalen Diskussion und durch empirische Überprüfung.

Sade und Freud sind sich daher absolut einig, dass der Glaube an Gott schädlich ist.

2.5 Das Desaster

Wie kein anderer schließt Blanchot (2005) an Sade an; nicht nur dass er sich der Annahme des Primats der Vernunft im Menschen (und auch der der totalitären europäischen Vernunft) zu entziehen versucht und damit Sades Primat der Natur im Menschen auf seine Weise interpretiert, sondern indem er das Menschengeschlecht nicht in Verbindung mit Wohlbefinden und Glück auf Erden bringt. Ausgangspunkt für die menschliche Erfahrung ist bei ihm das Desaster, das sich keiner kohärenten gedanklichen Ordnung fügt. So kann er seinen Text beginnen:

> „Das Desaster ruiniert alles und lässt doch alles bestehen. Es trifft nicht den oder jenen, >ich< werde nicht von ihm bedroht. In dem Maße, wie mich verschont, beiseite gelassen, das Desaster bedroht, bedroht es in mir das, was außer mir ist,

einen Anderen als mich, der ich passiv Anderer werde. Man wird vom Desaster nicht getroffen. Außer Reichweite ist der, den es bedroht, man kann nicht einmal sagen, ob von nah oder fern – das Unendliche der Bedrohung hat in gewisser Weise jede Grenze durchbrochen. Wir stehen am Rand des Desasters, ohne dass wir es in der Zukunft verorten könnten, es ist vielmehr immer schon vergangen, und trotzdem stehen wir am Rand oder unter der Androhung, alles Formulierungen, die die Zukunft eingebreifen würden, wäre das Desaster nicht das, was nicht kommt, was jede Ankunft eingestellt hat. Das Desaster denken (wenn das möglich ist, und es ist in dem Maß nicht möglich, wie wir ahnen, dass das Desaster das Denken ist), heißt keine Zukunft mehr zu haben, um es zu denken." (2005, S. 9)

Eine mögliche Interpretation: Die grundsätzlich fragmentierte menschliche Seele ist das Desaster, das alles ruinieren könnte, aber dem Funktionieren des Menschen nichts anhaben kann, weil er fragmentiert am besten arbeitet. Er ist eben so, wie er ist. Er hält sich für gut, moralisch gut, und zettelt nebenbei Weltkriege an, aus denen er dann Postkarten mit Liebesgrüßen an seine Frau schickt.

Nur haben wir andere Ansprüche an unser Menschsein, als fragmentiert zu sein. Deshalb ist das Fragmentierte eine immense Bedrohung, der ich aus dem Wege gehen will. Dem idealen Selbstentwurf des vermeintlich kohärenten, vernunftorientierten Menschen kann das Desaster niemals zusetzen, ist er doch angeblich darüber erhaben. Wenn es etwas erreicht, dann die inneren Zweifel an meiner Unfragmentiertheit. Das wäre dann der andere in mir.

„Es trifft nicht den oder jenen." – Genau das ist ein Teil der Stimmung in Sades Texten. Die grausame Juliette trifft es nie, aber es könnte sie immer treffen. „Das Desaster ruiniert alles und lässt doch alles bestehen." – Es ist eine permanente Bedrohung und alles bleibt so, wie es ist. Bei de Sade ist das Desaster der Soundtrack, der die ganze Zeit über läuft, aber verzerrt und zittrig. Alle müssen so tun, als handele es sich um Wohlklänge, als sei der Soundtrack in höchstem Maße erbaulich.

Die Unzeitlichkeit des Desasters verstärkt seine Bedrohlichkeit. Es war nicht. War es nicht? Es wird nicht. Damit ist es auch nicht vergänglich. Es gibt kein Ende des Desasters, wie ein Gewitter ein Ende findet. Es gibt keine Möglichkeit, sich darauf einzurichten, sich vorzubereiten, sich zu wappnen, zu verarbeiten.

Dieses Desaster schreibt gleichsam die Texte de Sades. Es ist der wahre Autor.

Dieses Desaster, das schreibt, verhüllt sich nicht, überdeckt sich nicht mit Nettigkeiten und Lieblichkeiten. Es wird über die Maßen kenntlich und bleibt dennoch unheimlich, unkenntlich. Es verweist auf ein Desaster, das noch viel schlimmer ist oder sein könnte. Das Desaster, das Texte verfasst, droht mit einem noch viel Schrecklicherem.

Blanchot schreibt nicht von der Sprache des Desasters, sein Spätwerk heißt *Die Schrift des Desasters*. Das Desaster ist somit in Stein gemeißelt, unverrückbar, nicht flüchtig wie die Sprache. Gerade diese materielle Festigkeit erhöht seine Unverfügbarkeit.

Die Übersetzer seines Werks *Die Schrift des Desasters*, Poppenberg und Weidemann, kommentieren die Ursache dieses Textes so:

> „Das geschieht in der Annahme, ein derart epochales Ereignis könne nicht ohne Folgen für das Denken gewesen sein und müsse auch seine elementaren Formen affiziert haben. ›Nach Auschwitz‹ ist das Vertrauen in die traditionellen Methoden des diskursiven Denkens zerbrochen, das Denken selbst zu Bruch gegangen. Aus diesem Grund versucht Blanchot, das Unheile des Bruchstücks als eine Denkform zu entwickeln. In dieser Perspektive ist *Die Schrift der Differenz* eine Art *Discours de la*

2.5 · Das Desaster

methode aus dem Geist des Fragmentarischen, eine Abhandlung über die Methode des Denkens unter den Bedingungen des absoluten Zusammenbruchs und im Zeitalter des Desasters." (Poppenberg und Weidemann 2005, S. 181f)

Das europäische Denken kann spätestens >nach Auschwitz< nur als zerbrochen begriffen werden. Ist dies so, dann muss das Schreiben dies aufnehmen und in ihm die übliche Rationalität in Frage stellen.

Das fragmentierte Denken kann dann in Verbindung gebracht werden mit einer fragmentierten Psyche, sei es, dass ein zerbrochenes Denken die Psyche in seinen Abgrund zieht, sei es, dass die fragmentierte Psyche dem Denken die Kohärenz entzieht – vermutlich trifft beides zu -. Klar ist, dass die ephemeroi, wenn sie darum wissen, dass sie intakt sein sollten, von einem Verstand und einem Willen gesteuert sein sollten, richtig böse werden, wenn sie einsehen müssen, dies nicht zu sein. Die Antwort darauf könnte so aussehen: brachial gewalttätig zu werden und zwar selbstverständlich gewalttätig, aus gutem Grund. Morden und Foltern beunruhigen so das gering vorhandene Gewissen nur außerordentlich mäßig.

Die Gestalten in den Texten de Sades sind durchdrungen von der Fragmentierung. Sie sind Prototypen der zutiefst inkohärenten Seele: Sie pochen darauf, Kulturwesen zu sein, gebildet zu sein, mit der Philosophie bestens vertraut zu sein, sich gewählt ausdrücken zu können, sehr höflich miteinander umzugehen, um dann im nächsten Augenblick zu morden.

Zu fragen bleibt, ob erst Auschwitz das europäische Denken zerstört hat, oder ob Blanchot den Menschen insgesamt und schon immer als fragmentiert begreift. Zu vermuten ist Zweiteres. Blanchot nimmt quasi Auschwitz zum Anlass, um seine Schrift des Desasters zu entwickeln.

Er muss dabei das Freud'sche Denken offenbar unausweichlich überschreiten und radikalisieren. So schockierend Freuds Aussage „Der Mensch ist nicht Herr im eigenen Haus" war und damit auf die Kraft des Unbewussten hinwies, so erweitert Blanchot diese Aussage, indem er dem Unbewussten nicht nur mehr Macht zuweist, mehr Bösartigkeit. Wo Freud einen Kampf von psychischen Instanzen (Es, Ich, Über-Ich) sieht, aber immer noch von einer relativen Kohärenz der Psyche ausgeht, da geht Blanchot von der grundlegenden Fragmentierung der Psyche aus, wo das eine Fragment das andere wenig kennt oder kennen will und das eine das andere eher als Bedrohung ansieht. Für Freud sind Teile des Unbewussten unbegreiflich, für Blanchot ist es fast total ungreifbar, und wenn doch in zerrissenen Facetten. Freud wollte das Unbewusste bewusst zu machen. Wenn das Desaster im Sinne Blanchots sich anteilig als Unbewusstes übersetzen lässt, dann entzieht es sich dagegen fast vollständig, bleibt unkenntlich, ist nicht kontrollierbar, kennt kein telos, keine Erlösung, verunmöglicht jegliche Kohärenz.

Poppenberg und Weidemann (2005) vermuten, dass der Werteverfall in der Moderne Auschwitz geschaffen hat. Aber ist es nicht eher möglich, dass die Radikalisierung des Menschenbildes in Richtung von vernunft- und willensgesteuert, vom Bösen bereinigt, die Fragmentierung begünstigt hat und damit die Etablierung des bösen Bösen etwa im Nationalsozialismus gefördert hat und zwar vor allem in Ländern, deren Über-Ich-Entwicklung historisch noch nicht so weit vorangeschritten war wie im angelsächsischen Raum, in *rückständigen* Ländern, in denen die Menschen quasi wussten, dass sie die Etablierung eines hinreichend funktionierenden Über-Ichs niemals oder nicht *rechtzeitig* erreichen würden – in Ländern wie Deutschland, Russland, China.

Wir folgen dem Text „Die Schrift des Desasters" noch ein wenig weiter, um zu umkreisen, was Blanchot mit Desaster meint, und was das mit de Sade, aber auch mit Freud, zu tun haben könnte.

> „Das Desaster ist abgetrennt, das Abgetrennteste, was es gibt." (Blanchot 2005, S. 9).

Es ist also das prototypische Fragment, abgetrennt, aber dennoch oder gerade deshalb äußerst wirksam. Verbunden mit x wäre das Desaster kein Desaster, weil handhabbar, annäherungsfähig, verhandelbar, einwickelbar, besänftigbar, einnehmbar. Nur durch das radikale Getrenntsein wird das Desaster so bedrohlich, wie es ist.

Verleugnet der europäische Mensch in der Moderne im Sinne der bürgerlichen Aufklärung als ein dem Anschein nach gesitteter und vernünftiger Mensch seine bösen Anteile, dann werden sie umso wirkmächtiger. Sie bedrohen seine Identität und müssen ausgelagert und verworfen werden, gewinnen damit eine desintegrierte, nahezu unbeeinflussbare Kraft.

Der Mord des müden Lustgreises in de Sades Texten hat so die Unausweichlichkeit der Wiederkehr des verworfenen Bösen. Nach der Regelmäßigkeit des Mordens kann die Uhr gestellt werden. Er ist so sicher wie der Tag-Nacht-Rhythmus. De Sade ist der Mahner in der Moderne, der Prophet, der das Unheil voraus sah, wenn das Böse zu einem massiven Fragment im Menschen wird. De Sade versuchte das Böse aufzuhalten. Er war ein Katechont par excellence.

Das hätte doch niemand von Sade gedacht.

> „*Er glaubt nicht an das Desaster, man kann nicht daran glauben, ganz gleich ob man lebt oder ob man stirbt. Kein Glaube, der ihm angemessen wäre, und zur gleichen Zeit eine Art Interesselosigkeit, desinteressiert am Desaster. Nacht, weiße schlaflose Nacht – so das Desaster, diese Nacht, der die Dunkelheit mangelt, ohne dass Licht sie erhellt.*" (ebd., S. 9)

Wenn Blanchot wie hier Kursiv-Schrift gebraucht, dann könnte das so verstanden werden, als wären diese Sätze Teile eines Romans über einen Bürger in der Moderne (und nicht nur in der Moderne). Das Desaster ist dann nicht einfach nur das Böse als Fragment oder das Fragment als das unausweichlich Böse. Es ist das nicht Erreichbare in der menschlichen Existenz oder das, was nicht erreicht werden soll, und dennoch das Bestimmende, so als wäre der Mensch die Küste und das Desaster das Meer. Die Küste wähnt sich vom Meer unberührt, unbeeinflusst und ist doch in der Hand des Meeres. Die Küste verfügt nicht über das Meer, dünkt sich aber als Herr über das Meer. In seiner Identitätsbildung muss sie das Meer ausklammern, so als ob sie eine klare Grenzlinie ziehen könnte. Die Küste ist nicht in der Lage, in ihr Bild von sich selbst das Meer zu integrieren. Ihr gelingt es nur, säuberlich zu trennen, um Sekunde um Sekunde von den Wellen des Meeres überrollt und umgeformt zu werden. Nach jeder Welle kommt eine andere. Es gibt also das Unbewusste des Unbewussten und das Unbewusste des Unbewussten des Unbewussten und ... Wo sich der Mensch als Festung begreift, da ist nichts anderes als Überschwemmung und Einsturzgefahr. Das Leben des Menschen ist brüchig und anfällig und gefährdet und endlich. Die Gegenbilder hierzu von Geborgenheit in der Kindheit, Identitätsbildung in der Jugend, autonome Berufskarriere, Hochzeit, Hausbauen, gute Freunde haben, nach einem erfüllten Leben friedlich entschlafen – all das ist nichts anderes als ein Versuch, Stabilität vorzugaukeln, sind drogengetränkte Wahnbilder. Nur der *wirklich* Wahnsinnige, weiß, wie wahnsinnig diese Bilder sind.

Die ephemeroi blinzeln als Küste und Meer verzweifelt und erschöpft in die Sonne mit ihrer Allkraft, mit ihrer vernichtenden, versengenden Helligkeit und Hitze. Vor ihr

2.5 · Das Desaster

gibt es kein Entkommen. Jeden Tag kommt sie wieder, um zu beherrschen und zu unterwerfen. Die ephemeroi wissen um ihre schreckliche und lächerliche Lage. Sie wissen, dass sie Küste und Meer sind, dass sie nichts anderes sind als ausgelaugte Fragmente, die auf den Tod hoffen, der auf sich warten lässt, und wenn er dann kommt, nichts besser macht.

> » „Die ›falsche‹ Einheit, ihr Trugbild kompromittieren die Einheit besser als ihre direkte Kritik, die im übrigen nicht möglich ist." (Blanchot 2005, S. 10)

Freud rückt von dem aufklärerischen Menschenbild ab, in dem Vernunft und Wille die Kohärenz der Psyche garantieren sollen, indem er von den drei psychischen Instanzen ausgeht (Es, Ich, Über-Ich), indem er den Trieben und dem Unbewussten einen großen Einfluss auf das Seelenleben einräumt, aber er appelliert an den Menschen, um seine Kohärenz zu kämpfen, um ein Ich, das sich gegen Über-Ich und Es zur Wehr setzen und Handlungsspielräume haben kann. Blanchot annulliert diesen Appell. Das Trugbild der Einheit hat etwas offenkundig Lächerliches. Nur kann dann niemand hierüber lachen. Dieses Trugbild lähmt eher. Dies ist auch der Peinlichkeit geschuldet, der sich jemand vollkommen aussetzt, wenn er Einheit demonstrieren will – nach innen und nach außen. Das negative Image von Politikern, das derzeit kursiert, rührt daher, dass sie wie niemand anderes Einheit und Besonnenheit präsentieren müssen, aber immer, auch nach Ausschwitz, offenkundig ist, wie wenig diese funktioniert. Blanchot lässt dieses Trugbild auf den Betonboden fallen, wo es in unterschiedlich geformte Scherben zerplatzt: die offenkundige Wiederkehr der Fragmente. Wenn es gut geht, akzeptieren die Fragmente den Zustand, in dem sie sich befinden, sie akzeptieren sich und die anderen; sie finden sich mit ihrem unlösbaren Los ab. Sie versinken in ein Sich-gehen-lassen. „Das Desaster, dessen schwarze Farbe man abmildern müsste – indem man sie verstärkte -, setzt uns einer gewissen Passivität aus. Wir sind passiv gegenüber dem Desaster, aber das Desaster ist vielleicht die Passivität, von daher schon passiert und immer schon passé." (ebd., S. 10f) Passivität hat mit Resignation wenig zu tun. Resignation impliziert, dass etwas anderes möglich gewesen wäre, dass etwas aufgegeben worden ist. Die von Blanchot umrissene Passivität gibt sich dieser Illusion, etwas hätte möglich sein können und müssen, gar nicht hin.

Nichts ist in der Moderne verhasster als diese Form von Passivität. Schließlich steht die Epoche der Moderne unter dem Diktat des Tuns und Schaffens. Dieses basiert auch auf der politisch-ökonomischen Dimension der Nützlichkeit, dieses hängt zusammen mit der Durchsetzung der protestantischen Ethik. Dies Diktat resultiert zudem aus den neuzeitlichen naturwissenschaftlichen Revolutionen, die der Idee Nahrung gaben, die Natur soweit beherrschen zu können, dass das menschliche Leiden eliminiert werden könnte.

Doch die Natur und insbesondere das Schicksal lassen sich nur sehr bedingt kontrollieren. Diejenigen, die dies ahnten oder wussten, vermochten eine Counter-Strategie gegen das Schicksal zu etablieren: die Entscheidung – als Selbstbehauptung des Menschen gegen … alles. Welche Entscheidung dies sein mag oder mochte, ist dann relativ irrelevant. Entscheidend ist die Entscheidung als Trutzburg menschlicher Souveränität. Die Entscheidung sollte zudem die Unzulänglichkeiten der modernen Vernunft kompensieren. Sie ist per se irrational. Sie pocht auf das Irrationale. In de Sades Werken trägt diese Entscheidung den Namen des Bösen. So sehr die Protagonisten in ihnen das Böse argumentativ unterfüttern, so wenig begründen die Diskurse letztlich die böse Tat. Sie bleibt ein herausragendes Denkmal der Willkür und Sinnlosigkeit, wiewohl sie speziell *danach* eine Armee von Fragen nach den Ursachen aufwirft. Sie lechzt nach der Ursache, am besten nach *der* Ursache, ohne diesen Hunger jemals zu stillen. Die Entscheidung symbolisiert, demonstriert und ist der Prototyp der Aktivität, des aktiven Lebens, ist damit eine Ausgeburt des nützlichen und protestantischen Lebens in der Moderne, wie sie dieses zugleich demontiert, indem sie der Vernunft nicht folgen will. Sie begehrt auf gegen das der Schicksalsmacht Ausgeliefertsein. In dieser Perspektive ist sie wiederum ganz modern. Sie stellt dann eine Form der Naturbeherrschung dar, wohl wissend um ihre Vergeblichkeit. Sie ist gegen das Desaster gerichtet und richtet zugleich ein monströses Desaster an.

2.6 Dezision

Es gibt beziehungsweise es gab im deutschsprachigen Raum einen Denker der Entscheidung. Gemeint ist der Rechtstheoretiker des Dritten Reiches, Carl Schmitt, von dem die 68er-Generation das Modell der Entscheidung übernommen hat.

> „Den deutschen Romantikern ist eine originelle Vorstellung eigentümlich: das ewige Gespräch; Novalis und Adam Müller bewegen sich darin als der eigentlichen Realisierung ihres Geistes. Die katholischen Staatsphilosophen, die man in Deutschland Romantiker nennt, weil sie konservativ oder reaktionär waren und mittelalterliche Zustände idealisierten, de Maistre, Bonald und Donoso Cortes, hätten ein ewiges Gespräch wohl eher für ein Phantasieprodukt von grausiger Komik gehalten. Denn was ihre gegenrevolutionäre Staatsphilosophie auszeichnet, ist das Bewusstsein, dass die Zeit eine Entscheidung verlangt, und mit einer Energie, die sich zwischen den beiden Revolutionen von 1789 und 1848 zum äußersten Extrem steigert, tritt der Begriff der Entscheidung in den Mittelpunkt ihres Denkens… Alle formulieren ein großes Entweder-Oder, dessen Rigorosität eher nach Diktatur klingt als nach einem ewigen Gespräch." (Schmitt 1985, S. 69)

Lassen wir es dahin gestellt sein, ob die deutschen Romantiker kollektiv der Idee des ewigen Gesprächs nachgegangen haben (Klotter und Beckenbach 2012), entscheidend ist die Leidenschaft für die Entscheidung, für das, was der Entscheidung folgt, die Tat. Da ist kein nachdenkliches Abwägen im Spiel, kein der Reflexion geschuldetes Zögern. Die Entscheidung ist eine, wenn nicht *die* moderne Leidenschaft. Zugrunde liegt ihr ein primitives dichotomes Schema zwischen dem einzig Richtigen und dem abgrundtief schlimmen Falschem. Die Nationalsozialisten haben so gedacht (siehe weiter unten), aber auch die Kommunisten, nicht zuletzt Teile 68er (Klotter 2015).

Merkwürdigerweise verbindet de Sade das ewige Gespräch mit der Dezision zur brutalen Tat. Seine Texte weisen unentwegt darauf hin, dass es eine Dezision und eine Tat geben muss. Es muss etwas vollbracht werden, auch wenn das im Imaginären bleibt. Sade bereitet den Menschen der Tat vor. Er macht klar, dass das (mitunter romantische) Gespräch sich nicht genügen kann. Ihm fehlt der telos; ihm fehlt das andere; ihm fehlt das (vermeintlich) Reale.

So folgt auch Sade dem Siegeszug des naturwissenschaftlichen Denkens: Der Diskurs / die Theorie braucht ein Gegenüber – die Empirie. Wie sollte ein Mann, der dem Anschein nach nichts mehr huldigt als dem philosophischen Materialismus auch anders denken und schreiben? Das Materiale muss unbedingt vorkommen – im Text. Und für

2.6 · Dezision

Sade ist nichts materialer als der Sex und die Grausamkeit. Zusammen bilden sie das Fadenkreuz des Desasters.

Dass dem so ist, könnte einen nachdenklich machen. Präsentiert sich de Sade mit seiner Finalisierung im Desaster nicht eher als katholischer Kleriker, der schon immer davor gewarnt hat, die Zügel zu lockern, damit sich das Begehren ganz entfalten kann, desaströs entfalten kann und muss? Zudem: Der eben verwendete Satzteil „Es muss etwas vollbracht werden" verweist möglicherweise auf das Neue Testament. Jesus hat etwas vollbracht. Er hat sich für die Menschen aufgeopfert. Auch bei de Sade werden Menschen geopfert, die sich häufig in das Schicksal fügen, das ihnen bevorsteht. Blanchot würde eventuell dieses sich Fügen als Passivität begreifen. Sade kehrt zum christlichen Opfer, aber vielleicht insgesamt zum Prinzip des Opfers zurück, einer heiligen Zeremonie der Verausgabung (Bataille 1975). Das Desaster trüge so auch Elemente der Verausgabung. Und dass Blanchot Bataille zur Kenntnis genommen hat, steht außer Zweifel. Sie waren zusammen mit Lévinas lebenslange Freunde. Bataille war der Ekstatiker, Blanchot der Eremit.

> „Ich sage nicht, das Desaster ist absolut, im Gegenteil, es nimmt dem Absoluten die Orientierung, es kommt und geht, nomadische Unordnung, trotzdem mit der unmerklichen aber intensiven Plötzlichkeit des Draußen, wie ein unwiderstehlicher oder unvorhergesehener Entschluss, der uns jenseits einer Entscheidung ereilt." (Blanchot 2005, S. 12)

In der Perspektive Blanchots hätte Schmitt die Entscheidung heroisiert: Ein Mensch entschließt sich dazu, das einzig Richtige zu tun. Blanchots Entschluss ist eher wie ein Blitzeinschlag zu denken, etwas, was sich ereignet – in einem selbst, als handele es sich im Sinne Freuds um einen nicht stoppbaren Triebdurchbruch, der namenlos und willkürlich das Subjekt, das keines mehr ist, weil fragmentiert, befällt. Nicht mehr Athene oder Apollon führen die Hand, sondern eine schlecht zu benennende Macht – das Desaster, das das Desaster herbeiführt. Die gelenkte Hand führt zu nichts mehr Sinnvollem. Genau das ist die grausame Tat bei de Sade. Sie ist nomadisch, fast dem Zufall geschuldet, voller Intensität. Wer stirbt, wer gerade ermordet wird, wer eben geopfert wird, ist nicht immer so klar auszumachen. Es ist „Die Musik des Zufalls" (Paul Auster), die dirigiert oder die an die Stelle des Dirigenten tritt. De Sade schreit seine Leser an: „Glaubt nicht an die Planbarkeit des Lebens!" „Glaubt nicht an einen gelingenden Lebensentwurf!" „Denkt bloß nicht daran, Euch um das Gemeinwohl verdient machen zu wollen! Denn *die Gemeinschaft der Menschen* wird Euch dies nie danken. Sie vergisst schneller, als Du denken kannst." Ist es nicht sonnenklar, dass de Sade der *Staatsfeind Nr. 1* der Moderne ist? Um diese zynisch und subversiv anzugreifen, sie mit ihren eigenen Mitteln zu schlagen, sagen seine Schlächter fast immer: „Es muss alles seine Ordnung haben", insbesondere das Morden verlangt nach einem rationalen Zwangskorsett und Triebaufschub. Die Vernunft, das Planen, hilft bei de Sade nur dazu, die Lust an der Grausamkeit zu erhöhen, sie noch mehr genießen zu können.

Das Desaster ist nicht nur das Unbestimmte, das Unbestimmbare, das Unvorhersehbare, der Sog des Unbewussten, die Fragmente, es ist auch die Allmacht des Vergessens. Wenn auf einer Todesanzeige steht: „Wer im Herzen seiner Lieben bleibt, ist nicht gestorben", dann ist das eine hässliche Tröstung. Schließlich sind die Lieben auch bald *gegangen*. Was bleibt von den Ur-Großeltern übrig? Vielleicht die Kommode. Wer wird den Namen Blanchot in 200 Jahren noch kennen? Ein paar Literaturwissenschaftler und

Philosophen? Vom Subjekt, von seinen Eigen- und Besonderheiten – es bleibt nichts übrig. Gerade für das bürgerliche Subjekt, das sich in diesem Leben Verdienste erwerben will, um ein anerkanntes Mitglied der Gemeinschaft zu sein, im kollektiven Gedächtnis haften zu bleiben, ist dies eine große Kränkung. Sade wusste um diese Kränkung. Die stummen Leichen in seinen Texten zeigen dieses Vergessen allzu deutlich auf. Und zugleich hat er dagegen angeschrieben, mit einer sexualisierten Bestialität. Aber übrig geblieben von ihm sind im allgemeinen Bewusstsein doch nur das rote Latex-Kostüm und die anmutige Reitpeitsche. Also ist er doch auch vergessen worden, außer von den Avantgarden im 19. und 20. Jahrhundert.

Blanchots *Die Schrift des Desasters* (2005) schreit nahezu nach der Hermeneutik, nach der Wissenschaft vom Verstehen. Der Leser sieht sich genötigt, dem Desaster Namen zu geben und die Worte Blanchots zu präzisieren. Damit ist die Gefahr verbunden, ihn misszuverstehen. Er will sich doch eben der traditionellen rationalen Verortung entziehen, er, der so misstrauisch der Rationalität gegenübersteht. Und zugleich wird er wohl gewusst haben, dass seine Worte dazu einladen, dem Desaster neue Namen zu geben, Rosse und Reiter zu benennen.

Rosse und Reiter auszuweisen – das wäre dann der Versuch, dem Desaster verschiedene Gesichter zu geben, unterschiedliche Ausprägungen, speziell für eine Epoche, in der das Desaster per philosophischem Dekret, der Aufklärungsphilosophie, verbannt werden sollte, für die Moderne. Vom Desaster wird so eventuell angenommen, dass es sich offenbaren will, auf seine unentwegte Präsenz und Abwesenheit / Unverfügbarkeit hinweisen will; oder dass dem Zeitzeugen die Aufgabe zugewiesen wird, die unterschiedlichen Gesichter des Desasters zu enthüllen. Das Desaster verlangt so herrisch nach dem Hermeneuten – nach der hinreichend bekannten relativen Beliebigkeit der Hermeneutik, was dann dem Desaster im Desaster gleich käme.

2.7 Desaster und Moderne

Das, was das Desaster in der Moderne auf jeden Fall einfordert, ist eine approximative Versprachlichung des Desasters als *Ideologie* – in einer Zeit, in der das Desaster mit Vernunft, Wille und Naturbeherrschung weggewischt werden sollte.

In der Moderne trägt diese *Ideologie* auch den Namen Romantik. Das uneheliche Geschwisterkind der Aufklärungsphilosophie ist sie mit ihrem Hervorheben der Leidenschaften, mit ihrer Todessehnsucht, mit ihrem Wunsch nach einem wilden und spontanen und ungewöhnlichen Leben, was mit Plan und Vernunft nicht allzu viel zu tun haben sollte. Die romantische Bewegung trägt in sich das von der Aufklärung verworfene Desaster. Sie träumt von Totalität, zum Beispiel von einer totalen personalen Identität (siehe weiter unten). Dieser Traum verstärkt die Macht des Desasters, weil er etwas Unmögliches will. Die Romantik spielt auf der Klaviatur des Desasters, wie überhaupt die dichotome Spaltung in Aufklärung und Romantik das Desaster heraufbeschwört.

Sades Figuren tragen diese Spaltung in sich. Sie lieben die rationale Argumentation, wie sie leidenschaftlich und todessehnsüchtig sind. Sade umreißt das Desaster auf einem feudalen Niveau von Herr und Knecht, von absoluten Herrscher und den Beherrschten. Die Moderne skizziert andere Formen des Desasters, die noch näher zu skizzieren sind.

Auf jeden Fall verwirft die Aufklärungsphilosophie nicht nur das Desaster – vergeblich-, sie schafft, indem sie Gegenbewegungen wie die Romantik unausweichlich

2.7 · Desaster und Moderne

evoziert, das Desaster. Dieser Spur soll nun nachgegangen werden, bevor mögliche Erscheinungsweisen des Desasters in der Moderne vorgestellt werden.

Kant führt einerseits Sokrates, der auf die Selbstständigkeit und Unabhängigkeit der individuellen Urteilsbildung gegenüber dem Staat gepocht hat, fort: Aufklärung ist der Ausgang aus der selbst verschuldeten Unmündigkeit; nicht das denken, was die anderen denken, was die Tradition vorgibt, andererseits fordert Kant: Jeder Bürger hat seinen bürgerlichen Pflichten nachzukommen, da gibt es keine Wahl. Wir ahnen bereits, welchen Formen des Desasters in den Augen des Staates damit der Weg geebnet ist: Auflehnung gegen die Pflicht, ziviler Ungehorsam, *Müßiggang und Laster*.

Der französische Aufklärer, Denis Diderot, begünstigt, wie eingangs ausgeführt, andere Varianten des Desasters. Seine gesellschaftspolitische Vision kommt einer Säkularisierung des Urchristentums gleich: Alle Menschen sind gleich, üben sich in Nächstenliebe, in gegenseitigem Respekt; Diderot wendet sich ähnlich wie Kant gegen Obrigkeitsdenken; nach ihm führt die aufgeklärte Gesellschaft einerseits zu mehr Sittlichkeit, andererseits zu mehr (ökonomischen) Nützlichkeit; nicht mehr der Stand bestimmt, wer welchen Wert und Form der sozialen Anerkennung hat, sondern letztere hängt vom individuellen Bewähren ab. Es geht dann darum, der Gesellschaft zu dienen und ihr nützlich zu sein – von der Wiege bis zur Bahre.

Mit Kant und Diderot entsteht eine Universalisierung *der* Sittlichkeit, die also weltweit für alle gelten soll; es verstärken sich die normativen Erwartungen gegenüber den Bürgerinnen und Bürger, die die Gesellschaft zusammenhalten; die freiwillig eingehalten werden, um ein anerkanntes Mitglied der Gesellschaft zu sein, um den eigenen narzisstischen Ansprüchen gerecht zu werden (Lotter 2012).

Diderot findet es dann, wie ebenfalls bereits erwähnt, richtig, dass Friedrich II höchst persönlich den „Anti-Seneca" La Mettries ins Feuer wirft (Laska 2004). Denn La Mettrie plädiert für den individuellen Lustgewinn als Wegweiser für das eigene Leben; was für Diderot wenig mit Sittlichkeit zu tun hat; de Sade spricht sich, wie erwähnt, für das Ausleben der eigenen Natur aus, die eben auch böse ist. Er kämpft gegen Gewissen und Gesetz. Für die Aufklärer sind diese beiden Autoren demnach persona non grata.

Diese Verdammung hat nicht verhindert, dass die Moderne die Zeit der größtmöglichen Massenmorde geworden ist. Die aufklärerische Sittlichkeit hat ihre Zielsetzung nur teilweise erreicht, um es vorsichtig zu formulieren. *Die* Sittlichkeit der Aufklärung erreicht eben dann nicht ihre Ziele, wenn das Böse ausgegrenzt bleibt.

Freud würde dies auch damit begründen, dass Gesellschaften zwar nur funktionieren, wenn Triebe unterdrückt werden, aber ein Zuviel an Triebunterdrückung – in dem Fall der bösen Triebimpulse – eine Gesellschaft erodieren lässt.

Das partielle Verfehlen einer sittlichen Gemeinschaft könnte auch darauf zurückgeführt werden, dass die *eine* Sittlichkeit totalitäre Züge annimmt. Unterschiedliche Vorstellungen von Moral, unterschiedlich umgesetzte Entwürfe von Moral sind dann nicht mehr möglich. Diese totalisierende Sittlichkeit vermag Widerstand zu produzieren – einen Widerstand, der dann als gerechtfertigt erscheint. De Sade ist der Prototyp dieses Widerstands: Nieder mit den Gesetzen, ruft er trotzig und triumphatorisch aus. Revolutionäre Bewegungen sind ihm darin gefolgt, um dann in der Regel noch viel mehr Gesetze zu erlassen. Selbst die 68er Bewegung hat noch die sexuelle Befreiung zum Programm erhoben.

Die eben erwähnten normativen Erwartungen lassen sich auch verstehen als Geschwisterkinder der Normierung im Sinne Foucaults (1977a) – eine der modernen

Machttechnologien, die die feudale Ordnung ersetzen sollen. Die Normierung setzt an den Körpern an, vermisst sie, errichtet Norm und Verteilung und schafft einen geordneten und disziplinierten Gesellschaftskörper. Gleichsam als Reflex entsteht die Idee des freien Körpers, der nicht von der Macht konstituiert wird, des *echten* Körpers, der selbst die Selbstregulation, die Kontrolle der inneren Natur als Macht begreift. Der *spontane* Körper erhält so seine Geburtsstunde.

Die Aufklärung verfestigt eine Vision eines vom Willen und der Vernunft gesteuerten menschlichen Wesens, das die Leidenschaften im Schach zu halten vermag, das das Böse hinter sich lassen kann, das Herr über das Unbewusste ist, wenn dies überhaupt existiert. Die Etablierung des rigorosen Über-Ich, das den modernen Menschen lenkt, lenken soll (Elias: Über den Prozess der Zivilisation, 1978, Max Weber: die protestantische Ethik, 1993), die phantasierte Erlösung von Leiden (und Tod) durch Naturbeherrschung, die Universalisierung *der* Moral, die Totalisierung der Vernunft produziert eine Hybris, die nur unterlaufen werden kann und zwar *rein* triumphatorisch, wie dies zum Beispiel die Nazis gemacht haben.

Diktaturen sind jedoch keineswegs die einzige Antwort auf diese Hybris, die im Übrigen dann noch mehr an Hybris entwickeln können. Es können breite gegenkulturelle Strömungen entstehen, die wiederum auch anteilig offen für totalisierende Ideologien sein können.

Zu diesen Gegenbewegungen gehört die *Entdeckung* des UBW durch die Psychoanalyse, die in keiner Weise diktaturaffin geworden ist; im Gegenteil. Sie beeinflusst Kultur-Avantgarden wie den Surrealismus in erheblichem Umfang. Sie relativiert die Dominanz der Vernunft erheblich. Der Begriff des Unbewussten ist die Chiffre für das Unbekannte, Ungewisse, Unverfügbare, Bedrohliche, Zerstörende. Er geht dem des Desasters im Sinne Blanchot voraus. In der üblichen Psychologie konnte sich der Begriff des Unbewussten, gerade weil er so uneindeutig und naturwissenschaftlich nicht fassbar ist, nie durchsetzen. Er galt und gilt als obskur, wie eben Aufklärung und Naturwissenschaft dem Dunklen nichts abgewinnen können und wollen. Daraus folgt: Wer in der akademischen Psychologie Karriere machen wollte und will, sollte die Finger vom Unbewussten lassen. Die Psychoanalyse blieb so der große Außenseiter.

Das Unbewusste denken und einbeziehen und anerkennen, bedeutet bereits, indirekt Kritik an der totalisierenden Vernunft zu üben. Sie kann aber auch angegangen werden ohne eine Konzeption des Unbewussten. Lévinas, Blanchot, Bataille stehen in Frankreich für diese Kritik, in Deutschland Horkheimer und Adorno. Aber wir können nicht behaupten, dass diese Autorengruppen besonders einflussreich geworden wären. Sie bilden Außenseitergruppen im Rahmen der Philosophie.

Die Entstehung der Romantik als Gegenbewegung zur Aufklärung wurde bereits erwähnt (und wird weiter unten noch näher ausgeführt). Romantik steht für Leidenschaften, richtet sich entschieden gegen das Planvolle-Vernünftige, ist durchdrungen von Todessehnsucht, liebt die (sexuelle) Provokation (Lucinde von Schlegel), das betrifft zumindest die deutsche Früh-Romantik; kurzum: Die Romantik hat einen großen Hang zum Desaster. Um diesen Hang bereinigt, hat sich die Romantik breit etabliert: in Candlelight-Dinners, mit einem Besuch in Venedig, in einem hübschen Blumengeschenk. Je weniger dunkel sie wurde, umso populärer wurde sie.

Eine Gegenbewegungen zur naturwissenschaftlichen Naturbeherrschung und damit zur Moderne insgesamt stellt die Lebensreformbewegung dar (Klotter und Beckenbach 2012): Es geht ihr um einen Einklang mit der vielgestaltigen Natur und nicht nur um ihre Nutzung; es geht ihr um Kosten der Naturbeherrschung. Das ist ein Thema von der

2.7 · Desaster und Moderne

Lebensreformbewegung bis zur 68er Bewegung. Die Lebensreformbewegung mündet in den Nationalsozialismus, weil sie etwa bereits im 19. Jahrhundert rassistisch durchdrungen ist. Von allen Gegenströmungen zur Moderne und der Aufklärung hat sich die Lebensreformbewegung am stärksten etabliert, ist über die Fokussierung auf Ökologie und Nachhaltigkeit in der Mitte der Gesellschaft angekommen. Das ist rational nachvollziehbar aufgrund etwa Klimaveränderung und anderer ökologischer Probleme. In dieser Fokussierung steckt aber auch eine Moralisierung. Wir definieren uns heute als moralisch gute Menschen, wenn wir umweltbewusst sind und Tiere nicht zur Schlachtbank bringen lassen wollen.

Eine etwas untergründige Kritik richtet sich gegen den Utilitarismus und die protestantische Ethik, die dazu aufruft, im Wesentlichen nur zu arbeiten und Müßiggang und Laster zu meiden. Die Kritische Theorie der Gesellschaft um Horkheimer und Adorno verurteilen die Vernunft, die ausschließlich auf Nützlichkeit und Effektivität ausgerichtet ist, als instrumentelle Vernunft. Bataille macht unmissverständlich klar, dass dem Prinzip der Produktion, das der Verausgabung gegenübergestellt und gelebt werden muss. Eine Gesellschaft, die auf die Verausgabung verzichten will, muss unausweichlich katastrophisch verausgaben, etwa in Kriegen (Bataille 1975).

Niemand darf es in einer auf Nützlichkeit ausgerichteten Gesellschaft offenkundig sagen, dass jemand es leid ist, sich ein Leben lang bemühen und anstrengen zu müssen, und dass sich ein riesiger Unmut gegen das sich permanent Bewähren-müssen und sich Verdient-machen-müssen angesammelt hat. Gelebter Kommunismus als Kollektivismus wäre ein Gegengift zum Utilitarismus: Niemand muss sich da wirklich bewähren, weil doch alle schon gute Volksgenossen sind. Der freigeistige Anarchist macht das etwas anders. Er selbst darf entscheiden, wann er arbeiten will, wann er wie nützlich sein will. Er selbst darf entscheiden, ob er überhaupt arbeiten will. In seinen alternativen Projekten dürfen sie selbst entscheiden, wie sie arbeiten und leben wollen.

Neben der Ökologie- und Nachhaltigkeitsbewegung gibt es noch eine gesellschaftliche Gegenströmung, die breite Zustimmung erfährt. Es ist die Kritik am stahlharten Gehäuse der Moderne (Weber), an dem Netz an Zwängen durch Party, Exzess, Drogen und bombenden Anarchismus.

Eine verbindende Formel dieser Gegenströmungen könnte sein: sich zu verweigern und letztlich nicht bereit zu sein, die Kosten individuell einzuspielen, die der einzelne der Gesellschaft verursacht hat (T. Parsons).

Wer kein Interesse daran hat, die unterschiedlichen Gegenbewegungen zu differenzieren, der übt sich in der „Eintopf"-Kritik an der Moderne und reduziert sie auf den Kapitalismus.

All diese Gegenbewegungen veranschaulichen, dass das Projekt der Moderne löchrig ist und viele Gegenströmungen gleichsam initiiert, sie dazu einlädt, sich gegen sie zu richten. Dieses Projekt produziert dann unauffällig bestimmte Formen des Desasters. Es kann seine eigene destruktiven Anteile, seinen eigenen Hang zum Desaster in andere Objekte / Gegenbewegungen auslagern und die destruktiven Anteile und den Hang zum Desaster in diesen Objekten mit steuern. Die Psychoanalytikerin, Melanie Klein, nannte diese Prozedur projektive Identifizierung. Deshalb haben diese Gegenbewegungen stets einen faden Beigeschmack. Ihnen fehlt die (relative) Autonomie.

So war die 68er Bewegung, die Studierendenbewegung, quasi mit gesteuert von der Springer-Presse, gleichsam ihr Spielball. Sie hetzte gegen die 68er, und diese reagierten mit gewalttätigen Demonstrationen. Sie fühlten sich durch die Hetze legitimiert und verhielten sich dennoch nicht anders wie ein dressiertes und abgerichtetes Tier. Das *System* nahm daran überhaupt keinen Schaden, konnte es doch so die eigenen bösen Anteile delegieren und abspalten und zugleich steuern. Besser geht es nicht.

Die Moderne präsentiert sich in dieser kleinen Schlacht als wehrhafte Demokratie, die durch ihre Willensstärke und ihrem Festhalten an der Vernunft (den Rechtsstaat wahren) exzellentes Marketing für sich selbst betreibt und damit zugleich die Mehrheit der Bevölkerung dazu auffordert, den Über-Ich-Geboten zu folgen und noch besser umzusetzen. Die 68er dienen so einem Erziehungsprozess für fast alle, und in der Minderheit der 68er mehren sich die Stimmen, die sagen: „So geht es nicht weiter!" „Wir müssen die Gewalt stoppen!" Sie begeben sich auf den Marsch durch die Institutionen und werden brave SPD-Mitglieder.

Das Projekt der Moderne kann sich so nach außen als intakt präsentieren und verbirgt geschickt das eigene Fragmentiertsein. Das Selbst-Marketing ist so überzeugend, dass die imperialistische Gewalt Europas glatt übersehen oder vergessen wird.

Ich habe in einer Veröffentlichung zu den Folgen der 68er Generation („Männergruppen – Politsex – Entgrenzung" 2015) die Entgrenzung von (auch sexueller) Gewalt in den 70er Jahren des letzten Jahrhunderts als Selbstentgrenzung dieser Generation angesehen. Diese Sicht bedarf vermutlich einer Korrektur. Die Radikalisierung ist ein Interaktionseffekt zwischen *Staat* und *Rebellen*. Diese Radikalisierung ist, wie eben ausgeführt, für den *Staat* nützlich und hilfreich.

2.8 Soziabilität – Dissoziabilität

Um zu Juliette zurückzukehren. Wir hatten sie verlassen, als sie erfuhr, dass ein Mann der Mörder ihrer Eltern war. Diesen Mann begehrt sie nun, zumindest dem Anschein nach. Klar zumindest wird, dass sie mit dem gezeigten Begehren gegenüber dem Mörder ihrer Eltern vermeidet, das nächste Opfer zu werden. Wer aktiv daran teilnimmt, Lustmorde zu begehen, reduziert das Risiko, selbst Opfer zu werden – das ist die Logik, die de Sade unentwegt präsentiert. In der Welt des Lasters, die de Sade präsentiert, ist niemand wirklich sicher, nicht selbst Lustopfer zu werden. Wer dies nicht will, muss der Henker werden und bleiben, immer in den Schlaufen weiterer Überbietung. Das Morden schützt das eigene Leben. Alternativen gibt es dazu nicht.

De Sade nimmt die mörderische und blutige Phase der Französischen wie anderer Revolutionen vorweg: Nur der brutalste Täter überlebt, die anderen landen auf der Schlachtbank. Nicht die *richtige* Doktrin überlebt, sondern diejenige desjenigen, der am entschlossensten und grausamsten handelt. Derjenige überlebt, der am besten die Macht des Schicksals mimetisch imitiert.

Die Bewunderung Juliettes für den Mörder ihrer Mutter, ihre sexuelle Hingabe an ihn braucht nicht psychologisch interpretiert zu werden. Es könnte vermutet werden, dass de Sade mit dieser Figur seine grundlegende Skepsis gegenüber allen Formen sozialer Verständigung, aller Ideen von Soziabilität, von Verständigung ausdrückt. Er gibt nichts auf den Leviathan. Die staatliche Ordnung schützt bei ihm nie das Opfer, sondern nur den Verbrecher. Von Rousseaus Gesellschaftsvertrag, einer Idee der Verständigung unter Menschen, scheint er ebenfalls nichts zu halten. Bei Sade siegt immer nur der Verbrecher, der Gesetzesbrecher, der Libertin.

Wenn die Autoren und Vertreter der Enzyklopädie, allen voran Diderot, darauf setzen, aus dem urchristlichen Glauben ein politisches Programm zu zimmern (Gleichheit unter den Menschen, gegenseitiger Respekt, eine Kultur des Mitleidens) (Beckenbach und Klotter 2014), so scheint dies de Sade als ausgesprochen illusionär. Vielleicht entspringt sein Hass auf den christlichen Glauben, wie auf alle Religionen, weniger der Installation des Gewissens in der menschlichen Psyche, denn diesem optimistischen Programm der Verständigung und der Anerkennung. Die Figur Juliette steht für diese tief empfundene Skepsis.

So spannt sich im Vorlauf auf die Moderne ein Trapez auf, dessen Grundlinien sich offenbar gegenseitig produzieren, auf der einen Seite Fortschrittsgläubigkeit, Optimismus, Gleichheitsversprechen, auf der anderen die Verachtung dessen als Illusion. Für dieses steht der Name de Sade, im Wesentlichen nur der Name de Sade. Aber: Ohne die eine Seite wäre Sade gar nicht so pessimistisch geworden. Im französischen Absolutismus musste keine Juliette erfunden werden. Sie war in gemäßigter Form allgegenwärtig. Ungleichheit und Ungerechtigkeit triumphierten unbedeckt im Tageslicht. Niemand genierte sich dessen.

Die Verbrechen Juliettes und Konsorten sind zwar absehbar und werden routiniert, seriell ausgeführt; insofern sind sie einerseits dem vorausplanenden Geist der Moderne verpflichtet. Sie wenden sich andererseits gegen eine Doktrin der Aufklärung, wonach diese mit mehr Glück *und* Sittlichkeit verbunden sei. Aufgeklärte Menschen würden sittlich bessere sein, also weniger gesetzesuntreu, weniger verbrecherisch, weniger gegen die normativen Erwartungen verstoßend.

Für de Sade muss diese Doktrin ein Albtraum gewesen sein, eine ungeheuerliche Einengung, von Pluralität keine Spur, nicht von unterschiedlichen Lebensentwürfen, nicht von unterschiedlichen Moralvorstellungen. Mit seiner Juliette macht er Front gegen Normalisierung und Normierung, auch wenn er ironischerweise dann ein genormtes Böses als Gegengift einsetzt. Diderot und de Sade – so weit sind sie dann doch nicht auseinander.

Demokratie, Gewaltenteilung, die Unabhängigkeit der Justiz, die Erklärung und Umsetzung der Menschenrechte müssten Sades phantasiertes, mehr als marodes Gesellschaftssystem, in dem der Stärkere und Bösere stets gewinnt, undenkbar gemacht haben, gäbe es nicht noch immer den gesetzlich geregelten Ausnahmezustand, in dem die Gesetze bis auf weiteres nicht mehr gelten. Es ist nicht nur prinzipiell, sondern *real* möglich, dass er ausgerufen wird (C. Schmitt).

Aber es ist nicht nur der Ausnahmezustand, der es angeraten sein lässt, sich an Sade zu erinnern, um zu versuchen, seine Vorstellung von Gesellschaft zu verhindern. Die Ideale der Aufklärung, ihre Vorstellungen von einem menschlichen Miteinander wurden auf brutalste Weise von den Diktaturen im 20. Jahrhundert ausgehebelt. Hitler, Stalin, Mao, um nur einige Diktatoren zu nennen, haben Gewaltverhältnisse eingeführt, die vermutlich selbst einen de Sade erschauern hätten lassen. Er hatte nicht einmal die Phantasie, sich so viel Bösartigkeit auszumalen. Gegen Hitler und Stalin ist de Sade ein Waisenkind.

Die von Hitler und anderen Diktatoren des 20. Jahrhundert vollzogene Eliminierung des anderen, des Fremden, schwebt so über den Köpfen der Menschen, nicht nur in Zeiten von Diktatoren. Diese latente Angst ist bei vermutlich allen Menschen allgegenwärtig, ausgegrenzt oder vernichtet zu werden. Sades Besänftigung dieser Angst besteht darin, selbst ein Monster zu werden.

Aber auch selbst die moderne Demokratie weist in sich Machtverhältnisse auf, die an de Sade gemahnen lassen. Es gibt, wie angedeutet, neue, moderne Machttechnologien, die im Schatten der neuen Freiheiten entstanden sind, etwa die Disziplinierung der Körper (Foucault 1977a). Mit etwas Phantasie lässt sich die sadistische Zurichtung der Menschen in Sades Texten mit der Dressur der Körper für deren Funktionieren bei der Armee, am Fließband übersetzen. Die dressierten Körper werden benutzt und irgendwann weggeworfen. Dieser Prozess dauert nur erheblich länger als die Sexszenen Sades. Diese Dauer korrespondiert mit der geringeren Sichtbarkeit der Machtverhältnisse und damit auch des Sadismus. Die Zurichtung ist dennoch das verbindende. Die körperlich Zugerichteten unserer Tage, die in der Regel sozial schlechter Gestellten, haben dann auch eine verkürzte Lebenserwartung. In Deutschland sind das immerhin 8-10 Jahre. Im internationalen Vergleich steht dieses Land aber hervorragend da, also mit einer relativ geringen Differenz bezüglich der Lebenserwartung zwischen den sozial besser und den sozial schlechter Gestellten.

Die Zurichtung der Körper ist das eine, das Genießen sozialer Differenzen das andere. So wie die Monster in Sades Texten es genießen, dass andere ihrer Lust dienen, so erfreuen sich heute die sozial besser Gestellten ihrer gesellschaftlichen Position. Mit ihren Autos, ihren Häusern, ihrer Kleidung, ihrem Bio-Essen demonstrieren sie die Kluft zwischen Wohlstand und relativer Armut. Sade würde sagen: Diese Kluft erregt sie und stellt sie zugleich zufrieden.

So schleicht sich in die kultivierteste Lebensweise etwas Rohes und Primitives hinein: die Lust an der Macht und der Demütigung. De Sade wurde nicht müde, auf dieses Rohe und Primitive hinzuweisen – bei seinen Monstern, die gebildet sind, sehr gut reden können, gutes Essen schätzen, wunderschöne Häuser haben. Nichts von dem verhindert das Ungeschlachte.

Sadismus wäre so dem Menschen als ein Teil inhärent. Ihn zu leugnen, wäre fatal. Davon legt Freud Zeugnis ab.

Schenken wir Norbert Elias' (1978) Theorie des Prozesses der Zivilisation Glauben, dann wäre die Zeit in Europa zwischen dem Mittelalter und der Moderne bestimmt durch eine zunehmende Affektkontrolle. Ermöglicht wird diese durch die Etablierung des Über-Ichs in der menschlichen Psyche, mit der automatischen Verinnerlichung moralischer und gesellschaftlicher Anforderungen.

Sade rennt wütend gegen dieses Über-Ich, das er als Gewissen bezeichnet, an und will es einfach abschaffen. Zugleich sind die Figuren in seinen Texten, die dafür plädieren, es abzuschaffen, gebildete Menschen mit guten Umgangsformen, die über zehn Seiten gegen das Gewissen argumentieren können. Im sexuell-sadistischen Exzess soll ihrer Meinung nach alles Zucht und Ordnung haben. Und sie wollen nach außen gut dastehen. Sie wollen überwiegend sozial anerkannt sein.

Sades Figuren sind so Mischformen zwischen Affektkontrolle und Entgrenzung, so als könnte letztere eine Antwort sein auf die zunehmende Affektkontrolle, so als produziere die eine die andere. De Sade beschreibt auf seine Weise den Prozess der Zivilisation. Anders als Elias geht er nicht von einem linearen Prozess aus (immer mehr Affektkontrolle und sonst nichts), sondern von einem komplexeren. Für ihn hat diese Kontrolle ihren Preis: die Enthemmung.

Der Nationalsozialismus ließe sich, wie erwähnt, als kollektive Enthemmung interpretieren, als ein Kampf gegen das moderne Über-Ich, wie zugleich der Holocaust mit einem brillanten Über-Ich geplant und umgesetzt worden ist. Wir sehen da schon wieder diese Zweiheit und keine Einheit.

Noch etwas fällt bei de Sade auf. Die Schlächter sind nicht nur gebildet und kultiviert, sie sind auch entflammt und leidenschaftlich. Und sie sind echt und offen. Sie erklären sich. Sie verstellen sich nicht. Bezieht sich de Laclos noch 1796 (1972) auf die barocke Liebeskunst der Verstellung, der Liebe als Lüge, sind die Monster Sades bereits mit dem Habitus des authentischen Bürgers versehen, des romantischen Bürgers, der leidenschaftlich seinem Begehren folgt, was auch immer es von ihm abverlangt. Auch in diesem Punkt nimmt Sade die Moderne vorweg. Ist diese geprägt durch das Doppel von Aufklärung und Romantik, so sind es genau auch die Figuren de Sades: klug und selbstreflexiv, eigenständig im Denken, gegen *Vorurteile* wie Religion angehend, und zugleich leidenschaftlich bis zum Äußersten. Der Lustmord markiert dieses Äußerste.

2.9 Große Desaster

Es gibt in der Moderne relativ kleine Desaster etwa in Form der romantischen Todessehnsucht. Es gibt aber auch große. Von diesem Desaster in der Moderne berichtet zum Beispiel Ernst Jünger, vom kleinen und gerade deshalb großen Peter Brückner. Jünger schreibt über seine Erfahrungen im 1. Weltkrieg, Brückner über eine Kindheitserinnerung in Dresden, wie seine jüdische Mutter von Nazis attackiert wird.

Sades Hang zum Desaster rührt unter anderem aus dem Umstand, dass das Schicksal grausam sein kann und dass das Leben mit dem Tod endet, so wie *seine* Opfer sterben müssen. Dies ist der unausweichliche Lauf des Lebens. Die Opfer verhalten sich demgemäß völlig passiv. Sie akzeptieren ihr Schicksal. Mehr ist im Leben nicht drin. Es gibt kein Entrinnen. Es gibt kein Außen. Die Immanenz schließt alles ein.

Die sadistischen Szenen in Sades Texten wollen vermutlich auch an den Feudalismus erinnern: Der Lehensherr profitiert vom Lehensmann, so gehört ihm die jus primae noctis; und zugleich klingt in seinem Werk die Frage an: Welche Desaster werden uns noch erwarten? In der unendlichen Redundanz der Folterszenen offenbart sich ein „Schlimmer kann es gar nicht sein" und zugleich ein „Welche weiteren Desaster drohen uns?" „Welche kennen wir noch gar nicht?"

Sade unterschlägt im Übrigen, dass das feudale Verhältnis auf gegenseitigem Nutzen beruht. Der Lehensmann arbeitet für den Lehensherrn. Dieser beschützt ihn aber. Davon ist bei Sade nichts zu lesen. Er erinnert an einen ausgehöhlten Feudalismus, der zu Recht historisch überholt ist. Die Moderne kann es doch gar schlechter machen. Oder?

Jünger hat das „Oder?" in aller Deutlichkeit vor Augen. Er entscheidet sich euphorisch dafür, Soldat zu werden. Er will dem Desaster ins Gesicht sehen. Das Desaster kann ihn nicht mehr heimsuchen, weil er das Desaster aufsucht. Die Moderne, die die Natur beherrschen und dem Desaster entkommen wollte, ist offenbar für Jünger wie ein Kartenhaus zusammengefallen. Er hat alle Hoffnungen fahren lassen. Die siegesgewisse Überzeugung der Moderne, Wohlbefinden und Glück für alle im Diesseits zu erzielen, teilt er nicht. Diese Enttäuschung treibt ihn dem Desaster in die Hände.

Brückner („Das Abseits als sicherer Ort" 1982) kann auch deshalb die Attacke der Nazis auf seine Mutter nicht verwinden, weil die Moderne doch alle Menschen gleich machen wollte. Brückner erfährt, dass dem in keiner Weise so ist (siehe weiter unten). Die Idee der Gleichheit zerschellt an völkischem Denken.

Enttäuschung und Verbitterung angesichts des tendenziellen Scheiterns der Moderne kann ein Motiv dafür sein, sich dem Desaster zuzuwenden. Möglich aber ist, wie erwähnt, auch, dass das Desaster zwar verdrängt, aber gerade deshalb umso wirkmächtiger ist. Irgendwelche Menschen müssen diese Macht des Desasters repräsentieren, oder Kriege wie der 1. Weltkrieg demonstrieren die Übermacht des Desasters. Jünger ist der größte Fan des Desasters. Brückner zeigt, dass zwar Antisemitismus etwas besonders Bedrohliches ist, aber dass im Prinzip jeder Mensch ausgegrenzt werden kann. Diese Bedrohung ist allgegenwärtig.

Es ist also Jünger („In Stahlgewittern", 2014) vorbehalten, das Desaster in Gestalt des blitzschnellen Verschwindens und Vergessens der Menschen gnadenlos zu referieren. Wir müssen bei diesem Werk gar nicht die entsetzlichen Steigerungen des Grauens im 1. Weltkrieg am Schluss des Buches anschauen. Es reicht der nahezu noch liebliche Anfang, in dem der Begeisterung für den Krieg das Entsetzen und Entwirklichen unmittelbar folgen. Zuerst die narzisstische Hybris, dann die Namenlosigkeit.

> „Wir hatten Hörsäle, Schulbänke und Werktische verlassen und waren in den kurzen Ausbildungswochen zu einem großen, begeisterten Körper zusammengeschmolzen. Aufgewachsen in einer Zeit der Sicherheit, fühlten wir alle die Sehnsucht nach dem Ungewöhnlichen, nach der großen Gefahr. Da hatte uns der Krieg gepackt wie ein Rausch. In einem Regen von Blumen waren wir hinausgezogen, in einer trunkenen Stimmung von Rosen und Blut. Der Krieg musste es uns ja bringen, das Große, das Starke, das Feierliche. Er schien uns männliche Tat, ein fröhliches Schützengefecht auf blumigen, blutbetauten Wiesen." (Jünger 2014, S. 7)

„Aufgewachsen in einer Zeit der Sicherheit" – aber daran glaubt doch niemand wirklich. Gerade die vermeintliche Sicherheit signalisiert das Desaster. Und es fordert dazu auf, es aufzusuchen. Nur das Desaster ist Wahrheit und Wirklichkeit. Nur das Wirken im Desaster, nur das Desaster selbst sein, ist echt. Nur die (schreckenserregende) Tat garantiert Identität. Das ist das, das Sade in seinen Texten unentwegt beschworen hat. Erst die Tat erschafft den Mann. Überlasst den Hörsaal den Schwächlingen. Die Theorie – sie ist nichts oder zu wenig. Das Desaster aufsuchen, um selbst heimzusuchen, ist unverzichtbar. Es ist die Sicherheit zu Hause, die viel gefährlicher, gleichsam tödlicher ist als das Schlachtfeld. Das Zeitalter der Aufklärung, das Glück und Wohlbefinden und Unversehrtheit für alle einfordert und zugleich garantiert, muss für Jünger der reine Schrecken sein, ein fundamentaler Angriff auf seine männliche Identität.

Etwas unterscheidet Jünger von de Sade. Letzterer phantasiert nur die Tat, Jünger schreibt erst, nachdem die Tat vollzogen ist. Für ihn gibt es quasi keinen Anlass zur Feder zu greifen, bevor nicht etwas passiert ist, etwas Heroisches. Das Intellektuelle ist dem Tun nachgeordnet. Es hat nur eine dokumentierende Funktion. Vergesst die Philosophie und greift zum Gewehr! De Sade hingegen lässt seine Figuren die Philosophie lieben – und dann die Tat. Aber Sade bereitet das Denken Jüngers vor beziehungsweise er antizipiert es.

Jüngers Abkehr vom reinen Text (von der ist Nietzsche jedoch nicht betroffen) hat eventuell etwas mit dem *Wahnwitz* des deutschen Idealismus und dessen marxistischer Variante zu tun. Hegel wähnt sich am im Preußenstaat am Ende der Geschichte, der Weltgeist ist zu sich selbst gekommen. Marx erklärt die Weltgeschichte mit, sage und schreibe, zwei Prinzipien: dem dialektischen und historischen Materialismus. Mit beiden Philosophien wird (die Komplexität der) Realität wegradiert, wegretuschiert, ausgeblendet, getilgt. Jünger und seine Mannen kehren genau deshalb in die Realität zurück. Sie

2.9 · Große Desaster

wollen sie fühlen und schmecken, auch wenn das ihr Sterben zur Folge hat. Aber lieber leben und sterben, als im Spinnennetz der Philosophie gefangen zu sein.

Der zusammengeschmolzene Körper, der berauscht Jünger, aber nur in der Gewissheit, dass er alsbald durch Kugeln und Handgranaten auseinandergerissen wird. Das garantiert der Krieg. Gäbe es ihn nicht, hätte Jünger sich für den zusammengeschmolzenen Körper nie begeistert, weil er viel zu viel Angst macht. Er gefährdet die abgetrennte personale Identität. Die sadistischen Szenen bei Sade haben eine vergleichbare Funktion. Die Symbiose wird aufgelöst. Sadismus ist das Gegengift zur Fusion, wie es aber auch Täter und Opfer für immer vereint. Nur macht der tote Körper des ehemals anderen keine Angst mehr.

Wenn ich töte, nehme ich teil an der ewigen Ruhe, die nur der Tod gewährt. Mein Töten rückt mich der ewigen Ruhe näher. Das Töten ist das wirklich Wirkliche im abrupten Bruch zum Unwirklichwerden. Eigentlich verleiht mir nur dieser Bruch ein Seinserleben. Mein Töten macht mir zugleich klar, dass ich nicht ewig leben muss, dass diese unsägliche Bürde, die das Leben darstellt, endlich ist.

Das euphorische Gefühl gegenüber dem Krieg bekommt eine Seite weiter in „In Stahlgewittern" seine ersten Trübungen, notwendige und unausweichliche.

> „Wir saßen in der uns zur Unterkunft angewiesenen Schule und frühstückten. Plötzlich dröhnte eine Reihe dumpfer Erschütterungen in der Nähe … Wieder ertönte ein eigenartiges, nie gehörtes Flattern und Rauschen über uns und ertrank in polterndem Krachen." (2014, S. 8)

Eine Granate war eingeschlagen.

> „Mit einem merkwürdig beklommenen Gefühl der Unwirklichkeit starrte ich auf eine blutüberströmte Gestalt mit lose am Körper herabhängendem und seltsam abgeknicktem Bein, die unaufhörlich ein heiseres >Zu Hilfe!< hervorstieß, als ob ihr der jähe Tod noch an der Kehle säße." (ebd., S. 8f)

Das Janusköpfige des Todes – er erschrickt und droht, er erlöst – veranlasst Jünger die jetzt verwüstete, einst liebliche Landschaft als unheimliches Desaster zu beschreiben. „Nun waren die Häuser ausgebrannt und zusammengeschossen, die verwilderten Gärten von Granaten durchfurcht und die Obstbäume geknickt." (ebd., S. 39) Es ist – endlich – vollbracht, will Jünger sagen, kein Leben nirgendwo. Von dem lebendigen zusammengeschmolzenen Körper der Soldaten – keine Spur mehr. „Weithin reichte von dort der Blick über das ausgestorbene Land, dessen tote Dörfer verbunden waren durch Straßen, auf denen kein Wagen rollte und kein lebendiges Wesen zu sehen war." (ebd., S. 40) Die von der Romantik erfundene Liebe zur Natur, zur Naturbeschreibung, die bei Jünger noch stark virulent ist, erhält das Gegenbild der erloschenen Landschaft. Nicht nur die Aufklärung und der deutsche Idealismus sind für Jünger tot, auch die Romantik, aufgefressen von der Wirklichkeit des Krieges, der zugleich wie eine Theateraufführung erlebt wird, oszillierend zwischen Wirklichkeit und Traum. „… die uns einen gewaltigen Ausblick auf das Vorspiel zur Somme-Schlacht bot." (ebd., S. 80) Vorspiel ist nicht nur ein Begriff aus der Welt des Theaters, sondern aus der des Sexes. Die Schlacht ist dann der Koitus, die Vereinigung im Tod mit dem Gegner. Bei Sade ist dies in gewisser Weise nicht anders: Der sexualisierte Mord vereint Täter und Opfer – für immer. Diese Vereinigung goutiert das Opfer mit Schweigen. „Zum ersten Mal sah ich hier ein Feuer, das nur mit einem Naturschauspiel zu vergleichen war." (ebd., S. 81) Jünger schwelgt. Der Höhepunkt lässt nicht mehr lange auf sich warten.

> „Auf dem Weg zum Bahnhof schlenderten drei Mädchen in hellen Kleidern an mir vorüber, die Tennisschläger unter dem Arm – ein strahlender Abschiedsgruß des Lebens, dessen ich mich draußen noch lange erinnerte." (ebd., S. 93)

Viel näher kommt Jünger den Frauen nicht. Per Zufall sieht er dann mal noch eine im Eva-Kostüm. Die Funktion der Frauen besteht darin, sich an sie zu erinnern. „Draußen". Mehr nicht. Mit ihnen gibt es gewiss keinen Höhepunkt. Diese Herausforderung obliegt den Kameraden.

> „Wir waren dabei in der besten, heitersten Laune, und Worte wie >Ausweichen< waren uns unbekannt. Wer die Teilnehmer dieser fröhlichen Runde sah, der musste sich sagen, dass Stellungen, die ihnen anvertraut waren, erst verloren gehen konnten, wenn der letzte Verteidiger gefallen war. So sollte es denn auch geschehen." (ebd., S. 94)

Jesus opferte sich für die Menschheit, Jünger für Deutschland, ohne dass er jemals begründet hätte, weswegen. Der Krieg als Desaster ist vollkommen sinnfrei. Es definiert das Desaster, dass es sinnlos ist. Seinsgewissheit gibt nur das Sinnlose.

Vielleicht lässt sich sagen, dass mit de Sade das Zeitalter des sinnlosen Mordens beginnt. Gut, Sade begründet den Mord mit der damit verbundenen Lust. Der große Tod produziert den kleinen Tod, den Orgasmus. Soweit zur Sadeschen Logik der Lust. Aber verweist der Mord nicht eher auf die ungeheuerliche Leere, die mit irgendetwas gefüllt werden muss? Folter und Mord deklinieren bei Sade im Grunde nur die Leere, die psychische Leere, die eventuell aus der Gottverlassenheit des kopernikanischen Zeitalters herrührt. Sade ist ein gottverlassener Katholik, ein Exkatholik. Ein Katholik, der sich an nichts mehr halten kann als an das Ungeheuer der Natur, das in uns wütet, wüten kann.

Jünger kämpft mit der Leere, indem er in die Leere geht. Er schleudert sich heraus aus dem Zeitalter der Aufklärung. In das große und unermessliche Draußen, das sich 1. Weltkrieg nennt. Das Draußen ermöglicht ganz neue Erfahrungen.

> „Wir marschierten auf einer breiten Straße, die sich im Mondschein wie ein weißes Band über das dunkle Gelände spannte, dem Kanonendonner entgegen, dessen verschlingendes Gebrüll immer unermesslicher wurde. Lasst jede Hoffnung hinter euch! Was dieser Landschaft ein besonders finsteres Gesicht verlieh, war der Umstand, dass alle ihre Straßen wie ein helles Geäder im Mondlicht offenlagen und dass auf ihnen kein lebendes Wesen zu sehen war. Wir schritten wie auf den schimmernden Wegen eines mitternächtlichen Friedhofes dahin." (ebd., S. 95)

Der Icherzähler, er ist eigentlich bereits tot und wandelt zugleich auf seinem eigenen Friedhof. Er ist Wanderer und unter der Erde schon längst begraben.

> „Ich machte hier, und während des ganzen Krieges eigentlich nur in dieser Schlacht, die Beobachtung, dass es eine Art des Grauens gibt, die fremdartig ist wie ein unerforschtes Land. So spürte ich in diesen Augenblicken keine Furcht, sondern eine hohe und fast dämonische Leichtigkeit; auch überraschende Anwandlungen eines Gelächters, das nicht zu bezähmen war." (ebd., S.96)

Jünger verfügt nicht nur über eine „dämonische Leichtigkeit", er ist insgesamt nicht mehr Mensch, sondern ein Dämon: „hatte ich das eisige Gefühl, dass ich mich nicht mehr mit Menschen, sondern mit Dämonen unterhielt. Man schweifte wie auf einem riesigen Schuttplatz jenseits der Ränder der bekannten Welt." (ebd., S. 118) Die Dämonen kommen aus dem Jenseits, sie kehren als wirre Gäste auf die Erde zurück, um bald

2.9 · Große Desaster

wieder zu verschwinden. Sie gelten gemeinhin als böse Geister, die den Menschen Schaden zufügen wollen. Sie werden auch als Mahner definiert, aber auch als Verhängnis. Sie künden von der Unentrinnbarkeit eines schlimmen Schicksals. Sie sind die Botschafter des Desasters.

> » Die blutigen Grausamkeiten, die Sade beschreibt, haben dann auch etwas Dämonisches, Unentrinnbares. Sie finden statt auf unzugänglichen Schlössern, in Verließen. Es gibt für die Opfer kein Entkommen. Und die Lustgreise, die bei de Sade auftauchen, sie sind doch schon so gut wie tot. „Hier wurde ein Glied abgeteilt, dort ein Schädel aufgemeißelt … Wimmern und Schmerzensschreie hallten durch den von mitleidlosen Licht durchfluteten Raum…" (ebd., S. 120)

Das könnte fast von de Sade sein; Jünger schreibt über ein Lazarett, in dem er wegen einer Verwundung liegt. Und Sade hätte niemals eine Lichtquelle beschrieben. Er war am Kino noch nicht geschult.

Es ist diese groteske Uneindeutigkeit des Desasters, das Jünger hinreißend beschreibt:

> » „Hier hielten wir auch des Abends, jeder auf fünfundzwanzig scharfen Handgranaten hockend, eine gemütliche Plauderstunde ab. Gesellschaft leisteten mir dabei die beiden Kompanieoffiziere Hambrock und Eisen, und ich glaube, dass die unterirdischen Sitzungen unserer kleinen Runde, dreihundert Meter vorm Feind, seltsam genug waren." (ebd., S. 126)

Desaster bedeutet nicht nur, auf Handgranaten zu hocken, sondern dies auch als gemütliche Plauderstunde zu bezeichnen. Gewiss ist das auch ironisch gemeint, aber eben nicht nur. Durch das Desaster hindurch entsteht etwas Gutes, sehr Gutes.

> » „In die tödliche Ermattung, in der ich mich befand, drang jetzt ein Bewusstsein des Glückes ein, das sich mehr und mehr verstärkte und das sich Wochen hindurch bei mir erhielt. Ich dachte an den Tod, ohne dass der Gedanke mich beunruhigte. Alle meine Verhältnisse schienen mir bis ins Erstaunliche einfach, und mit dem Bewusstsein >Du bist in Ordnung< glitt ich in den Schlaf hinüber." (ebd., S. 185)

Dieses Ende gibt es bei de Sade nicht. So viel kleinbürgerliche Selbstgerechtigkeit hätte ihn erschüttert. Wie kommt ein Jünger darauf, sich mitten im Massaker gut zu fühlen. Sade hat dafür plädiert, die Bürde des Über-Ichs abzuwerfen. Jünger ist dies offenkundig gelungen. Viele Menschen umzubringen, das ist für Jünger kein Problem. Schließlich ist Krieg. Schließlich wird er permanent selbst bedroht. Krieg ist durch und durch eine gerechte Sache, einfach fair, sportlich, abenteuerlich. Er mag so den Generalstabsoffizier nicht. „Für ihn war das Ganze ein Plan, für uns eine mit Leidenschaft erlebte Wirklichkeit." (ebd., S. 196) So sehr eben Kleinbürger leidenschaftlich sein können. Diese Leidenschaft, die auch in Natur- oder Stadtbeschreibungen, aufblitzt – dient sie nicht nur dazu, sich schön zu färben, sich für in Ordnung halten zu können? „Cambrai ist ein verträumtes Städtchen des Artois, an dessen Namen sich manche historische Erinnerung knüpft. Enge, altertümliche Gassen schlingen sich um das mächtige Rathaus, um verwitterte Stadttore und die vielen Kirchen …" (ebd., S. 161) Wer so zärtlich beobachten kann, der kann kein schlechter Mensch sein. Anständig bleiben, das ist die Hauptsache. „Auf dem Wege durch die Straßen der Stadt studierte ich die gemütlichen Namen der zahlreichen kleinen Schenken, die so recht die flämische Behäbigkeit ausdrückten." (ebd., S. 198) Namen sind nicht gemütlich, der Krieg auch nicht. Jünger schreibt, als sei er auf einer Urlaubstour.

Von Sade zu Jünger – es hat sich einiges getan. Bei Sade möchte niemand gut sein, außer Justine, aber sie trägt niemals so dick auf, es trieft bei ihr nicht, sie ist ironisch gut und sie scheitert. Jünger ist triefende Selbstgerechtigkeit, befreit von Reflexion und Schuld. Die Bösewichter bei de Sade bekennen sich zum Bösen. Bei Jünger ist die Kategorie des Bösen getilgt, selbst dem Feind ordnet er diese Kategorie nicht zu. Das Desaster hat sich dagegen dramatisch gesteigert. Bedeutet dies, dass, wo das Böse geleugnet wird, das Desaster wie ein Flächenbrand sich in Windeseile verbreitet und verzehnfacht? Jünger, der sein aufgeklärtes Zeitalter verachtet, ist ein typischer Vertreter seiner Zeit: biedersinnig, vermeintlich aufrichtig gut. Er will ein unbescholtener Mann sein, ein Mann mit Herz.

> „Jetzt lag er, halb entkleidet, mit jener wachsgelben Gesichtsfarbe, die ein sicheres Vorzeichen des Todes ist, auf einer losgerissenen Tür und sah mich mit stieren Augen an, als ich hereintrat, um ihm die Hand zu streicheln." (ebd., S. 208)

Jawohl, so einer ist der Jünger. Der kann auch zärtlich sein. Der kann das Leben auch genießen. Der fühlt sich nicht nur gut, wenn er den Feind abschießt. „Ich bewohnte ein prunkvolles Zimmer im Haus eines Industriebarons in der Rue de Lille. Mit großem Behagen genoss ich den ersten Abend in einem Klubsessel vorm Feuer des Marmorkamins." (ebd., S. 209) Gewiss hat ihm der Industriebaron höchst selbst das Zimmer angeboten. Sie kennen sich sicherlich von früher. „Die endlos langen Stunden verbrachte ich, eng an den Leutnant Hopf gekauert, in einem Erdloch." (ebd., S. 214) Der kuschelt halt gerne, der Ernst.

Bei de Sade wird nicht gekuschelt. Homosexuelle Impulse werden auch nicht bedeckt, sondern explizit beschrieben.

2.10 Zusammenfassung

In diesem Kapitel wird zunächst auf zwei Autoren fokussiert, die das Böse denken: Freud und de Sade. Deshalb sind beide nicht besonders populär, um es sehr vorsichtig zu formulieren. Die gesamte naturwissenschaftlich inspirierte Psychologie hat es sich zur Aufgabe gemacht, die Freud'sche Psychoanalyse zu denunzieren. Von de Sade sind bestimmte sexuelle Praktiken übrig geblieben. Sein philosophisch-politisches Programm ist vollständig vergessen. Und so können wir bündeln: Alle, die das Böse denken, werden in unserer Gesellschaft exkludiert, auf dass wir bei der hübschen Illusion bleiben, gute Menschen zu sein. Alle, die den europäischen Menschen der Moderne als inkohärent und fragmentiert begreifen, werden vergessen, so Blanchot oder Georges Bataille, der zu Unrecht in diesem Buch nicht hinreichend gewürdigt wurde, aber doch zu guten Anteilen von Blanchot vertreten wird. Beide waren ein Leben lang gute Freunde; zusammen mit Lévinas bildeten sie ein intellektuelles Dreigestirn.

Das Fragmentierte, das Desaster zu beschreiben, muss notwendig zu Anteilen einen rationalen Diskurs verlassen, muss essayistisch verharren, um so das Chaos nicht in der Ordnung zu versenken. Daher sind Teile dieses Buches Annäherungen an etwas, das sich nicht vollständig in einen rationalen Diskurs auflösen lässt, sich nicht auflösen lassen darf, so der Begriff des Desasters nach Blanchot. Für ihn bestimmt das Desaster, die Katastrophe, das Unvernünftige, das Fragmentierte unser Leben – eine radikale Anti-These zu der verbreiteten Überzeugung, ein heiles, integriertes Leben in einer weitgehend heilen Welt fristen zu können, zumindest auf dieses Leitbild rekurrieren zu können.

2.10 · Zusammenfassung

Dennoch ist es unverzichtbar, die Ordnung des Denkens wieder aufzufinden.

De Sade ist ein Märchenerzähler einer Epoche, die sich zu seinen Lebzeiten eben auflöst, in das Nichts verschwindet. Er beschreibt, skurril überspitzt, die Welt des französischen Adels, bevor sie durch die Französische Revolution ausgelöscht wird. Es ist eine Welt der unlegitimierbaren absoluten Souveränität, einer vielschichtigen Verausgabung, mit der das geizige Bürgertum Schluss macht. Bataille kritisiert daher das bürgerliche kapitalistische Zeitalter vehement, weil dieses die unproduktive Verausgabung verbannt hat.

Deshalb muss im bürgerlichen Zeitalter außer dem Peitschenschwingen von de Sade nichts übrig bleiben, ist er es doch, der die unproduktive Verausgabung in den Mittelpunkt rückt. Verausgabung meint sowohl die Unsummen, die die Libertins in ihre Vergnügen stecken, aber auch die Opfer, die sie herstellen. Das Geld und die Toten sind die Währungen der Verausgabung. Und bei beiden muss das Sinnlose triumphieren. Das Vernünftig-Maßvolle und der Nutzen müssen bedingungslos suspendiert sein. Sie sind die wahren Feinde de Sades.

Und die Lust ist an den Tod gebunden. Freud denkt Liebes- und Todestrieb als Widersacher, bei de Sade fallen sie zusammen. Für unser bürgerliches Zeitalter ist dies unerhört. Mit sehr großer Toleranz gewinnen wir dem Freud'schen Denken ein bisschen was ab. Bei de Sade streiken wir.

So vormodern das Denken Sades und Freuds ist, so unerhört es uns heute anmutet, so hochmodern ist ihre Inszenierung in der Öffentlichkeit. Sie treten auf als Stars der gekonnten Provokation, des gezielten Tabubruchs. Sie wissen, wie sie Medienstars werden können. Sie sind Prototypen des Bekanntwerdens in Zeitungen, Fernsehen und Social Media. Sie sind aber auch Prototypen des Vergessenwerdens, was zur medialen Logik dazu gehört.

Wir wollen sie auch vergessen, weil de Sade und Freud uns mit unangenehmen *Wahrheiten* konfrontieren, sodass das Leben von Schicksal und Zufall bestimmt ist. Die Moderne soll uns ja gleichsam Unsterblichkeit garantieren, mit all ihrem Fortschritt und der Entfaltung der Wissenschaften. Natürlich wissen wir in gewisser Weise, dass wir endlich und sterblich sind, und natürlich wollen wir das nicht wissen, weswegen wir de Sade und Freud nicht leiden können, weil sie unentwegt auf das Endliche des Lebens hinweisen und auf die Unausweichlichkeit von Konflikt, Gewalt und Leid.

Wir wollen de Sade und Freud auch vergessen, weil sie keine kohärente Psyche vor Augen haben. Unser Alltagsverstand und unsere kulturelle Mentalität geben uns vor, dass wir durch unseren Verstand und unseren Willen gesteuert werden, dass wir mit Verstand und Wille unsere Triebe kontrollieren können, dass wir insgesamt und überwiegend das tun, was uns sinnvoll erscheint, dass wir unseren inneren Schweinehund im Griff haben. De Sade und Freud wollen uns daran gemahnen, dass davon nicht die Rede sein kann. Wir sind in ihren Augen triebgesteuerte, fragmentierte Wesen. Wir leben im Labyrinth menschlicher Inkonsequenzen (Bataille).

Mit einer vagen Ahnung von dem chaotischen Leben, das uns lebt, mit einer tief empfundenen Enttäuschung gegenüber den anmaßenden Versprechen der Moderne auf ewige Konsistenz, Kohärenz, Wohlbefinden und Sicherheit, kann auf den Begriff der Entscheidung, der Dezision, rekurriert werden. Es sind konservative bis reaktionäre Denker wie Carl Schmitt, die die Entscheidung gleichsam als Allheilmittel gegen das Ausgeliefertsein begreifen. Wichtig hierbei ist, dass die Entscheidung nicht rational begründet sein muss, nicht rational begründet sein darf. Eine Entscheidung muss nur eine Entscheidung sein, ein Einschnitt gegen das dem Schicksal ohnmächtig ausgeliefert sein. Die Idee der Dezision ist die Grundlage rechts- und linksradikalen Tuns, so beim G 20 Gipfel in Hamburg im Sommer 2017.

So wie die menschliche Psyche löchrig und paradox organisiert ist, so ist auch die moderne Gesellschaft widersprüchlich und fragmentiert. Ja, der Kapitalismus ist unser Wirtschaftssystem, aber er wird begleitet von sozialer Marktwirtschaft, von genossenschaftlicher Organisation, von massiven staatlichen Eingriffen, von Gegenbewegungen wie Lebensreform, 68er Bewegung, die ihn letztlich aktualisieren und updaten. Der Kapitalismus lebt vom Risiko, vom Mut des Desasters, vom Leben am Rande. Er blüht auf im Untergang.

Wenn die Aufklärungsphilosophie eines Kant, eines Diderot unsere Epoche bestimmt, so ist sie dennoch in keiner Weise die einzige geistige Kraft, die unserem Zeitalter Gestalt gibt. Sie hat ein verworfenes Geschwisterkind, die Romantik, die genau das Gegenteil von dem verlangt, was die Aufklärungsphilosophie einfordert: alle Gefühle leben, todessüchtig sein (siehe auch das gesonderte Kapitel zur Romantik). So ist von doppelter Inkohärenz zu sprechen. Die Aufklärung bedarf des anderen, der Romantik, und sie bedarf des anderen, das explizit fragmentiert ist.

De Sades Figuren bestehen aus diesem Doppel: rational, rational argumentierend und zugleich leidenschaftlich, von ihren Leidenschaften gleichsam fortgetragen bis hin zum Lustmord. Mit diesem zweigesichtigen Fabelwesen rennt Sade gegen die Freiheit-Gleichheit-Brüderlichkeits-Kultur an. Das Bemühen um Konsens, um eine Verständigungskultur scheint für ihn der blanke Horror zu sein, weil für ihn sich der Stärkere, der Brutalere durchsetzt. Die beispiellos gewalttätigen letzten beiden Jahrhunderte zum Beispiel mit ihren beiden Weltkriegen sprechen für de Sades Sicht. Somit ist er fast der einzige, der das optimistische Projekt der Moderne (Demokratie, Menschenrechte, ein friedliches Miteinander, Wohlstand für alle) auch mit großer Skepsis betrachtet. Da wir fast alle ein Kind dieses Projekts sein wollen, müssen wir den großen Skeptiker geistig eliminieren.

Sades imaginierte Helden bekennen sich dazu, böse zu sein. Ernst Jünger, der am 1. Weltkrieg teilnimmt und vermutlich zahlreiche Menschen getötet hat, erlebt sich als gut und anständig. Der Krieg ist dann so etwas wie ein Fair-Play-Ballspiel. Je wirkmächtiger das Desaster wird, wie etwa im 1. Weltkrieg, desto stärker wird es zu Anteilen geleugnet. Und verschwindet die Kategorie des Bösen, dann kann sich das Desaster erst richtig Bahn brechen.

Sades sexuelle Phantasmen

3.1 Sex heute – 56

3.2 Der Marquis und der Sex – 57

3.3 Das Missgeschick der Tugend – Teil eins – 58

3.4 Ein Ausflug in das Imaginäre – 60

3.5 Ein zweiter Ausflug in das Imaginäre – 69

3.6 Zusammenfassung – 84

© Springer Fachmedien Wiesbaden GmbH, ein Teil von Springer Nature 2018
C. Klotter, *Warum der Spaß am Bösen ein Teil von uns ist*,
https://doi.org/10.1007/978-3-658-18638-8_3

3.1 Sex heute

Ja, es gibt sie noch, diejenige, die sich aufgrund ihrer sexuellen Präferenzen diskriminiert und benachteiligt fühlen, so Homosexuelle bezüglich der Gleichstellung mit Heterosexuellen, und deshalb den CSD-Aufzug stärker politisieren wollen. Aber es waren 2017 wie in den Jahren zuvor Hunderttausende in Berlin auf den Straßen zu diesem besonderen Tag, sei es als Teilnehmerinnen und Teilnehmer, sei es als Zuschauerinnen und Zuschauer. Vor 50 Jahren wäre das in Deutschland undenkbar gewesen: dass sexuelle Minderheiten mit bestimmten sexuellen Präferenzen so stark Präsenz zeigen und so sehr für ihre Rechte eintreten. Und in der Regel von den anderen – nicht von allen – wohlgelitten sind, ja gar besonders anerkannt sind, spielen sie doch die Trumpfkarte der Individualisierung aus, dem Streben nach Einzigartigkeit. Sexuelle Minderheiten sind gleichsam auf natürliche Weise different, etwa durch andere Gene, Konstitutionen, Biographien. Warum sollten die Launen der Natur zum Nachteil gereichen? Genau diesen Nachteil gilt es zu verhindern. Diese Position ist mittlerweile Common Sense – nahezu. Damit demonstriert unsere Gesellschaft, dass sie eine aufgeklärte und liberale ist. Freiheit, Gleichheit, Brüderlichkeit – so lautete die Parole der Französischen Revolution, die dann, bezogen auf den Sex, so zu übersetzen ist: Freiheit für unterschiedliche sexuelle Praktiken, gleiche Behandlung von Menschen mit unterschiedlichen Präferenzen, Brüderlichkeit: Respekt gegenüber Menschen mit anderen sexuellen Vorlieben. Der Kampf der französischen Aufklärer (Diderot, Voltaire) gegen religiöse Intoleranz und soziale Ungleichheit setzt sich heute fort im Kampf gegen Diskriminierung bestimmter sexueller Varianten.

Die mögliche Schattenseite dieser Toleranz besteht darin, dass alle sexuellen Spielarten gleichsam normal geworden sind. Das berauschende Deviante ist ihnen abhandengekommen. Wenn sich Politiker oder Fußballer zu einer gewissen Präferenz bekennen, dann ist das zwar immer noch ein bisschen ein Politikum – bei den Fußballern mehr als bei den Politikern – aber es passiert; es ist möglich. Keine aufregende Aufregung mehr um die Verheimlichung, um das Doppelleben, um den inneren Triumph, anders als die anderen zu sein – einfach so ganz ganz anders.

Die Wogen um den Sex haben sich noch auf andere Weise geglättet. Die Idee aus dem 20. Jahrhundert, sich mittels des Sexes befreien zu können, eine andere Persönlichkeit zu werden, befähigt zu werden, politischen Widerstand zu leisten, hat sich erschöpft. Erich Fromms für die Frankfurter Schule ausgearbeitetes Konzept des autoritären Charakters, der durch Sexualunterdrückung im Kapitalismus zu einem gehorsamen und angepassten Massenmenschen gemacht werde, hat sich nicht aufrechterhalten lassen. Bereits Herbert Marcuses Replik darauf – mit dem Begriff der repressiven Entsublimierung (mit der gesellschaftlichen Akzeptanz aller sexuellen Spielarten werden die Menschen zu angepassten Wesen) – wurde Fromms These der Boden entzogen. Auch andere Varianten des Freudo-Marxismus wie die von Wilhelm Reich fielen wie ein Kartenhaus in sich zusammen. Die Bemühungen der 68er-Bewegung, nochmals auf die Karte der sexuellen Befreiung zu setzen, waren nicht vom Erfolg gekrönt. Selbstverständlich löste 68 Änderungen in dem ausgeübten Sex aus – die Frauen begannen sich zu emanzipieren, Minderheiten wie die Homosexuellen huben an, sich für ihre Rechte einzusetzen, das Klima wurde insgesamt liberaler – aber das mit sexueller Befreiung gleichzusetzen, ist absurd. Der Körper taugt nicht zur Befreiung, nicht zur Erlösung (Klotter 2015). Das ahnte bereits Marcuse.

Noch ein anderer gewichtiger Wermutstropfen trübte die Idee der sexuellen Befreiung. Es war Michel Foucault (1977b), der im Sex nicht das mögliche Jenseits der gesellschaftlichen Macht sah, sondern den Sex in den Fängen der Macht erblickte. Ja, gewiss, es habe auch sexuelle Repression gegeben, aber die Macht arbeite hinsichtlich des Sexes auch positiv. Gerade die gesellschaftlichen Verbote machten die Überschreitung besonders attraktiv. Foucault veranschaulicht dies an der Geschichte der Masturbation. Erst deren Verbot habe sie zu etwas besonders Aufregendem werden lassen. Speziell mit den sexuellen Varianten würden gesellschaftlich bestimmte Identitäten geschaffen. „Ja, ich bin schwul, und das ist gut so." Die sexuelle Varianz führe dazu, dass die davon Betroffene versuchten, ihre Biographie dahingehend zu ergründen, warum sie ausgerechnet etwa schwul geworden sind.

Die 68er, häufig überzeugte Marxisten, waren über den Foucault'schen Entwurf nicht sonderlich erfreut, schlachtete er doch ihre heilige Kuh einer jetzt oder später zu befreienden Sexualität. Aber historisch hat sich Foucault durchgesetzt, nicht der Freudo-Marxismus.

Um den Sex ist es gleichsam still geworden. Die Liberalität hat ihn nicht unerheblich erstickt. Das medienrelevante körperbezogene Thema ist nicht mehr der Sex, sondern das Essen, etwa die alternativen Ernährungslehren, die Massentierhaltung, die Lebensmittelskandale, etc. Nun soll das Essen Identität, Abgrenzung, moralische Überlegenheit, Erlösung und nahezu Unsterblichkeit garantieren, was das Essen vergleichbar mit dem Sex nicht einzulösen vermag (Klotter 2014).

3.2 Der Marquis und der Sex

Auch de Sade hat die Liberalisierung des Sexes nicht gut getan. Sadismus oder S/M stellen sexuelle Varianten dar, zwei von vielen, die heute selbstredend weitgehend akzeptiert sind. Today, anything goes. Dies gilt eben nicht nur für die Wissenschaftstheorie (Feyerabend 1986).

Aber für Sade waren die sexuellen Praktiken untrennbar mit gesellschaftlicher Macht verknüpft. Er hat ein politisch-philosophisches Werk verfasst, das heute vermutlich kaum jemand zur Kenntnis nimmt.

Die sexuellen Szenen Sades dienen der Veranschaulichung der gesellschaftlichen Machtverhältnisse und sie demonstrieren, wie Sade sich die menschliche Psyche vorstellt. Sie geht nach Sade nicht in der aufklärerischen Vorstellung auf, dass sie von der Vernunft geleitet ist. Im Gegenteil.

Nebenbei: Es stellt eine implizite Selbstverständlichkeit dar, dass sich in den sexuellen Praktiken die gesellschaftlichen Machtverhältnisse zeigen, dass letztere den Sex determinieren. Aber ist das so einfach? Oder verlangt unser (primitives) Denken derartige Muster? Unterwirft der König von Frankreich, Ludwig XV., Madame Pompadour? Ist sie seine willige Sklavin? Derartige Konzepte sind doch so schlicht gestrickt, dass sie niemals stimmen können. Sie sind marxistisch inspiriert, demnach sich Machtverhältnisse unmittelbar und denotativ offenbaren. Sie sind zugleich dem Modell der Repräsentation verpflichtet. Wie Ludwig XIV. Gott auf Erden repräsentiert, so bildet der Sex (um eine fürchterliche Metapher zu gebrauchen) die gesellschaftlichen Machtverhältnisse eins zu eins ab, als würde der Sex im streng hierarchisch organisierten Schloss zu Versailles oder im Petersdom als Theatervorstellung stattfinden.

Nur Rousseau und deutlich stärker La Mettrie teilen die Skepsis Sades hinsichtlich der Vernunftbestimmtheit der Seele (Schupp 2003). Sade zelebriert die Präsentation der im Grunde bösen menschlichen Seele. Sie ist zu allem fähig – das will er sagen. Und Sade dekliniert das Böse durch – in einem Möglichkeitsraum, in dem nichts ausgelassen wird, ausgelassen werden darf, um bis zum Äußersten zu gehen. Als ob dies erst der menschlichen Seele Friede geben würde: darum zu wissen, was es alles an Schrecklichkeiten gibt.

Delektierlich sind seine Texte deshalb nicht. Sie dienen nicht der Anfeuerung der Lust. Im Gegenteil. Sie konfrontieren den Leser mit seiner eigenen Psyche und all ihren erdenklichen Möglichkeiten des Fühlens und Handelns, ihren nur mühsam verborgenen Abgründe. Die Leser fürchten möglicherweise, wie in einem magischen Akt von den sexuell-grausamen Beschreibungen de Sade so angezogen zu sein, dass sie es dann umgehend oder alsbald – je nach Temperament – selbst tun. In der Imagination führt das Lesen unausweichlich zur Tat. Freundlich gesonnen war Sade dem Leser nicht. Er hatte und hat zu ihm ein sadistisches Verhältnis. Nicht der Leser erfreut sich der Lektüre; Sade genießt hingegen sein Gelesenwerden.

Es waren erst die Diktatoren des 20. Jahrhunderts, Hitler, Stalin, Mao, Idi Amin, die den von Sade entworfenen Möglichkeitsraum zu einem Ameisenhaufen schrumpfen ließen. Gegen diese sind die Szenarien Sades harmlos: paar Tode nach endlosem Diskurs. Das Gegenteil hiervon sind Millionen Tote der Diktatoren mit ein bisschen Diskurs, vor Tat.

Die Diktatoren sind Männer der Tat. De Sades Helden sind im Prinzip Plappermäuler, die, um dann irgendwann zu beweisen, dass sie zu dem auch fähig sind, wovon sie erzählen, auch morden müssen.

Es ist nicht so, dass de Sade den Menschen nur als böse betrachtet. Zwei seiner Hauptprotagonistinnen, Justine und Juliette, verkörpern die beide Pole der menschliche Psyche, da die tugendhafte und anmutige Justine, die rastlos von Demütigung zu Demütigung eilt, dort die lasterhafte und mordlüsterne Juliette (Sade 1990). Es handelt sich hierbei nicht um eine dichotome Struktur, da das Gute, dort das Böse, sondern um eine idealtypische Entgegensetzung. Aber zur menschlichen Psyche gehört beides dazu. Justine und Juliette sind nur Inkarnationen unterschiedlicher psychischer Anteile. Anders als die psychischen Instanzen bei Freud sind sie nicht im dauerhaften Konflikt, sondern stehen unberührt nebeneinander. De Sade könnte sagen wollen, dass beide Anteile unverbunden nebeneinander existieren. Damit könnte er auch meinen, dass die menschliche Psyche nur in geringem Maß integriert und im Wesentlichen gespalten ist.

3.3 Das Missgeschick der Tugend – Teil eins

> „Doch seine geballte, kulturkritische Kraft entfaltete Sade erst 1797, in der dritten Fassung der ›Justine‹, dem zehnbändigen Doppelroman ›La Nouvelle Justine ou les Malheurs de la vertu, suivie de L'Histoire de Juliette, sa soer, ou les Prospérités du vice‹ …" (Zweifel und Pfister 1990).

Mit diesem Doppelroman soll nun der Autor de Sade näher vorgestellt werden.

Mir wäre es am liebsten gewesen, einen Text über de Sade zu schreiben, ohne ihn jemals wörtlich zitieren zu müssen. Dann hätte ich einerseits seinem Sadismus gegenüber dem Leser Einhalt geboten. Andererseits hätte ich aber der Leserin den direkten Blick auf Sades Denken und Schreiben verwehrt und mich auf diese Weise der

3.3 · Das Missgeschick der Tugend – Teil eins

Unterschlagung und Ausblendung schuldig gemacht. Auch dieses aufgenötigte Dilemma hätte de Sade vermutlich Vergnügen bereitet. Es gibt dann nur zwei Möglichkeiten, mit dem Werk de Sades umzugehen: es zu vergessen oder ihn zu zitieren und sich damit in seinen Sadismus dem Leser gegenüber zu verstricken. Und: Wer sich mit de Sade beschäftigt, ist natürlich dem gleichsam *natürlichen* Verdacht ausgesetzt, selbst ein Sadist zu sein, zumindest von ihm fasziniert zu sein. So ereilt eben dann auch dem de Sade nicht Affinen das Missgeschick der Tugend.

De Sades Texte schwanken gleichsam unabschließbar zwischen politisch-philosophischem Diskurs und sexuell-grausamen Szenen; es sind endlose Schlaufen, die den armen Leser quälen, als gäbe es daraus kein Entrinnen aus dieser anal-retentiven Welt, in die de Sade seine Leser einsperren will. Letzterer wollte doch nur einen kurzen Blick hineinwerfen und schon teilt er sich eine Gefängniszelle mit de Sade etwa in der Bastille. Und die Französische Revolution wird nie stattfinden.

De Sade lässt so gerne seine sexuellen Szenen an abgeschiedenen Orten stattfinden, so in *Die 120 Tage von Sodom* (1972), geschrieben 1785 in der Bastille (vergleiche Giese in einem Vorwort zu dieser Erzählung 1972, S. 34); imaginierter „Drehort" de Sades ist Silling, ein Schloss im Schwarzwald, kaum zu erreichen, nicht mehr verlassbar, ein Gefängnis, wie das, in dem Sade saß, als er schrieb.

Ein Biograph von de Sade, Lever (1995), stellt, wie es für seinen Berufsstand unumgänglich ist, biographische Bezüge her. Der 5-jährige de Sade muss für einige Zeit in dem düsteren und furchterregenden Schloss Saumane wohnen.

> „Sades Welt der Lüste ist stets auch eine Kerkerwelt. Am Eindrucksvollsten für den Besucher (von Saumane; A. d. A.) sind jedoch die aus dem 13. Jahrhundert stammenden Kellerräume und unterirdischen Geheimgänge, in denen sich zahlreiche Verliese ohne Frischluft und Tageslicht befinden. Am Boden liegen noch die Ketten derer, die hier ohne Hoffnung auf eine Rückkehr ins Leben vergessen wurden. Als idealer Folterkeller, von dem aus kein Schrei an die Außenwelt zu dringen vermag, weckt er Vorstellungen von endloser, einsamer, beklemmender Kerkerhaft." (S. 67f)
> Sade nennt diese Kellerräume „Eingeweide" (ebd., S. 68).

Irgendeinen Vorteil muss es wohl haben, in dieser, freundlich ausgedrückt, Abgeschiedenheit zu leben und zu töten; sie verunmöglicht tendenziell das Entdecktwerden. Kein Unbefugter kann einen Blick auf die grauenhaften Taten werfen. Die Mörder werden straffrei davon kommen. Zugleich bietet dieses Abseits die Möglichkeit, sich von der (Außen-)Welt zu verabschieden. Dem Subjekt stellt sich kein Außen entgegen. Letzteres kann nichts mehr korrigieren. Das Subjekt triumphiert souverän allein. Aber eben allein in seinem Abseits.

Die Logik des Shiftens zwischen dem Reden über Politik/Philosophie und der sexuellen Tat bei de Sade besteht möglicherweise darin, ersteres als Rede auszugeben und die Tat als deren Umsetzung – gleichsam diese in einen realen Raum zu verpflanzen; so zu tun, als sei es tatsächlich passiert. Das Imaginäre gründet im Imaginären das Reale.

Die Rede kann nicht *wirklich* als die Ausgeburt des Bösen definiert werden; nur die böse Tat ist *echt* böse. Das Reden über das Böse hat keine Währung und wird an der Börse nicht gehandelt. Sie stellt keinen Riss dar, keine Überschreitung. Von Blut zu reden oder zu schreiben, ist tendenziell und damit letztlich lächerlich; das Blut fließen zu lassen, das ist das *Wahre*.

De Sade gibt vor, in seinem Schreiben unablässig die Bühne des Imaginären zu verlassen, diesem typischen Denken der Renaissance (Foucault 1974, Culianu 2001), aber er entkommt ihr *natürlich* nicht, er will ihr eigentlich gar nicht den Rücken kehren. Er pocht scheinbar unablässig an der Tür zum Realen, aber sie lässt sich *leider* nicht öffnen.

De Sade inszeniert sich so als Übergangsfigur zur modernen Idee des Realen, des in der Terminologie der Semiologie als Referent bezeichneten, eine scheinbare Übergangsfigur zu modernen Naturwissenschaften, die der Theorie die Empirie gegenüberstellen; und die Theorie wird letztlich niemals die Empirie in sich auflösen – es bleibt eine unüberbrückbare Differenz zwischen Theorie und dem empirischen Feld.

Aber de Sade spielt nur mit der Entgegensetzung von Imaginärem und Realem, von Subjekt und Welt, von Theorie und Empirie. Das einsame souveräne Subjekt duldet letztlich nicht das andere. Genau deshalb kann und muss dieses Subjekt das (nur imaginierte) andere quälen und eliminieren.

3.4 Ein Ausflug in das Imaginäre

De Sades Morde sind imaginärer Natur. Sein Leben hatte damit nichts zu tun (Reinhardt 2014). Im Grunde verbeugt sich de Sade vor der Gedankenwelt der Renaissance, in der das Imaginäre gleichsam alles war. De Sade träumt von der Renaissance und schreibt ihr mit seinen Texten einen Abschiedsbrief, um zugleich auf die zukünftige Welt der Taten einen unerschrockenen Blick zu werfen. Zumindest versuchte er, einen unerschrockenen Blick zu werfen. Das Grauen des 20. Jahrhundert konnte nicht einmal er voraussehen.

> „Im Prinzip ist die Magie, mit der wir uns hier befassen werden, eine Wissenschaft vom Imaginären, das sie mit eigenen Mitteln erforscht und das sie beliebig zu manipulieren vorgibt. Auf ihrer höchsten Entwicklungsstufe, die sie im Werk Giordano Bruno erreicht, ist die Magie eine Beherrschungsmethode des Einzelnen und der Massen, die auf einer vertieften Einsicht in die persönlichen und kollektiven erotischen Triebe gründet. Man kann darin nicht nur den fernen Ahnherrn der Psychoanalyse erkennen, sondern vor allem den der angewandten Psychologie und Massenpsychologie." (Culianu 2001, S. 20)

Und was hat das mit de Sade zu tun?

Aus einer rationalen Perspektive ist es vollkommen unverständlich, warum die Opfer in seinen Werken zu Opfern werden, warum sie sich nicht wehren, warum sie sich nicht zusammenschließen gegen die Peiniger.

Mit dem Zitat von Culianu wird klar, dass die Mörder ihre Opfer zuerst magisch beherrschen, bevor sie sie zerstückeln. Erstere wissen, dass sie unterworfen werden wollen, dass sie gepeinigt werden wollen.

Die Täter wissen um die erotischen Wünsche der Geschundenen und erfüllen diese. Sie sind eigentlich nur Dienstleister. Die Opfer erflehen das größtmögliche Desaster. Es wird ihnen zelebriert.

> „Als Wissenschaft von der Manipulation der Phantasmen (Vorstellungsbilder) wendet sich die Magie vornehmlich an die menschliche Einbildungskraft, in der sie nachhaltige Eindrücke zu erwecken sucht. Der Magier der Renaissance ist Psychoanalytiker und Prophet…" (ebd.)

So sehr de Sade seine Helden in die lächerliche Ecke steckt, so sehr will er damit verbergen, welche erfolgreiche Magier sie sind. Ein guter Magier ist daran zu erkennen, dass er nicht zu erkennen ist.

Zugleich entpuppt sich de Sade selbst als ein Magier, der die Einbildungskraft seiner Leser zu manipulieren versucht. So sollen sie nie mehr die sexuellen Szenen de Sades vergessen. Sie sollen als Bilder ewiglich eingebrannt sein in ihr Gedächtnis. Sie sollen ihre sexuelle Imagination für immer verändern, beschädigen, attackieren. De Sade träumt davon, dass seine Texte die Leser erregen. Das wäre ein vollständiger Triumph für ihn. Seine Schilderung der Gräueltaten ist ein einziger Angriff auf den phantasmatischen Raum seiner Leser.

Eine vorsichtigere Interpretation: de Sade liefert Vorstellungsbilder der sexuellen Grausamkeit, die unsere unbewussten erotischen Phantasmen mit Bildern bestücken.

» „Der Eros wird, wie die Sinnestätigkeit auch, als eine der Voraussetzungen für die Wechselbeziehung zwischen Seele und sinnlich wahrnehmbarer Welt aufgefasst." (ebd., S. 28)

So die Vorstellung von Aristoteles, die die Grundlage des Denkens in der Renaissance bildet. De Sade würde in dieser Perspektive mit seinen erotischen Phantasmen die Psyche der Leser nicht fragmentieren, sondern kitten, Seele und Körper derart zusammenführen, dass der sexuelle Körper mit den erotischen Phantasmen verbunden werden kann.

Eros ist ein Element eines weiter gefassten Organs, das zwischen Seele und Körper vermittelt.

» „Nach Aristoteles besteht dieses Organ aus Geist (pneuma), und somit aus derselben Substanz wie die Sterne. In der Beziehung der Seele zum Leib erfüllt er die Aufgabe des ersten Organs. Das Vorhandensein eines solchen Organs ist die Voraussetzung zur Lösung des Widerspruchs zwischen Körperlichem und Unkörperlichem. Es ist so subtil, dass es dem immateriellen Wesen der Seele gleicht. Dennoch ist es ein Körper, und als solcher kann es mit der Sinneswelt in Berührung treten. Ohne dieses astrale Pneuma, das heißt, das Pneuma, das aus derselben Substanz wie die Sterne besteht, als Medium hätten Seele und Leib voneinander kein Bewusstsein, da jeder für den Bereich des jeweils anderen blind wäre." (ebd., S. 28f)

Im Aristotelischen Sinne wäre demnach de Sade ein Seelenklempner (und zugleich Körperklempner), derart, dass sadistische körperliche Impulse Vorstellungsbilder bekommen. Sade warnt vor der Desintegration in dem Sinne, dass weder sadistische Impulse noch sadistische Phantasmen als bestehend anerkannt und somit nicht integriert werden. Seine Warnungen erscheinen als so massiv, weil er ein einsamer Rufer in der Wüste ist.

» „Nach Aristoteles werden alle vitalen Tätigkeiten – wie etwa die Bewegung – von der Seele durch die Vermittlung des im Herzen angesiedelten proton organon (dem ersten Organ; A. d. A.) dem Leib übertragen. Zugleich öffnet der Leib vermittels der fünf Sinne für die Seele ein Fenster zur Welt. Die Botschaften der Sinne treten in das erste Organ ein, wo sie in eine für die Seele verständliche Sprache übersetzt werden. Dieser Sprache gibt Aristoteles Phantasie oder inneren Sinn. So werden Sinnesbotschaften von der Seele als sogenannte *Phantasmen* (Vorstellungsbilder) wahrgenommen, und sie vermag nur das zu erfassen, was ihr in Form von Phantasmen vermittelt wird." (ebd., S. 29)

Rastlos und in endloser Redundanz hat de Sade an sexuellen Phantasmen gearbeitet und sie den Lesern zur Verfügung gestellt, damit diese eine Sprache der erotischen Phantasie erhalten, mit denen sie sich verstehen lernen.

Die Leser wollten das nicht verstehen, nicht minder die Nicht-Leser de Sades. Sie wollten sich allesamt als von Grund auf gute Menschen verstehen. Ihr desintegriertes Böses hat die halbe Welt kriegerisch zerstört. De Sade konnte Europa nicht retten. Seine Mission lief ins Leere.

Die Idee des inneren Sinnes habe das gesamte Abendland durchzogen, sei dann im 18. Jahrhundert verloren gegangen. De Sade ist so womöglich einer der letzten Vertreter des inneren Sinnes. Wenn das Konzept des inneren Sinnes im 18. Jahrhundert verloren gegangen ist, dann könnte das auch verständlich machen, dass wir mit de Sade nichts anfangen können.

> „Im Grunde läuft alles auf ein Verständigungsproblem hinaus: Die 'Sprache' der Seele und die des Leibes sind nicht nur miteinander unvereinbar, sondern auch füreinander *unhörbar*. Allein der innere Sinn vermag sie beide zu vernehmen und zu verstehen." (ebd., S. 30)

Culianu schreibt hier nicht von Unübersetzbarkeit, sondern von Unhörbarkeit. Bei dem Übersetzungsproblem ist klar, dass es da etwas gibt, was nicht verstehbar ist. Bei der Unhörbarkeit ist dies nicht der Fall. Der Mensch in der Moderne ist phantasmatisch von seinen gewaltsamen (auch sexuellen) Impulsen abgeschnitten.

Aber nicht abgeschnitten zu sein, bedeutet auf keinen Fall, diese auch realisieren zu müssen.

De Sade beschwört nämlich noch auf andere Weise die Liebesvorstellungen der Renaissance. Er verehrt an ihnen den phantasmatischen Charakter. Das, was uns an de Sades sexuellen Bildern abstößt, nämlich deren mögliche Umsetzung ins Reale, ist von de Sade in gewisser Weise ganz anders konzipiert: Das Phantasmatische harrt nicht seiner Erfüllung in der Realität. Für uns im Zeitalter der Tat dient die Phantasie der Vorbereitung der Tat. Erstere erahnt für uns heute das Faktische, öffnet den gedanklichen Raum, um dann umgesetzt zu werden.

> „Bemerkenswert ist nun der Umstand, dass der eigentliche Gegenstand der Liebe bei der Einsetzung des Phantasmas nur eine Nebenrolle spielt: Er ist nur Schein, keine wirkliche Wesenheit. Der wahre, stets gegenwärtige Gegenstand des Eros ist das Phantasma, das sich des geistigen Spiegels bemächtigt und ihn nicht mehr loslässt. Nun stellt dieses Phantasma ein *wahrgenommenes* Bild dar, das die Schwelle des Bewusstseins überschritten hat; aber der Grund, warum es diese zwanghaften Ausmaße angenommen hat, liegt in der tiefsten Schicht des individuellen Unbewussten. Eigentlich lieben wir keinen *anderen* Gegenstand, kein uns fremdes Wesen, denkt Ficino ... Wir verlieben uns in ein unbewusstes Bild." (ebd., S. 63)

Halten wir fest, was uns Culianu sagen möchte, wie wir mit seiner Hilfe de Sade verstehen können. Der andere spielt in der Liebe und beim Sex keine Rolle. Wir sind in Phantasmen verliebt, die sich unseres Geistes bemächtigen, ihn quasi erobern und niederringen. Die extrem zwanghafte und massiv redundante phantasmatische Welt der sexuellen Bilder de Sades kündet von dieser nahezu vollständigen Besetzung.

Entscheidend ist, dass diese Phantasmen nicht vom anderen stammen, sondern von einem selbst. Sie stammen aus dem eigenen Unbewussten. De Sades *Helden* kämpfen wie Don Quichote mit und gegen sich selbst. Die Auslöschung der sexuellen Opfer meint den Sieg über die unbewussten Bilder, auf dass sie aufhören mögen, das Bewusstsein nahezu vollständig zu besetzen. Aber dieser Sieg bedeutet nur, dass nun wieder Platz ist für die nächste Serie grauenerregender Bilder.

3.4 · Ein Ausflug in das Imaginäre

Ficino erblickt in der Liebe noch andere furchteinflößende Aspekte der Liebe, die von Sade meisterlich thematisiert werden, nämlich dass die Bilder des geliebten anderen das liebende Subjekt auslöschen, und es deshalb für den Liebenden mehr als nötig ist, den anderen zu töten.

Culianu zitiert Ficino:

> „'... der Liebende prägt die Gestalt des Geliebten in seine Seele ein. Die Seele des Liebenden wird also zum Spiegel, welcher das Bild des Geliebten zurückstrahlt.' Das setzt eine recht verwickelte Dialektik der Liebe in Gang, bei der das Objekt in ein Subjekt umgewandelt und das Subjekt selbst völlig enteignet wird; dieses wiederum fordert in seiner Angst, durch die Beraubung seines Subjektseins vernichtet zu werden, sein Daseinsrecht verzweifelt ein." (ebd.)

Jetzt verstehen wir de Sade besser. Seine Mörder kämpfen um das eigene Dasein, kämpfen darum, nicht vom geliebten Objekt ausgelöscht zu werden. Aber eigentlich lieben sie ja gar nicht. Sie kommen dem zuvor, weil sich zu verlieben, unweigerlich bedeutet, sich zu verlieren. De Sades Täter sind Meister der Prävention.

Durch die Romantisierung der Liebe (▶ Kap. 10) ist der Selbstverlust in der Liebe zum Ideal geworden, weswegen wir die Befürchtungen der Renaissance nicht mehr haben, nicht mehr haben wollen. Wir haben sie gleichsam exkommuniziert. Deshalb wollen wir mit de Sade nichts zu tun haben.

De Sade hingegen muss sich selbst als Nachlassverwalter der Renaissance gesehen haben, einer, der an der Schwelle zum romantischen Zeitalter auf deren Probleme aufmerksam machen will, auf den potenziellen Selbstverlust durch die Liebe oder auf deren Verzicht, um den Selbstverlust zu vermeiden. Die einfachste Lösung im romantischen Zeitalter wird es wohl sein, ein kleines Illusionstheater der Liebe zu inszenieren, aber den anderen nicht wirklich ins Herz zu schließen, ihn gar nicht hinein zu lassen. Die Liebesbekundung erschöpft sich dann in einem Candle-Light-Dinner – zum alljährlichen Hochzeitstag. Das wird dann wohl genug Romantik gewesen sein.

Die Renaissance hat dies anders gedacht.

> „Das Phantasma, das sich der Seelentätigkeit ausschließlich bemächtigt, ist das Bild eines Gegenstandes. Da der Mensch nun Seele ist und diese vom Phantasma völlig ausgefüllt wird, tritt ein solches Phantasma fortan *an die Stelle* der Seele. Daraus folgt, dass das seiner Seele beraubte Subjekt kein Subjekt mehr ist: der phantasmatische Vampir hat es von innen heraus verschlungen." (ebd.)

So könnte auch de Sade nicht nur als Nachlassverwalter der Renaissance verstanden werden, sondern als Warner vor ihr. Er läutet die Moderne ein, indem er auf die Gefahren der *echten* Liebe hinweist. Er fordert die Menschen der Moderne dazu auf, sich in Liebesdingen nicht zu verlieren.

Unser heutiges Motto „Ich phantasiere, um es dann zu tun." wird von Culianu heftig kritisiert:

> „Bei den einen wird dieses Phantasma die Fähigkeit besitzen, ihren schlummernden Willen zu wecken, sie zu ihrer Reise durch den intelligiblen Kosmos anzutreiben und sie dabei zu begleiten. Es wird eine heroische Leidenschaft sein, die schließlich zur Verschmelzung des Jägers mit dem Gegenstand seiner Jagd führen wird ... Bei den anderen wird das Phantasma nur ein ebenso peinliches wie drängendes Bedürfnis nach physischer Entladung sein, das sich in dem Maße verstärkt, als seine Erfüllung sich verzögert." (ebd., S. 73)

Mit „bei den anderen" meint er uns heute, armselige Kreaturen, die sich die sexuelle Befriedigung zum Ziel gesetzt haben und sonst nichts. Wir schränken uns nach Culianu massiv ein, verzichten auf Verschmelzung/Vereinigung, wollen vom phantasmatischen Raum nun wirklich nichts wissen. Der andere gleicht einem Automaten, in den ich Geld einwerfe, um etwas zu entnehmen, zu bekommen. Entscheidend dabei ist, dass fast nur die Tat zählt. Das Phantasma dient nur noch zur Einstimmung, zum Warmmachen. Für Culianu haben wir erbärmlich zerstörte kleine Seelen.

Und de Sade läutet dieses, unser Zeitalter ein. Er ist ein Prophet hiervon. Der andere dient ausschließlich der Befriedigung sexueller Gier, welcher Gier auch immer. Damit ist nicht das Subjekt ausgelöscht, sondern das Objekt, das nicht spricht, nicht sprechen darf, kein anderer sein darf, eben nur ein Automat, aus dem ich mich bedienen kann – wenn ich will, wenn es bei mir drängt – das sexuelle Bedürfnis.

Culianu kritisiert damit die klassische Psychoanalyse (Freud, aber nicht C. G. Jung), die das Begehren verkörperlicht, in ein naturwissenschaftliches Flussbett gießt, es in ein Intentions-Handlungs-System presst.

Es wäre nun ein Leichtes, aus der Metapher des Automaten eine Kritik am Kapitalismus abzuleiten, an der sogenannten Warengesellschaft, in der Waren, auch sexuelle, einfach nur ausgetauscht werden. Culianu wird nicht müde, die ökonomischen Veränderungen in der Neuzeit und Moderne auf Änderungen religiöser Denkmodelle zurückzuführen, so wie Max Weber den Kapitalismus in der protestantischen Ethik wurzeln lässt.

Die Kritik Culianus trifft nicht den Kapitalismus, sondern den Verlust des phantasmatischen Raums.

> „Die Beziehung zwischen Bewusstsein und Unbewusstem hat sich tiefgreifend gewandelt, und unsere Fähigkeit, das eigene Imaginäre zu beherrschen, ist verloren gegangen." (ebd., S. 21)

Wir sind heute laut Culianu abgeschnitten vom Imaginären. Indem wir es nicht kennen und beherrschen, fällt es über uns her. Wir sind ihm ausgeliefert. Und wir sind selbstredend auf diese Weise fragmentiert.

Zu den Liebes*angelegenheiten* führt er aus:

> „In diesem Fall wird man einen grundlegenden Gegensatz feststellen zwischen der medizinischen Vorstellung vom phantasmatischen Eros, der das Gleichgewicht des Organismus stört und nach sofortiger Befriedigung heischt, damit dieses Gleichgewicht wiederhergestellt werde, und der Vorstellung der Getreuen der Liebe, die eine radikale Ablehnung der ersteren darstellt und die (durch mangelnde Befriedigung entstandene) Gleichgewichtsstörung zugunsten einer tiefen geistigen Erfahrung fordert und nutzt. Dieser deformierende Zeitwille, der zunächst in der Medizin zum Einsatz kommt, liefert später noch manchen Anlass zum Hohn gegen die Bekenner der mystischen Liebe, deren von jedem Sinn entleerte Vorstellungen gleichbedeutend werden mit einer erotischen Strategie, in der die rein verbale Verklärung der Frau nur ein Winkelzug ist, um schnellstmöglich ihren Widerstand zu brechen." (ebd., S. 74)

Culianu wendet sich gegen eine Form von Rationalisierung und in diesem Falle Medizinalisierung, die dem Körper das Primat zuspricht: Der Körper verlangt nach Befriedigung. Dazu gesellen sich vielleicht Worte und Phantasmen. Aber diese verklären den körperlichen Sachverhalt oder sind Mittel, damit er erfolgreicher und schneller zum Ziel

3.4 · Ein Ausflug in das Imaginäre

kommt. Mit diesem Modell der somatischen Vernunft wird das Imaginäre abgetan. Ihm wird seine Existenzberechtigung abgesprochen.

Das betrifft nicht nur Eros, sondern auch den Hunger. Im medizinischen Modell ist der Hunger als Impuls da, damit der Mensch Nahrung zu sich nimmt und nicht verhungert oder unterernährt ist. Dass sich mit dem Mund schon beim Kleinkind die Welt öffnet, sie erfahrbar wird in ihrer Vielfalt, in ihrem unermesslichen Reichtum, dass Phantasmen untrennbar zum Essen dazu gehören, so die dazu passenden Märchen, so die symbolische Bedeutung von Lebensmitteln, ist damit abgeschnitten. Mit dem medizinischen Modell kann dann nicht erklärt werden, dass Menschen nicht nur physisch satt werden müssen, sondern auch psychisch und sozial.

Das, was wir üblicherweise den Fortschritt der Wissenschaften nennen, könnten wir auch als einen Verlust an Vorstellungskraft umschreiben. So hat sich der Neu-Platoniker Ficino den angenommenen Zusammenhang zwischen Kosmos und menschliche Seele vorgestellt:

> „… und indem die Seelen von der Milchstraße durch das Zeichen des Krebses hindurch herabsinken, hüllen sie sich in ein himmlisches durchsichtiges Gewand, mit welchem bekleidet sie sich in die irdischen Leiber einschließen. Denn die Ordnung der Natur erfordert, dass die im höchsten Sinne reine Seele sich mit diesen höchst unreinen Körper nur durch Vermittlung einer reinen Hülle verbinden kann, welcher zwar weniger klar und rein als die Seele, jedoch reiner und durchsichtiger als der Leib ist und daher von den Platonikern für das geeignete Bindemittel zwischen der Seele und dem irdischen Leib gehalten wird. Daher [wegen dieses Herabsteigens] kommt es, dass die Seelen der Planeten unsere Seelen, und ihre Körper unsere Körper in jenen sieben Gaben, welche uns von Anbeginn von Gott verliehen wurden, bestärken und befestigen. Der gleichen Bestimmung liegen ebenso viele [sieben] dämonische Wesenheiten ob, welche die Mitte zwischen den Himmelsbewohnern und den Menschen einnehmen. Die Gabe der Betrachtung stärkt Saturn durch Vermittlung der saturnischen Dämonen, die Fähigkeit zu herrschen und zu regieren Jupiter durch seine jovialischen Dämonen." (ebd., S. 77)

Wir lächeln heute geringschätzig, wenn wir einen derartigen unwissenschaftlichen *Quatsch* lesen, und übersehen, was für eine differenzierte und reichhaltige imaginäre Welt dies war, aber auch eine stark verbundene Welt. Kosmos und Mensch waren eng verflochten. Unbewusste archetypische Phantasien waren wichtiger als das Bewusstsein. Das Phantasma hatte Vorrang vor dem Wort. Die Menschen waren zu Hause in dieser Welt.

> „Philosophie, Dichtung, Malerei … Diese drei Momente der phantasmatischen Spekulation sind unauflöslich miteinander verbunden, so dass es unmöglich ist, sie voneinander zu trennen, ohne die Einheit des Gegenstandes zu zerstören." (ebd., S. 108)

Heute begreifen wir Philosophie als unwissenschaftlich, da ohne empirische Absicherung, und Dichtung und Malerei, nun ja, gehören zur Kunst, zum Feierabend, zum Hobby. Dass diese drei „Momente" etwas miteinander zu tun haben sollten, nun ja, das ist uns sehr fremd.

Auf Magie lächeln wir als aufgeklärte Wesen herab, und Eros hat für uns mit Magie selbstredend nichts zu tun. Die Renaissance sah das vollkommen anders. Wir wollen uns heute als gute Menschen fühlen, indem wir nicht andere Menschen zu manipulieren versuchen. Die Liebe fällt für uns aus dem Himmel, den es für den Menschen in der

Moderne nicht mehr gibt. Sie ist ein Zauber, basiert aber nicht auf dem Versuch, den anderen zu beeinflussen.

Auch in diesem Kontext ist die Moderne fatal, weil halbierend und fragmentierend. Die Liebe muss das reine Gute sein. Niemals kann deshalb Eros mit Manipulation in Verbindung gebracht werden.

> „Das bedeutet letztlich, dass die Operationen des Eros und der Magie eng miteinander verwandt, ja sogar identisch sind, denn beide Techniken finden ja in ein und derselben Substanz statt – in dem universalen *Pneuma* … Darüber hinaus waltet der Eros in allen geistigen Tätigkeiten und gewährleistet dadurch das Zusammenwirken aller Bereiche des Universums. Dieses wiederum ist in allen seinen Teilen von demselben *Pneuma* beseelt, von den Sternen bis hinab zum bescheidensten Grashalm. Liebe ist der Begriff, mit dem man die Kraft bezeichnet, welche die Kontinuität der ununterbrochenen Kette von Wesen gewährleistet." (ebd., S. 137)

So hat Eros ein doppeltes Gesicht. Er schafft Verbindung und Kontinuität und zugleich ist er eine „Technik", eine Manipulationstechnik. So darf Giordano Bruno schreiben: „Die Fessel der Fesseln ist freilich die Liebe." (ebd., S. 135) Das erfolgreichste Lasso, um jemanden einzufangen, ist die Liebe.

> „Der Magier Brunos ist sich vollends darüber bewusst, dass man, um die Massen wie auch einen einzelnen anzuziehen, sehr wohl die Komplexität der Erwartungen des Subjekts berücksichtigen und die Illusion erzeugen muss, *unicuique suum* (jedem das Seine) zu geben. Deshalb erfordert die Brunosche Manipulation eine lückenlose Kenntnis des Subjekts und seiner Wünsche, ohne die es keine 'Fessel', kein *vinculum* geben kann." (ebd., S. 141)

Wir wollen heute nicht wissen, dass Bruno Recht haben könnte. Für uns ist Liebe das große Gefühl, das uns überfällt, das mit Verstand und Kontrolle des angeblich geliebten anderen nichts zu tun haben will. Wir begreifen uns, wie üblich, als einfach gut. Zu gut. Unverbesserlich gut.

Der Manipulator kann nur einen anderen Menschen beeinflussen, wenn er ihn ausnehmend gut kennt, jeden Winkel seiner Seele ausgespäht hat. Aber es bedarf noch einer anderen Voraussetzung.

> „Tatsächlich ermahnt Bruno jeden Phantasmen-Operator …, seine Gefühle und Phantasien zu regulieren und zu kontrollieren, damit er nicht vielmehr von ihnen beherrscht wird, wenn er sie beherrschen glaubt." (ebd., S. 144)

Der Manipulator muss sich also im Griff haben, um den anderen beeinflussen zu können. Schwimmt der Manipulierte im Meer der Phantasmen, so muss der Operator am Ufer stehen bleiben.

Die Wüstlinge Sades sind einerseits optimale Operateure, weil sie nichts mehr wollen, als die Opfer zu manipulieren bis zu deren Zerstörung, andererseits sind ihre Werkzeuge offenkundige. Die Täter müssen sie auch nicht besonders gut kennen. Zudem bleiben sie nicht am Ufer stehen, sondern sind mitten im Geschehen.

De Sade als Autor ist ein Virtuose der Manipulation. Er will seine Leser in abgrundtiefes Entsetzen fallen sehen.

Brunos Beschreibung des Manipulators passt hingegen trefflich auf die Position des Psychoanalytikers, also Freuds, der seine Patienten weitaus besser versteht, als diese sich selbst. Er weiß, wie sie sich zukünftig ändern sollen und werden. Er ist ihnen stets paar

3.4 · Ein Ausflug in das Imaginäre

Schritte voraus. Und er kann seine Affekte kontrollieren. Und er kann sich raushalten. Wenn einer am Ufer steht, dann er.

Ficinos *Stellenbeschreibung* des Magiers enthält noch ein anderes Moment. Der Magier muss eine saubere und reine Seele, einen sauberen und reinen Geist haben.

> „Da die Magie im allgemeinen eine geistige Operation ist, muss der sie Ausübende über bestimmte Eigenschaften verfügen, die den meisten Menschen fehlen. Bei diesen wird tatsächlich der ursprünglich durchscheinende und reine ätherische Leib durch die Berührungen mit dem grobstofflichen Leib trüb und dicht." (ebd., S. 192)

Diese Menschen fielen dann auf eine tierähnliche Stufe zurück. Das darf dem Magier nicht passieren.

> „Es geht darum, den Spiegel blank zu putzen, die erworbenen, nicht die angeborenen Unreinheiten zu beseitigen, dem benebelten Geist die ursprüngliche Durchsichtigkeit sowie Reinheit, Geschmeidigkeit und Härte wiederzugeben." (ebd., S. 193)

Und wie soll das geschehen?

> „So ist er (Ficinos Magier; A. d. A.) nicht nur verpflichtet, strengste Diät zu halten, sondern auch Reinigungen zu vollziehen, auf die Sauberkeit seines Leibes, seiner Kleidung und seiner Wohnstätte zu achten, den Ort seiner Spaziergänge, die Personen, mit denen er verkehrt, die Worte, die er wechselt, auszuwählen und selbstverständlich sich in Tugend zu üben." (ebd.)

Potenziell alles kann Seele und Geist beschmutzen. Mit physischer Sauberkeit kann psychische Sauberkeit erworben werden. Der ganze Lebensvollzug soll achtsam – ein heutiges Modewort – sein. Die körperlichen Begierden sind zu zügeln, zu Tisch und im Bett. Ganz im Sinne Platons soll nur die Seele, aber nicht der Körper genährt werden. Materie besitzt grundsätzlich die Fähigkeit, Geist und Seele zu beschmutzen.

Kehren wir zu Brunos Magie-Konzept zurück.

> „Damit eine Operation gelingen soll – Bruno wird nicht müde, es zu beteuern –, müssen der Operator und seine Subjekte gleichermaßen von deren Wirksamkeit überzeugt sein. Der Glaube ist die Vorbedingung aller Magie." (ebd., S. 145)

Der Liebende muss wissen, dass er die geliebte Person erobern kann. Die geliebte Person muss davon überzeugt sein, dass er sie bekommt und dass dies für beide gut ist. Der Psychoanalytiker muss daran glauben, dass er und seine therapeutische Methode hilfreich sind. Davon muss der Patient auch ausgehen. Bruno.

> „Der Glaube ist die große Fessel, die Fessel der Fessel, der alle anderen gleichsam entsprießen: Hoffnung, Liebe, Religion, Frommheit, Angst, Geduld, Freude, Entrüstung, Hass, Zorn, Verachtung und dergleichen mehr." (ebd., S. 145)

Wenn die Liebenden nicht mehr an ihre Liebe glauben, ist die Liebe vorbei. Eine Religion fußt auf dem Glauben an …Ohne Glaube ist sie keine Religion.

> „Die offensichtlichste Konsequenz von Brunos Spekulationen besteht darin, dass alle Religionen eine Form von Massenmanipulation sind." (ebd., S. 146)

Sade und Freud schließen sich in der Analyse der Religion Bruno an (siehe weiter unten). Diese beiden Manipulateure wissen am besten, was Manipulation ist. Und beide wollten ja auch Gurus sein und ihre Jünger um sich scharen.

Und was ist heute aus dem Manipulator geworden? Gibt es ihn noch, oder ist er ausgestorben?

> „Überwachung und Auslese sind die Pfeiler der Ordnung. Man muss nicht mit Einbildungskraft begabt sein, um zu verstehen, dass die Funktion des Brunoschen Manipulators vom Staat übernommen wurde und dass dieser neue 'integrale Magier' damit beauftragt wird, das nötige ideologische Instrumentarium herzustellen, um eine gleichförmige Gesellschaft zu schaffen." (ebd., S. 160)

Foucault (1977) hat die Machttechnologien des modernen Staates, diesem Virtuosen der Manipulation zusammengestellt. Dazu gehören sorgfältige Überwachung der Bevölkerung, Disziplinierung der Körper, Normierung, Erstellen von Rangverteilungen, etc. Es geht dem modernen Staat also nicht nur um ideologische Auf- und Nachrüstung.

Wir dürfen in diesem Zusammenhang nicht vergessen, dass die magische Kontrolle die eine Seite des modernen Staates ist, die andere besteht aus der Durchsetzung der Demokratie, der Menschenrechte, individueller Freiheit und Individualisierung.

Die undogmatische Linke hat Foucaults Analyse gerne aufgegriffen, ist sie doch auch mit dem Vorteil verbunden, sich als wehrloses Opfer sehen zu können, dem allmächtigen Staat einfach sich ausgeliefert zu fühlen. Sie übersah aber, dass es die Bevölkerung ist, die zu den Wahlen geht oder gehen kann. Und sie übersah Foucaults totalisierende Tendenzen. Dann ist jeder Mensch und jeder Atemzug von ihm in den Fängen der Macht.

Der Eindruck der undogmatischen Linken, der Macht nicht entkommen zu können, und für Foucault ist selbst das menschliche Subjekt, seine Psyche, durch die Macht geformt (1977b), hat in der breiten Bevölkerung auf einer unbewussten Ebene große Resonanz gefunden. Er hat sich gleichsam wie eine Epidemie verbreitet. Heute – so die Sicht der Mehrheit – ist es nicht nur der Staat, der manipuliert, sondern auch die Medien, die Industrie, die Parteien, die uns angeblich mit den raffiniertesten Methoden hinters Licht führen.

Diese Dichotomie – da böser Staat dort unschuldiges Opfer – ist nicht nur mit dem unschätzbaren Vorteil verbunden, weniger Verantwortung für sich übernehmen zu müssen, sie führt auch zur eleganten Opposition von manipulierendem Staat (Industrie, Medien, etc.) und manipuliertem Bürger. Und wer manipuliert wird, manipuliert doch selbst nicht. Nicht wahr?

Wir sehen schon wieder die Gestalt des fragmentierten Subjekts in der Moderne, das durch und durch sich unschuldig und brav wähnt, es aber nicht ist. Wir versuchen doch alle, mehr oder weniger gute Manipulateure zu sein, beim ersten Date, in den Liebesnächten, beim Vorstellungsgespräch im potenziell neuen Unternehmen, etc.

Culianu macht möglicherweise auf eine andere Wurzel des Denkens Sades aufmerksam, die als gnostisch zu begreifen sind.

> „Neben der Akkulturation, die sich an der Westspitze Europas vollzog, drangen auch stetig Elemente aus dem Orient ein, welche die Grundfesten der mittelalterlichen Gesellschaft zu erschüttern drohten. Die alte universalistische Gnosis des Mani, die lange verborgen geblieben war und im Untergrund wirkte, brach im 10. Jahrhundert in den Lehren des bulgarischen Popen Bogomil wieder hervor. Der Bogolismus, der bald Byzanz erreichte, führte die ganze Rüstkammer der dualistischen Gnosis mit. Die Bogomilen hielten den Widersacher Gottes für den Schöpfer der sichtbaren Welt und für den Gott des Alten Testaments, das sie fast gänzlich verwarfen. Sie predigten den

Enkratismus, d. h. die Ehelosigkeit sowie die Enthaltsamkeit vom Geschlechtsverkehr, damit sich das böse Geschlecht Satans nicht fortpflanze, und den *Vegetarismus*, damit sich das im Tierreich befindliche satanische Element nicht in den Menschen einkörpere. Zudem empfahlen sie den *Antinomismus*, d.h. den Ungehorsam gegenüber von der bürgerlichen und geistlichen Öffentlichkeit erlassenen Gesetzen." (ebd., S. 41)

Wie kriegen wir nun den Bogen vom Bogolismus zu de Sade? Sade in einen Zusammenhang mit dem Antinomismus zu bringen, dürfe nicht schwer fallen. Aber er war kein Vegetarier, und für Enthaltsamkeit ist er ja auch nicht bekannt. Wir werden gleich sehen, dass es eine Verbindung gibt.

Die Katharer als die westlichen Ausläufer des Bogolismus erobern ab Mitte des 12. Jahrhunderts Südfrankreich, die Gegend, in der de Sade geboren wurde. Sie waren nicht nur eine geistige Macht, sondern auch eine weltliche, schufen sich eine gut organisierte Kirche und eroberten die Adelshäuser. So ist es nicht verwunderlich, dass die römisch-katholische Kirche ihren ersten Kreuzzug gegen die Katharer führte. Und:

> „Im Kampf gegen die Katharer schuf und vervollkommnete die Kirche das schreckenerregende Werkzeug der Inquisition." (ebd., S. 42)

Wie verfahren nun die Katharer mit dem Enkratismus?

> „Sie leugnen, dass der liebe Gott die Ehe gestiftet habe. Sie erklären, dass es keine geringere Sünde sei, seine Frau fleischlich zu erkennen, als blutschänderischen Umgang mit seiner Mutter, Tochter oder Schwester zu pflegen." (ebd., S. 43)

Und:

> „Es galt als weitaus verwerflicher, mit der Ehefrau zu schlafen, als einer anderen beizuwohnen … Diese Anschauung öffnete der Ausschweifung Tür und Tor…" (ebd.)

In diese Tradition des Enkratismus lässt sich Sade mühelos einordnen, auch die 68er-Bewegung mit dem Slogan: „Wer zweimal mit derselben pennt, gehört schon zum Establishment.". Die bereits beschriebene Ambivalenz Sades bezüglich des Sexes lässt sich vor diesem Hintergrund gut verstehen. Er plädiert vehement für die Ausschweifung, wie er sie fast immer tödlich enden lässt. So können wir ihn vor diesem Horizont als heimlichen Gnostiker einordnen.

3.5 Ein zweiter Ausflug in das Imaginäre

> „Bis zum Ende des sechzehnten Jahrhunderts hat die Ähnlichkeit im Denken (*savoir*) der abendländischen Kultur eine tragende Rolle gespielt. Sie hat zu einem großen Teil die Exegese und Interpretation der Texte geleitet, das Spiel der Symbole organisiert, die Erkenntnis der sichtbaren und unsichtbaren Dinge gestattet und die Kunst ihrer Repräsentation bestimmt. Die Welt drehte sich in sich selbst: die Erde war die Wiederholung des Himmels, die Gesichter spiegelten sich in den Sternen, und das Gras hüllte in seinen Halmen die Geheimnisse ein, die dem Menschen dienten." (Foucault 1974, S. 46)

Nichts stellt sich dem Denken in Ähnlichkeiten entgegen. Es gibt keinen Bruch zwischen Theorie und Empirie, so wie wir dies heute denken. Die Welt der Dinge ist seit Kant nicht mehr einfach erfassbar. Denken und Dinge haben sich heute voneinander gelöst.

Etliche unterschiedliche Wissenschaftstheorien ringen untereinander, wie wir zu wissenschaftlichen Erkenntnissen gelangen können.

In der Renaissance hingegen fügen sich die Dinge dem Denken, der Imagination. Mit ihr ist alles zu erkennen. Was für eine tröstliche Welt! Der Mensch ist vielleicht nicht das oberste Prinzip (das ist Gott), aber er ist gesegnet (dank Gott) mit einem Vermögen, sich alles zugänglich zu machen. Natürlich muss er auch mal nachdenken, grübeln, interpretieren. Aber dies lohnt sich zweifelsohne, weil alles intelligibel ist.

Die Renaissance verfügt offenkundig über eine Allmachtsphantasie, sich die Erde nicht untertan machen zu können, aber den gesamten Kosmos verstehen zu können. Diese Phantasie ist inniglich verknüpft mit einem Bemächtigungstrieb, der nach Freud der oralen Phase entspringt: „Ich kann mir alles aneignen! Nichts entgeht mir!"

De Sade hat dieses aneignende imaginäre Denken offenbar geliebt. Seine Wüstlinge bemächtigen und zerstören das, was sie wollen. Sie lösen das andere auf. Sade dekliniert den phantasmatischen Raum durch. Er imaginiert nahezu alles, was auf dem Feld der sexuellen Grausamkeit möglich ist, und das nahezu zwanghaft.

Zugleich berichtet Sade von einer unfassbar grausamen und billigen Welt. Er legt in seinem Leben Zeugnis ab von einer Welt, die er ablehnt, zutiefst ablehnt, so etwa die Todesstrafe. Er ist damit auch *Journalist*, der sich in die *wirkliche* Welt begibt, um ihre Schrecknisse zu enthüllen. Damit läutet er auf seine Weise die Moderne ein, indem er die Ideale einer Kultur (dem Absolutismus, später aber auch der Französischen Revolution) mit der Realität konfrontiert. Die Radikalisierung seiner Szenen sexueller Grausamkeit verdankt sich so womöglich der Erfahrung des Terrors in der Französischen Revolution, der er fast zum Opfer gefallen wäre (Reinhardt 2014). So berichtet der Zeitzeuge Sade über die Schrecknisse der Realität.

Wir sehen: Fast wie immer erweist sich de Sade als zutiefst fragmentiertes Wesen, das sich jedoch nicht scheut, sich als offenkundig fragmentiert zu präsentieren.

100 Jahre später ist das anders. Zwar erkennt Freud das andere in der Psyche an: das Unbewusste. Zugleich gebietet er dem Menschen, das Unbewusste in den Griff zu bekommen, und geht dann damit davon aus, dass das prinzipiell möglich ist. So wie sich die Partialtriebe dem Primat der Genitalität unterstellen sollen (in der Pubertät), so soll die Vernunft und das Ich Über-Ich und Es kontrollieren, soweit dies möglich ist. Sade wäre nicht einmal auf den Gedanken gekommen, dass eine Hierarchisierung der Psyche möglich und wünschenswert wäre. Sein (imaginäres!) Prinzip lautet: „Lebe Deine Begierden bedenkenlos!"

Freuds Hierarchisierung der Psyche geht einher mit einem menschlichen Erkenntnisvermögen, dem die Welt in Dunkelheit gehüllt erscheint. Ein seltener Blitz entreißt der ewigen Finsternis zuweilen die Möglichkeit des Erkennens. Aber im Prinzip tappt der Mensch im Dunkeln. Genau dieses Unvermögen erfordert eine soldatische Seele, um überhaupt noch ein bisschen Struktur zu haben, und sei es bei sich selbst. Nur eine hierarchische Seele vermag der Unverfügbarkeit von Welt (auch der Innenwelt) zu trotzen.

So ist Freud ein Spezialist der Selbstrevision. Immer wieder zweifelt er eigene Befunde an. Es ist gleichsam sein Lebensmotto. Oft begründet er seinen Kurswechsel mit neuem klinischem Material, ohne dieses zu enthüllen. Ähnlich wie Priester sagen „Gott hat gesagt", verweist Freud auf die jüngste klinische Arbeit. So redupliziert Freud die Ohnmachtserfahrung des Menschen bezogen auf die Unmöglichkeit, die Welt zu erkennen, indem er diese dem Leser angedeihen lässt. Im Grunde agiert Freud als Magier im Sinne Brunos, der die Masse (seiner Leser) manipulieren will. Sie soll an etwas glauben

3.5 · Ein zweiter Ausflug in das Imaginäre

und glaubt auch dann daran, was sie gar nicht beurteilen kann. Der Leser wird mit dieser Magie dazu verpflichtet, Freud weiter zu lesen. Wie bei einer Soap-Serie möchte er wissen, wie es weiter geht, was noch passieren wird. Und wie bei jeder Film-Serie ist klar, dass zwar etwas Neues passieren muss, aber das Neue den einmal gesetzten Rahmen der Serie niemals überschreiten darf. Das Neue ist so immer auch das Vertraute.

Der Magier Freud hat nicht nur das Abstinenz*gelübde* gegenüber dem Patienten abgelegt, ihn weder sexuell zu verführen, ihn nicht einmal zu begehren, und sich auch sonst affektiv unter Kontrolle zu haben, womit er dem Anforderungskatalog an den Magier im Sinne Brunos ziemlich nahe kommt, oder zumindest nahe kommen will, er ist selbstredend dem Patienten weit voraus. Der Wechsel *wissenschaftlicher Erkenntnisse* sichert diesen Vorsprung, weil weder Patient noch Leser jemals wissen, was Freud gerade heute denkt, geschweige denn, was ihm in einem Jahr durch den Kopf gehen wird. Der Magier Freud ist uneinholbar. Seine relative Unberechenbarkeit ist *eine* Quelle seines Narzissmus.

Nebenbei: Auch in nicht hermeneutischen Wissenschaften, und Freud ist Hermeneut, auch wenn er das anders sah, bildet der wissenschaftliche Fortschritt, die ständig neuen Befunde, *eine* Grundlage narzisstischer Gratifikation. Die Forscherin mit den revolutionären Befunden kann zugleich eine ganze Forschungstradition in Schutt und Asche legen. Was für ein Triumph! Und welches Ausmaß an Zerstörung! Poppers Credo, dass wissenschaftliche Befunde immer nur bis aufs Weitere gültig sind, bildet die Grundlage dieser *Pappelallee des Fortschritts*.

Von dieser Dynamisierung der Zeit, die sich Fortschritt und Zertrümmerung nennen darf, ist die Welt der Renaissance entfernt. Diese ist gehegt, mit Worten befriedet, in sich geschlossen, stets sind ihre Teile aufeinander bezogen, gleichsam gefangen in der Struktur der Ähnlichkeiten, bei denen Foucault vier Arten der Ähnlichkeiten unterscheidet.

> „Zunächst die *convenientia*. Tatsächlich wird durch dieses Wort die Nachbarschaft von Orten stärker bezeichnet als die Ähnlichkeit: 'Convenientes' sind die Dinge, die sich nebeneinanderstellen, wenn sie einander nahe kommen ... denn in diesem natürlichen Behältnis, der Welt ist die Nachbarschaft keine äußerliche Beziehung zwischen den Dingen, sondern Zeichen einer zumindest dunklen Verwandtschaft. Weiterhin entstehen aus dieser Berührung durch Austausch neue Ähnlichkeiten." (ebd., S. 47)

Dem Zergliedern der Dinge, der Analyse, wird so das Zusammenfügen der Dinge gegenübergestellt. Es kann doch kein Zufall sein, dass die Objekte A und B einen gemeinsamen Raum gefunden haben. Im Zusammensein werden sich darüber hinaus A und B ähnlich. Und die Welt ist insgesamt ein Behälter, ein Container, der die Menschen trägt und schützt und ihnen wie selbstverständlich eine Heimat gibt. Die Heimatlosigkeit des Menschen in der Moderne, seine Unbehaustheit, ist so für die Renaissance undenkbar.

Wenn wir heute von Zuhause reden, dann meinen wir etwa die Wohnung/das Haus der Herkunftsfamilie und den psychosozialen Halt, den sie gibt oder gegeben hat. Dass ein gesamter Kosmos dies wie selbstverständlich geben kann, ist uns heute in keiner Weise geläufig. Wir können nicht einmal denken, dass dies denkbar ist. Die Ersatzheimaten des 19. und 20. Jahrhunderts, Nation, Volk, Klasse, sind katastrophisch gescheitert, weil es in einer unbehausten Welt nun einmal keine Heimat geben kann, weil Nation, Volk, Klasse nicht ein Teil eines gemeinsam erfahrenen Kosmos als Container waren, sondern stets konzipiert wurden gegen die Bedrohung einer anderen Nation, eines anderen Volkes, einer anderen Klasse. Das Beste schien es stets, das Andere zu eliminieren. Geholfen hat es nicht.

Wir können deshalb gar nicht sagen, dass die Individualisierung die Menschen vereinsamt habe oder die moderne *anonyme* Massengesellschaft, vielmehr war es der Verlust der Erfahrung des Kosmos als Container.

Wir können ebenfalls nicht schlussfolgern, dass eine Welterfahrung eines aufbewahrenden Containers zu einer kollektivistischen Gesellschaft führt. Nein, in der Renaissance wurde im Anschluss an die Frühantike die Einzigartigkeit jedes Menschen herausgestrichen. Jeder Mensch möge sich wie ein Kunstwerk formen, lautete das Motto.

Container ist ein Begriff aus der Kleinianischen Schule der Psychoanalyse, von Bion. So treffend er zu sein scheint, so ist er auch technisch-räumlich gefasst, die schillernde Vielfalt der imaginären Welt der Renaissance ist damit in keiner Weise eröffnet. Der Begriff Container erinnert eher an den aseptischen Behälter für ein Frühchen. Ja, er sichert das Überleben, aber schön oder bereichernd ist er nicht. Er ist eben funktional und nützlich.

Mit dem Term der Entzauberung von Welt hat Max Weber die Moderne umrissen. Das klingt ja zum einen ziemlich positiv. Der magische Müll aus Vorzeiten ist endlich weg. Zum anderen ist eben der Zauber nicht mehr da. Ein Verlust ist zu beklagen, zumindest tut dies Weber.

> „Die zweite Form der Ähnlichkeit ist die *aemulatio*, eine Art Konvenienz, die aber vom Gesetz des Ortes frei ist und unbeweglich in der Ferne ihr Spiel hat. Ein wenig so, als ob die räumliche Konvenienz gebrochen worden wäre und die Ringe der Kette, voneinander losgelöst, ihre Kreise weit voneinander entfernt gemäß einer berührungslosen Ähnlichkeit reproduzieren. In der *aemulatio* gibt es etwas wie den Reflex oder den Spiegel; in ihr antworten die in der Welt verstreuten Dinge aufeinander. Von fern ist das Gesicht Nacheiferer des Himmels, und ebenso wie der Intellekt des Menschen unvollkommen die Weisheit Gottes reflektiert, reflektieren die beiden Augen mit ihrer begrenzten Helligkeit das große Licht, das am Himmel Sonne und Mond verbreiten." (Foucault 1974, S. 48f)

Nichts ist losgelöst oder unverbunden in dieser Welt. Nichts steht für sich allein. Alles ist bezogen. Nichts ist abgestürzt. Es ist eine Welt voller reziproker Antworten. An all dem ändern nichts große Entfernungen. Der Kosmos könnte tausend Mal größer sein. Es änderte nichts an den Zusammenhängen.

Wir würden heute sagen. Es ist eine Welt, in der wir uns geborgen fühlen würden, in der alles Sinn macht, in der eine große Vernunft herrscht, die alles regelt. Angesichts dessen müssten die Verachtung und der Spott, mit denen wir Aberglaube und Magie bedenken, sich umkehren in stille Bewunderung. Diese Welt ist genau das Gegenteil von fragmentiert. Das Subjekt, das in dieser Welt haust, ist, auch wenn es vielgestaltig ist, *ganz*, integriert und von Sinn erfüllt. Und selbst, wenn es fragmentiert wäre, würde es nicht so fragmentiert sein wie das in der Moderne, da es um dieses Fragmentiert-Sein wissen würde, und nicht wie heute (seit der Moderne) die Psyche daraus besteht, dass ein Fragment das andere verdrängt oder verwirft.

Wir können also zwei Formen des Fragmentiert-Seins unterscheiden. Einmal weiß die Psyche um dieses; so bei de Sade, der um sein radikales Auseinanderdriften wusste. Er war ein radikaler und glühender Anhänger der Revolution und wusste zugleich, dass deren Vertreter ob kurz oder lang ihn der Guillotine zuführen würden, dass diese *Wächter*

3.5 · Ein zweiter Ausflug in das Imaginäre

der Tugend ihn nur hassen und verfolgen konnten (Reinhardt 2014). Aber dieses Fragmentiert-Sein störte ihn nicht. Es war in seinem Augen ihm zugehörig. So war er eben nun mal.

In der modernen Variante des Fragmentiert-Seins wird dies mit allen Mitteln geleugnet. Kohärent, konsistent, hierarchisch organisiert, von Vernunft und Wille bestimmt, möchte der Mensch sein und zumindest erscheinen. Primitives und Böses ist ihm vollständig fremd – so das Selbstverständnis von ihm.

Die Menschen der Renaissance halten es in gewisser Weise so wie de Sade. Sie wissen um ihr Fragmentiert-Sein, weil sich in ihnen viele unterschiedliche Ähnlichkeiten befinden.

Mit der aemulatio zeichnet sich noch etwas anderes ab – eine nur leicht verborgene Allmachtsphantasie. Zwar soll es Gott sein, der den Kosmos gegründet und (mit Ähnlichkeiten) geordnet hat, aber es zeigt sich doch, dass der Mensch die Ähnlichkeiten erkennt, vielleicht weil er sie selbst so konzipiert hat, vielleicht weil er ein genialer Konstruktivist ist, der mit seiner Imaginationskraft seinem Denken die Welt ordnet und unterwirft, so wie Jahrhunderte später de Sade diesem Konstruktivismus eine große Verbeugung entbietet und ihn in gewisser Weise abschließt. Seine Wüstlinge unterwerfen ihren Phantasien und Diskursen nicht nur die Opfer, sie müssen in Allmachtsphantasie geschlachtet werden. Das ist dann mit einer solchen Abscheu zu lesen, dass damit die Epoche der Imagination abgeschlossen sein muss.

Aber dann doch nicht ist. Auch Freud ist mitten drin in der Allmachtsphantasie. Er vermag die menschliche Psyche zu vermessen und zu erklären und das nahezu vollständig. Ja, ja, es tauchen bei ihm Zweifel auf. Aber sie erscheinen in einer bestimmten Perspektive nur als ironische Bestätigung seiner ungeheuerlichen Macht. Und er erklärt Welt ex cathedra. Wird einer seiner Jünger zu *aufsässig*, zu selbstständig, wirft Freud ihn aus seiner Kirche. So exkommunizierte er Adler und vor allem Jung. Sein Theoriengebäude geht eventuell zurück auf unbewusste Phantasien – eine Reihenfolge: zuerst Imagination, dann Denken, die auf die Renaissance zurückgeht. Mit seiner Imaginationskraft macht er sich gleichsam die gesamte Welt untertan. So blieb er eben nicht nur bei der Psychologie, sondern entwarf eine Kulturtheorie. Er wollte eigentlich alles erklären.

Und was ist mit uns heute? Mit „uns" meine ich die Menschen der westlichen Welt. Es wäre anmaßend, andere Kulturen einzubeziehen, von denen ich zu wenig Kenntnis habe.

Die Allmachtsphantasien haben sich in der Moderne fortgesetzt. Der Versuch, diese in den letzten zwei Jahrhunderten auf die unterschiedlichen Weisen umzusetzen, ist fundamental gescheitert. Davon zeugen die beiden Weltkriege, der Kolonialismus, die Katastrophen bei der Umsetzung von Utopien (Sozialismus, Nationalsozialismus). Die westliche Welt lebt gleichsam in einer Periode der Depression. Stimmungsaufhellend können da nur technische Innovationen sein und die Welt der Medien und das Phantasma einer Kultur des Spaßes, wo wir doch alle im stahlharten Gehäuse der Moderne leben (Weber) und von Zwängen und Pflichten umstellt sind. Der christliche Glaube hat nicht ausgedient, hat aber an Wirkmächtigkeit verloren. An Gott zu glauben, ist nicht einfacher geworden. Die Welt ist nicht nur entzaubert, sie enttäuscht.

Sich in dieser Welt im Sinne Diderots bewähren zu müssen, hat sich insofern relativiert, als wir, zumindest in Deutschland, uns nicht mehr für die *große Nation* aufopfern wollen. Für die nachfolgenden Generationen etwas zu leisten, ist angesichts der Ungewissheiten der Zukunft, kein eindeutiges Ziel mehr. Bezüglich der Finanzierung der Renten ist es dann genau umgekehrt. Die derzeitigen Rentenbezieher leben auf Kosten der nächsten Generationen.

Wir glauben zwar, dass die nächste Generation eines Smartphones irgendwie besser sein wird, aber es ist keineswegs sicher, dies unter der Kategorie des Fortschritts fassen zu können. Wir haben doch keinen Begriff von Fortschritt mehr, der jenseits des technischen Fortschritts anzusiedeln ist. Von Diderots Visionen in der Enzyklopädie von Fortschritt, mehr Vernunft und mehr Sittlichkeit sind wir meilenweit entfernt.

Für uns greift doch eher die Figur des Katechonten, desjenigen, der aufhält, der hält, was es derzeit noch gibt: an Werten wie Menschenrechten, Demokratie, an wirtschaftlicher Kraft, an weltpolitischem Einfluss. Die Antizipation rechnet nicht mit einem schnellen Untergang Europas, denn mit einem langsamen und quälenden. Die Vision des schnellen und abrupten Untergangs gehörte noch zu den Utopien, von denen wir ja längst wissen, dass sie nicht funktionieren.

Freud lebte zu Beginn der Krisen der westlichen Welt; daher konnte er sich noch phantasmatisch der Welt nähern und sie geistig untertan machen. Sade spürte das Ende der imaginären Welt und beschwor diese in seinen Werken, wie er, wie erwähnt, die Welt der Tat ankündigen musste. Die Renaissance war beneidenswert frei von einem Zweifel an der Welt der Imagination.

> „Wo ist die Realität, wo ist das wiedergegebene Bild? Oft ist es unmöglich, das zu sagen, denn die Nachahmung ist eine Art natürlicher Zwillingshaftigkeit der Dinge. Sie entsteht aus einer Falzung des Seins, deren beide Seiten sich unmittelbar gegenüberstehen. Paracelsus vergleicht diese grundlegende Reduplizierung (*redoublement*) der Welt mit dem Bild von Zwillingen, 'die sich vollständig ähneln, ohne dass jemand sagen könnte, welcher von beiden dem anderen seine Ähnlichkeit gegeben hat'." (ebd., S. 49)

Einen Menschen, der so denken würde wie Paracelsus, würden wir heute sofort in die Psychiatrie überweisen; er, der nicht unterscheiden kann zwischen Realität und Abbild. Über die Menschen der Renaissance würden wir urteilen, dass sie womöglich unter dem Einfluss psychedelischer Drogen ständen.

Entscheidend ist auch die Idee der gegenseitigen Einflussnahme. Das, was Abbild genannt werden könnte, kann das mit formen, was Ding genannt wird. Alles schwimmt und ist in Bewegung. Ein Schwebezustand. So wie Astronauten dem Gesetz der Schwerkraft nicht mehr gehorchen (müssen). Geheimnisvolle Prozesse der Verähnlichung finden statt.

So könnten wir heute formulieren: Die Menschen der Renaissance erfuhren die Welt wie heute Zuschauer, die im Kino einen Phantasie-Film anschauen. Nur verlassen die Zuschauer nach zwei Stunden das Kino. Sie können trennen zwischen Film und Realität. Die Menschen der Renaissance gehen aus dem Kino nie raus.

Wir bestehen darauf, dem Magischen einen Ort zu geben: Film, Buch, gleichsam eine Zelle, in der wir das Magische sicher verwahren können, um dann nicht minder sicher die Luft der nüchternen und klaren Realität einzuatmen. Das Magische bereitet uns offenkundig große Angst. Den Menschen der Renaissance offenbar nicht. Das Magische war ihr Element, ohne dass sie aufgehört hätten zu arbeiten und zu essen. Wir könnten von uns behaupten, dass wir in gewisser Weise vollständig verarmt sind.

Die Sprache der Psychoanalyse ließe sich eventuell verwenden, um diese historischen Transformationen zu beschreiben. Die Welt der Renaissance ist eine, die stark vom Unbewussten mit gestaltet ist, nicht vom ihm ausschließlich dominiert wird, aber von ihm erfüllt ist, von ihm durchweht ist. De Sade sieht dem Untergang dieser unbewussten Welterfahrung mit schreckgeweiteten Augen zu. Deshalb schreibt er vehement gegen

3.5 · Ein zweiter Ausflug in das Imaginäre

Gesetz, Moral, Selbstkontrolle an. Freud erkennt das Unbewusste an, um es unter das Primat von Bewusstsein und Ich-Stärke zu stellen. Das Bewusstsein soll der Hüter des Unbewussten sein. Die meisten psychologischen Schulen des 20. Jahrhunderts erkennen die Existenz des Unbewussten mit dem Argument nicht an, es sei weder zu beobachten noch zu messen. So könne es nicht Gegenstand der Psychologie sein. Dieses Argument könnte begriffen werden als ein Mittel zur Verdrängung des Unbewussten. Diese Operation kann wiederum verstanden werden als fundamentale Fragmentierung des Menschen.

Erst die Neurowissenschaften mit ihren bildgebenden Verfahren müssen zurückrudern: Ja, es gebe ein Unbewusstes, müssen zurückrudern, um der Fragmentierung entgegen zu wirken. Aber wer nimmt schon die Neurowissenschaften zur Kenntnis? Das aufklärerische Menschenbild eines vernünftigen Wesens bleibt demnach dominant. Es bleibt unser Menschenbild. Es bleibt eine Selbstverpflichtung, vernünftig zu leben. Es bleibt eine Domestikation des Unbewussten, vorausgesetzt, wir erkennen es überhaupt an. Anstatt die Macht des Unbewussten anzuerkennen, wie es unser Leben mitgestaltet, wie wunderbar es sein kann, wie spannend es sein kann, es zu erkunden, wird es als bedrohliche Macht insgeheim anerkannt. Daher wird ihm der Platz in einem sicheren Bunker zugewiesen.

> „Die dritte Form der Ähnlichkeit ist die Analogie. Dieser alte Begriff ist bereits der griechischen Wissenschaft und dem mittelalterlichen Denken vertraut, sein Gebrauch hat sich aber wahrscheinlich verändert. In dieser Analogie überlagern sich *convenientia* und *aemulatio*. Wie die *aemulatio* stellt die Analogie die wunderbare Gegenüberstellung der Ähnlichkeiten durch den Raum hindurch sicher, aber sie spricht wie die *convenientia* von Anpassungen, Verbindungen und von einem Gelenk. Ihre Kraft ist immens, denn die Ähnlichkeiten, die sie behandelt, sind nicht jene sichtbaren und massiven der Dinge selbst; es genügt, dass es subtilere Ähnlichkeiten der Verhältnisse (*rapports*) sind. Dadurch erleichtert, kann sie von einem einzigen Punkt aus eine unbeschränkte Zahl von Verwandtschaften herstellen. Das Verhältnis etwa der Sterne zum Himmel, an dem sie glänzen, findet sich wieder zwischen Gras und Erde…" (ebd., S. 51)

Wenn wir unseren naturwissenschaftlichen Fortschrittsglauben ein wenig abschütteln können, müssen wir unzweifelhaft neidisch werden – auf diese ferne Welt, in der sich alles ordnet und fügt. Walter Benjamin hätte vom Engel der Geschichte in der Renaissance nicht schreiben können.

Und der Affekt des Neides kann noch intensiviert werden, wenn wir bei Foucault lesen können:

> „Diese Reversibilität gibt, ebenso wie diese Mehrwertigkeit, der Analogie ein universales Anwendungsfeld. Durch sie können sich alle Gestalten der Welt einander annähern. In jenem Raum mit in jede Richtung laufenden Furchen existiert jedoch ein privilegierter Punkt. Er ist mit Analogien übersättigt, von denen jede darin einen ihrer Stützpunkte finden kann, und die Verhältnisse kehren sich bei seinem Durchlaufen um, ohne sich zu verändern. Dieser Punkt ist der Mensch. Er steht in einer Proportion zum Himmel wie zu den Tieren und den Pflanzen, zur Erde, den Metallen, den Stalaktiten oder den Gewittern." (ebd., S. 52)

Der Mensch ist dank der Bündelung der Analogien auf ihn die strahlende, die alles überstrahlende Gestalt des Universums. Ihm die Diagnose Narzissmus zuzuweisen (siehe auch weiter unten), macht überhaupt keinen Sinn, weil der Narzisst leidet, weil er um seine Schattenseiten weiß. Der Mensch der Renaissance in keiner Weise. Sein Narzissmus ist keine Abwehrformation gegen Unsicherheit, Bedürftigkeit, Schwäche, Unterlegenheitsgefühlen. Er weiß aber um die dunklen Aspekte des Lebens, die auch ihn berühren und durchdringen. Insofern ist er nicht fragmentiert, auch deshalb, weil der Knotenpunkt zahlreicher Analogien zu sein, bedeutet, vielgestaltig zu sein, ohne dies verbergen oder verdrängen zu müssen. Er weiß um sein absolutes Privileg, der Mittelpunkt des Universums zu sein, in dem sich all die zahllosen Analogien kreuzen und bündeln.

> „Sein Fleisch ist eine Scholle, seine Knochen sind Felsen, seine Adern große Flüsse. Seine Harnblase ist das Meer, und seine sieben wichtigsten Glieder sind die sieben in den Tiefen der Minen verborgenen Metalle." (ebd., S. 52)

Welche Grandiosität(sphantasie) trifft hier auf welche Verbundenheit mit allem? Die Verbundenheit gründet die Grandiosität. Mit allem verbunden und trotzdem beziehungsweise deshalb einzigartig, ist ein einzigartiges Geflecht. Die kopernikanische Wende, die die Menschen zu Staubkörnern verkümmern lässt, bestimmt noch nicht das Denken und das Erleben der Menschen.

> „Schließlich wird die vierte Form der Ähnlichkeit durch das Spiel der *Sympathien* hergestellt. Kein Weg wird darin von vornherein festgelegt. Keine Entfernung wird angenommen, keine Verkettung vorgeschrieben. Die Sympathie spielt in freiem Zustand in den Tiefen der Welt. Sie durchläuft in einem Augenblick die weitesten Räume. Vom Planeten zum von diesem beherrschten Menschen fällt die Sympathie wie von fern der Blitz … Sie ruft die Bewegung der Dinge in der Welt hervor und bewirkt die Annäherung der entferntesten Dinge. Sie ist Ursprung der Mobilität…" (ebd., S. 53)

Als ob die Welt noch zu statisch wäre, bedarf es der Sympathie. Sie ist gleichsam der Wirbelwind, der alles durcheinander zu wirbeln vermag, also hohen *Unterhaltungswert* besitzt, nichts zur Endgültigkeit gerinnen lässt. Unsere durch die Physik erklärte Welt hingegen ist vorhersehbar, voraussagbar. Wenn ich meine Hand öffne, dann fällt der Füller zu Boden oder auf den Schreibtisch. Etwas anderes gibt es nicht. In der Renaissance gibt es aber das andere, das vielgestaltig andere.

Die Sympathie birgt aber auch Gefahren, da sie auch jenseits der Ähnlichkeiten operiert:

> „Sie hat die gefährliche Kraft zu assimilieren, die Dinge miteinander identisch zu machen, sie zu mischen und in ihrer Individualität verschwinden zu lassen, sie also dem fremd zu machen, was sie waren … Sie verändert, aber in Richtung des Identischen, so dass, wenn ihre Kraft nicht ausgeglichen würde, die Welt sich auf einen Punkt reduzierte, auf eine homogene Masse, auf die finstere Gestalt des Gleichen." (ebd., S. 54)

Eine Horde von Fußball-Fans fällt einem da ein, die von der Begeisterung für einen Fußballverein zusammengehalten werden und in der Masse das individuelle Antlitz verlieren. Diese Begeisterung ist die Sympathie. Die Liebe ist eine andere, die nicht minder oder noch viel mehr zwei Menschen gleich werden lassen kann. Aus der Ähnlichkeit wird Identität und Namenlosigkeit. Das Gegengift zur Sympathie ist die Antipathie, die Abneigung gegenüber dem anderen, die die Differenz etabliert. So geht es also um eine beständig auszutarierende Balance zwischen Sympathie und Antipathie.

3.5 · Ein zweiter Ausflug in das Imaginäre

Das 19. und 20 Jahrhundert stehen im Zeichen der Individualisierung, die auf der Differenz zum anderen gründet, und das 20. Jahrhundert hat zugleich unnachahmlich „die finstere Gestalt des Gleichen" geschaffen: im Nationalsozialismus und Sozialismus/ Kommunismus. Eine permanent auszutarierende Balance zwischen Sympathie und Antipathie ist offenkundig nicht gelungen, eher ein Schlingern von einem Extrem ins andere. Vielleicht hätte das Wissen der Renaissance von Sympathie und Antipathie im 20. Jahrhundert dazu verholfen, Katastrophen zu verhindern.

> „Die Identität der Dinge, die Tatsache, dass sie sich einander ähneln und sich anderen Dingen annähern können, ohne sich jedoch darin zu versenken, ist unter Bewahrung ihrer Besonderheit das ständige Ausgleichen zwischen Sympathie und Antipathie, die auf die erste antwortet. Dieser Ausgleich erklärt, dass die Dinge wachsen, sich entwickeln, sich mischen, verschwinden, sterben, aber unendlich oft sich immer wieder finden …" (ebd., S. 55)

Das fragmentierte Subjekt der Moderne, das nicht wissen will, dass es das ist, sucht möglicherweise Schutz und Geborgenheit in der namenlosen Masse, im Bund der Soldaten, die angeblich das Vaterland verteidigen, in der Verschmelzung mit dem anderen, um so *ganz* zu werden. Ihm gelingt das „ständige Austarieren zwischen Sympathie und Antipathie" nicht. Es kennt nur das Entweder-Oder. Entweder verschmelze ich mit dem anderen, oder ich bin von ihm absolut getrennt. Unüberbrückbar. Das Subjekt der Moderne funktioniert dann dichotom; das der Renaissance hat eine Vielzahl von Reglern, die auf stetigen Achsen feingliedrig hin und her geschoben werden können. Es geht dann um Nuancen und nicht um ein grobes Ja oder Nein. Der Mensch der Renaissance spielt mit und auf seinen Reglern und das macht ihm Freude.

Die Frage in einem politischen Lied aus dem 20. Jahrhundert *Sag mir, wo Du stehst*, würde ihn zutiefst befremden, weil er doch immer irgendwo anders steht. Das Spannungsfeld von Sympathie und Antipathie erlaubt Beweglichkeit, wie die einer Eiskunstläuferin, die zeitlos und traumverloren ihre Bahnen zieht.

Die vier Formen der Ähnlichkeit halten die Welt zusammen. Sie enthüllen sich aber nicht unmittelbar. Erkennbar sind sie nur über Zeichen.

> „Um zu wissen, dass der Eisenhut unsere Augenkrankheiten heilt oder dass die im Mörser zerstampfte Nuss mit Weingeist unsere Kopfschmerzen heilt, muss man durch ein Zeichen darauf aufmerksam gemacht werden." (ebd., S. 56)

Also:

> „Ein sichtbares Zeichen muss die unsichtbaren Analogien verkünden." (ebd.)

Der Mensch sieht sich so verpflichtet, die Zeichen wie auf einer Entdeckungsreise zu sichten und zu erkunden.

> „Deshalb ist das Gesicht der Welt mit Wappen, Charakteren, Chiffren, dunklen Worten … überdeckt. Der Raum der unmittelbaren Ähnlichkeiten wird zu einem großen, offenen Buch. Es starrt von Schriftzeichen." (ebd., S. 57)

Es kommt einem unabschließbaren Abenteuer gleich, in diese Welt der Zeichen einzutauchen, wie beim Schnorcheln aus dem Staunen nicht mehr herauszukommen, was da alles im Meer ist. Ja, die Welt (der Zeichen) ist ein reines Wunder.

> „Die Signatur und das von ihr Bezeichnete sind von genau gleicher Natur…" (ebd., S. 60)

Das ist das, was wir heute nicht mehr verstehen. Signifikant, Signifikat und der Referent (Zeichentheorie von de Saussure) haben im Grunde nichts miteinander zu tun. Der Bedeutungsträger (Worte zum Beispiel), das Bedeutete und das Ding sind gleichsam aus unterschiedlichen Welten. Nur unendlich mühsam und nur approximativ finden die Worte zu den Dingen. Es bleibt stets eine unüberbrückbare Kluft. Zumindest ist dauerhaft die Gefahr vorhanden, dass die Wörter Signifikant, Signifikat und Referent nichts miteinander zu tun haben und die Sprache bei dem Versuch versagt, etwas über das Reale auszusagen. Das Zeitalter des Empirismus ist paradoxerweise mit der menschlichen *Erfahrung* verbunden, nur, wenn es gut geht, über brüchige und schwankende Brücken zwischen Sprache und Realität zu verfügen. Aber im Grunde gibt es keine Übersetzbarkeit von Dingen in Sprache. Sie sind sich einfach heillos zu fremd.

Das fragmentierte Subjekt der Moderne sieht sich einer Welt gegenüber, von der es abgetrennt ist, abgerissen. Der Raumfahrer, der zur Reparatur aus seiner Raumstation herausgetreten ist und durch einen schrecklichen Unfall die Verbindung zu ihr verloren hat und nun durch das Weltall ohne Hoffnung taumelt – das ist ein Horizont der Erfahrung des Menschen in der Moderne. Er fühlt sich auf die schlimmste Weise abgenabelt, kennt aber auch nichts anderes.

Wie fundamental anders ist die Welt der Renaissance.

> „Bezeichnende Form und bezeichnete Form sind Ähnlichkeiten, die nebeneinanderstehen. Wahrscheinlich ist darin die Ähnlichkeit im Denken des sechzehnten Jahrhunderts das, was es an Universellstem gibt; gleichzeitig das Sichtbare, was man jedoch zu entdecken versuchen muss, denn es ist das am meisten Verborgene; das, was die Erkenntnisform determiniert (denn man erkennt nur, indem man den Wegen der Ähnlichkeit folgt) und was ihr den Reichtum ihres Inhalts garantiert (denn wenn man die Zeichen aufhebt und betrachtet, was sie bezeichnen, lässt man die Ähnlichkeit selbst in ihrem eigenen Licht an den Tag kommen und aufleuchten)." (ebd., S. 60)

Es ist dem nicht so, dass sich die Welt der Renaissance unmittelbar offenbart. Die Zeichen sind zu suchen und zu erkunden. Ähnlichkeiten arbeiten im Verborgenen, aber sie können ans Licht gebracht werden, mit Mühe, aber mit Erfolgsaussichten. Und die Mühe ist ein großes Abenteuer.

> „Die Welt ist von Zeichen bedeckt, die man entziffern muss, und diese Zeichen, die Ähnlichkeiten und Affinitäten enthüllen, sind selbst nur Formen der Ähnlichkeit. Erkennen heißt also interpretieren: vom sichtbaren Zeichen zu dem dadurch Ausgedrückten gehen, das ohne das Zeichen stummes Wort, in den Dingen schlafend bliebe." (ebd., S. 63)

Die Welt der Dinge und der Sprache sind geheimnisvoll und zugleich bieten sie die Chance, sie hinreichend gut erkunden zu können. Sie sind weder langweilig noch bieten sie Anlass, den Mühen der Interpretation zu entsagen. Schließlich können sie entschlüsselt werden.

Die Welt der Renaissance ist aus unserer Sicht eine der Hoffnung. Wir glauben zwar, dass wir heute durch den sogenannten technischen Fortschritt viel *weiter* sind als die Renaissance, aber die Verbindung von Worten und Dingen erscheint nur brüchig

3.5 · Ein zweiter Ausflug in das Imaginäre

vorhanden zu sein. Der Mensch als sprechendes Wesen steht der Welt im Grunde sprachlos gegenüber. Und das bleibt so. Fortschritt wird an diesem Grunddilemma nichts ändern.

> „Im sechzehnten Jahrhundert ist die wirkliche Sprache keine einförmige und glatte Gesamtheit von unabhängigen Zeichen, in der die Dinge sich wie in einem Spiegel reflektieren, um darin Ding für Ding ihre besondere Wahrheit auszudrücken. Es ist vielmehr eine opake, mysteriöse, in sich selbst geschlossene Sache, eine fragmentierte und von Punkt zu Punkt rätselhafte Masse, die sich hier und da mit den Figuren der Welt mischt und sich mit ihnen verflicht, und zwar so sehr und so gut, dass sie alle zusammen ein Zeichennetz bilden, in dem jedes Zeichen in Beziehung zu allen anderen die Rolle des Inhalts oder des Zeichens, des Geheimnisses oder des Hinweises spielen kann und tatsächlich spielt. In ihrem rohen und historischen Sein des sechzehnten Jahrhunderts ist die Sprache kein willkürliches System; sie ist in der Welt niedergelegt und gehört zu ihr, weil die Dinge selbst ihr Rätsel wie eine Sprache verbergen und gleichzeitig manifestieren und weil die Wörter sich den Menschen als zu entziffernde Dinge anbieten." (ebd., S. 66)

Die Sprache der Renaissance ist noch kein um Kohärenz ringendes absolutes Wahrheitssystem, das der Welt gegenübersteht und beansprucht, ein Abbild von ihr zu sein, vielmehr ist sie in die Welt eingeflochten; sie weiß, dass sie fragmentiert ist, aber sie gehört zur Welt dazu. Unsere Überzeugung, dass Sprache und auch Wissenschaft irgendwie willkürlich sind, hat es im 16. Jahrhundert noch nicht gegeben.

Vielleicht lässt sich für die Jetztzeit festhalten, dass wir einerseits von der Sprache fordern, dass sie die Wirklichkeit eindeutig einfängt, dass wir andererseits (insgeheim) davon überzeugt sind, dass sie das niemals vermag. Sie ist ja irgendwie nicht einmal von dieser Welt. Und der Mensch mit seinem Sprachvermögen ist dann auch ein Zwitter: von dieser Welt und nicht von dieser Welt. Er weiß nicht, ob er aus der Vielfalt an Sprachen die richtige ausgesucht hat, um die Welt erklären und verstehen zu können. Er weiß nicht einmal, ob es eine Sprache gibt, die dies leisten könnte.

Die derzeit vorherrschenden Wissenschaftstheorien werden ihm keine Hilfe sein, mehr Sicherheit zu bekommen. Das liegt sicherlich auch daran, dass es eben nicht *die* Wissenschaftstheorie gibt, sondern mehrere, die sich widersprechen und zwar fundamental. Der Kritische Rationalismus, hervorgegangen aus dem Dissens mit dem logischen Positivismus des Wiener Kreises, geht davon aus, dass Theorien nicht zu bestätigen, sondern nur zu widerlegen sind. Alle wissenschaftlichen Wahrheiten bestehen nur bis auf weiteres. Popper hat also einen radikalen Skeptizismus in die Wissenschaftstheorien hinein getragen. Der Konstruktivismus in seinen Spielarten subsummiert das Empirische der Theorie. Das Empirische stellt sich der Theorie nicht mehr entgegen. Je nach Theorie erscheint das *Reale* vollkommen unterschiedlich. Die Hermeneutik geht davon aus, dass ganz unterschiedliche Interpretationen an die Wirklichkeit herangetragen werden können. So bietet die Psychoanalyse einen ganzen Strauß von Verstehensmodellen der menschlichen Psyche an.

Für Foucault ist die Sprache der Renaissance „ternär", also dreidimensional,

> „weil sie sich des formalen Gebietes der Zeichen, dann des Inhalts, der durch diese Zeichen signalisiert wird, und der Ähnlichkeiten bedient, die diese Zeichen mit den bezeichneten Dingen verbinden." (ebd., S. 75)

Das sollte sich ändern.

> „Vom 17. Jahrhundert an wird man sich fragen, wie ein Zeichen mit dem verbunden sein kann, was es bedeutet. Auf diese Frage wird das klassische Zeitalter (von ca. 1600 bis 1800; A. d. A.) durch die Analyse der Repräsentation antworten, und das moderne Denken (ab ca. 1800; A. d. A.) wird mit der Analyse des Sinnes und der Bedeutung antworten. Aber genau dadurch wird die Sprache nichts anderes mehr sein als ein besonderer Fall von Repräsentation – für die klassische Epoche – oder der Bedeutung – für uns. Die tiefe Zusammengehörigkeit der Sprache und der Welt wird dadurch aufgelöst." (ebd., S. 75)

Dieser Umbruch ab dem 17. Jahrhundert hat nicht nur erkenntnistheoretische Konsequenzen, er ändert auf eine dramatische Weise das Selbst- und Weltverständnis des Menschen. Er, der über die Sprache verfügt, verliert die „Zusammengehörigkeit" zur Welt. Er wird ihr ein Fremder. Er exkludiert sich selbst.

Es ist, als hielte der Mensch einen türgroßen Spiegel vor sich, hinter dem er sich versteckt, und der die Repräsentation bewerkstelligen soll. Ungeschickt, wie er nun einmal ist, fällt der Mensch von der Erde herunter und verschwindet. Das erkennende Subjekt hat sich erfolgreich eliminiert. Nicht länger wird es als Störvariable den Repräsentationsvorgang beeinträchtigen. Der Fortschritt des naturwissenschaftlichen Vorgehens ist damit unaufhaltsam. Das Erkennen der Welt der Dinge ist endlich objektiv geworden – ein relativ billiger Taschenspielertrick moderner Erkenntnistheorie. In der Aufbruchsstimmung der Revolution, die sich gegen das chaotische, magische Denken der Renaissance wendet, soll niemanden auffallen, dass die Subjektivität des erkennenden Menschen nicht eliminierbar ist, dass seine unterschiedlichen Sinnhorizonte, Interessen, Affekte und Stimmungen den Prozess des Erkennens nicht nur beeinflussen, sondern bestimmen. Der Mensch forscht mit Absichten und Wünschen.

Dieser Taschenspielertrick hat seinen Preis. Nicht nur, dass der Mensch seine fast alles überragende Stellung in der Welt (abgesehen von Gott) als Schnittstelle der Ähnlichkeiten verliert, er suspendiert sich auch als erkennendes Subjekt. Er ist so gut wie nicht mehr existent, wenn überhaupt noch als Sekretär der Repräsentation. Das, was wir in der Moderne als Triumphe menschlicher Subjektivität begreifen – Individualisierung, Pochen auf die Einzigartigkeit jedes Individuums, Ausdifferenzierung der Psyche, Entfaltung des Unbewussten – all das sind nur müde Antworten auf den Verlust des großen Menschen der Renaissance, der doch mit dem gesamten Kosmos umfassend verbunden war.

Wenn Elias den modernen Menschen als homo clausus begreift, weil die Affektkontrolle ihn vom anderen im Prinzip mit einem hiatus trennt, dann lässt sich der Begriff umfassender verwenden. Das Subjekt der Moderne ist nicht nur fortgerissen vom anderen, sondern von der gesamten Welt, der er nicht einmal mehr in der Ideologie der Moderne als erkennendes Subjekt gegenüber tritt.

> „*Don Quichotte* zeichnet das Negativ der Welt der Renaissance. Die Schrift hat aufgehört, die Prosa der Welt zu sein. Die Ähnlichkeiten und die Zeichen haben ihre alte Eintracht aufgelöst. Die Ähnlichkeiten täuschen, kehren sich zur Vision und zum Delirium um. Die Dinge bleiben hartnäckig in ihrer ironischen Identität: sie sind nicht mehr das, was sie sind; die Wörter irren im Abenteuer umher, inhaltslos, ohne Ähnlichkeit, die sie füllen könnte. Sie bezeichnen die Dinge nicht mehr, sie schlafen zwischen den Blättern der Bücher, inmitten des Staubes." (Foucault 1974, S. 79f)

3.5 · Ein zweiter Ausflug in das Imaginäre

Wir wollen eigentlich die Sicht Foucaults auf unsere Welterfahrung nicht erweitern auf die Frage nach der Stellung des menschlichen Subjekts. Zu sehr schmerzerzeugend wäre dies. Denn es ist mit der kopernikanischen Wende, mit der Revolution gegen die Welterfahrung der Renaissance, nicht nur zu einem Staubkorn geworden, es wird fast blind und sinnlos durch eine überwiegend unzugängliche und unverständliche Welt gewirbelt. Sades unermessliche Wut auf diese kommende Welt, sein anteiliges Festhalten am Imaginären, werden nun verständlicher. Freud baut die innere Welt aus, um überhaupt noch vom Subjekt sprechen zu können. Dieses retuschiert mit Vernunft, Wille, *Menschlichkeit* und Sittlichkeit dieses Staubkorn, um sich wegen der insgeheim eingestandenen Staubkörnigkeit an der Welt zu rächen: mit Krieg, Imperialismus, Destruktion. Die so hoch gehaltenen Werte der europäischen Kultur erhalten damit *auch* den Charakter einer narzisstischen Abwehrformation, um die eigene Inferiorität zu übertünchen. Dann sind wir dankbar dafür, dass sich die Menschen, die an Allah glauben, untereinander zerfleischen, beweisen sie doch damit, wie unkultiviert und barbarisch sie sind – in einem fundamentalen Gegensatz zu uns. Ja, größer könnte doch der Unterschied gar nicht sein.

Der Nihilismus ist die philosophische Antwort auf die eingestandene Sandkornexistenz. Und es ist offenkundig, dass Staubkörner nicht gläubig sein können. Davon zeugt der schwindende Einfluss der christlichen Religionen. Das Staubkorn, das sich als solches erkennt, und sei dies nur in einer flüchtigen Bewegung, die nicht länger anhält als eine Sekunde, wird an keinen Gott glauben können. Warum sollte ein Gott so viele Staubkörner erschaffen? Wer diese erzeugt, kann niemals groß sein. Nur Staubkörner schaffen Staubkörner. Umgekehrt kann ein Mensch der Renaissance unmöglich nicht an Gott glauben, spiegelt dieser doch die eigene Größe. Und irgendjemand muss doch diese großartige Welt erschaffen haben.

» „*Don Quichotte* ist das erste der modernen Werke, da man darin die grausame Vernunft der Identitäten und Differenzen bis ins Unendliche mit den Zeichen und den Ähnlichkeiten spielen sieht. Die Sprache zerbricht darin ihre alte Verwandtschaft mit den Dingen, um in jene einsame Souveränität einzutreten, aus der sie in ihrem abrupten Sein erst als zur Literatur gewordene wieder erscheinen wird. Die Ähnlichkeit tritt dort in ein Zeitalter ein, das für sie dasjenige der Unvernunft und der Imagination ist." (ebd., S. 81)

„Die grausame Vernunft der Identitäten und Differenzen" kann für den Menschen von heute etwa Folgendes bedeuten:
Ein Hammer ist ein Hammer und keine Schere. Hans ist ein Mensch und kein Hamster und er ist trotz Zugehörigkeit zur Gattung Mensch (Identität) einzigartig (Differenz). Identität und Differenz sind unendlich zu demonstrieren und zu wiederholen. Hans tanzt gerne mit anderen wie viele andere. Er tanzt trotzdem seinen ganz eigenen Stil. Schon immer. Er fährt ein Auto wie viele andere, aber das Auto ist ein alter VW Käfer, ein Fahrzeug, das im Straßenverkehr auffällt. Fast wie kein anderes. Seine Freundin steht total darauf, damit zu fahren. Hans ist ein spontaner und lebenslustiger Typ. Trotzdem läuft sein Leben in geordneten Bahnen. Er hat bereits, obwohl er erst Mitte 20 ist, eine Zusatz-Rentenversicherung abgeschlossen. Er und seine Freundin planen, nächstes Jahr zu heiraten und in das ausgebaute Dachgeschoss des Hauses ihrer Eltern einzuziehen. Sie wollen gerne zwei Kinder haben. Auch wenn Hans gerne spontan ist (mal nachts ans Meer fahren), ist sein Leben von Vernunft bestimmt. Magie und Wahnsinn können ihm nichts anhaben. Er liest nicht einmal das Horoskop im Fernsehmagazin. Hans ist froh,

mit Drogen nicht viel zu tun zu haben. Ein Kaffee zum Frühstück, einen nach dem Mittagessen, bei Feiern ein bis zwei Biere. Das war es dann auch. Illegale Drogen hat er nie konsumiert, Zigaretten hat er nie angerührt. Er mag Harry-Potter-Filme und *Herr der Ringe* liest er lieber.

Zurück zur „Ordnung der Dinge". Was ersetzt das Denken in Ähnlichkeiten?

> „Danach wird jede Ähnlichkeit dem Beweis des Vergleiches unterworfen, das heißt, sie wird nur noch anerkannt, wenn die gemeinsame Einheit durch das Maß oder, noch radikaler, durch die Ordnung, durch die Identität und die Serie der Unterschiede gefunden worden ist. Außerdem war das Spiel der Ähnlichkeiten einst unbegrenzt. Es war stets möglich, neue zu entdecken … Jetzt wird eine völlige Aufzählung möglich werden, sei es nun in der Form einer erschöpfenden Bestandsaufnahme aller Elemente, die die ins Auge gefasste Gesamtheit konstituiert, sei es in Form einer Kategorisierung, die in ihrer Totalität das untersuchte Gebiet gliedert, sei es schließlich in Form einer Analyse einer bestimmten Zahl von Punkten, die zahlenmäßig ausreichen, wenn man sie aus der ganzen Serie herausnimmt. Der Vergleich kann also eine vollkommene Gewissheit erreichen…" (ebd., S. 88)

Mit dem *Siegeszug* der Wissenschaften kann die Welt *wunderbar* geordnet werden. Nichts entgeht dem systematischen Zugriff. Obwohl das erkennende Subjekt verschwunden ist, gelingt auf *wundersame* Weise dem System der Repräsentation eine vollkommene und erschöpfende Spiegelung der Welt der Dinge. Welch ein Sieg über die Natur! Welch ein Triumph über Magie und Aberglaube! Dieser Sieg, dieser Triumph sind Trostpflaster für einen Menschen, der nicht erkennt, der nicht im Mittelpunkt des Kosmos steht. Durch diesen Zugriff, durch diese geschaffene Ordnung verbrämt der neue Mensch, indem er sich *über* die Welt der Dinge stellt, seine unermessliche Einsamkeit und Verlorenheit.

Für Foucault wird dieses Modell der Repräsentation Endes des 18. Jahrhunderts brüchig und durch ein anderes Modell ersetzt.

> „Schließlich und vor allem wird sie (die Archäologie; A. d. A.) zeigen, dass der allgemeine Raum des Wissens nicht mehr der der Identitäten oder der Unterschiede ist, der nicht-quantitativen Ordnungen, der einer universellen Charakterisierung, einer allgemeinen *Taxinomie*, einer *Mathesis* des Nicht-Messbaren, sondern ein Raum, der geprägt ist von Organisationen, das heißt von inneren Beziehungen zwischen den Elementen, deren Gesamtheit eine Funktion sichert." (ebd., S. 270)

Nicht mehr die Oberfläche der Dinge ist von Interesse, sondern das dynamische Funktionieren etwa der Wirtschaft oder der menschlichen Psyche.

> „… jene nie objektivierbaren Objekte, jene nie völlig repräsentierbaren Repräsentationen, jene gleichzeitig offenbaren und unsichtbaren Erscheinungen, jene Realitäten, die in dem Maße genau eingerückt sind, in dem sie Begründerinnen dessen sind, was sich ergibt und bis zu uns vordringt: die Arbeitskraft, die Lebenskraft und das Sprachvermögen." (ebd., S. 300)

Das Wirken des Menschen ist damit entdeckt worden. Die Humanwissenschaften versuchen es zu enträtseln, indem sie es mit Kant unternehmen zu erkunden, wie Erkenntnis

3.5 · Ein zweiter Ausflug in das Imaginäre

möglich ist, wie diese an das Vermögen des Menschen selbst gekoppelt ist. Der Mensch wendet sich sich selbst zu mit dem Wissen, dass dies anteilig unmöglich ist:

> „… Freud die Exegese all jener stummen Sätze, die gleichzeitig unsere offenbaren Diskurse, unsere Phantasmen, unsere Träume, unseren Körper aufrechterhalten und aushöhlen." (ebd., S. 363)

Wir können vermuten, dass die stummen Sätze dieses und jenes bedeuten, aber wir sind uns dessen nie ganz sicher. Das Abenteuer der Selbstbegegnung ist mit Risiken verbunden. Und es ist unabschließbar.

> „Vor dem Ende des achtzehnten Jahrhundert existierte der *Mensch* nicht. Er existierte ebensowenig wie die Kraft des Lebens, die Fruchtbarkeit der Arbeit oder die historische Mächtigkeit der Sprache." (ebd., S. 373)

Dieser Mensch ist jedoch ein grundlegend anderer als der der Renaissance. Er wendet sich zu sich selbst, während die Renaissance die Ähnlichkeiten zwischen der Welt und sich sucht, sich also nach außen öffnet und zwar auch Interpretationsspielräume hat, aber letztlich sicher sein kann, mithilfe der Vielzahl an Zeichen die richtige Lösung zu finden. Zwar lassen sich ständig neue Möglichkeiten von Ähnlichkeiten entdecken, aber sie sind entschlüsselbar. Und der Mensch der Renaissance ist im Fadenkreuz aller Ähnlichkeiten. Er ist *groß*.

Der Mensch des 19. und 20. Jahrhunderts ist ein ewig Suchender und Zweifelnder. Er hat zwar mit der Repräsentation gebrochen und dennoch lebt diese im allgemeinen wissenschaftlichen Denken, dem Denken des gesunden Menschenverstandes, das auch die große Mehrheit der Wissenschaftler auszeichnet, weiter. Wissenschaft wird dann verstanden als Abbildung der Realität. Die Forschenden kommen in diesem Modell nicht vor.

Auch hier lässt sich ein Bruch feststellen. Der Mensch von heute zerfällt in den Teil, der auf der Suche nach sich selbst ist, und dem anderen Teil, der an die Repräsentation noch glaubt.

Wir können es nicht leugnen: Das Subjekt in der Moderne ist/hat sich beraubt der Konzeption, die glanzvolle Schnittstelle des Kosmos zu sein. In der Repräsentation ist er verschwunden. Die Frage, die sich stellt: Wie sind die Lücken zu schließen, die Verluste einigermaßen wett zu machen? Eine mögliche Antwort lautet: Er wendet sich nach innen, differenziert und erkundet seinen psychischen Binnenraum, um dann sein dem Anschein nach reichhaltiges Innenleben der Öffentlichkeit zu offenbaren. Das ist die neue Würde des Menschen. Die Erschließung des psychischen Binnenraumes ist ein unabschließbarer Prozess, ein Weg voller Stolpersteine und Irrungen. Das moderne Subjekt leidet strukturell – an sich selbst. Zugleich ist es verpflichtet, diese Irrungen und Wirrungen auf der Theaterbühne der Öffentlichkeit zu präsentieren, um sich zu bewähren als ein Wesen, das über eine tiefe Seele verfügt, um damit überhaupt einen Ort zu finden, in dem es auftreten/sein darf. Zwar wird in der Moderne getrennt zwischen privat und öffentlich; das bedeutet aber nicht, dass das Private keine Öffentlichkeit erfahren soll. Im Gegenteil. Macht das Private öffentlich, ist nicht erst die Parole der 68er-Bewegung. Sie bestimmt die gesamten letzten 200 Jahre. Der Mensch der Moderne ist verpflichtet sich zu entblößen. Er wird so zu einem Geständnistier, er kann so von gesellschaftlichen Strukturen mit produziert werden (Foucault 1977b), er kann so besser modernen Machttechnologien unterworfen werden (Foucault 1977a).

Obermeit (1980) veranschaulicht dies an dem von Karl Philipp Moritz herausgegebenen „Magazin zur Erfahrungsseelenkunde" (von 1783-1793).

> „Das Magazin behandelt die Subjektivität des Individuums, den Bereich des Privaten, die Welt des Einzelnen und wendet sich gleichzeitig an ein breites Publikum. Als ein regelmäßig erscheinendes Periodikum vermag es das Interesse der Öffentlichkeit am Privaten zu befriedigen und kommt dem Drang der Individuen nach öffentlicher Selbstdarstellung entgegen." (ebd., S. 61)

Die Fragen, die sich dann brennend stellen, sind die: Wie stark entblößt sich der Mensch der Moderne? Was verbirgt er? Wird der Anspruch auf Authentizität eingelöst? Oder ist alles nur Theater (Goffman)? Das moderne Subjekt wird den Verdacht nie los, nur ein mehr oder weniger guter Schauspieler zu sein. Für die Menschen des Barocks, der Renaissance war sonnenklar und offenkundig, dass sie sich in der Öffentlichkeit inszenieren und sich von ihrer besten Seite zeigen. Diese Klarheit geht in der Moderne verloren. Der Mensch soll echt sein und ist es nicht. Auch hier ist ein Bruch zu benennen und ein weiteres unerreichbares Ideal: das der Authentizität, unter dessen Last der Mensch in der Moderne gleichsam zusammenbricht. Er kann nie so sein, wie er sein sollte.

> „Zahllose Tagebücher und Autobiographien bringen am Ende des 18. Jahrhunderts die Besinnung auf die eigene Subjektivität zum Ausdruck: der notwendig werdende und gewünschte Austausch der durch Selbstbeobachtung gewonnenen Informationen lässt eine in ihren Ausmaßen ungekannte Briefkultur aufkommen. Und 'mit dem Augenblick, in dem die Selbstbeobachtung begann, hebt die Geburtsstunde des deutschen Bürgers an: er nimmt sich nun ernst'. Da er 'seiner gewaltigen Expansionskraft und Selbstständigkeitssucht freien Spielraum zu schaffen begann und sich als Träger einer überall aufblühenden Kultur, als die große kommende Macht wiederfand', war er mit seinem Innersten so überfüllt, dass er das alles unmöglich in sich allein aufspeichern konnte. Er musste sich äußern, sonst wäre er an der Überfülle seines Ichs zugrunde gegangen." (Obermeit 1980, S. 62)

Obermeit legt hier eine freundlichere Interpretation des modernen Menschen vor. „Besinnung auf die Subjektivität" ließe sich auch verstehen als Aussichtslosigkeit. Auf was sonst soll er sich denn sonst gründen? Vielleicht wäre er auch nicht an einer „Überfülle seines Ichs" zugrunde gegangen, wenn er sich nicht geäußert hätte. Vielmehr hätte er keinen Ort, keine Bühne besessen. Er wäre nicht *existent* gewesen.

3.6 Zusammenfassung

Sades Texte bestehen aus zwei Elementen: aus argumentativen Diskursformationen, in denen das Böse gerechtfertigt wird, und aus grellen sexuellen Szenen, die die Diskurse gleichsam verifizieren. Sade arbeitet damit mit einem Modell von Theorie, die durch die Empirie bestätigt wird. Dies stellt das moderne naturwissenschaftliche Vorgehen dar, nur bleibt bei de Sade auch die krasse sexuelle Szene ein Phantasma. Er gibt nur vor, Empirie zu liefern. So bleibt er eine Übergangsfigur zwischen der Renaissance, in der das Imaginäre gleichsam alles war, und der Moderne mit ihrer Fokussierung auf das Empirische. Hierzu passt der Begriff Dezision. Wie bereits ausgeführt, ist für Schmitt das Wichtigste, dass eine Entscheidung getroffen wird, egal, ob sie moralisch zu rechtfertigen ist.

3.6 · Zusammenfassung

Hauptsache ist das Tun. (Wir werden im nächsten Kapitel gleich sehen, wie dies politisch umgesetzt werden kann.) Mit der Verherrlichung der Tat wird Moral außer Kraft gesetzt. Diese könnte als ein Kennzeichen des 20. Jahrhunderts begriffen werden. Davon war de Sade meilenweit entfernt. Damit hat er eigentlich nichts zu tun. Sein Leben bestand nicht aus sexuellen Gewaltorgien. Seine imaginierten Gewaltorgien konnten vermutlich nur dann mental erfolgen, wenn er sich vorstellte, wie sehr er damit seine Leser schocken und provozieren konnte. Er will als gedanklicher Manipulator wie ein Magier seine Leser und Leserinnen dazu veranlassen, seine Phantasien als lustvoll zu erleben. „Gebt schon zu, dass Ihr meine sexuellen Szenen als anregend erlebt!" – So könnte de Sade verstanden werden.

Selbstredend werden heute auch noch Bücher über sexuelle Phantasien geschrieben, aber sie bilden eher eine Art von Kochbuch, in dem Rezepte stehen, die auch umgesetzt werden müssen. Heute wird es tendenziell so erlebt, dass nur die Phantasie, die auch realisiert wird, eine sinnvolle ist. Auch an diesem Punkt sind wir heute Menschen der Tat. Die Tat ist so quasi die einzige Währung, die Bestand hat. Diese Haltung ist Sade vollkommen fremd.

In Sades sexuellen Phantasmen ist eine Kraft der Imagination enthalten, die wir heute nicht mehr kennen. Wir gehen davon aus: Wer so denkt und fabuliert, will das auch machen, macht das auch. Dass ein Phantasma ein Phantasma ist, will uns nicht in den Kopf. Mit Culianu und Foucault wird ersichtlich, welche Welterfahrung, welche Verbundenheit mit dieser Welt wir verloren haben. Wir wähnen uns als bessere Menschen, weil wir in unseren Augen rational sind und nicht mehr der Magie verfallen und unterschlagen die massiven Verluste. Mit Sade wird ein wenig von dieser Renaissance-Welt sichtbar.

Unter der Lupe: de Sade und Freud

4.1 Das Missgeschick der Tugend – Teil zwei – 88

4.2 Fortsetzung: Das Missgeschick der Tugend – 94

4.3 Das Gewissen: ersatzlos streichen – 96

4.4 Vielgestaltig-verkehrt – 102

4.5 Freud denkt Böse – 111

4.6 Gott und so – 118

4.7 Zusammenfassung – 120

© Springer Fachmedien Wiesbaden GmbH, ein Teil von Springer Nature 2018
C. Klotter, *Warum der Spaß am Bösen ein Teil von uns ist*,
https://doi.org/10.1007/978-3-658-18638-8_4

4.1 Das Missgeschick der Tugend – Teil zwei

Um ein Zitat nochmals zu wiederholen: „Erzogen wurden Justine und ich im Kloster Panthemont." (Sade 1994, S. 43) Es ist Juliette, die dies berichtet. Sie hat dort zwei Gefährtinnen. Wäre es nicht besser, gleich von Gespielinnen zu sprechen, um sich abrupt und unversehens im Jargon de Sades zu üben? Die eine ist Euphrosine. Ihr Name spielt eventuell an auf eine der zentralen Tugenden der griechischen Antike: sophrosyne, die als Besonnenheit und Mäßigung übersetzt werden kann. Der Name Euphrosine wäre dann als ironisch zu begreifen, weil, wir ahnen es bereits auf der ersten Seite, sie das Gegenteil von Mäßigung darstellt. Die andere ist eine Nonne, Madam Delbène. „… euch eine lückenlose Schilderung dieser frühesten Augenblicke in meinem Leben zu erstatten, als, von diesen beiden Sirenen verführt und verdorben, in der Tiefe meines Herzens bereits der Keim zu allen Lastern aufging." (ebd., S. 43) Lückenlose Schilderung – das klingt nach korrektem Polizeireport. Die ganze Schandtat muss enthüllt werden, die Wahrheit muss ans Licht gezerrt werden, in ihrer gesamten Bandbreite und Tragweite. So verdorben Juliette auch immer sein mag, sie hält sich an die christliche Pflicht zur schonungslosen Beichte. Zu den modernen Machttechnologien gehört nach Foucault (1977b) auch das Geständnis quasi in der Beichte. Juliette beziehungsweise de Sade halten sich an dieses Grundmuster moderner Machtausübung, ja, sie / er nehmen es vorweg.

Es ist nicht unerheblich, dass de Sade seiner Juliette Bildung verleiht. Sie weiß, wer Sirenen sind. Ja, sie kennt die homerische Odyssee; als gingen Bildung und Grausamkeit bei jungen Frauen eine besondere Beziehung ein: Nur eine gebildete Frau kann sadistisch sein und dies genießen. Zur Folter gehört die Phantasie. Und zum Schreiben selbstverständlich auch. Natürlich: Auch de Sade ist gebildet.

Juliettes Laster entwickeln sich in einer doppelten Bewegung: von außen verführt, aber dieser Einfluss des Außen ist nur möglich, weil in ihr ein Keim zum Bösen schlummert. Sie ist von Natur aus lasterhaft.

Das Böse bedarf nicht nur der Bildung, um sich voll entfalten zu können, es vereinigt sich glücklich mit der Schönheit, so bei der Nonne:

> „Schön über alle Möglichkeit: zum Abkupfern wie geschaffen, ein sanftes und himmlisches Mienenspiel, blond, die Augen groß und blau sowie voll der zärtlichsten Anteilnahme …" (ebd., S. 43)

Nein, die Delbène ist keine kalte Frau. Ihr Gesicht ist nicht gezeichnet von Boshaftigkeit. Im Gegenteil. Dann ist sie auch noch empathisch, wie sie selbst vermutlich sehr empfänglich sein wird.

> „Ungeheuer frühreif, hatte die Delbène bereits alle Philosophen gelesen, tiefgründige Gedanken gewälzt …" (ebd., S. 44)

Bücher von Philosophen zu lesen, war damals etwas anderes als heute. In diesen Büchern waren damals neue Denkmöglichkeiten festgehalten, die den Weg ebneten zu eigenständigen Überzeugungen. Und sie waren wie die Enzyklopädisten stark antiklerikal bis atheistisch eingestellt (Selg et al. 2013). Sie öffneten dem freien, revolutionären und potenziell bösen Denken die Tür. Diesen Status hat Philosophie heute vollständig eingebüßt.

Es sind diese Bücher, die auch „ihre Einbildungskraft aller Voraussicht nach erst recht in Brand stecken würden." (ebd., S. 44) Das Lesen entfacht die Imagination, die inneren Bilder, die irgendwann die entsprechenden Taten auslösen.

4.1 · Das Missgeschick der Tugend – Teil zwei

Wir fassen zusammen: Das Böse ist Teil der Natur und zugleich muss es reifen, besitzt eine Inkubationszeit, die günstiger äußerer Auslöser bedarf.

Diese Inkubationszeit hat den literarischen Effekt, dass der Leser ungeduldig auf die ersten Szenen warten muss. Das innere Entfalten auf der einen Seite produziert die nervöse Unruhe auf der anderen Seite.

Ein Thema taucht auf den ersten Seiten mehrfach auf: zweimal „Weltflucht" (ebd., S. 44), „... dass bei den weltabgewandten Frauen der Hang zur Wollust den einzigen Anreiz bildet, enge Freundschaften zu schließen." (ebd., S. 44) Die Weltflucht, dem Anschein nach dazu da, dem Irdischen, so auch den fleischlichen Genüssen, zu entsagen, produziert systematisch ihr Gegenteil. Dies ließe sich mit Bataille verstehen, es ließe sich aber auch über die zwei Varianten der Gnosis erhellen: a) dem Weltlichen weitestgehend zu entsagen, b) durch alle möglichen weltlichen Genüsse und Sünden hindurch gehen, um erst dann zum fernen Gott (deus absconditus) aufsteigen zu können (Klotter und Beckenbach 2012). Sades Figuren tendieren zur zweiten Variante. Dann könnte bereits jetzt festgehalten werden, dass Sade kein Atheist ist, vielmehr eine gnostische Position vertritt, beziehungsweise in seinen Erzählungen Figuren auftauchen, die der libertären Gnosis zuzurechnen sind.

Madam Delbène eröffnet einen Diskurs. Sie spricht zu Juliette:

» „Sie erröten, kleiner Engel, lassen Sie das; die Scham ist ein Hirngespinst und die alleinige Folge von Sitte und Erziehung; mit anderen Worten: reine Gewohnheit; wo doch die Natur Mann und Frau schon nackt erschaffen hat, wäre es denkwidrig, dass sie sie gleicherzeit mit Abscheu oder Scham erfüllt hätte, sich einander in diesem Zustand zu zeigen. Hätte der Mensch allezeit die Grundsätze der Natur beherzigt, so wäre ihm jedwede Scham fremd: eine folgenschwere Einsicht, mein teures Kind, denn sie besagt, dass gewisse Tugenden keiner anderen Quelle entspringen als der grenzenlosen Vergessenheit sämtlicher Naturgesetze; es wäre ein leichtes, die christliche Moral auf den Kopf zu stellen, wenn man alle ihr zugrunde liegenden Leitsätze unter diesem Gesichtspunkt untersuchte!" (ebd., S. 45)

De Sade stellt nicht nur eine alternative Moral auf, er formuliert diese, er versucht, sie rational zu begründen – im Anschluss an Rousseaus Traum vom Naturzustand (Beckenbach und Klotter 2014), aber auch Teile der Philosophie La Mettries aufgreifend. Der spricht nicht von Scham, aber von Schuld, und seine Argumentation schließt die Scham mit ein:

» „Warum aber haben wir überhaupt Schuldgefühle? Ja, warum?! Warum haben wir so viele andere Vorurteile? – Jedenfalls sind diese, sobald sie der Natur widersprechen, wie überflüssiges Geäst, das die vernünftige Philosophie zu entfernen hat. Zumindest die anständigen Menschen, die derzeit noch wegen der unschuldigsten Freuden in schwere innerliche Konflikte geraten, werden, wenn es nach meinen Wünschen geht, von diesen befreit sein." (La Mettrie 2004, S. 13)

Sade hat da vermutlich den Naturbegriff La Mettries übernommen: Sie soll sich entfalten. Sie soll herrschen. Alles, was ihr widerspricht, ist unsinnig, so auch Schuld und Scham. Anders als Sade plädiert La Mettrie nicht für die Entfaltung böser menschlicher Impulse.

» „Ich bringe überall zum Ausdruck, wie sehr ich die Gesellschaft liebe und wie glücklich ich mich fühle, - weit davon entfernt, ihre Sicherheit gefährden zu wollen – zu ihrem Nutzen und Wohlergehen beitragen zu können." (ebd., S. 9)

Das besondere Wohlergehen der Menschen hat er im Sinn. Er will sie von unnötiger und quälender Schuld und Scham befreien.

Es zeichnet sich ein seltsames historisches Paradox ab. Nach Elias (1978) bringt der Prozess der Zivilisation ein deutlich erhöhtes Mehr an Scham als Regulationsinstrument für die wachsende Selbstkontrolle. Psychoanalytisch könnte dieses Regulationsinstrument auch als sich entwickelndes Über-Ich begreifen.

Parallel und im massiven Kontrast dazu plädieren andere gerade in der zeitlichen Phase der Entstehung des modernen Über-Ichs für die Entfernung dieser psychischen Instanz, nicht nur de Sade und mit Einschränkung La Mettrie, sondern tendenziell auch die deutschen Frühromantiker auf der Achse Berlin–Jena um 1800 (Klotter und Beckenbach 2012). Vor allem Friedrich Schlegel plädiert in der Zeit, als er die „*Lucinde*" schrieb, für die Entregelung und für die Entgrenzung (ausführlicher siehe weiter unten). Später trat er dann als Kehrtwende dem katholischen Glauben bei.

So können wir vermuten, dass die Etablierung des Über-Ichs notwendigerweise mit der Entregelung und Entgrenzung verbunden ist. Das Über-Ich produziert das Anti-Über-Ich, das endlich vollkommen legitim massenmorden darf – immer mit dem genussvollen Erleben, dem Über-Ich ein Schnippchen geschlagen zu haben, und was für eines!

Wir werden als Schreiber und Leser langsam ungeduldig. Was passiert denn nun weiter in diesem Kloster? Zu welchen Lustbarkeiten lassen sich die drei Mädchen und Frauen hinreißen? Wir wollen ihnen zusehen, mit fiebern, mit erfreuen?

Oder betrifft das nur ein Geschlecht? Gehört es nicht zu den zentralen männlichen sexuellen Phantasien, den Frauen bei ihrem Liebesspiel zuzusehen, um langsam in Stimmung zu kommen? Und machen das die Frauen nicht auch, um sich selbst vorzubereiten für das Echte und Richtige (das mit den Männern selbstredend)?

Oder hat Sade diese triefend-schnulzige Sexvorstellung gar mit erfunden? Es spräche nicht für ihn.

Sätze wie der folgende passen zu diesem rhetorischen Geschwelge in Lustbarkeiten:

> „… dass ihre Liebkosungen mit solcher Macht auf meine Sinne wirkten, dass ich um ein weniges in Ohnmacht gefallen wäre." (ebd., S. 45)

Gottlob tut sie das nicht. Wer hätte uns sonst das Weitere erzählen können, diese Anzahl unendlicher unsagbarer Höhepunkte – Höhepunkte, *die Du und ich niemals erleben werden. Wir sind ja auch nicht in einem Kloster. Und wir sind einfach nicht so entflammbar, nicht so sinnlich, sinnenbestimmt. Oder warst Du schon einmal nahe dran, in Ohnmacht zu fallen? Du hast doch eher unauffällig auf die Uhr geschaut, weil Du pünktlich Tatort schauen wolltest. Du bist doch auch so ein selbstkontrollierter kleiner Spießer wie ich. Gib es endlich zu. Bist ja trotzdem ganz nett. Und den Tatort will ich auch nicht verpassen. Ich meine, mit meiner Frau könnte ich doch jeden Tag, der richtige Tatort läuft doch nur sonntags. Ja, klar, ich kann aufzeichnen oder zeitlich versetzt schauen. Dann könnte ich ja auch alkoholfreies Bier dazu trinken. Hand aufs Herz. Das ist nichts für uns.*

Ich muss zugeben, von so einem heißen Sex träume ich schon. Du auch? Vor allem meine Frau. Was die dann alles aufstellt. Kerzen. Cremes liegen auf dem Nachttisch. Handschellen mit rosa Rüschen-Applikationen von Beate Uhse. Ist ja alles irgendwie ganz niedlich.

De Sade lässt diese Schmonzetten der Lust Juliette erzählen; das ist doch die lustvolle Sadistin. Wie passt das zusammen, triefende Leidenschaft und Menschen mit Lust töten?

Oder will Sade die Leserinnen und Leser mit dieser Schreibweise ein bisschen quälen? So einen leidenschaftlichen Sex werden sie doch nie haben. Nie werden sich deren Hände in weiße Satin-Bettwäsche hineinkrallen, in dem Augenblick des kleinen Todes.

4.1 · Das Missgeschick der Tugend – Teil zwei

Vielleicht lacht sich de Sade auch tot – über diese angeblich so leidenschaftliche Hingabe. So wie Sade Sex präsentiert, ist er garantiert hinterwäldlerisch. Aber warum nur? Wo ist das intellektuelle Moment geblieben? Wozu hat die Nonne die Philosophen studiert? Um sich dann schmachtend, laut stöhnend hinzugeben? Welche Philosophen, oh Gott, hat sie rezipiert?

In unserer Zeit hätten wir vermutet, dass sie Drei-Groschen-Romane verschlungen hat, um diese dann sooo erregt und lüstern in der eigenen Zwei-Zimmer-Wohnung nachzuspielen – in Ermangelung des großen Schlosses. Aber auch, die trabenden Pferde sind so fern.

Die Lobpreisung der Natur hat unzweifelhaft ihren Preis. Ihr zu huldigen, in der ganzen Bandbreite ihrer Regungen, hat massive Konsequenzen. Kein Gedankenfunken darf ihre Launen mehr durchkreuzen. Ganze und ausschließliche Hingebung an sie, so die Rhetorik de Sades, schließt den Intellekt aus. Und dann wird die Rhetorik schmachtend-sabbernd. Wer Geist oder Intellekt, wie auch immer das zu umreißen ist, zu besitzen glaubt, wendet sich mit Grausen ab. Diese Person ist gewiss, dass die noch zu schildernden sexuellen Grausamkeiten nicht schlimmer zu lesen sein werden als die naturbedingte Hingabe einer Juliette.

Also de Sade vergessen und gleich zu *Shades of Grey* greifen? Aber nein! Der Fluss der taumelnden Erregung, der unaufhaltsame Aufstieg zu dem grandiosen Höhepunkt, wird dann doch – typisch für Sades Texte – gestoppt.

Ist es die Kammerzofe, die unerwartet zurückkommt, die aller aufwallenden Lust, einer unsagbaren Erregung, einem Zittern am ganzen Körper, einem Sinnenfest, das einem den Verstand raubt, ein vorläufiges Ende setzt? Aber nein, Nonnen haben doch keine Kammerzofen.

Ist es ein jäh aufziehendes Gewitter, das die beiden Mädchen so erschreckt, dass der Taumel der Erregung eine Verschiebung in Angst und Schrecken findet? Eigentlich auch ein passendes vorläufiges Ende. Das Gewitter zieht ja bald wieder ab. Und die Tränen, die dem Schrecken zu verdanken sind, können sanft mit der Zunge des anderen Mädchens aufgesogen werden. Und dann! Gibt es kein Halten mehr. Doch davon im nächsten Heft. Fortsetzung folgt.

Aber nein! Sade präferiert eine andere dramaturgische Interpunktion.

> » „Einen Augenblick, sprach sie voller Inbrunst; einen Augenblick, meine lieben Freundinnen, bringen wir etwas Zucht und Ordnung in unsere Lüste; man kann sie erst dann in vollen Zügen genießen, wenn man sie in geregelte Bahnen lenkt." (de Sade 1994, S. 46)

Das ist ein schwerer Schlag ins Kontor der Taumel der Leidenschaften, mit diesem Argument den Sturm der Leidenschaften zu unterbrechen, wo sich die Natur und nichts als die Natur Bahn brechen wollte – in ihrer ganzen Unmittelbarkeit und doch auch Schwerelosigkeit.

Jetzt ahnen wir, wozu die Nonne all die Philosophen gelesen hat. Einige von ihnen müssen wohl davon ausgehen, dass der Genuss der Ordnung bedarf, um sich zu vervollkommnen. Das reine Tier ist kurz und bündig, hastig und abwesend. Die Ordnung zögert den Genuss hinaus, verlängert ihn, um sich so wahrhaft zu vollenden. De Sade beziehungsweise eine seiner Stimmen, in diesem Fall die der Nonne, schlägt hier vor, das Tier um den Menschen zu ergänzen. Darf damit auch der Verstand wieder teilhaben am Fest der Sinne?

Schauen wir uns doch an, was die fromme Nonne in der Ich-Erzählung der „Juliette" als Argumente bringt.

Nichts! De Sade beschreibt nur das Liebesspiel der drei Mädchen/Frauen. Erschöpft sich Zucht und Ordnung in einer Choreographie der sexuellen Praktiken, in einem Tableau der Leiber, die wie unbeholfene Eidechsen neben- und übereinander kriechen? Bürger Sade! Ein bisschen mehr aufgeklärten Geist hätten wir von Ihnen doch erwarten können. Bestimmt!

Ganz am Rande taucht der kleine Geist auf.

> „Ab und an hielt sie inne, um mich anzuschauen … mich in meinem Lusttaumel zu beobachten." (ebd., S. 46)

Zum leidenschaftlichen Sex gehört doch wohl, im Taumel der Leidenschaft auf sich zurückzufallen – mit geschlossenen Augen (Grawert-May). Das naturwissenschaftlich beobachtende, aufklärerische Auge taucht hier ein wenig auf. Es nimmt die Kontrolle des individuellen und Bevölkerungskörpers als moderner Machttechnologie vorweg (Foucault 1977a).

Und ein bisschen blitzt der Geist des Kapitalismus auf – im Prinzip vom äquivalenten Geben und Nehmen.

> „… ich habe gar nicht daran gedacht, dir jene Lust, die du mir verschaffst, zurückzuerstatten." (ebd., S. 46)

Die Überbietung gehört der archaischen Logik an. Jemand gibt mir, und ich versuche seine Gabe zu überbieten. Das ist der Potlatch, von dem zum Beispiel Bataille (1975) berichtet. Der Kapitalismus führt hingegen das Prinzip ein, dass ich genau so viel zu geben habe, wie mir der andere gegeben hat. Ich bestelle den Buchhalter ein, um mich beraten zu lassen, wie viel ich zu geben habe, damit die Rechnung stimmt. Und de Sade lässt diese Parole nicht alleine dastehen. Bereits auf der nächsten Seite heißt es:

> „Erstattet mir alles zurück, was ich für euch getan …" (ebd., S. 47)

> „Bei Gott! Wie inbrünstig wir ihr vergalten, was sie uns geschenkt." (ebd., S. 47)

Dieser Tauschhandel ist nicht nur wegen des Erwähnens Gottes religiös inspiriert. Es ist im römisch-katholischen Glauben Gott, der das vergilt, was die Menschen auf Erden geleistet haben. Wer ein guter Katholik war, wer auf Erden Dank verdient, ihn aber nicht bekommen hat, dem vergilt dies Gott im Himmel. Das nennt sich dann göttliche Gerechtigkeit. Juliette und Euphrosine setzen sich an die Stelle Gottes. Oder sind gar göttlicher Natur.

Wir sehen, dass bei den ausgelassensten Sex-Spielen doch eine Ordnung herrscht, die der Gegenseitigkeit und Gerechtigkeit. Alle drei setzen je 50 Goldstücke in einem Spiel und kommen alle mit 50 Goldstücken wieder raus. Das ist kein Roulette, an dem sie teilhaben und sich und ihr Vermögen verlieren. Nein, ihre Sex-Spiele kündigen eine neue Ökonomie an, eine gerechte Ökonomie. Der Bürger Sade distanziert sich vom ungerechten Feudalismus mit seinen drei Ständen und seiner schreienden Ungleichverteilung der Güter. So zeigt sich gerade im Sex die neue „Zucht und Ordnung", die nicht allzu explizit formuliert werden muss, sondern sich unmissverständlich zeigt und offenbart. Nur für die ganz blöden Leser muss Sade dies nochmals verbalisieren.

Nicht nur ein Hauch, sondern eine gewaltige Windböe des Rousseau'schen Gesellschaftsvertrags dringt in diese neue „Zucht und Ordnung" ein. Die Bürger und Bürgerinnen handeln aus, was wem wie zusteht. Das Leben, es ist ein unendlich wiederholter Deal.

4.1 · Das Missgeschick der Tugend – Teil zwei

Und die Menschen sind dankbar für das, was sie von den anderen bekommen haben. Und sie wollen sich dankbar erweisen. Das war offenbar nicht immer so. 150 Jahre vor der „neuen Justine" erscheint von Balthazar Grazián das „Handorakel und Kunst der Weltklugheit" (übertragen von Arthur Schopenhauer 1862; 2005). Der Autor betont, wie unsinnig es sei, auf Dankbarkeit zu setzen.

> „*Abhängigkeit begründen*. Den Götzen macht nicht der Vergolder, sondern der Anbeter. Wer klug ist, sieht lieber die Leute seiner bedürftig als ihm dankbar verbunden; sie am Seil der Hoffnung zu führen, ist Hofmannsart, sich auf ihre Dankbarkeit zu verlassen Bauernart; denn letztere ist so vergesslich als erstere von gutem Gedächtnis." (S. 8)

Möglicherweise war in der Epoche de Sades faktisch gelebte Dankbarkeit nicht wesentlich häufiger als in den Zeiten Graziáns, aber die Ideale hatten sich geändert. Dankbarkeit, Reziprozität des Verhaltens gehörten nun zum guten Ton.

Und die neuen Spiele der Lust sind bei de Sade, so ökonomisch sie organisiert sind, unausweichlich mit Feedback und Evaluation verknüpft. Das Qualitätsmanagement wird von Sade gleichsam entdeckt: „Frage nur Euphrosine, ob sie mit mir zufrieden sei." (ebd., S. 47). Die Kundenbefragung hält Einzug. Und die moderne Idee der Erziehung, die es ermöglichen soll, dass alle Menschen ihre Talente voll entfalten, um so nützliche Mitglieder der Gesellschaft zu werden.

Aber diese Erziehung ist nicht immer einfach. Oft ist ein gewisser Zwang vonnöten – vonseiten der Erzieher. Aber es geht nicht anders, wenn die Sprösslinge gedeihen sollen (Tenorth 2013). Das neue Erziehungsmodell öffnet dem Missbrauch jedweder Art Tür und Tor. Im vermeintlichen Interesse des zukünftigen Wohlgedeihens des Anempfohlenen sind alle Mittel recht.

Als Replik auf die Aussage der Nonne, frage Euphrosine, wie zufrieden sie sei, antwortet selbige:

> „Oh meine Liebe, zum Beweis mögen dir meine Küsse dienen, sprach unsere junge Freundin und fiel der Delbène um den Hals; dir habe ich all das zu verdanken, was ich über mich weiß; du hast meinen Geist gebildet, ihn von den törichten Vorurteilen der Kindheit geläutert; nur dank dir blühe ich hienieden auf; ah, Juliette darf sich glücklich schätzen, wenn du geruhst, dich ihrer in gleicher Weise anzunehmen." (de Sade 1994, S. 48)

Wir gehen davon aus, dass es der Nonne eine Ehre sein wird, mit Juliette nicht anders zu verfahren, als mit der ach so lieblichen und folgsamen Euphrosine.

> „Aber sicher, bekräftigte Madame Delbène, aber sicher will ich ihre Erziehung in die Hand nehmen, will, wie ich es bei dir getan, all jene schändlichen Trugbilder der Religion aus ihrem Geist verscheuchen, die unser ganzes Lebensglück trüben, will sie zu den Grundsätzen der Natur zurückgeleiten und ihr vor Augen führen, dass all jene Ammenmärchen, mit denen man ihren Geist behext hat, nichts als Verachtung verdienen." (ebd., S. 48)

Vorurteile, Trugbilder, Ammenmärchen – damit wird nun endlich aufgeräumt. Sie werden vom aufklärerischen Denken endlich abgeschafft, vernichtet. Mit welcher beeindruckenden Gewissheit, das richtige Denken auf seiner Seite zu haben, im Besitz der unumstößlichen Wahrheit zu sein. Das, was Delbène vorgibt zu betreiben, ist ein Umerziehungslager, eine Gehirnwäsche, die möglicherweise gewalttätiger ist als die Doktrin und deren Durchsetzung durch die römisch-katholische Kirche. Auf jeden Fall legt de

Sade der Nonne die Worte in den Mund, die davon künden, dass eine Doktrin totalitär durch eine andere ersetzt wird. De Sade, aber auch der Bürger Sade, glauben anteilig nicht an den Fortschritt. Jede Revolution bringt eine Vervielfachung an Regeln und Vorschriften, deren Nichteinhalten weitaus strenger verfolgt wird als davor. Sade oder ein Teil von ihm findet die Französische Revolution furchtbar oder schreckenserregend.

Das, was sichtbar wird, ist die Arroganz und Selbstgerechtigkeit der Aufklärung, einschließlich der Naturwissenschaften, die für Diderot zentraler Bestandteil derselben sind (Selg et al. 2013). Diese Arroganz und Selbstgerechtigkeit beruhen nicht auf den Inhalten, sondern auf dem drückenden Überlegenheitsgefühl gegenüber der Religion, was mit rechtfertigt, mindestens genauso totalitär wie die römisch-katholische Kirche vorzugehen. Die Aufklärung entlehnt der Kirche ihre diktatorischen Methoden. Sie ist dann nichts anderes als eine andere Kirche, die nicht einmal fragt, was das Wesen der Religion ist, welche Funktion sie für die Menschen besitzt, die nicht wissen will, welche Rationalität die römisch-katholische Kirche durchdringt. Mit Religion beginnt das Fragen nach dem Fragen, nach dem Unbekannten, Ungedachten, Unmöglichen. Es geht bei Religion in erster Linie um die Fragen, nicht um die Antworten.

Der Atheismus begnügt sich damit, damit Schluss zu machen, sich damit vermeintlich in Sicherheit zu wiegen, angeblich nur noch die Fakten gelten zu lassen, das Beobachtbare, das Empirische. Nur wer den Raum des religiösen Fragens abschließt, kann dermaßen selbstgefällig werden wie die Aufklärung. Die Normalität des Bösen beginnt mit der Arroganz des Neuen.

Das Aparte und Paradoxe an der Aufklärung ist, dass sie im Wesentlichen mit dem Denken Diderots die Leitgedanken des Ur-Christentums, Gleichheit unter den Menschen, Nächstenliebe, Respekt, zum aufklärerisch-politischen Programm erhebt. Aufklärung ist säkularisierte Religion (Beckenbach und Klotter 2014). Auch deshalb sieht Aufklärung auf der unbewussten Ebene keinen Grund, nicht mindestens genauso gewalttätig zu werden wie die römisch-katholische Kirche.

Dass die Lustbarkeiten zu Beginn der „neuen Justine" (1797, 1994), auf die gerade eingegangen worden ist, in einem Kloster stattfinden, kann dann noch eine andere Interpretation finden. De Sade und mit ihm große Teile der Aufklärung haben das Kloster, die Kirche, nie verlassen.

4.2 Fortsetzung: Das Missgeschick der Tugend

Halten wir vorläufig fest: Auf den ersten Seiten (es sind gerade sechs) der „neue Justine" wurden wir zumindest noch nicht von Erregung dahingerafft. Affekte negativer Natur waren hingegen dem schwülstigen Sprachstil de Sades geschuldet. Wer die Natur anbetet, muss wissen, was er tut und vor allem, was er der Sprache antut. Verwirrend war, dass Sade die Aufklärung nicht bejubelt, sondern sie als arrogant und diktatorisch darstellt. Sie ist in ihren Methoden nur die Fortsetzung der römisch-katholischen Kirche mit im Prinzip ähnlichen Mitteln. Wie er die Erziehung der Anempfohlenen umreißt, kann zweideutiger nicht sein. Missbrauch kann das Mittel der Wahl sein, um nur das Beste für die Zöglinge zu ermöglichen und sie von den Vorurteilen der Vergangenheit zu befreien. Und Sade antizipiert eine moderne kapitalistische Ökonomie des äquivalenten und gerechten Warentausches auch bezüglich des Sexes, die Großzügigkeit und Überbietung ausschließt.

4.2 · Fortsetzung: Das Missgeschick der Tugend

Die drei, die Nonne, Euphrosine und Juliette, essen, um sich für die neuen Lustbarkeiten zu stärken – wow, so viel Kraft haben die Exzesse gekostet. Und dann?

> „... abermals versanken wir selbstdritt dank tausenderlei neuen Stellungen in den schlimmsten Ausschweifungen der Geilheit." (ebd., S. 48)

Versinken, untergehen wie Bootsflüchtlinge heutzutage im Mittelmeer. Der freie Wille hat abgedankt. Die Geilheit ist wie ein Sog, dem sich offenkundig niemand entziehen kann, zumindest nicht die drei. Tausenderlei neuer Stellungen? Selbst das Kamasutra wird diese tausend nicht bieten. Wie auch? Der menschliche Körper ist durch und durch überschaubar. Schlimmsten Ausschweifungen der Geilheit – das ist, als würden 12-Jährige sich im imaginären Sex verlieren (wollen), Menschen also, die davon wirklich keine Ahnung haben. Pornofilme könnten so beworben werden.

Die Erzieherin, die Nonne, fährt in ihrem Erziehungsauftrag fort. Sie sinniert über das Gewissen. Von den schlimmen Ausschweifungen zum Räsonieren über das Gewissen: Der Übergang scheint doch reichlich ruckartig zu sein. Die Narration wird nur zusammen gehalten über die Nonne, die dies und jenes ausplaudern darf. Das Gewissen müsse eine Balance finden zwischen den „naturgegebenen Neigungen" (ebd., S. 49) und den „Gesetzen der Regierung" (ebd.). So besonnen kann Delbène sein. Sie lehrt nicht den reinen Aufruhr gegen Gesetz und Ordnung, sondern eine Kompromissbildung. Im Grunde ist sie doch eine gute Erzieherin. Paar Seiten später argumentiert sie gänzlich anders.

Aber passt diese Nonne zu der Nonne, die die schlimmsten Ausschweifungen der Geilheit praktiziert? Eigentlich nicht. So wie die Nonne in Teil-Ichs zerfällt, so könnte sich auch der Marquis selbst gefühlt haben: fragmentiert. So ist die „neue Justine" nicht von einem Bewusstsein gestrickt, sondern von etlichen. Das, was wir vorfinden, sind unterschiedliche Inseln des Bewusstseins, deren Unverbundenheit im Leser ein Gefühl der lähmenden Leere hinterlässt, das Gefühl des Desasters.

Juliette muss erfahren, dass sie für die Delbène nicht die einzige ist. Die Nonne beschreibt das so:

> „In diesem Gotteshaus weilen dreißig Nonnen: an zweiundzwanzig von ihnen habe ich mich schon vergriffen ... sobald eine neue auftaucht, muss ich sie besitzen, ich gebe ihr höchstens eine Woche Bedenkzeit ... meine Libertinage gleicht einer Seuche, sie greift unweigerlich auf jeden über, der sich mir nähert." (ebd., S. 51f)

Vergreifen klingt nach Missbrauchen. Immerhin haben die Frauen eine Wahl. Sie müssen sich nicht auf sie einlassen. Aber die Libertinage sei wie eine Seuche, der sich im Grunde niemand entziehen kann. Sie ist gleichsam Schicksal. So wie im römisch-katholischen Glauben die Sünde im Fleisch wohnt und unentrinnbar ist. Sade denkt durch und durch katholisch, was selbstredend kein Wunder ist, ist er doch in einem vom katholischen Glauben bestimmten Land aufgewachsen. Dieser Glaube gehört zu seiner Identität, ob er will oder nicht. Unverständlich allerdings ist, warum er dies überhaupt schreiben muss. Um sich als Katholik zu präsentieren?

Delbène fährt fort:

> „... die Gesellschaft kann von Glück reden, dass ich mich mit dieser gelinden Spielart, Böses zu wirken, bescheide; bei meinen Neigungen und meinen Grundsätzen könnte es gut sein, dass ich mir etwas ausdenken würde, was für die Menschen noch viel verhängnisvoller wäre." (ebd., S. 52)

Die Nonne fühlt sich höchst bedeutungsvoll. Sie könne der gesamten Gesellschaft noch stärker schaden. Wie ein maligner Narziss träumt sie davon, die Gesellschaft zu verderben. Aber pardon – warum ist Libertinage jetzt auf einmal etwas Böses und Schädliches? Welchen Schaden richtet sie denn an? Ist sexuelle Lust auf einmal etwas Schlimmes?

Die Inseln des Bewusstseins, das Fragmentiertsein: Sade und die von ihm ausgedachten Figuren wechseln ihre Überzeugungen abrupt. Die Nonne spricht auf einmal mit dem Wertegefüge einer Priesterin, die zugleich Täterin ist und der Gesellschaft droht, sie zu vernichten. So mächtig ist sie, dass sie das tun könnte. Maligne Narzissten drohen immer, um ihren Größenphantasien Gestalt zu geben.

Das Böse, wie es Delbène vorstellt, resultiere aus Neigungen und Grundsätzen, es sei zunächst etwas Erdachtes. Die erwähnten Ausschweifungen entstehen quasi spontan, weil die Natur des Menschen so sei. Das Böse aber ist ein Plan, der auf der Fähigkeit zur Imagination beruhe und dann doch auf die Natur zurückgehe:

> „… weißt du denn noch nicht, dass die Auswirkungen einer so verruchten Vorstellungskraft wie der meinigen den ungestümen Fluten eines Flusses gleichen, der über die Ufer tritt? Es entspricht dem Wunsch der Natur, dass er großen Schaden anrichtet, und das tut er denn auch, ganz gleich, auf welche Weise." (ebd., S. 52)

Ihre Vorstellungskraft ist ihr besonderes Talent wie auch ihr Verhängnis. Sie kann sich ihr nicht erwehren, wie sie zugleich an ihrer Gabe großen Gefallen findet. Was kann einen rasenden Strom eines Flusses aufhalten? Nichts. So ist die Natur. Und die Natur will Schaden anrichten. Die Natur ist von Natur aus destruktiv.

Zirka 100 Jahre später gibt Freud diesem Anteil der Natur den Namen Todestrieb. Eros ist bei Sade Thanatos massiv unterlegen. Viel optimistischer ist Freud auch nicht. Er spricht von einem gelingenden Leben, wenn Eros ein bisschen über Thanatos die Oberhand behält.

So schwankt bei Delbène das Böse zwischen dem katholischen Sündenbegriff, den Wirkungen der Vorstellungskraft und einem Teil der Natur. Der Sünde kann sich der Gläubige in gewisser Weise entziehen, zumindest hat er dazu die Möglichkeit, wiewohl dies niemals einfach ist. Auch die Vorstellungskraft ist im Prinzip beeinflussbar, kann der Mensch sie doch wirken lassen oder eher außen vor lassen. Die Natur hingegen fordert ihr Recht ein. Da gibt es keine Wahl. Ich kann nicht darüber entscheiden, dass morgen schönes Wetter sein soll. Die Natur hat eine göttliche Qualität. Sie bestimmt mein Leben, ohne dass ich auf sie Einfluss hätte.

Delbène legitimiert ihre potenziell bösen Taten damit, dass sie nur die Exekutive der Natur ist. Sie verhilft der Natur zu ihrem Recht. Sie tut gut daran, dies zu tun. Egal ob sie oder jemand anderes. Irgendeiner muss das Werkzeug der Natur werden.

Die Nazis haben, wie erwähnt, nicht viel anders gedacht. Sie hatten ein gutes Gewissen bei ihren mörderischen Taten, weil sie damit für das Gute eintraten. Sie haben sich als Helden für das Gute geopfert. Die anderen waren die Feiglinge, die Duckmäuser. Sie haben die arische Rasse davor bewahrt, sich mit minderem Blut zu mischen.

4.3 Das Gewissen: ersatzlos streichen

Was hindert Menschen daran, Gesetzloses, Verbrecherisches, Böses zu tun? Sie wollen nicht allzu viele Punkte in Flensburg, um weiter Auto fahren zu können. Sie wollen kein Strafverfahren, sie wollen nicht ins Gefängnis, sie brauchen ein gutes Führungszeugnis,

4.3 · Das Gewissen: ersatzlos streichen

sie wollen als gute Mitbürger gelten, sie wollen weiter angesehen sein und sie haben eine innere Stimme, die das Böse nicht tolerieren will. Es ist das Gewissen, wie Freud dies nannte, das Über-Ich, das die Instanz der verinnerlichten gesellschaftlichen Ge- und Verbote ist. Verstoßen wir gegen die Verbote, bekommen wir ein schlechtes Gewissen, fühlen uns in unserer Haut nicht mehr wohl, verurteilen wir uns selbst. Um das zu vermeiden, halten wir in der Regel gesellschaftliche Gebote ein.

Delbène, die Advokatin des Bösen, kann das selbstredend nicht akzeptieren, da das Gewissen das Böse verhindern kann. Daher muss sie über Seiten gegen das Gewissen wettern, mit rationalen Argumenten. Böse will sie sein, aber nicht irrational. Sie kann nicht sagen; „Gut sein ist echt doof", oder „Es ist voll geil, böse zu sein". Sie würde dann als dumme Böse dastehen. Sie pfeift zwar auf die Reputation, die sie hat („... ja, ich muss gestehen: die Gewissheit, dass ich einen schlechten Ruf genieße, erregt mich insgeheim viel stärker, als wenn ich um dessen Makellosigkeit wüsste.") (ebd., S. 50), aber als Dumme will sie gewiss nicht dastehen; auch nicht als eine Frau, die sich von Emotionen leiten lässt. Auch das würde ihrem Ansehen schaden. Delbène ist weit davon entfernt, nicht um soziale Achtung zu kämpfen. Da ist sie wie die anderen Bürgerinnen und Bürger auch (Lotter 2012).

Wenn über Seiten hinweg, das Gewissen attackiert wird, dann ist es naheliegend, darin etwas Verzweifeltes zu erblicken, weil ihre Argumentationsfigur scheitern muss. Bataille (1978) hat es doch auf den Punkt gebracht: Jede Gesellschaft definiert sich und erhält so Zusammenhalt über Verbote, die einzuhalten sind und dennoch auch überschritten werden. Und diese Verbote werden, wie es Freud formulierte, internalisiert. Das ist dann das Gewissen.

> „... bleibt uns nichts anderes übrig, als zu zergliedern, was es mit diesem Gewissen auf sich hat; nur so können wir auf besonnene Weise ergründen, welche Regungen der Natur dieses Gewissen ermüden, erschüttern oder erfreuen." (de Sade 1994, S. 52)

Sie zielt auf eine Psychoanalyse des Gewissens und will dabei besonnen vorgehen. Sie hat den Anspruch, philosophisch-nüchtern zu arbeiten. Damit bleibt sie die Vertreterin einer bestimmten Kultur, die die Rationalität besonders schätzt.

> „Gewissen nennt man, meine teure Juliette, jene innere Stimme, die sich in uns erhebt, sobald wir irgendein beliebiges Verbot übertreten: eine recht schlichte Begriffsbestimmung, dank der man schon auf den ersten Blick erkennt, dass dieses Gewissen nichts anderes darstellt als das Zusammenspiel jener Vorurteile, die einem bei der Erziehung so lange eingetrichtert werden, bis das Kind schließlich jedes Mal, wenn es ein Verbot überschreitet, von Gewissensbissen geplagt wird, die es erst abschütteln kann, wenn es das Vorurteil überwunden und man ihm vor Augen geführt hat, dass in der verbotenen Frucht kein böser Wurm nagt." (ebd., S. 52f)

Der Begriff Vorurteil ist ein Zauberwort der Aufklärung. Es bedeutet, dass wir uns auf Urteile verlassen, die wir nicht durchdacht haben, nicht rational durchdrungen haben, die nicht berechtigt sind. Die meisten Menschen würden sagen: Wunderbar, dass es die innere Stimme des Gewissens gibt, sonst würden wir doch ganz im Sinne Hobbes uns bestehlen, übereinander herfallen, uns niedermetzeln: homo hominis lupus (vergleiche Beckenbach und Klotter 2014). Doch Delbène spricht von Vorurteilen, ohne zu begründen, warum dies so sein soll.

> „... alsdann entpuppen sich die Gewissensbisse ... als vollkommen überflüssig und unzulänglich, so dass wir ihre Herrschaft mit aller uns zu Gebote stehenden Kraft

> bekämpfen müssen; denn die Gewissensbisse, ich sage es noch einmal, sind lediglich ein Auswuchs der Vorurteile, welche von der Furcht herrühren, es könnte uns etwas Schlimmes widerfahren, sobald wir irgendein Verbot überschreiten; und dabei haben wir uns nicht einmal gefragt, ob sich dahinter etwas Schlechtes oder etwas Gutes verberge; schafft die Strafen ab, ändert die öffentliche Meinung, hebt das Gesetz auf, verbannt den Untertanen in einen anderen Landstrich: am Verbrechen selber wird sich nichts ändern, und gleichwohl wird der Mensch keine Gewissensbisse mehr haben. Hinter den Gewissensbissen steckt nichts weiter als ein hassenswerter Widerhall, der von den Gebräuchen und Gesetzen herrührt, die wir eingeführt; er hat überhaupt nichts mit den Eigentümlichkeiten des Vergehens zu tun." (ebd., S. 53)

Es ist sonnenklar: Wer dem nicht zustimmt, ist ein spießiger Kleinbürger, der noch etwas auf das Gesetz gibt, weil er vor sich und seinen Nachbarn Angst hat, gewalttätig zu werden. Delbène/Sade plädieren für die Anarchie mit dem sehr wackeligen Argument, dass dies keine Auswirkungen auf die Verbrechensrate hat. Hobbes sah das anders. Für ihn musste der Staat, der Leviathan, furchterregend sein, auf dass sich die Menschen nicht gegenseitig niedermetzeln. Rousseau pochte auf einen eher diktatorisch angelegten Gesellschaftsvertrag (Beckenbach und Klotter 2014). De Sade schüttelt den Leviathan und den Gesellschaftsvertrag ab, als handele es sich hierbei um ein paar Krümel auf seiner Weste. Aber seine Argumente sind nicht stichhaltig, ist es doch weltweit zu beobachten, dass, wenn die Zentralmacht zerfällt wie derzeit in einigen Ländern der arabischen Welt, Chaos, Mord und Totschlag einkehren. Sades heiterer Anarchismus ist im besten Fall naiv.

So schwach seine Argumente sind, so wenig sind sie angreifbar, da im Sinne der Psychoanalyse Entgegnungen gegen Sade auf der Ebene des Über-Ichs stattfinden. Seine Gewissenlosigkeit soll mit dem Gewissen *bekämpft* werden. Damit bleiben andere Ebenen des Fühlens, Denkens und Handelns ausgeschlossen, so auch böse oder destruktive Impulse, denen die Gebote des Über-Ichs nicht relevant erscheinen. Genau diese hat Sade im Blick, wenn er das Gewissen verwirft. Er weiß um die Schwäche seiner Gegner, wissend auch um seine. Aber das ist in der skizzierten Diskursarena unerheblich.

Das, was Sade so attraktiv macht, und weswegen er vergessen/verworfen werden muss, ist genau sein Fokus auf niedere Impulse im Menschen, von denen wir nichts wissen wollen. Eine Idee der Aufklärung, ob in Frankreich oder Deutschland, dass wir Menschen vernunftgeleitet eine sittlichere Welt schaffen können, dass Vernunft und Sittlichkeit unser Handeln leiten, stellt Sade radikal in frage. Er vermiest uns unser edles Ich-Ideal. Deshalb kann ihn niemand leiden. Seine aktuelle Transformation mit Latex und Peitschen ist auch eine Form, ihn vollkommen auslöschen zu wollen.

Freud, der in bestimmter Weise ähnlich gedacht hat wie Sade (Triebdualismus: Eros und Thanatos) kann deshalb auch niemand leiden.

Die bürgerliche Aufklärung, die angetreten ist, die Freiheitsgrade der Menschheit erheblich zu erhöhen, den Respekt unter den Menschen zu fördern und mehr Gleichheit unter den Menschen anzustreben, hat zugleich ein normatives Menschenbild. Menschen sollen sich so und so entwickeln: hin zu mehr Nützlichkeit als Gesellschaftsmitglieder, hin zu einer bestimmten Sittlichkeit. Die Parolen „Freiheit, Gleichheit, Brüderlichkeit" werden eingerahmt durch neue normierende Zwänge (Laska 2004). Foucault (1977a) hat die Normierung als eine der zentralen Machttechnologien in der Moderne beschrieben. So ließe sich das Projekt der Moderne als eine in sich widersprüchliche Mischung zwischen neuen Freiheiten und neuen Unterwerfungen des Menschen beschreiben. Im Grunde handelt es sich um ein Paradox. Die Normierung greift zudem in den individuellen Körper ein. Er wird von der Gesellschaft massiv kontrolliert und reguliert.

4.3 · Das Gewissen: ersatzlos streichen

Auch diejenigen, die das Gewissen aus guten Gründen verteidigen, haben das Gewissen, wenn sie es mit den Effekten der neuen Machttechnologien in eins setzen, in gewisser Weise mehr oder weniger satt. Die Revolte Sades gegen das Gewissen fällt so auf fruchtbaren Boden – bei allen. Auch deshalb muss de Sade verbannt werden, weil die Angst groß zu sein scheint, dass die Bevölkerung seine nicht stichhaltige Argumentation nicht auf einer rationalen Ebene teilt, aber auf einer emotionalen.

„Müssen wir de Sade verbrennen?" fragte einst Simone de Beauvoir. Nein, lautet die Antwort von ihr, aber nicht nur von ihr. Denn er ist längst verbrannt worden. Das muss heute niemand mehr tun. Nicht umsonst haben sich nur die Außenseiter, die Dissidenten der Gesellschaft mit ihm beschäftigt (Zweifel und Pfister 2015) und das auch nicht allzu auffällig. Dem Verdacht, dem sie sich ausgesetzt haben, waren vermutlich weniger, selbst zu S/M zu tendieren, als die Revolte gegen das Gewissen mit zu tragen, in der Sprache der Psychoanalyse, die Instanz des Über-Ichs stürzen zu wollen. Die Angst hierbei besteht daraus, dass mit seinem Sturz unsere Gesellschaft nicht mehr funktionieren würde. Vergessen wird hierbei, dass die Revolten gegen das Gewissen wie etwa bei den Nazis so unglaublich wirkmächtig destruktiv geworden sind. Die Katastrophe der Suspendierung des Gewissens muss nicht prospektiv befürchtet werden, sie hat bereits stattgefunden (Winnicott).

Die Angst, dass das Gewissen nicht das Verhalten der Menschen bestimmt, existiert quasi seit Ewigkeiten. Bereits Platon bereitet die Zuchtlosigkeit der Bevölkerung Athens große Sorgen. Eine militärisch organisierte Wächtertruppe empfiehlt er einzusetzen, um mit allen Mitteln, die möglich sind, gegen diese Zuchtlosigkeit vorzugehen (Schupp 2003)

Etwa 2400 Jahre später kann Freud Vergleichbares schreiben:

> „Ebensowenig wie den Zwang zur Kulturarbeit, kann man die Beherrschung der Masse durch eine Minderheit entbehren, denn die Massen sind träge und einsichtslos, sie lieben den Triebverzicht nicht, sind durch Argumente nicht von dessen Unvermeidlichkeit zu überzeugen und ihre Individuen bestärken einander im Gewährenlassen ihrer Zügellosigkeit." (1927; 1995, S. 328)

Freud zweifelt das von ihm entworfene Instanzenmodell (Es, Ich, Über-Ich) selbst an. Das Über-Ich sei bei der Masse der Bevölkerung nur unzureichend vorhanden. Er spricht nicht von Wärtertruppe, sondern höflicher als Platon von einer Minderheit, die dahingehend auf die Mehrheit einwirken solle, dass die moralischen Gebote einer Gesellschaft umgesetzt werden.

Die Verinnerlichung gesellschaftlicher Erwartungen im Über-Ich gelänge nur unzureichend. Das ist aber das, das Elias behauptet. Im Prozess der Zivilisation vom Mittelalter bis in unsere Tage, habe sich die Selbst- und Affektkontrolle über die Maßen verstärkt. Der in der Neuzeit entstehenden Zentralmacht in den Nationen entspräche einer Verinnerlichung äußerer Notwendigkeiten im, wir können es mit Freud sagen, Über-Ich. Dieses Über-Ich arbeite automatisiert wie selbstverständlich.

Angenommen Elias hat Recht, dann zeichnet sich die Neuzeit und die Moderne dadurch aus, dass normative Erwartungen nicht nur verkündet, sondern auch umgesetzt werden sollen. Das heißt, das Über-Ich gewinnt eine neue ungewöhnliche Stärke. Es dominiert den psychischen Apparat. Freuds Klage über das unzureichend ausgebildete Über-Ich bei der Masse beruht vermutlich auf den hohen Erwartungen in der Moderne an die Stärke des Über-Ichs. Er repräsentiert den Prozess der Zivilisation.

Genau gegen diese Radikalisierung der Macht des Über-Ichs protestiert de Sade. Er kann sich eigentlich der breiten Zustimmung gewiss sein, wäre die Angst vor einem Zustand, in dem das Über-Ich nicht mehr regiert, viel zu groß.

Freud repräsentiert nicht nur den Prozess der Zivilisation, sondern auch den der Durchsetzung der protestantischen Ethik, die auf radikale Askese setzt. Ein Katholik soll den Kirchenmännern gehorchen, ein Protestant der verinnerlichten Stimme Gottes, mit dem er im permanenten Dialog ist. Das nennt sich dann Über-Ich (Weber 1993).

Da, wo sich die protestantische Ethik durchsetzt, vor allem in der angelsächsischen Welt, aber auch in der Schweiz, besteht vermutlich ein Unbehagen gegenüber dem Über-Ich, aber es resultiert hieraus keine Revolte. Es ist Deutschland mit dem Nationalsozialismus vorbehalten, diese Revolte grausamst zu inszenieren. Der Nationalsozialismus, wie der Name schon sagt, ist antikapitalistisch eingestellt (weil: zu viel Affektkontrolle, zu viel sich bewähren müssen, zu stark auf Individualisierung setzend). Nicht die planende Vernunft soll den Menschen bestimmen, sondern seine (völkische) Leidenschaft und die Mythen der germanischen Vorfahren. Dass die Nazis die planende Vernunft sehr gut in ihren Dienst stellen konnten, beweist der sehr gut organisierte Holocaust. Zugleich können in ihm die primitivsten menschliche Impulse ungehemmt mit dem besten Gewissen ausgelebt werden. Über-Ich adieu. Schuldgefühle adieu.

Festzuhalten bleibt, dass der Kapitalismus mit dem Über-Ich in Verbindung gebracht wird, dass auf der unbewussten Ebene das Über-Ich für den Kapitalismus steht: Es verlangt Askese, Leistungsbereitschaft und Leistungsfähigkeit, die Anerkennung, dass nur die individuelle Leistung zu einem entsprechendem Ausmaß an sozialem Respekt führt, Freude an der Konkurrenz, Freude, sich ein Leben lang bewähren zu können und zu müssen, von der Wiege bis zur Bahre. Gewissen Strömungen des linksradikalen Denkens und des rechtsradikalen ist der Kapitalismus deshalb zutiefst zuwider.

Und noch etwas ist festzuhalten. De Sade ist ein ausgesprochener Populist. Er macht sich die Ressentiments gegen das Über-Ich zunutze, um Anerkennung zu finden. Das gelang aber höchstens auf der unbewussten Ebene. Immerhin ist sein Name noch immer bekannt. Das können nicht viele von sich behaupten.

Seine Popularität verdankt er nicht zuletzt seiner modernen Medienkompetenz: Falle um jeden Preis auf, damit du bekannt wirst, damit du nicht vergessen wirst. Wer wie er die sexuelle Grausamkeit auf die Spitze treibt, hat gute Chancen, im Gedächtnis haften zu bleiben. Der Marquis de Sade ist einer der ersten Pop-Stars.

Noch eine historische Veranschaulichung des Noch-Nicht-Über-Ichs aus de Sades Epoche: Berger (1989) beschreibt in seiner Einleitung zu einer Auswahl an Texten aus einem der wohl wichtigsten Werke der französischen Aufklärung, die „Enzyklopädie" von d´Alembert und Diderot, welche juristischen Hürde dieses Werk zu überwinden hatte, um überhaupt erscheinen zu können, dass aber die Justiz und der gesamte Verwaltungsapparat weit weniger konsistent als heute war. Die Regeln, die Verordnungen, die Maßnahmen, die Gesetze waren biegbar. Es fehlte die rational begründete Konsequenz. So müssen wir uns auch das Gewissen aus dieser Zeit vorstellen: weit weniger unerbittlich als heute. Aus dem Gebot oder Verbot erfolgte nicht zwingend die Tat.

Der entscheidende und langjährigste Herausgeber der Enzyklopädie, Diderot, muss wegen seiner eigenen Veröffentlichungen in eine mehrmonatige Haft in Vincennes. Die Verleger dieses Werkes sehen nun das gesamte Projekt auch aus finanziellen Gründen gefährdet.

» „Flehentlich bitten die Verleger den Kriegsminister d´Argenson noch am Tage seiner Verhaftung (24.7.1749) um baldige Entlassung des Herausgebers der Enzyklopädie:
>Dieses Werk, das uns mindestens 250000 livres kosten wird, und in das wir schon einmal 80000 livres investiert haben, sollte gerade dem Publikum angekündigt

4.3 · Das Gewissen: ersatzlos streichen

werden. Die Verhaftung Herrn Diderots, des einzigen Literaten, den wir einer solch weitgespannten Unternehmung für fähig halten, und der als einziger den Schlüssel für die gesamte Durchführung besitzt, kann unseren Ruin herbeiführen.

Wir wagen zu hoffen, dass Eure Hoheit sich von unserer Lage rühren lassen und uns die Freiheit des Herrn Diderots gewähren wird.<" (Berger 1989, S. 9f)

Heutzutage ist dieses flehentliche Bittgesuch undenkbar; ein Richterspruch ist verbindlich. Wenn heute ein Präsident eines Fußballvereins wegen Steuerhinterziehung zu einer Gefängnisstrafe verurteilt werden würde, dann käme dieser Verein niemals auf den Gedanken, ein Schreiben an das Gericht aufzusetzen und zu argumentieren, dass dieser Präsident für den Erfolg der Mannschaft unverzichtbar sei, dass der Verein massiven finanziellen Schaden erleiden würde, wenn der Präsident nicht bald entlassen werden würde.

Ein weiteres Beispiel für etwas, das heute eben undenkbar wäre:
Schon der zweite Band der Enzyklopädie 1752 gerät in die Krise.

> „Druck und Auslieferung werden auf königlichen Befehl verboten… Freilich bleibt das Verbot im Grunde folgenlos: Weder verlieren die Verleger das Privileg, noch werden die Herausgeber behelligt." (ebd., S. 10)

Königliche Verbote ohne Konsequenzen wären heute undenkbar. Das Verbot verlangt heute die strikte Umsetzung, analog zum heutigen unerbittlichen Über-Ich.

De Sades Angriffe auf das Gewissen beziehen sich also zu guten Anteilen auf ein Über-Ich, ein Gewissen, das erst im Entstehen begriffen war.

Sade, der Visionär, nimmt auch die Zweifel an der Willensfreiheit, wie sie Freud 100 Jahre später formuliert („Der Mensch ist nicht Herr im eigenen Haus") und wie sie die Hirnforschung 200 Jahre später dank empirischer Forschung unterfüttert (Roth 2001, Roth und Strüber 2014), vorweg. Sicherlich dienen diese der Legitimation des Plädoyers für die Beseitigung der Gewissensinstanz, aber sie hinterfragen auch das Menschenbild der Aufklärung, wonach der Mensch im Wesentlichen durch Vernunft und Wille gesteuert ist.

> „Doch sobald man die Einsicht gewinnen wollte, dass diese Lehre von der Willensfreiheit ein Hirngespinst ist und wir bei all unseren Handlungen von einer übermächtigen Macht getrieben werden; sobald man zur Überzeugung gelangen wollte, dass alles auf der Welt einem bestimmten Zweck dient, dass jenes Verbrechen, welches man bereut, für die Natur ebenso unabdingbar ist wie Krieg, Pest oder Hungernöte, mit denen sie die Weltreiche in regelmäßigen Abständen heimsucht, dann würden wir uns viel weniger Sorgen über all unseren Handel und Wandel machen, würden nicht einmal mehr den Anflug von Gewissensbissen empfinden…" (Sade 1994, S. 54)

Freud würde dem ersten Argument anteilig zustimmen: Ja, es ist das Es, das unser Handeln bestimmt und ein Unbewusstes, das es unmöglich macht, Herr im eigenen Haus zu sein. Aber er würde einschränken: Wir sind dank Ich und Über-Ich anteilig Herr im eigenen Haus. Roth (2001) und Roth und Strüber (2014) würden sagen: Unser limbisches System, unser Belohnungssystem diktiert nicht nur unser Handeln, sondern zu Anteilen auch unser Denken. Wir denken so, dass wir genug Belohnung bekommen.

Das zweite Argument, es sei nicht gut, nach einem Verbrechen ein schlechtes Gewissen zu haben, weil das Verbrechen zur Natur gehöre und einen übergeordneten Sinn ergäbe, den wir nicht verstehen müssten, es aber dennoch habe, könnte aus einem religiösen System stammen, das uns fundamental entlastet. Wir stellen uns dem Walten der Natur, es könnte sich aber auch um einen Gott handeln, anheim. Wir sind und bleiben die Kinder Gottes in allem, was wir tun.

Sade entwirft oder kopiert eine infantile Kosmologie, in der ich als Erdenkind immer, was auch immer geschieht, beschützt bin. Wie auch immer das kleine Baby schreit, beißt, wütet, der Liebe der Eltern ist es für immer sicher.

Wir haben schon erwähnt, dass S/M-Praktiken eventuell eine Reproduktion frühkindlicher Erfahrungen dergestalt sein können, dass sie den abrupten Wechsel von Gefühlen reproduzieren. Eben lachte das kleine Baby noch, jetzt schreit es laut, weil es Hunger verspürt oder die Verdauung nicht funktioniert. In den S/M-Praktiken ist nun der Schmerz nicht mehr der grausamen Willkür des Schicksals geschuldet, sondern willentlich herbeigeführt und damit steuer- und kontrollierbar. Das macht den Triumph des Gepeinigten aus. Er entscheidet, wie viel Qual er erdulden muss. Er kann jederzeit ein „Stopp!" ausrufen. Er ist der Regisseur der Szene.

Mit der gewünschten Abschaffung des Gewissens kommt die frühe Kindheit ebenfalls wieder ins Spiel. Sade träumt von einer Regression in ein Alter, in dem das Kleinkind noch keine Schuld auf sich lädt. Es darf zu Recht aus Herzenslust schreien. Es darf den Eltern auf die Nerven gehen, ohne dass diese sich allzu sehr darüber aufregen dürfen. Sie dürfen das Kind deshalb nicht verurteilen, auch wenn sie es wollten oder insgeheim tun, das jedoch mit einem schlechten Gewissen. Gute Eltern dürfen ihrem Kind doch nicht böse sein, wenn es zahnt. Nein, sie müssen es trotz aller Schwierigkeiten lieben. Für immer.

Auf diese elterliche Haltung setzt de Sade. In die frühe Kindheit träumt er sich zurück. Mit aller Macht. In eine Zeit, in der er noch nicht Verantwortung für sein Tun tragen musste, in der er seinem Bruder noch das Spielzeug zerstören durfte, ohne allzu große negative Sanktionen spüren zu müssen. Wie herrlich unbelastet das Leben damals noch war. Vor dem Erwachsenwerden. Mit seinem blöden schlechten Gewissen. Und Schuldgefühlen. Und so.

De Sade ist nicht der „ruchlose Philosoph" (Klossowski 1996), sondern ein massiv regredierender Erwachsener. Wir können mit diesem Erwachsenen angesichts der Unmöglichkeit der Umsetzung seiner Wünsche Mitleid haben, wir können ihn aber auch dafür verachten, dass er sich weigert, die Bürden des Erwachsenendaseins würdevoll mit der entsprechenden Frustrationstoleranz zu tragen. Und es kränkt uns, dass er das Privileg beansprucht, in die Kindheit zurückkehren zu dürfen. Er pocht auf Rechte, die doch nur einem bevorzugten Stand zukommen: dem Adel oder dem Klerus. De Sade ist in dieser Perspektive in der ständischen Ordnung hängen geblieben.

4.4 Vielgestaltig-verkehrt

Einer von de Sades inniglichsten Wünschen ist die Aufrechterhaltung der kindlichen polymorph-perversen Sexualität. Dieser Begriff ist nicht von Sade, sondern von Freud. Was meinte Freud damit genau?

In einem Vorwort zur vierten Auflage der *Drei Abhandlungen zur Sexualtheorie* (1999) geht Freud auf den Widerstand ein, den seine Betonung der Rolle der Sexualität im Leben der Menschen gefunden hat. Viele Aspekte der Psychoanalyse hätten zunehmende

4.4 · Vielgestaltig-verkehrt

Anerkennung gefunden „und finden selbst bei prinzipiellen Gegnern Beachtung." (S. 31) Jedoch:

> „Das an die Biologie angrenzende Stück der Lehre, dessen Grundlage in dieser kleinen Schrift gegeben wird, ruft noch immer unverminderten Widerspruch hervor und hat selbst Personen, die sich eine Zeitlang intensiv mit der Psychoanalyse beschäftigt hatten, zum Abfall von ihr und zu neuen Auffassungen bewogen, durch welche die Rolle des sexuellen Moments für das normale und krankhafte Seelenleben wieder eingeschränkt werden sollte." (ebd., S. 31)

Wir beachten die vorsichtigen Umschreibungen: „Das an die Biologie angrenzende Stück Lehre", oder „des sexuellen Moments". Freud selbst diminuiert die Rolle der Sexualität, indem er hier nur indirekt über sie schreibt oder sie auf einen Moment verkleinert.

Natürlich schreibt de Sade ausführlich und viel über das, was später Sexualität genannt worden ist (Foucault 1977b), aber davor und danach muss er umfassend politisch-philosophische Diskurse aufspannen. So unmittelbar von ihr zu schreiben, das scheint schwierig zu sein. Dies provoziert offenbar Scham: die sofortige Entblößung. Der sexuelle Körper muss eingehüllt werden, etwa mit spinnennetzförmigen Diskursen, die sich so fest und dicht an den Körper schmiegen, dass dieser fast vergessen werden kann.

Nun gut: Wir können vermuten, woher diese Scham kommt. Der Sex gemahnt den Menschen zu sehr an das Tier. Mit dem Sex alleine gibt es keinen Unterschied zwischen Tier und Mensch. Das kränkt – den Menschen, der doch viel mehr sein will als das Tier: Geist, Seele, sittlich, kulturinteressiert.

Der Sex ist aber aus der Sicht des Kulturmenschen potenziell und letztlich prinzipiell roh und schmutzig, wie stark er auch immer mit der Liebe verwoben werden kann.

Wie Sade ausführlichst darlegt: Der Sex bildet die Brücke zur Misshandlung. Der ausgezogene Körper hat seine Schutzhülle verloren. Nur der dünne Firnis der Zivilisation verhindert in der Regel die Grenzverletzung – eine weitere Grenzverletzung. Denn der Sex an sich konstituiert sich über die Grenzverletzung zum Beispiel der einen Hand, die den Körper des anderen berührt. Die Hüllen sind gefallen. Die unbewusste menschliche Logik legt es nahe, dass, wenn diese Festung geschleift ist, alles möglich ist. Selbstredend verzichten die meisten Menschen auf die Umsetzung dieses Möglichkeitsraumes. Das bedeutet aber nicht, dass er nicht da ist.

So gemahnt der Sex daran, dass der Mensch böse ist, böse sein kann, zumindest das Böse denken kann – als reine Möglichkeit.

Sade hat diese reine Möglichkeit durchdekliniert, wenngleich stereotyp und redundant und doch recht zögerlich, zu Beginn seiner Werke.

Freud hat dies ebenfalls getan, wenngleich aus der Perspektive des Arztes, der, wie aus dem eben wiedergegebenen Zitat hervorgeht, klar und unmissverständlich zwischen Normalität und Krankheit unterscheiden kann. Wohl dem, der auf der richtigen Seite steht und die andere Seite analysieren kann. Das gewährleistet hoffentlich einen guten Schlaf.

Wir ahnen, wen Freud meint, wenn er vom Abfall schreibt. Er meint damit in erster Linie C. G. Jung, den *arischen* Schüler Freuds, dem die Rolle der Sexualität bei Freud erheblich überbewertet schien.

Abfall – dieser Begriff wird gerne verwendet, um mitzuteilen, dass jemand vom Glauben abgefallen sei. So sagt Freud mit diesem Begriff nicht nur, dass die Psychoanalyse etwas Religionsartiges ist, sondern dass er der Chef dieser Neo-Religion ist. Das meint einer, der sich fundamental gegen Religion ausspricht (siehe weiter unten).

Da die meisten Religionen klare Regeln darüber aufstellen, wie die Sexualität gelebt werden soll, und da sie meist für die Enthaltsamkeit auf diesem Feld plädieren, präsentiert sich Freud mit seiner Ausdrucksweise vom Abfall als tendenzieller Gegner der Sexualität, er, der doch als Befürworter der Umsetzung dieser Regungen gilt. Wir dürfen für diesen Zwiespalt bei Freud durchaus den Begriff der Ambivalenz reservieren, ist für ihn doch Triebunterdrückung notwendig, um die ungenutzte Triebenergie der Arbeit und der Kulturleistung zur Verfügung stellen zu können. Sublimierung nennt Freud dies und dazu hat er ein uneingeschränkt positives Verhältnis. Der Gralshüter der Sexualität mutiert so unversehens zumindest zu Anteilen zu ihrem Henker.

Auch bei de Sade werden wir den Verdacht nicht los, dass er ein recht skeptisches Verhältnis zum Sex hat. Zu erkennen ist das nicht nur an den umfangreichen Diskursen vor und nach Schilderung der sexuellen Missetaten, sondern auch an dem schwülstigen Stil, mit dem er darüber schreibt (siehe weiter oben), und nicht zuletzt daran, dass der von ihm vorgestellte Sex fast immer in Grausamkeit endet. Die logische Schlussfolgerung hierzu könnte lauten: Willst Du auf Grausamkeit verzichten, so lass den Sex sein! Aus dem Libertin de Sade wird der fromme Klosterschüler de Sade. Und eventuell dienten die Gefängnismauern, die Sade mehr als die Hälfte seines Lebens umgaben, dazu, nicht auf dumme Gedanken zu kommen, sprich: die dummen Gedanken nicht Wirklichkeit werden zu lassen.

Es sind nicht nur die Grausamkeiten und der schreckliche Stil, die bei de Sade eine Anti-Werbung zum Sex bilden. Es sind auch, wie bereits erwähnt, die Erektionsprobleme der älteren Herren, die die Bestien spielen, die sich besonders junger Frauen, um nicht zu sagen junger Mädchen, bedienen müssen, damit sie überhaupt in Gange kommen. Sie sind Pädophile aus körperlicher Not. Soll das ein uneingeschränktes „Ja" zum Sex bedeuten? Gewiss nicht.

Die schlimme Reputation, die Freud und Sade als Befürworter der Sexualität haben, vergilbt und verfällt unter der Hand. Wer hätte das gedacht? Heutzutage ist doch auf nichts mehr Verlass, nicht einmal auf schlechte Reputationen.

Vielleicht führen die befürchteten schlimmen Reputationen bei denen, die denen ausgesetzt sind, also bei Freud und de Sade, dazu, gegenzusteuern und auf eine indirekte Weise zu beteuern, gar keine schlimmen Finger zu sein.

Jedenfalls erweisen sich die Bollwerke einer lustvoll erlebten Sexualität als ziemliche Trümmerhaufen.

Es scheint möglicherweise prinzipiell nichts anderes zu geben, als ein zutiefst ambivalentes Verhältnis gegenüber Sexualität, was doch schon daraus entsteht, dass der natürliche Widersacher der Sexualität der Narzissmus ist. In der körperlichen Annäherung an den anderen beweise ich doch meine Bedürftigkeit, meine Anhänglichkeit, meine Abhängigkeit, kurzum: nahezu alle meine Schwächen.

> „Führen wir zwei Termini ein: heißen wir die Person, von welcher die geschlechtliche Anziehung ausgeht, das *Sexualobjekt*, die Handlung, nach welcher der Trieb drängt, das *Sexualziel*, so weist uns die wissenschaftlich gesichtete Erfahrung zahlreiche Abweichungen in Bezug auf beide, Sexualobjekt und Sexualziel, nach, deren Verhältnis zur angenommenen Norm eingehende Untersuchung fordert." (Freud 1999, S. 34)

Freud sprintet förmlich zu Beginn des Textes *Drei Abhandlungen zur Sexualtheorie* auf das Feld der sexuellen Devianz, die in der Überschrift des Unterkapitels als „Abirrungen" bezeichnet werden. In diesem Zitat wird zugleich der Begriff der Norm relativiert; sie ist dann nur noch eine „angenommene" und somit relativierbar und reformulierbar.

4.4 · Vielgestaltig-verkehrt

Dass er mit den Abirrungen beginnt, macht auch deutlich, dass er sich für diese besonders interessiert und dass es offenbar gar nicht anders möglich ist, die Norm zu definieren, als über ihre Abweichungen. Die Norm lässt sich somit in gewisser Weise nicht beschreiben, schon gar nicht die angenommene. Der *normale* Geschlechtsverkehr zwischen Mann und Frau bleibt so irgendwie eine Leerstelle.

De Sade hätte diese Position gewiss gefallen. Freud wahrt zwar die wissenschaftlich-ärztliche Sicht auf die klare Unterscheidung von Norm und Krankheit und zugleich unterläuft er sie.

Schwule und Lesben bezeichnet er als Invertierte, aber nicht als Perverse – auch da die Abschwächung der Gewalt der Norm. Freud lässt nicht gelten, diese als degeneriert zu begreifen, und lässt ebenfalls nicht zu, die Inversion im Allgemeinen als angeboren zu begreifen. Er streicht heraus, dass viele Invertierte hervorragende Leistungen erbrächten. Kurzum: Er macht sich für diese stark und entzieht sie völkischem (Degeneration) und psychiatrischem Denken. Er steht damit in der Tradition de Sades, der Vergleichbares schreibt, indem er homosexuelle Handlungen als nicht zu ahndende Spielarten vorstellt und der Genitalität nicht das Primat zuspricht.

> „… dass die Regungen des Geschlechtslebens zu jenen gehören, die auch normalerweise von den höheren Seelentätigkeiten am schlechtesten beherrscht werden. Wer in sonst irgendeiner Beziehung geistig abnorm ist, in sozialer, ethischer Hinsicht, der ist es nach meiner Erfahrung regelmäßig in seinem Sexualleben. Aber viele sind abnorm im Sexualleben, die in allen anderen Punkten dem Durchschnitt entsprechen …" (ebd., S. 48)

Was für eine Verteidigung der Devianz! Die *Doofen* und die *Soziopathen* verhalten sich sexuell nicht abnorm, die Leistungsträger der Gesellschaft eher abnorm.

Hin und her schwankend, kann Freud zum einen schreiben:

> „Als normales Sexualziel gilt die Vereinigung der Genitalien in dem als Begattung bezeichneten Akte, der zur Lösung der sexuellen Spannung und zum zeitweiligen Erlöschen des Sexualtriebs führt." (ebd., S. 48f)

Zum anderen folgt dann der Satz:

> „Doch sind bereits am normalsten Sexualvorgang jene Ansätze kenntlich, deren Ausbildung zu den Abirrungen führt, die man als Perversionen beschrieben hat." (ebd., S. 49)

Und in einer Fußnote auf einer der nächsten Seiten fügt er hinzu:

> „Die verschiedenen Wege, auf denen die Libido wandelt, verhalten sich zueinander wie kommunizierende Röhren, und man muss dem Phänomen der Kollateralströmung Rechnung tragen." (ebd., S. 50)

Das will heißen, andere Zonen als die Genitalien kommen stets ins Spiel und erzeugen Lust. De Sade hätte das nicht so elegant formulieren können, aber inhaltlich hätte er zugestimmt.

Mit dem Aufgeben oder zumindest Relativieren der Idee der normalen Sexualität wird der Mensch als vielschichtig anerkannt, als mehrdimensional, im positiven Sinne als fragmentiert.

Und es gibt gegenüber dem Sex niemals eine eindeutige Einstellung. Er wird stets ambivalent erlebt, sogar bei Sade und Freud. Bei Sade führt er in den Abgrund der Grausamkeit. Bei Freud verhindert das Ausleben Kulturleistung.

Freud geht in den „Abhandlungen" zwar relativ ausführlich auf Sadismus und Masochismus ein, alleine eine Bezugnahme auf de Sade fehlt vollständig. Sein Name wird von ihm nie genannt (vergleiche Namens- und Autorenregister in Freud 1999c, Band XVIII).

> „Dass Grausamkeit und Sexualtrieb innigst zusammengehören, lehrt die Kulturgeschichte der Menschheit über jeden Zweifel, aber in der Aufklärung dieses Zusammenhanges ist man über die Betonung des aggressiven Moments der Libido nicht hinausgekommen. Nach einigen Autoren ist diese dem Sexualtrieb beigemengte Aggression eigentlich ein Rest kannibalischer Gelüste, also eine Mitbeteiligung des Bemächtigungsapparates, welcher der Befriedigung des anderen, ontogenetisch älteren, großen Bedürfnisses dient." (ebd., S. 58)

So eine Enttäuschung für de Sade. Er, der versucht, den Sex maximal zu skandalisieren, wird bei Freud abgespeist mit der möglichen Erklärung, dass Sadismus etwas zu tun hat mit der oralen Phase, in der die Einverleibung, die Bemächtigung, im Vordergrund steht. Im Sadismus wird das Objekt zerkleinert und zerstört wie beim Essen die Lebensmittel. Das Objekt gehört dann unzweifelhaft dem Sadisten. Das große Sade'sche Drama, dass nur der schlimmste Sadist kein Opfer wird, dass eine gesetzlose und verrottete Gesellschaft die Sadisten entstehen und blühen lässt, fällt bei Freud wie ein Kartenhaus zusammen.

Schlimmer noch, Freud betont, dass die Rollen des Sadisten und des Masochisten austauschbar sind. Der Sadist wird gerne zum Masochisten. Er, der gerne Schmerzen zufügt, erfährt diese auch gerne.

Nicht anders verhielt es sich bei Sade in seinem Leben. In seinen mehr als unregelmäßigen Experimenten zu Sex und Gewalt peitschte er aus und ließ sich auspeitschen (Reinhardt 2014).

Das, was Freud mit dem Sadismus macht, nennt sich Entzauberung. Die Moderne ist nach Max Weber die Epoche der Entzauberung. Die Wissenschaft zerbricht Zauber und Mythen, versachlicht das Weltgeschehen. Freud führt dies vor, indem er den Sadismus als Teil des oralen Triebes begreift, ihn also naturalisiert. De Sade begreift die Natur auch als Urheberin der bösen Tat, aber die Tat ist eben explizit moralisch bewertet.

Da hört ja jeder Spaß auf. Wo bleibt der Thrill, die ungeheuerliche Inszenierung des Ungeheuerlichen? Hätte Sade Freud gelesen, er hätte wie ein kleines Kind in der Ecke geweint. Lange geweint. Und dieses Kind hätte sich niemals mehr so aufgespielt. Gut, dass Sade Freud nicht lesen konnte und musste.

Freud führt aus: Die neurotischen Symptome seien gespeist aus sexueller Energie, die keine andere Entladung erfuhre.

> „Der hysterische Charakter lässt ein Stück *Sexualverdrängung* erkennen, welches über das normale Maß hinausgeht, eine Steigerung der Widerstände gegen den Sexualtrieb, die uns als Scham, Ekel und Moral bekannt geworden sind, eine wie instinktive Flucht vor der intellektuellen Beschäftigung mit dem Sexualproblem …" (ebd., S. 64)

Eine ernüchternde Erkenntnis ließe sich bezüglich de Sade aufstellen: Sade kämpft unentwegt gegen das Gewissen, gegen die Moral, weil er sich in den Netzen der Moral gefangen sieht. Er hat Angst, aus diesem Netz nicht entweichen zu können. Seine dramatischen sexuellen Szenen sind das Gegengift gegen dieses Netz. Ob das Gegengift wirklich hilft, sei dahingestellt. Sade ist jedoch kein Neurotiker im Sinne Freuds, weil er sich mit dem Sex intensiv auseinandersetzt – über Tausende vonseiten; aber eben fast nur intellektuell und imaginär. Er preist die Tat, ohne sie zu tun, beziehungsweise sie oft zu tun. In dieser Hinsicht ist er der Prototyp der Heilung im Sinne Freuds: von seinem Verlangen wissen, es nicht mehr zu verdrängen, ohne es aber im Geringsten ausleben zu müssen.

> „Ein guter Teil des Widerspruches gegen diese meine Auffassung erklärt sich wohl daraus, dass man die Sexualität, von welcher ich die psychoneurotischen Symptome ableite, mit dem normalen Sexualtrieb zusammenfallen ließ. Allein die Psychoanalyse lehrt noch mehr. Sie zeigt, dass die Symptome keineswegs allein auf Kosten des sogenannten normalen Sexualtriebes entstehen (wenigstens nicht ausschließlich oder vorwiegend), sondern den konvertierten Ausdruck von Trieben darstellen, welche man als *perverse* (im weitesten Sinne) bezeichnen würde, wenn sie sich ohne Ablenkung vom Bewusstsein direkt in Phantasievorsätzen und Taten äußern könnten. Die Symptome bilden sich also zum Teil auf Kosten abnormer Sexualität; *die Neurose ist sozusagen das Negativ der Perversion.*" (ebd., S. 65)

Es gibt also in jedem Menschen perverse Triebimpulse. Was dies genau ist, werden wir noch sehen, die, wenn verdrängt, die Grundlage der neurotischen Symptome bilden. Die Perversionen sind dann nicht mehr das Andere, das Fremde, das Böse, sondern Teil des Menschen. Freud versucht, die Perversionen zu entdämonisieren. Er ist hier durch und durch Wissenschaftler. Für Hokuspokus ist er nicht zu haben. De Sade ist dann einer von uns, und wir haben alle ein bisschen de Sade in uns. Freud ist kein Anhänger gnostisch inspirierter Dichotomien. Freud integriert und versucht, das Fragmentiertsein zu überwinden.

> „Die psychische Wertschätzung, deren das Sexualobjekt als Wunschziel des Sexualtriebes teilhaftig wird, beschränkt sich in den seltensten Fällen auf dessen Genitalien, sondern greift auf den ganzen Körper desselben über und hat die Tendenz, alle vom Sexualobjekt ausgehende Sensationen mit einzubeziehen. Die gleiche Überschätzung strahlt auf das psychische Gebiet aus und zeigt sich als logische Verblendung (Urteilsschwäche) angesichts der seelischen Leistungen und Vollkommenheiten des Sexualobjektes sowie als gläubige Gefügigkeit gegen die von letzterem ausgehenden Urteile. Die Gläubigkeit der Liebe wird zu einer wichtigen, wenn nicht zur uranfänglichen Quelle der Autorität." (ebd., S. 49f)

Nach Freud attrahieren zunächst die Genitalien. Deren Attraktion wird nach ihm auf den gesamten Körper übertragen. Die sogenannten Perversionen werden so selbstverständlich. Selbstredend könnte das den Genitalien zugewiesene Primat Freuds in Frage gestellt werden. Warum sollten Os und Anus et al. nicht auch primär sein? Aber ungeachtet der unterschiedlichen Hierarchisierungen erscheint es wichtig, dass Freud die als Perversionen beschriebenen Partialtriebe normalisiert. Er ist der Wegbereiter der derzeit gültigen und dominierenden Aussagen, dass in Sachen Sex alles möglich ist.

Mit Freud ließe sich auch verstehen, warum die Opfer in de Sades sexuellen Szenen schweigen und dem Anschein nach *gefügig* sind. Sie unterwerfen sich liebend ihren Mördern. Das Ausmaß der ertragenen Qualen ist ein Indikator für die Unermesslichkeit ihrer Liebe. Sade dramatisiert und sexualisiert den christlichen Begriff der Agape. Er veranschaulicht in extremer Weise, dass es vor dem christlichen Glauben kein Entkommen gibt.

Das wahre Gefängnis, das ist der christliche Glauben. Sades faktische Gefängnisaufenthalte waren dagegen reine Simulationen. Gerade bei Sade triumphiert das Seelisch-Geistige über den Körper. Er ist nur der Veranschauungsort, eine Form der Exemplifizierung. Sade verachtet den Körper zutiefst. Deshalb muss er massakriert werden.

Freud ist Jude und nicht Christ. Dies hält ihn jedoch nicht davon ab, die Träger des Körpers *an sich*, des eigentlichen Körpers, die Frauen, wie selbstverständlich zu diskreditieren.

> „Die Bedeutung des Moments der Sexualüberschätzung lässt sich am ehesten beim Manne studieren, dessen Liebesleben allein der Erforschung zugänglich geworden ist, während das des Weibes infolge der Kulturverkümmerung, zum anderen Teil durch die konventionelle Verschwiegenheit und Unaufrichtigkeit der Frauen in ein noch undurchdringliches Dunkel gehüllt ist." (ebd., S. 50)

Die Fußnote hierzu lautet:

> „Das Weib lässt in typischen Fällen eine ›Sexualüberschätzung‹ des Mannes vermissen, versäumt dieselbe aber fast niemals gegen das von ihr geborene Kind." (ebd.)

Also, wir halten fest: Das Weib ist kulturverkümmert – was immer das auch heißen mag; aber noch schlimmer, sie hält ihr Sexualleben bedeckt. Frechheit – so ist das Weib. Noch schlimmer: Sie verehrt den männlichen Körper nicht. Noch kränkender für den Mann: Die Verehrung wir hingegen ihrem Kind zuteil.

Freud gibt, überspitzt formuliert, de Sade indirekt recht: Quälen wir diese Weiber doch zu Tode. Besseres haben sie nicht verdient.

Dass Freud als Psychotherapeut nicht auf den Gedanken kommt, dass Frauen als seine Patientinnen sich scheuen, ihm als Mann gegenüber aus dem sexuellen Nähkästchen zu plaudern, ist mehr als verwunderlich, nicht minder, dass er sich so ungeschminkt outen muss – als enttäuschter Voyeur und Überschätzer des weiblichen und letztlich des mütterlichen Körpers. Für den kleinen Jungen ist doch der mütterliche Körper alles und noch viel mehr. Ihn zu denken, ihn psychisch zu repräsentieren, heißt die Totalität zu erfassen.

Freud macht es offenbar Spaß, sich als dummen Mann zu präsentieren, um damit laut zu rufen: Seht her, ich bin ein Mann! Vor allem: Ich bin ein heterosexueller Mann, ganz und gar!

Da hätte ja jemand auf den Gedanken kommen können, dass derjenige, der über Invertierte schreibt, der sie gar verteidigt, zu dieser Gruppe selbst gehört. Aber nein, ganz und gar nicht, will Freud demonstrieren. Er habe rein gar nicht unglückliche Neigungen.

Gut, dass das geklärt ist.

Sade, ca. ein Jahrhundert vor Freud, scheute sich nicht, gleichgeschlechtliche sexuelle Praktiken zu beschreiben und zu lieben (Lever 1995). Der Wissenschaftler Freud hingegen muss gleichsam beweisen, dass er davon nichts hält. Liberalisierung und aufklärerische Freiheit haben offenbar diesbezüglich nicht gegriffen. Im Gegenteil. Von geistigem Fortschritt kann nicht die Rede sein.

Klar, Freud ist liberaler als andere Wissenschaftler, die sich mit menschlicher Sexualität im 19. Jahrhundert beschäftigt haben, aber im Kern präsentiert sich Freud als klassischer heterosexueller Mann, etwas, das de Sade nicht nötig hatte. Er wäre nicht einmal auf den Gedanken gekommen, dies zu tun. Soweit zur Liberalisierung des Sexes in der Moderne.

4.4 · Vielgestaltig-verkehrt

Nachdem sich Freud als echter Mann präsentiert hat, darf er schreiben:

> „Gewisse Körperstellen, wie die Mund- und Afterschleimhaut, die immer wieder in diesen Praktiken auftreten, erheben gleichsam den Anspruch, selbst als Genitalien betrachtet und behandelt zu werden. Wir werden hören, wie dieser Anspruch durch die Entwicklung des Sexualtriebes gerechtfertigt und wie er in der Symptomatologie gewisser Krankheiten erfüllt wird." (ebd., S. 52)

Also: Das Primat liegt bei den Genitalien. Andere Körperregionen wollen ihnen gleichgestellt werden. Lassen wir Os und Anus et al. Gerechtigkeit widerfahren! Endlich.

Nachdem in der Moderne die ständische Ordnung suspendiert worden ist, soll nun auch das Prinzip der Gleichheit und Gerechtigkeit auf den Körper übergreifen. Freud entpuppt sich anteilig als körperpolitischer Revolutionär.

Aber eigentlich ist es ja nach Freud *gleichsam* der dritte Stand (Os und Anus et al.), der Ansprüche auf Gleichbehandlung formuliert. Er steht auf den Barrikaden mit Pflastersteinen in der Hand.

Die Seele wird in diesen politischen Kämpfen zum Berichterstatter degradiert. Sie macht die Fotos von den Kämpfen des dritten Standes und spricht dezent-aufgeregt vor laufender Kamera über die derzeitige Gefechtslage.

Für Freud ist das Subjekt der Moderne offenkundig fragmentiert. Freud ist der Berichterstatter der Berichterstattung.

Und wie nachdenkliche Journalisten mal so sind. Sie haben für alles eine gute Erklärung: Die Ansprüche des dritten Standes verdankten sich der Entwicklung des Sexualtriebs. Sie resultierten aus einer ganz natürlichen Entwicklung. Sie ließen sich naturwissenschaftlich begründen. Gott sei Dank!

Nun meint Freud, nicht an Gott zu glauben (siehe weiter unten), aber Gott sei Dank gibt es stattdessen naturwissenschaftliche Erklärungen, die Gott ersetzbar erscheinen lassen.

De Sade focht für Os und Anus et al. als Aufstand gegen Moral und Gesetz. Für Freud sind sie verständlich zu machende natürliche Regungen, die nun mal da sind, jedoch auch in die „Symptomatologie gewisser Krankheitszustände" münden können. Sie sind Natur, aber auch gefährliche Natur. So ganz ohne sind sie nicht.

Sade sagt: Wir müssen Os und Anus et al. leben und genießen. Freud betont: Wir überführen sie in das reife Stadium der Genitalität und müssen, um Schaden zu vermeiden, von ihnen wissen. Wir müssen ihnen eingedenk sein. Aber das Beste wird doch sein zu sublimieren, Triebenergie, woher sie auch immer stammen mag, in Arbeit und Kulturleistung umzuwandeln.

Sade und Freud erweisen sich beide als Feinde des Körpers auf unterschiedliche Weise. Beschwört Sade das Ausleben aller Triebimpulse – mit den entsprechenden Effekten von Mord und Todschlag, präsentiert Freud ein Präventionskonzept: Wie können wir psychische und psychosomatische Krankheiten verhindern? Indem wir das Unbewusste bewusst machen, indem wir von unserem Triebgeschehen wissen. Das Wissen schützt. Es ist wie in der Gnosis (siehe weiter unten) Erlösungswissen.

Wir wähnen uns heute in einer sexuell befreiten Zeit. Alles ist möglich, aber möglicherweise unter den Vorzeichen, die Sade und Freud gesetzt haben: Achtung vor den sexuellen Triebregungen. Auf unseren Körpern könnte analog zu der Beschriftung von Zigarettenpackungen stehen: „Sex kann tödlich sein". Vor der vermeintlichen Befreiung des Sexes kommt so die wahrgenommene Gefahr, die, so unsere unbewusste Überzeugung, von ihm ausgeht. Die Infektion durch HIV wäre demnach nur die längst fällige

Bestätigung dieser Überzeugung gewesen. Carl Schmitt (siehe weiter unten) wäre so das Sprachrohr dieser weit verbreiten Einstellung zur Sexualität.

Den Vorbehalt gegenüber dem Körper trifft nicht nur der Sex, sondern auch der Hunger, der gefährlich dick machen kann und so zum Anzeichen mangelnder Selbstkontrolle werden kann, der Haupttugend des gesamten Abendlandes, die aber möglicherweise in der Moderne dominanter geworden ist, in einer Epoche, die beansprucht, das Leben vernünftig-planend zu gestalten. Die Verbreitung von Essstörungen und Adipositas belegt, dass dies nicht oder nur eingeschränkt gelingt. Die Über-Ich-Ansprüche wären so immens gestiegen, nicht so die Handlungsmöglichkeiten des Ichs – ein weiteres Indiz dafür, dass das moderne Subjekt zerrissen wird zwischen verschärften Über-Ich-Geboten und der Unfähigkeit, diese zu realisieren. Wir sollten, aber können nicht.

Bezüglich des Sexes hat sich das Paradox hinzugesellt, dass wir eine berauschende Sexualität haben sollten, aber diese selten oder nie möglich ist. Wir leben unter dem Firmament der Unmöglichkeit.

Wohlgemerkt: Weder Sade noch Freud haben diese Idee von einer berauschenden, die Sinne überwältigenden Sexualität. Bei Sade ist sie grausames Handwerk, bei Freud idealerweise eine Kulturleistung, die Partialtriebe unter der Herrschaft der Genitalität zu versammeln.

Das Konzept einer ekstatischen Sexualität gründet wohl in der Hoffnung, passager dem „stahlharten Gehäuse der Moderne" (Max Weber), diesem dichten Geflecht aus Arbeit und unendlich vielen Zwängen, entkommen zu können. Es ist geboren aus der verzweifelten Suche einer Fluchtlinie aus dem Gefängnis der Moderne.

Dies Konzept ließe sich auch verstehen als ein Gegengift zu dem staatlich-gesellschaftlichen Eingriff in den individuellen Körper in der Moderne, zu den Machttechnologien (Foucault 1977), die den individuellen Körper gleichsam enteignen.

Die Politisierung der Idee der berauschenden Sexualität lautet dann: die Befreiung der Sexualität, versprochen von den Freudo-Marxisten und der 68er-Generation.

Die Forderungen nach Berauschung und die Befreiung stammen nicht aus dem Es selbst. Es sind im Grunde Über-Ich-Gebote. Wir müssen dem Taumel der Sinne verfallen, um als *gute* Subjekte dazustehen.

Freud zu lesen, macht über die Maßen deutlich, warum ihn so gut wie niemand leiden kann. Denn er macht uns alle (abgesehen von Freud selbst?) zu Perversen.

> „Bei allen Neurotikern (ohne Ausnahme) (sind wir nicht alle Neurotiker, wenn es gut geht? A. d. A.) finden sich im unbewussten Seelenleben Regungen von Inversion, Fixierung von Libido auf Personen des gleichen Geschlechts." (Freud 1999, S. 65)

Wir sind also alle bisexuell, auch wenn dies nicht manifest wird. Und:

> „Es sind bei den Psychoneurotikern alle Neigungen zu den anatomischen Überschreitungen im Unbewussten und als Symptombildnern nachweisbar, unter ihnen mit besonderer Häufigkeit und Intensität diejenige, welche für Mund- und Afterschleimhaut die Rolle von Genitalien in Anspruch nehmen." (ebd., S. 66).

Sade macht aus der letztgenannten Neigung eine Revolution. Freud enthüllt 100 Jahre später diese als natürliches Triebleben, das die Menschen zu seiner Zeit aber nicht akzeptieren wollen. Diese werden als peinliche Regungen erlebt, nicht passend zu dem Menschen als geistigem tierfernem Wesen.

Und heute? Die Pornographie wiederholt die revolutionäre Attitüde Sades so redundant wie er selber, ohne die sie kein Geschäftsmodell wäre.

Zugleich spricht niemand mehr von Perversionen. Die Partialtriebe unterstehen dem Diktat der Normalisierung.

Ein weiteres Paradox tut sich auf: Das Ausleben von Partialtrieben erscheint als das Normalste von der Welt und ist zugleich spektakulär geblieben. Die Aura des Verbotenen hat sie behalten, als ob es etwas Verbotenes geben muss, als ob es ein heftiges und triumphatorisches Aufbegehren gegen … etwas Verbotenes geben muss. Anders scheint Sex gleichsam nicht denkbar zu sein.

Zu viel Normalisierung scheint dann doch etwas langweilig zu sein – etwas langweilig? – nein, ganz schrecklich fad!

Und Os und Anus et al. eignen sich als Bollwerke an Verbotenem und den dazu notwendigen Überschreitungen deshalb besonders gut, weil angenommen werden kann, dass Nahrungsaufnahme und -verarbeitung zu den privilegierten Tabus unserer Kultur heute gehören. Gier beim Essen ist Ausdruck mangelnder Affektkontrolle im Sinne Elias (1978), aber möglicherweise das Essen an sich auch. Das Ideal der abendländischen Zivilisation, die Mäßigung, heute verdeckt vermittelt über das radikale Schlankheitsideal, diskreditiert jede Art von Essen. Es ist das Beste, nichts zu essen (Klotter 2015).

Zudem: Durch die zunehmende Affektkontrolle im Sinne Elias wird der Abstand zum anderen immer größer. Das moderne Individuum erlebt sich als homo clausus (Elias). Ein Hiatus trennt den einen Körper vom anderen.

Dieser Abgrund wird zementiert durch das Tabuieren der Nahrungsverarbeitung: Es gehört sich dann nicht, beim Kauen einen offenen Mund zu haben. Damit wird verborgen, dass Verdauung beginnt. Rülpsen ist unanständig. Verdauungsgeräusche jeder Art sind hochgradig peinlich.

Der Körper ist gleichsam immateriell geworden; wenn das nicht dazu einlädt, das Tabuierte zu überschreiten – angesichts des vorherrschenden Schlankheitsideals weniger über die Nahrungsaufnahme, denn über die Über-Sexualisierung von Os und Anus et al.

Fellatio lässt sich dann verstehen als mühevolle und eine Aufwand-Ertrag-Berechnung vollständig ignorierende äußerst maßvolle Kalorienaufnahme. Eigentlich müsste die DGE (Deutsche Gesellschaft für Ernährung) dieser eine weitere Ernährungsempfehlung zuweisen.

4.5 Freud denkt Böse

De Sade sagt ganz einfach: Der Mensch hat mit seiner Natur böse Anteile. Es macht ihm Spaß, böse zu sein. Er liebt es, Böses zu tun.

Wie wir noch ausführlicher sehen werden, tut sich Freud damit viel schwerer. Er, dem zu Recht nachgesagt wird, dem Menschen den Todestrieb zugeschrieben zu haben, will unter keinen Umständen den Menschen an sich als lustvollen Massenmörder hinstellen. Das sei doch die Ausnahme. Mühsam bastelt er Argumentationsketten, um in Richtung Grausamkeit vorsichtig zu spähen, um dann aber schnell den Blick wieder abwenden zu können.

Wohin wir auch schauen (außer zu de Sade), die Idee des Menschen als (überwiegend bei Freud) kulturvollem geistigem Wesen bleibt erhalten. Die Autoren Europas schreiben sich schön und unschuldig. Sie triefen vor Beschaulichkeit und Innerlichkeit. Sie kitzeln ein tiefes Wesen aus sich heraus, was sie nie waren und nie sein werden.

Aber: Der Mensch hat doch allen Grund, böse zu sein, seine bösen Taten zu legitimieren, ist die Natur und das Schicksal doch auch grausam. Krankheiten kommen, der Tod reißt einen jäh hinfort. Leiden erfüllt das Leben – nicht notwendig immer, aber immer wieder.

Das Böse ist die Antwort auf das Unabsehbare. Mit ihm wird, so die Hoffnung, das Schicksal gebannt, ihm eine Gegenmacht entgegengestellt. Die Tat, die böse Tat, geht der Schicksalsdrohung entschieden und entschlossen voraus. Das Böse betreibt Mimikry mit dem Schicksal. Es versucht es zu imitieren.

Damit wird eine alternative, angeblich schmähliche Antwort auf das zukünftige Schicksal vermieden: die Passivität, so wie sie Blanchot beschrieben hat, so wie die Opfer in de Sades Werk sich ihren Mördern hingeben.

So wild entschlossen das Böse als Dezision erscheint, so produziert sie doch Verluste: die der Opfer. Aber vermutlich ist auch ein Selbstverlust zu beklagen. Mörder können sich selbst nicht leiden, schon gar nicht lustvolle. Sie haben mit sich selbst den Vertrag der Anerkennung gekündigt. Sie sind, wenn sie noch einigermaßen freundlich umschrieben werden sollen, Agenten des Desasters. Aber das klingt noch viel zu poetisch. Sie sind nicht einmal *Dreck*. Sie lösen ganz im Sinne des Todestriebs Freuds ständig alles auf, sie kappen Verbindungen, wo diese auch immer sind.

Eines der besten Mittel, böse zu sein, zuvörderst gegenüber sich selbst, ist zu fragmentieren. Die Selbstanteile fallen wie beim Mikado auseinander. Sie zerspringen nach einem Aufeinanderprall. „A bigger splash" (David Hockney). Selbstanteil A weiß nichts mehr von Selbstanteil B. Daher wähnt sich der Mensch in der Moderne als ein gutes Wesen. Der böse Selbstanteil B bleibt vermeintlich außen vor.

Nicht viel anders macht es Freud. Ja, er denkt das Böse als den Todestrieb und zugleich diminuiert er es, wie wir gleich noch sehen werden. Nach ihm sind wir ein bisschen böse, ein bisschen sadistisch. So bewahrt sich Freud als Populist. Er will doch dem armen Leser nicht zumuten, dass er über sich selbst entsetzt ist.

> „Die Neigung, dem Sexualobjekt Schmerz zuzufügen und ihr Gegenstück, diese häufigste und bedeutsamste aller Perversionen, ist in ihren beiden Gestaltungen, der aktiven und der passiven von v. Krafft-Ebing als Sadismus und Masochismus (passiv) benannt worden." (Freud 1999, S. 56)

Es könnte ja jetzt spannend werden zu fragen, woher diese Bezeichnungen stammen. Aber das tut Freud nicht.

> „Für die aktive Algolagnie, den Sadismus, sind die Wurzeln im Normalen leicht nachzuweisen. Die Sexualität der meisten Männer zeigt eine Beimengung von Aggression, von Neigung zur Überwältigung, deren biologische Bedeutung in der Notwendigkeit liegen dürfte, den Widerstand des Sexualobjektes noch anders als durch die Akte der Werbung zu überwinden." (ebd., S. 57)

Na dann. Männer sind halt so. Macht biologisch Sinn. Aber Frauen sind nicht aggressiv und wollen auch rein gar nicht überwältigen.

Na dann. Wir (Männer) sind halt so ein bisschen sadistisch. Ist notwendig – für das Überleben der Art.

> „Der Begriff des Sadismus schwankt im Sprachgebrauch von einer bloß aktiven, sodann gewalttätigen, Einstellung gegen das Sexualobjekt bis zur ausschließlichen Bindung der Befriedigung an die Unterwerfung und Misshandlung desselben. Streng genommen hat nur der letztere extreme Fall Anspruch auf den Namen einer Perversion." (ebd.)

4.5 · Freud denkt Böse

Na dann. Da haben wir (Männer) nochmal Glück gehabt. Ja, wir dürfen Frauen unterwerfen und quälen. Aber die Befriedigung darf nicht ausschließlich daran geknüpft sein. Deshalb sind wir auch gar nicht pervers. Jedenfalls meistens nicht pervers. So eine kleine Vergewaltigung kann doch auch nett enden. Wir können dann doch noch mit einem Wein anstoßen. Oder? Und eine Dusche ist doch auch vorhanden.

Freud erweist sich hier als Populist, weil er die gewaltbereiten Männer moralisch entlastet. Sie sind doch gar nicht richtig böse. Nur ein bisschen. Und das hat die Natur so gewollt. Bei Sade wissen böse Menschen, dass sie böse sind. Mit Freud wissen böse Menschen, dass sie gut sind. Freud repräsentiert damit einen generellen Trend in der Moderne: „Mache aus dem Bösen das Gute!" So fühlen wir uns alle einfach besser. Die Männer dürfen vergewaltigen. Die Frauen akzeptieren dies. Ist doch nur natürlich.

Um ein Zitat zu wiederholen:

> „Dass Grausamkeit und Sexualtrieb innigst zusammengehören, lehrt die Kulturgeschichte der Menschheit über jeden Zweifel, aber in der Aufklärung dieses Zusammenhanges ist man über die Betonung des aggressiven Momentes der Libido nicht hinausgekommen. Nach einigen Autoren ist diese dem Sexualtrieb beigemengte Aggression eigentlich ein Rest kannibalischer Gelüste, also eine Mitbeteiligung des Bemächtigungsapparates, welcher der Befriedigung des anderen, ontogenetisch älteren, großen Bedürfnisses dient." (ebd., S. 58)

Na ja, ist halt so. Grausamkeit und Sex gehören halt irgendwie zusammen. War schon immer so – in der „Kulturgeschichte der Menschheit".

Diese Aussage Freuds kann als Legitimation von Grausamkeit interpretiert werden. Wo de Sade die Lust an der Grausamkeit verteidigt, da rationalisiert und verwissenschaftlicht Freud diese. Achselzuckend hebt er hervor: Der Mensch ist nun einmal so. Wenn er eben so ist, dann kann er gar nicht anders, als das zu leben.

Freud hat sicherlich damit Recht, dass der Mensch böse und grausam ist. Aber diese Annahme darf nicht dazu führen, Gewalt zu rechtfertigen oder indirekt zu legitimieren, wie dies Freud offenkundig tut.

Freud verharmlost möglicherweise sexuelle Grausamkeit, indem er ihren *Lustfaktor* – ganz anders als de Sade – nicht herausstreicht, indem er sie als wissenschaftlich feststellbare Tendenz beschreibt, mit der wir dann halt leben müssen. Wir haben eben diese orale Phase, in der wir alles einverleiben wollen, auch das Fleisch anderer Menschen.

> „Es ist auch behauptet worden, dass jeder Schmerz an und für sich die Möglichkeit einer Lustempfindung enthalte." (ebd.)

Dann sollen sich doch die Gepeinigten darüber freuen, gequält zu werden. Macht doch eigentlich Spaß, oder? Stell Dich doch nicht so an! Du willst es doch auch. Wer A sagt, muss auch B sagen.

> „Die Ärzte, welche die Perversionen zuerst an ausgeprägten Beispielen und unter besonderen Bedingungen studiert haben, sind natürlich geneigt gewesen, ihnen den Charakter eines Krankheits- oder Degenerationszeichens zuzusprechen, ganz ähnlich wie bei der Inversion. Indes ist es hier leichter als dort, diese Auffassung abzulehnen. Die alltägliche Erfahrung hat gezeigt, dass die meisten dieser Überschreitungen, wenigstens die minder argen unter ihnen, einen selten fehlenden Bestandteil des Sexuallebens des Gesunden bilden und von ihnen wie andere Intimitäten auch beurteilt werden." (ebd., S. 59)

Das klingt zunächst revolutionär. Freud versucht die große Gruppe derjenigen, die nicht nur den genitalen Geschlechtsverkehr praktizieren, vom Krankheitsverdacht zu befreien. Er entpathologisiert. Er entlastet von allzu strengen und unsinnigen Über-Ich-Geboten. Schließlich sind wir in seinen Augen alle ein bisschen pervers.

Eine andere Interpretation ist aber auch möglich: Freud – der Populist. Zuerst entlastet er die gewaltbereiten Männer, jetzt diejenigen im Allgemeinen, die Gewalt mit Sex verbinden. Aber welche Gewalt? Ist sie eine einverständliche oder eine einseitige? Zumindest ein spitzfindiger Leser könnte eine Vergewaltigung oder Pädophilie mit Freud legitimieren.

Freud stellt sich zum einen in die Tradition de Sades: Die menschliche Natur enthält nun einmal grausame Anteile, die nun mal in die Sexualität einfließen. Zum anderen schneidet er als ein Mann, der als Wissenschaftler gelten will, die Beschreibung der *Perversionen* raus. Er will ja nicht als einer gelten, der sich daran ergötzt. Entweder sind Wissenschaftler Wissenschaftler oder sie haben Spaß. Der Wissenschaftler Freud plädiert dem Anschein nach ein bisschen resigniert für das Akzeptieren und Ausleben von *Perversionen*. Aber von welchen in welchem Ausmaß? Müssen wir dann als wissenschaftlich Denkende ein bisschen Verständnis aufbringen für einen Massenmörder, weil eben seine Natur so ist und Vater ihn geschlagen hat?

Dass ein Mesrine (siehe weiter unten) biographische Rekonstruktionen benutzt, um sein Morden zu begründen, wird mit Freud prinzipiell möglich. Das Böse wird so psychologisiert und legitimiert. Es fällt das Subjekt gleichsam von hinten an.

Bei Sade will der Böse Böses. Bei Freud kann er gar nicht anders, es sei denn, er wäre zu ihm in Psychotherapie gegangen. Nur der Psychotherapeut bietet wirksamen Schutz gegen das Böse.

Wenn der Grausame grausam wider Willen ist, dann wird bei dieser psychologischen Konzeption das fragmentierte Subjekt vorausgesetzt. Das Böse gehört zwar zur Natur des Menschen, wird als dazugehörig anerkannt, zugleich erscheint es wie ein Dämon, der vom Subjekt Besitz ergreift. Und bezüglich der Sexualität gehört es dazu, solange es in Maßen geschieht, solange es der Kontrolle des Subjekts untersteht.

> „Bei manchen dieser Perversionen ist immerhin die Qualität des neuen Sexualzieles eine solche, dass sie nach besonderer Würdigung verlangt. Gewisse der Perversionen entfernen sich inhaltlich so weit vom Normalen, dass wir nicht umhin können, sie für ʻkrankhaftʼ zu erklären, insbesondere jene, in denen der Sexualtrieb in der Überwindung der Widerstände (Scham, Ekel, Grauen, Schmerz) erstaunliche Leistungen vollführt (Kotlecken, Leichenmissbrauch)." (ebd., S. 60)

Sexuelle Gewalt in Form einer Vergewaltigung wird von Freud nicht erwähnt. Sie wird damit in gewisser Weise legitimiert. „… in der *Ausschließlichkeit* und in der *Fixierung* also der Perversion sehen wir zu allermeist die Berechtigung, sie als krankhaftes Symptom zu beurteilen." (ebd., S. 61) Der Freier, der nur bei jedem dritten Mal eine Prostituierte umbringt, ist für Freud somit weder krank noch pervers.

Den besonderen Preis, den Freud für die im Prinzip begrüßenswerte Entpathologisierung sogenannter Perversionen entrichtet, sind zum einen die Psychologisierung des Bösen, zum anderen die fehlende Grenzziehung, ab der von bösen Taten gesprochen werden muss. Er tut dies, um sein Hauptklientel, die Psychoneurotiker, bei der Stange zu halten, um sie nicht allzu sehr zu kränken. Auch in diesem Zusammenhang ist er ein kluger Populist.

4.5 · Freud denkt Böse

Für Freud ist ja eine große Gruppe der Bevölkerung neurotisch, wenn nicht alle Menschen. Daher kann er diese nicht dämonisieren und sie als anteilig böse begreifen. Für ihn kann eine Perversion Scham- oder Ekelgrenzen überschreiten (siehe weiter oben), aber sie kann nicht als grundlegend bösartig begriffen werden. Freud integriert das Böse in seine Theorie, aber verkleinert diesen Anteil erheblich. Für ihn sind Menschen in der Regel nur ein bisschen böse.

Aber Freud hat die Ehre der Psychoneurotiker noch nicht genug gerettet. Weitere Verteidigungslinien werden von ihm aufgebaut. Um diese zu veranschaulichen, muss Freuds Argumentation ausführlich vorgestellt werden.

> „Durch die vorstehenden Erörterungen ist die Sexualität der Psychoneurotiker in ein möglicherweise falsches Licht gerückt worden. Es hat den Anschein genommen, als näherten sich die Psychoneurotiker in ihrem sexuellen Verhalten der Anlage nach sehr den Perversen und entfernten sich dafür um ebensoviel von den Normalen. Nun ist es sehr wohl möglich, dass die konstitutionelle Disposition dieser Kranken außer einem übergroßen Maß von Sexualverdrängung und einer übermächtigen Stärke des Sexualtriebes eine ungewöhnliche Neigung zur Perversion im weitesten Sinne mitenthält, allein die Untersuchung leichterer Fälle zeigt, dass letztere Annahme nicht unbedingt erforderlich ist, oder dass zum mindesten bei der Beurteilung der krankhaften Effekte die Wirkung eines Faktors in Abzug gebracht werden muss. Bei den meisten Psychoneurotikern tritt die Erkrankung erst nach der Pubertätszeit auf unter der Anforderung des normalen Sexuallebens. Gegen dieses richtet sich vor allem die Verdrängung. Oder spätere Erkrankungen stellen sich her, indem der Libido auf normalem Wege die Befriedigung versagt wird. In beiden Fällen verhält sich die Libido wie ein Strom, dessen Hauptziel verlegt wird; sie füllt die kollateralen Wege aus, die bisher vielleicht leer geblieben waren." (ebd., S. 69)

So gibt es nicht nur auf Autobahnen oder bei der Deutschen Bahn Umleitungen. „Der vor uns liegende Streckenabschnitt ist noch besetzt." „Brückenarbeiten auf der A 9." Die armen Neurotiker müssen dann halt mal die Autobahn verlassen und die Umleitung benutzen. Das Perverse als Missgeschick der Verdrängung. Nun lässt sich die Frage stellen, warum die *normale* Sexualität abgewehrt werden muss, nicht jedoch die *perverse*? Müsste letztere nicht viel stärker, da gesellschaftlich viel deutlicher abgelehnt, der Abwehr unterliegen?

Nach der Inschutznahme der Psychoneurotiker gelangt Freud zu seiner zentralen Provokation:

> „Kein Autor hat meines Wissens die Gesetzmäßigkeit eines Sexualtriebes in der Kindheit klar erkannt und in den zahlreich gewordenen Schriften über die Entwicklung des Kindes wird das Kapitel `Sexuelle Entwicklung´ meist übergangen." (ebd., S. 74)

Partialtriebe haben bei de Sade noch einen revolutionären Anstrich. Sie zu leben, wird gleichsam die Welt verändern. Sie enthalten die Kraft zur anarchischen Befreiung. Bei Freud werden die Partialtriebe eher naturalisiert und normalisiert. Wissenschaft fängt so das umherlaufende Böse, und für Sade sind die Partialtriebe böse, einfach ein und baut für es einen Stall.

Diese Normalisierung des Bösen führt eventuell mit dazu, dass die Himmlers, Heydrichs und Ohlendorfs dieser Welt so gewissenfrei massenhaft morden konnten. Sie taten dies doch nur im Dienste von Natur und Volk.

Aber Freud hat de Sade gleichsam nicht vergessen. Für ihn sind die Partialtriebe skandalös. Nur so vermag er zu verstehen, dass andere Autoren sie geflissentlich übersehen. Aber Freud deckt nun das Skandalöse auf. Im Dienste der Wissenschaft.

Dennoch ist nicht zu übersehen, dass die Lust an den Partialtrieben bei Freud mit schreibt.

> „Das Ludeln oder Lutschen, das schon beim Säugling auftritt und bis in die Jahre der Reife fortgesetzt werden oder sich durchs ganze Leben erhalten kann, besteht in einer rhythmisch wiederholten saugenden Berührung mit dem Munde (den Lippen), wobei der Zweck der Nahrungsaufnahme ausgeschlossen ist … Das Wonnesaugen ist mit voller Aufzehrung der Aufmerksamkeit verbunden, führt entweder zum Einschlafen oder selbst zu einer motorischen Reaktion in einer Art Orgasmus. Nicht selten kombiniert sich mit dem Wonnesaugen die reibende Berührung gewisser empfindlicher Körperstellen, der Brust, der äußeren Genitalien. Auf diesem Wege gelangen viele Kinder vom Ludeln zur Masturbation." (ebd., S. 80f)

In einer Fußnote hierzu heißt es:

> „Hier erweist sich bereits, was fürs ganze Leben Gültigkeit hat, dass sexuelle Befriedigung das beste Schlafmittel ist. Die meisten Fälle von nervöser Schlaflosigkeit gehen auf sexuelle Unbefriedigung zurück. Es ist bekannt, dass gewissenlose Kinderfrauen die schreienden Kinder durch Streichen an den Genitalien einschläfern." (ebd., S. 81)

Das Ausleben der Partialtriebe ist kein revolutionärer Akt mehr, sondern ist funktional, dient einem Zweck: dem Einschlafen, ersetzt auf natürlichem Weg chemische Schlaftabletten. Und Freud deckt das alles auf, um den Menschen zu helfen, besser zu schlafen. Freud ist eben Arzt. Er hat das Wohl der Mitmenschen stets vor Augen.

Noch hat Freud nicht alle Möglichkeiten durchgespielt, wie seiner Meinung nach sexuelle Perversion und Grausamkeit entstehen können. Sie können aufgrund einer starken genetischen Anlage erblühen, sie können aber auch verstanden werden als ein Teil der *normalen* menschlichen Sexualität; es kann aber auch sein, dass die allzu starke Abwehr der *normalen* sexuellen Regungen mit der Pubertät zu *Umleitungen* führt. Des Weiteren kann der große Verführer eine Rolle spielen.

> „Das Kind verhält sich hierin nicht anders als etwa das unkultivierte Durchschnittsweib, bei dem die nämliche polymorph perverse Veranlagung erhalten bleibt. Dieses kann unter den gewöhnlichen Bedingungen etwa sexuell normal bleiben, unter der Leitung eines geschickten Verführers wird es an allen Perversionen Geschmack finden und dieselben für seine Sexualbetätigung festhalten. Die nämliche polymorphe, also infantile, Anlage beutet dann die Dirne für ihre Berufstätigkeit aus, und bei der riesigen Anzahl der prostituierten Frauen und solcher, denen man die Eignung zur Prostitution zusprechen muss, obwohl sie dem Beruf entgangen sind, wird es endgültig unmöglich, in der gleichmäßigen Anlage zu allen Perversionen nicht das allgemein Menschliche und Ursprüngliche zu erkennen." (ebd., S. 92)

Nach Freud spricht doch einiges dafür, einfach allen Menschen einen deutlichen Hang zur Perversion zuzusprechen. Diese Anlage bedarf aber eines günstigen Klimas, um sich gut zu entwickeln. Und dieses Klima ist für Freud der Verführer, der der Frau überlegene Mann, der ihr ihre Abgründe der Lust zu enthüllen verhilft.

4.5 · Freud denkt Böse

Freud teilt uns aber auch in diesem Zitat seine massive Angst vor dem unkultivierten Durchschnittweib mit, die, in großen Massen auftretend (sind nicht alle Frauen unkultivierte Durchschnittsweiber?), Freud gleichsam umzingelt und ihn unmissverständlich dazu auffordert, perversen Sex mit ihr zu haben. Und zwar sofort. Für immer. Die eigentliche Verführerin ist die schamlose Frau, vor der Freud auf der Hut sein muss. Ein ganzes Leben lang muss Freud diesen Kampf führen.

Wir sind noch nicht an das Ende von Freuds Interpretationen der Perversionen und der Grausamkeit angelangt. Sie scheinen für ihn ein großes Rätsel zu sein, dem er vermutlich genüsslich nachspürt. Das darf er nur nicht schreiben.

> „In noch größerer Unabhängigkeit von der sonstigen, an erogene Zonen gebundenen Sexualbetätigung entwickelt sich beim Kinde die Grausamkeitskomponente des Sexualtriebes. Grausamkeit liegt dem kindlichen Charakter überhaupt nahe, da das Hemmnis, welches den Bemächtigungstrieb vor dem Schmerz des anderen haltmachen lässt, die Fähigkeit zum Mitleiden, sich verhältnismäßig spät ausbildet. Die gründliche psychologische Analyse dieses Triebes ist bekanntlich noch nicht geglückt; wir dürfen annehmen, dass die grausame Regung vom Bemächtigungstrieb herstammt und zu einer Zeit im Sexualleben auftritt, da die Genitalien noch nicht ihre spätere Rolle aufgenommen haben." (ebd., S. 93f)

Warum sich die Fähigkeit zum Mitleiden relativ spät ausbildet, diese Aussage belegt Freud nicht. Er sagt auch nicht, wann.

Angesichts einer fehlenden hinreichend gut erklärenden Interpretation der kindlichen Grausamkeit kann Freud weitere Überlegungen anschließen:

> „Kinder, die sich durch besondere Grausamkeit gegen Tiere und Gespielen auszeichnen, erwecken gewöhnlich mit Recht den Verdacht auf intensive und vorzeitige Sexualbetätigung von erogenen Zonen her, und bei gleichzeitiger Frühreife aller sexuellen Triebe scheint die erogene Sexualbetätigung doch die primäre zu sein." (ebd., S. 94)

Sexuelle Begierden verfrüht umgesetzt, vieles schon erfahren und ausgereizt – dann muss ein bisschen Grausamkeit her, um überhaupt noch in Wallung zu geraten. De Sades Ungeheuer werden ähnlich beschrieben. Der Exzess und der Überdruss treiben sie in die Arme der Gewalt. Das klingt bei Freud fast ein bisschen wie die Äußerungen von Ärzten im 18. und 19. Jahrhundert, dass Masturbation zu Rückenmarksschwund führe. Sprich: Freud wechselt die Seite und wandert zu den Warnern in Sachen Aufweichung der Sexualmoral.

Doch damit hat sich der Strauß an Interpretationen bei Freud noch nicht erschöpft.

> „Als eine erogene Wurzel des passiven Triebes zur Grausamkeit (des Masochismus) ist die schmerzhafte Reizung der Gesäßhaut allen Erziehern seit dem Selbstbekenntnis Jean Jaques Rousseaus bekannt. Sie haben hieraus mit Recht die Forderung abgeleitet, dass die körperliche Züchtigung, die zumeist diese Körperpartie trifft, bei allen Kindern zu unterbleiben habe…" (ebd., S. 94)

Auch hier weist Freud auf die verheerenden Folgen der Onanie, der Züchtigung, etc. hin. Masochismus gilt dann als erziehungsinduziert und als Übel. Freud ist es offenbar nicht peinlich, Plattitüden zu präsentieren.

Interessanterweise gibt er an, „Emile" von Rousseau zu kennen. Aber in Sades Werk hat er angeblich keinen Blick geworfen.

Wer jetzt erleichtert vermerken könnte, dass mit dem Sammeln von Plattitüden des gesunden Menschenverstands Freuds Auflisten der Ursachen von Perversionen sich dem Ende zuneigen könnte, der irrt.

> „Werden Kinder in so zartem Alter Zuschauer des sexuellen Verkehrs zwischen Erwachsenen, wozu die Überzeugung der Großen, das kleine Kind könne noch nichts Sexuelles verstehen, die Anlässe schafft, so können sie nicht umhin, den Sexualakt als eine Art Misshandlung oder Überwältigung, also im sadistischen Sinne aufzufassen. Die Psychoanalyse lässt uns auch erfahren, dass ein solcher frühkindlicher Eindruck viel zur Disposition für eine spätere sadistische Verschiebung des Sexualzieles beiträgt." (ebd., S. 97)

Wer überwältigt wen? Es ist vermutlich der Mann, der überwältigt, sozusagen in den Augen des Kindes die Frau vergewaltigt. Warum daraus ein Hang zum Sadismus beim Kind entstehen soll, darauf bleibt Freud eine Antwort schuldig. Es könnte doch gut sein, dass das Kind als Erwachsener von der Sexualität dann doch lieber ganz die Hände lassen will. In Freuds Denkansatz scheint es für das Kind attraktiv zu sein, in die Rolle des Überwältigers zu schlüpfen. Aber warum?

Freud will mit den letzten drei Interpretationsfolien einen Beitrag zur Prävention von Perversionen liefern: 1. Eltern stoppt die verfrühte Sexualbetätigung eurer Kinder; 2. züchtigt sie nicht; 3. verhindert eine teilnehmende Beobachtung eurer Kinder bei eurem Sex! Wenn ihr all das beachtet, dann hat der perverse Sex keine Chancen und wird nicht manifest.

Freud liefert mit seinem Räsonieren über die Perversionen nicht nur ein Argument dafür, wie vielschichtig und multiperspektivisch Hermeneutik verfahren kann, er legt auch offen, dass die Interpretationen vollkommen widersprüchlich sein können, nahezu fragmentiert. Sie ergeben kein Bild, nicht einmal Bilder. Auf diese Weise kann sich das Böse unauffällig davon schleichen, weil es mit den Interpretationen nicht greifbar wird.

Freud entpathologisiert die Perversionen, er normalisiert sie, er integriert sie damit ansatzweise in die Psyche; zugleich versteckt er das Böse, in dem es eben zu den psychosexuellen Phasen dazu gehört. Es wird damit alltäglich. Warum sollte ich deshalb ein schlechtes Gewissen haben?

4.6 Gott und so

Es ist sonnenklar, dass de Sade gegen Religion ist, zumindest gegen sie wettert, auch wenn er vielleicht selbst religiöser ist, als er selbst vermutet (siehe weiter oben).

Der Aufklärer Freud erblickt in der Religion, in den Religionen, Unheil. Seine Argumentation hierzu hat Ähnlichkeiten zu der de Sades. Entfaltet wird sie in *Die Zukunft einer Illusion* (1989, 1927). Wie üblich fällt Freud nicht mit der Tür ins Haus, sondern spannt erst einmal einen breiteren Rahmen: zum Verhältnis von Kultur und Individuum; er betont, dass die Idee des Goldenen Zeitalters schon immer eine Illusion gewesen ist.

> „Es scheint vielmehr, dass sich jede Kultur auf Zwang und Triebverzicht aufbauen muss; es scheint nicht einmal gesichert, dass beim Aufhören des Zwangs die Mehrzahl der menschlichen Individuen bereit sein wird, die Arbeitsleistung auf sich zu nehmen,

4.6 · Gott und so

deren es zur Gewinnung neuer Lebensgüter bedarf. Man hat, meine ich, mit der Tatsache zu rechnen, dass bei allen Menschen destruktive, also antisoziale und antikulturelle Tendenzen vorhanden sind und dass diese bei einer großen Anzahl von Personen stark genug sind, um ihr Verhalten in der menschlichen Gesellschaft zu bestimmen." (S. 141)

Das wäre die eine Seite; die andere besteht daraus, dass eine Gesellschaft nicht übermäßig repressiv sein darf.

> „Es braucht nicht gesagt zu werden, dass eine Kultur, welche eine so große Zahl von Teilnehmern unbefriedigt lässt und zur Auflehnung treibt, weder Aussicht hat, sich dauernd zu erhalten, noch es verdient." (ebd., S. 146)

Menschen müssen arbeiten, Menschen müssen zur Arbeit gezwungen werden. Aber:

> „Da sind Elemente, die jedem menschlichen Zwang zu spotten scheinen, die Erde, die bebt, zerreißt, alles Menschliche und Menschenwerk begräbt, das Wasser, das im Aufruhr alles überflutet und ersäuft, der Sturm, der es wegbläst, da sind die Krankheiten, die wir erst seit kurzem als die Angriffe anderer Lebewesen erkennen, endlich das schmerzliche Rätsel des Todes, gegen den bisher kein Kräutlein gefunden wurde und wahrscheinlich keines gefunden werden wird." (ebd., S. 150)

Trotz aller so genannter Fortschritte der Naturbeherrschung ist der Mensch dem Schicksal und der Natur hilflos ausgeliefert.

> „Wie für die Menschheit im Ganzen, so ist für den Einzelnen das Leben schwer zu ertragen." (ebd.)

Freud ist der letzte, der davon sprechen/schreiben würde, dass es möglich ist, im Leben glücklich zu werden. Aber es gebe Leidenslinderungsstrategien.

> „Die Aufgabe ist hier eine mehrfache, das schwer bedrohte Selbstgefühl des Menschen verlangt nach Trost, der Welt und dem Leben sollen ihre Schrecken genommen werden, nebenbei will auch die Wissbegierde der Menschen … eine Antwort haben." (ebd.)

Wir ahnen bereits Freuds Antwort darauf, wie Trost für den Menschen zu ermöglichen ist. Es soll die Religion sein, die tröstet.

> „An die unpersönlichen Kräfte und Schicksale kann man nicht heran, sie bleiben ewig fremd. Aber wenn in den Elementen Leidenschaften toben wie in der eigenen Seele, wenn selbst der Tod nichts Spontanes ist, sondern die Gewalttat eines bösen Willens, wenn man überall in der Natur Wesen um sich hat, wie man sie aus der eigenen Gesellschaft kennt, dann atmet man auf, fühlt sich heimisch im Unheimlichen, kann seine sinnlose Angst psychisch bearbeiten. Man ist vielleicht noch wehrlos, aber nicht mehr hilflos gelähmt, man kann zumindest reagieren." (ebd.)

Religion hat nach Freud eine immens wichtige Funktion. Sie erwirkt für den Menschen ein sinnvolles Außen, dieses ist nicht mehr sinnlos; und der Mensch kann das Außen beeinflussen, den Göttern opfern, beten, beschwören.

> „Die Götter behalten ihre dreifache Aufgabe, die Schrecken der Natur zu bannen, mit der Grausamkeit des Schicksals, besonders, wie es sich im Tode zeigt, zu versöhnen und für die Leiden und Entbehrungen zu entschädigen, die dem Menschen durch das kulturelle Zusammenleben auferlegt werden." (ebd., S. 152)

Wenn Freud so argumentiert, dann wäre es naheliegend, dass er die Religion verteidigt. Das tut er jedoch nicht. Sein wissenschaftlicher Verstand duldet keine Illusionen, und Religion ist für ihn Illusion, nicht beweisbar. Und er plädiert dafür, sich mit Religion nicht narzisstisch zu überhöhen.

> „Wer nicht weiter geht, wer sich demütig mit der geringfügigen Rolle des Menschen in der großen Welt bescheidet, der ist vielmehr irreligiös im wahrsten Sinne des Wortes." (ebd., S. 167)

Erschwerend käme nach Freud hinzu, dass die Hoffnung, Religion tröste und mache glücklicher, nicht zutreffe. Im Gegenteil.

> „Dadurch, dass er seine Erwartungen vom Jenseits abzieht und alle freigewordenen Kräfte auf das irdische Leben konzentriert, wird er wahrscheinlich erreichen können, dass das Leben für alle erträglich wird und die Kultur keinen mehr erdrückt." (ebd., S. 183)

Sich in diesem Leben besser einrichten und nicht (umsonst) warten auf … das Jenseits, dafür plädiert Freud.

Rational bleiben wie die Aufklärer, dafür spricht sich Freud aus. Dies Ansinnen ist die Klammer zwischen Freud und de Sade.

4.7 Zusammenfassung

De Sades Heldinnen und Helden sind komplexe Wesen. Sie sind gebildet, sie schätzen Umgangsformen, gutes Essen, edle Kleidung. Und sie lieben es, böse zu sein. Kein Autor hat inständiger darauf hingewiesen, dass das Böse im Menschen präsent ist und gelebt werden muss, dafür aber eine Form gefunden werden muss, die *human* ist. Diese Form war für de Sade die Phantasie. Wer das Böse in sich anerkennt und ihm eine gedankliche Figur gibt, der muss nicht mehr böse handeln. Wer das Böse phantasmatisch integriert, der ist quasi geheilt. Der Mensch jedoch, der sich durch und durch gut fühlt, der wird böse handeln, so quasi die Prognose de Sades. Wir müssen also das Böse denken.

Freuds Ansatz sieht nicht viel anders aus. Die Sexualität muss nicht gelebt werden, damit jemand psychisch relativ gesund bleibt; sie muss nur bewusst sein. Seine an Hysterie Erkrankten müssen nur erkennen, welche sexuellen Phantasien sie haben.

Sexualität als Trieb droht den Menschen zu zerreißen (Freud) und fortzureißen (Sade). Wissen wir nicht um unsere sexuellen Wünsche, dann werden wir krank (Freud). Die sexuellen Wünsche führen unausweichlich zur phantasmatischen Grausamkeit (de Sade).

Das Sexuelle ist mit dem Bösen potenziell liiert, nicht nur, weil die Lust am Sex mit der an Gewalt verlötet werden kann, nicht nur, weil der Sex in den Augen Sades und Freuds polymorph-pervers ist und damit mit psychischen und physischen Abgründen verbunden ist, sondern auch, weil er im prinzipiellen Konflikt mit dem Über-Ich, dem Gewissen steht, mit den normativen moralischen gesellschaftlichen Erwartungen. Der Sex ist in der Position des Rebellischen, das gerne dazu neigt, gewaltsam alle Arten von Verboten zu überschreiten.

Tat und Täter

5.1 Massenmörder – 122

5.2 Mao Zedong – 123

5.3 Der Nutzen des Desasters oder das Kalkül als Vorwand – 125

5.4 Zusammenfassung – 128

© Springer Fachmedien Wiesbaden GmbH, ein Teil von Springer Nature 2018
C. Klotter, *Warum der Spaß am Bösen ein Teil von uns ist*,
https://doi.org/10.1007/978-3-658-18638-8_5

5.1 Massenmörder

Den Massenmördern des 20. Jahrhunderts wäre das Verbleiben in einer imaginären Welt und der imaginierte Mord an dem anderen à la de Sade zu wenig gewesen, auch einem Krieger wie Jünger. Schließlich prahlten sie damit, Männer der Tat zu sein. So wie Jünger. Sie schienen umso ruhmreicher, je mehr Menschen sie umgebracht hatten. Dr. Werner Best, ranghoher Mitarbeiter des Reichssicherheitshauptamtes, formuliert das so:

» „Nicht der Sieg entscheidet über den Wert des Kampfes, die Hoffnung auf den Sieg darf nicht einmal bestimmend sein für den Kämpfenden… Die Bejahung des Kampfes auf verlorenem Posten für eine verlorene Sache ist das Kriterium der neuen Haltung." (zitiert nach Burleigh 2000, S. 232), siehe auch Herbert (1996).

Prototypisch für die Männer der Tat ist Otto Ohlendorf, Führer der Einsatztruppe D, der bei den Nürnberger Prozessen freimütig, nüchtern, gleichgültig, ja fast heiter gesteht:

» „Währenddessen ich Führer der Einsatztruppe D war, liquidierte sie ungefähr 90.000 Männer, Frauen und Kinder." (zitiert nach Klee 2003, S. 443)

Ohlendorf beeindruckte bei den Nürnberger Prozessen durch seine freundliche und zugewandte Art. Die Frauen fanden ihn sehr charmant (Klotter und Beckenbach 2012).

Zugleich verwandelt sich dieses unendliche reale Morden der Bests und Ohlendorfs in etwas Unwirkliches. Es soll eine Theorie, eine Ideologie bestätigen. Es soll all das beseitigen, das das uneingeschränkte Wirken einer Ideologie beeinträchtigen, verunreinigen könnte. Aber genau dieses Vorhaben muss scheitern. Der Referent, das Reale, die Welt stellt sich prinzipiell entgegen. Sie lässt die Totalität der Ideologie scheitern.

Die Massenmörder haben möglicherweise nur darauf hingearbeitet, am Realen zu scheitern, um dann als armselige menschliche Würmer in den Nürnberger Prozessen auf den Plan zu treten. Das sollen wirklich die mächtigen NS-Funktionäre gewesen sein? Die Lenker der Shoah? Die einzige Ausnahme bildet, wie eben kurz ausgeführt, Otto Ohlendorf, der als lächelnder Charmeur die Anklagebank betritt (Klotter und Beckenbach 2012).

Die Nazis scheitern am Realen. Vergleichbares gilt für die Wissenschaftstheorie. Die unterschiedlichen Varianten des wissenschaftstheoretischen Konstruktivismus schaffen letztlich nicht die Ausschaltung von Welt, auch wenn so viele dies gehofft hatten. In der Subsumption von Welt werden sie zumindest vom Realen beschmutzt. Beschmutzt meint, dass möglicherweise nur die Theorie oder ein religiöses System Reinheit und Konsistenz und Selbstgenügsamkeit zu versprechen vermag. Für diese ist das Reale stets das potenziell Böse, das sich Entgegenstellende, an dem die reine Theorie zerschellt oder unterzugehen droht. Deshalb sind die meisten Religionen antimateriell eingestellt. Die Materie beeinträchtigt die reine Theorie, das reine System. Deshalb stellt jede Religion zahlreiche Regeln darüber auf, wie die Menschen zu leben haben, wissend, dass die Regeln nicht eingehalten werden. Auch hier scheitert sie wieder: die Reinheit der Theorie.

Die Nazis verbinden so die traditionelle Idee der absoluten Theorie oder Religion mit moderner empirischer Forschung. Im empirischen Feld wird all das vernichtet, was die Theorie stören könnte. Die Nazis waren konsequente Konstruktivisten.

Sade hingegen ist ein Zwitter. Er verlässt das Imaginäre nicht und will es zugleich als das reine System demontieren. Beispiel für Letzteres ist das Phantasieprodukt Justine und ihr Vorhaben, tugendhaft zu bleiben. Sie scheitert am Realen, an den realen Machtverhältnissen. Das Missgeschick der Tugend ist auch das Missgeschick der imaginären Organisation von Welt.

5.2 Mao Zedong

Dabringhaus (2008) schreibt eine Biographie über Mao Zedong. Die Serie der von ihm angerichteten Desaster begründet sie mit seinem politischen Agieren. Aus diesen und jenen politischen Erwägungen habe er dies und das machen müssen. Dass die von ihm ausgelösten Katastrophen möglicherweise nur um der Katastrophe willen geschehen sind, zieht sie nicht in Betracht, also das nicht, dass für den *Action*helden permanent ein Desaster passieren muss, welches auch immer.

Auch bei Mao muss der Held sich körperlich ertüchtigen

> „als Voraussetzung für die emotionale Ausgeglichenheit und für die Herausbildung eines starken Willens, auf dem wiederum eine starke Nation aufbaue." (ebd., S. 13)

Auch ein Vertreter des aufgeklärten Absolutismus wie Friedrich II. könnte so argumentieren.

Fast wie eine Szene aus „Lethal Weapon" oder „Dy Hard" mutet folgende *Szene* aus Maos frühen Kriegserfahrungen an.

> „Noch bevor seine Truppe jedoch den Angriff auf Changsha beginnen konnte, wurde Mao gefangen genommen und entkam nur mit knapper Not seiner Exekution. Die Reste seiner Division gerieten in einen Hinterhalt und wurden fast vollständig vernichtet." (ebd., S. 31)

Von Anfang an fackelt er nicht lange.

> „Unter dem Vorwand der Konterrevolution ließ er diese Opposition gewaltsam unterdrücken. Bis zu 4000 Menschen bezahlten den Konflikt mit ihrem Leben." (ebd., S. 32)

Dabringhaus sucht für das Morden einen Grund, „den Konflikt". Aber es ging Mao vermutlich weniger um diesen „Konflikt", denn um Machtausübung mit martialischer Gewalt. Für diesen *Spaß* lassen sich tausende Gründe und „Konflikte" finden.

> „Was ursprünglich als Auseinandersetzung Maos mit Parteigenossen um die Radikalität der Landreform begonnen hatte, entwickelte sich zu einer neunmonatigen Terror- und Säuberungswelle, der mehrere tausend Menschen zum Opfer fielen." (ebd., S. 35)

Boys just wanna have fun.

Aber nicht allein das Morden macht Spaß. Wie bei de Sade ist auch für Mao Bildung wichtig:

> „… machte er sich intensiver mit den Schriften des Marxismus-Leninismus vertraut und trat selbst als Autor vor allem zu politischen und militärischen Themen hervor." (ebd., S. 52)

Mao ist eben ein feiner Kerl. Der kann echt lesen und schreiben.

In Maos Person vereinigen sich die Tat des Mordens und der empirische Blick.

> „Von Beginn seiner politischen Karriere an hatte er immer großen Wert auf das Lernen aus der revolutionären Praxis gelegt und dabei auch persönlich an empirischen Untersuchungen teilgenommen. In dem Beitrag 'Über die Praxis' zog Mao daraus den Schluss, dass Wissen in einem fortschreitenden Prozess revolutionärer Praxis immer wieder überprüft und neu definiert werden müsse." (ebd., S. 53)

Dabringhaus betont immer wieder, dass sein politisches Handeln eben genau dem nicht entsprochen hatte. Von kritischer Reflexion, vom Überprüfen seines Tuns war er weit entfernt. Mao hat lieber spontan gemordet.

Ähnlich wie bei de Sade macht das Morden mehr Spaß, wenn es entsprechend vorbereitet wird. Einem Schriftsteller, der Mao und die Partei in einem Zeitungsbeitrag kritisiert hat, widerfährt folgendes:

> „Gegen Wang Shiwei fand als abschreckendes Beispiel ein Schauprozess statt. Zwei Wochen lang mussten seine Kollegen ihn in Kritikveranstaltungen öffentlich denunzieren. Danach wurde er aus dem Schriftstellerverband und der Partei ausgeschlossen und erhielt Publikationsverbot. Im Oktober folgte seine Inhaftierung unter dem Vorwurf der Spionage. Zusammen mit etwa zweihundert anderen Intellektuellen verschwand Wang Shiwei in einem kommunistischen Geheimgefängnis. Dort wurde er … 1947 hingerichtet." (ebd., S. 59)

Nicht nur die Presse ist von Folter und Mord bedroht. Die eigene Partei wird *gesäubert*. Mao spricht von „Rettungsmaßnahme", „da die Opfer nach einem zum Teil unter Folter erzwungenen Geständnis die Möglichkeit erhielten, sich zu 'bessern'." (ebd., S. 59) Klar ist: Niemand ist sicher. Auch die *richtige* Parteizugehörigkeit hilft nicht. Jeder ist von Terror wahllos bedroht – eine besondere Form von Gerechtigkeit. Eine Juliette, die sich retten kann, existiert bei Mao nicht. Nach der Staatsgründung 1949 wird die Gewaltherrschaft ausgebaut.

> „In 'Kampagnen zur Unterdrückung von Konterrevolutionären' wurden innerhalb von sechs Monaten 710.000 Menschen hingerichtet oder in den Selbstmord getrieben. Mindestens 1,5 Millionen Chinesen verschwanden in Arbeitslagern." (ebd., S. 67)

Hätte de Sade all dies gewusst, er wäre aus dem Staunen nicht herausgekommen. Seine Helden kommen an die Perfidie Maos in keiner Weise heran.

Die ländlichen Grundherren sollen eliminiert werden, so der Befehl Maos.

> „Mao bestand darauf, dass nicht die Vertreter der öffentlichen Sicherheitsorgane diese Maßnahme durchführten, sondern die Dorfbewohner selbst." (ebd., S. 68)

Alle sollen sich die Hände schmutzig machen. Etwa eine Million Grundherren und ihre Angehörigen werden innerhalb von drei Jahren liquidiert (ebd., S. 69).

> „Die Säuberung der Städte erfolgte ab Herbst 1951 durch drei Kampagnen: Unter der Bezeichnung 'Drei-Anti' wurde gegen Korruption, Verschwendung und Bürokratismus vorgegangen. Die 'Fünf-Anti'-Kampagne richtete sich gegen Bestechung, Steuerhinterziehung, Betrug, Veruntreuung und Verrat von Staatsgeheimnissen. Allein diese beiden Kampagnen forderten mehrere Hunderttausend Menschenleben und brachten etwa zwei Milliarden US-Dollar aus Privatvermögen in die Staatskasse." (ebd.)

Die dritte Kampagne richtet sich gezielt gegen Intellektuelle.

Auffällig sind die schwammig formulierten Antis. Jeder Mensch kann verdächtigt werden, Verschwendung betrieben zu haben, etc. Und der Terror findet wie schon bei seinem Ur-Modell, der Französischen Revolution, im Namen der Tugend statt.

1956 gibt Mao die Parole aus „Lasst hundert Blumen blühen und hundert Schulen miteinander wetteifern" (ebd., S. 77) und will damit eine offene öffentliche Diskussion anregen. Doch wer auf diese Parole herein fällt, hat schlechte Karten.

> „In der nachfolgenden Säuberungskampagne wurden 520.000 'Rechtsabweichler' zu Arbeitslager oder Landarbeit verurteilt." (ebd., S. 79f)

Müsste ein altehrwürdiger Psychiater Maos Verhalten beurteilen, so würde er von double bind sprechen, von einem grundlegend widersprüchlichen Verhalten, das den anderen in die Falle führt. Es ist vollkommen unmöglich, es Mao Recht zu machen. Das Arbeitslager wartet daher auf alle. Alle werden in das Desaster hinein gezogen.

> „Im Plenum des ZK entwarf Mao im Oktober 1957 seine Vision einer ökonomischen Revolution auf dem Lande. China sollte die weltweit höchste Getreideproduktion erreichen und seine Stahlproduktion innerhalb von fünfzehn Jahren vervierfachen. Die dazu notwendige Mobilisierung der Bevölkerung wurde zunächst in einer landesweiten Vernichtungskampagne gegen die vier großen Plagen Ratten, Spatzen, Fliegen und Moskitos geübt. Es gelang zwar, die Bevölkerung zu diesem Feldzug zu veranlassen und tatsächlich alle Spatzen zu vernichten, allerdings zerstörten die daraufhin überhandnehmenden Insekten die Getreidefelder. Im nächsten Jahr wurden Wanzen zum Ziel der Kampagne erklärt." (ebd., S. 80)

Für Mao gehörten diese Prozesse zur strategischen Umsetzung seiner Vision vom „Großen Sprung". Kritiker hiervon bekamen seinen Terror zu spüren.

> „Die nun folgende Kampagne gegen 'Rechtsopportunismus' traf bis zu sechs Millionen Kritiker des Großen Sprungs, die ihre Posten verloren und in Gefängnissen oder Arbeitslagern verschwanden. Bei den meisten handelte es sich um Parteimitglieder und Beamte der niedrigen Verwaltungsebene." (ebd., S. 84)

Aber noch viel schlimmer habe es Millionen von Menschen getroffen, die in der Folge des Großen Sprungs verhungert seien.

Maos Leben endet erst Mitte der 70er Jahre. Altersweise ist er nicht geworden. Ein Desaster nach dem anderen hat er angerichtet. Von ihnen wie etwa der Kulturrevolution zu berichten, lohnt hier nicht, weil die Struktur der Gewalt dieselbe bleibt.

5.3 Der Nutzen des Desasters oder das Kalkül als Vorwand

Dabringhaus (2008) resümiert in den Schlussbetrachtungen zu Mao:

> „Im Mittelpunkt eines historischen Urteils über Mao Zedong, das kein endgültiges sein kann, muss die Widersprüchlichkeit dieser Person stehen. Sie findet sich nicht nur in seinem Charakterbild und in seiner Politik, sondern auch in der Bilanz seiner Wirkung. Angesichts der Millionen von Hungertoten der Jahre 1959 bis 1962 und der Opfer der Kulturrevolution war er zweifellos einer der großen Verbrecher im 'Zeitalter der Extreme'. Es muss aber auch gesehen werden, dass Mao, in dieser Hinsicht gewissermaßen der Bismarck Chinas, das Land als Nationalstaat neu begründet

und dass er, anders als Hitler, keinen zwischenstaatlichen Krieg begann… Dennoch bleibt er im Unterschied zu Hitler und Stalin eine nationale Identifikationsfigur, die auch im Weltbild vieler Chinesen eine wichtige Phase der gemeinsamen Geschichte verkörpert." (S. 122f)

Da sollten wir uns schon fragen, warum der überaus grausame Mao eine Identifikationsfigur in China geblieben ist.

Und Dabringhaus legt es nahe, sie schließt es zumindest nicht aus, dass Maos Terror notwendig war, um China als Land zu einen. Wo gehobelt wird, da fallen eben Späne. Das von Mao angerichtete Desaster, die von Mao unentwegt angerichteten Desaster, bekämen so die Rechtfertigung als Mittel der Vernunft und des Nutzens. Sie erscheinen als nahezu unausweichlich.

Was aber, wenn das eine mit dem anderen nichts zu tun hätte? Was, wenn Mao China ohne Terror hätte einen können? Was, wenn seine Desaster purer *Luxus* gewesen wären? Eine starke Hand, selbst eine diktatorische, muss ja nicht die Hand des Terrors sein.

Dabringhaus legt eine Logik nahe, dass das, was geschehen ist, doch durchaus begründbar ist, begründbar sein muss: Die Einung Chinas muss wohl anders als mit Terror nicht möglich gewesen sein.

Was aber, wenn das Desaster eben nie einer Logik folgt, und dies genau seine Definition ist? Das Desaster muss so willkürlich und unberechenbar sein. Es muss alles überschreiten, was denkbar ist.

Overy (2005), der die Diktaturen Hitlers und Stalins vergleicht, muss als Historiker die Entstehung dieser beiden Diktaturen beleuchten und setzt sich aber auch der Gefahr aus, den Terror rational zu begründen.

> „Die Diktaturen waren das Produkt politischer, kultureller und intellektueller Kräfte, die den gemeinsamen Bestand Europas zu Beginn des 20. Jahrhunderts ausmachten." (S. 20)

Das mag ja sein, aber der Terror ist damit nicht zu erklären.

> „Der gemeinsame Nenner waren die Auswirkungen des Ersten Weltkriegs. Keiner der beiden Diktatoren hätte je die Macht in zwei der größten und mächtigsten Staaten der Welt an sich reißen können ohne diese Umwälzung. Der Krieg war für die europäische Gesellschaft ein schweres Trauma, doch für die deutsche und russische Gesellschaft ein tieferer Umbruch als für die blühenden und politisch stabilen Staaten Westeuropas und Nordamerikas. Stalin war ein Geschöpf der bolschewistischen Revolution vom Oktober 1917, die das monarchistische Russland innerhalb weniger Jahre umgestaltete; Hitlers radikaler Nationalismus entwickelte sich während der moralischen und materiellen Auflösung des besiegten Deutschlands, als die alte kaiserliche Ordnung zerfiel." (ebd., S. 20f)

„Blühten" England und Frankreich nach dem Ersten Weltkrieg? Bedeuten Bolschewismus und Nationalismus notwendig Terror? Lenin war ja auch kein Massenmörder. Bismarck auch nicht. Die Verstehenskultur der Historiker wie Overy kippt so leicht und unversehens in die Legitimation des Terrors.

> „Er (Stalin; A. d. A.) fühlte sich zu der kompromisslosen revolutionären Denkweise des russischen Marxismus und den einfachen Lehren des Klassenkampfs hingezogen. Er schloss sich der Untergrundbewegung an und lebte während der nächsten siebzehn Jahre seines Lebens in deren düster beleuchteten und gefährlichen

5.3 · Der Nutzen des Desasters oder das Kalkül als Vorwand

Katakomben. Hier lernte er zu überleben, indem er die eigene Person auslöschte; aus Jossif Dschugaschwilli, dem Namen, den er bei seiner Geburt erhielt, wurde zunächst 'Koba', dann zeitweilig 'David', 'Nischewadese', 'Tschischikow', 'Iwanowitsch', bis er irgendwann kurz vor Ausbruch des Krieges 1914 den Namen Stalin annahm, der aus dem russischen Wort für 'Stahl' abgeleitet war. Er ging völlig im politischen Kampf auf, las extensiv, schrieb mehr, als seine späteren Kritiker ihm zugestehen wollten, und beging Banküberfälle im Dienste seiner Sache." (ebd., S. 35)

Wie die heutigen IS-Terroristen war er ein Krimineller, der wie diese auch sich ein politisches Gewand strickte, um seine Taten zu legitimieren. Die marxistische Ideologie veredelte seine terroristische Gesinnung.

Offenkundig entsteht der Terror aus dem Nichts. Stalin war insubstanziell;

> „… und in denen er Stalin als einen 'grauen Fleck' bezeichnete; bekräftigt wurde dies durch Trotzkijs spätere giftige Charakterisierung Stalins als die 'herausragende Mittelmäßigkeit' der Partei'. Die Auffassung, Stalins Persönlichkeit sei flach und farblos, und seine geistigen Fähigkeiten seien beschränkt gewesen, war verbreitet." (ebd., S. 38)

Und:

> „Er war grob und unverblümt und neigte dazu, andere zu beschimpfen … Unfähig, Höflichkeit zu ertragen, völlig unsicher im gesellschaftlichen Verkehr (bei einem Essen mit den Alliierten 1943 musste er sich verlegen erklären lassen, wie er das Besteck neben seinem Teller benutzen sollte), ohne Stattlichkeit in seiner äußeren Erscheinung, nahm Stalin Zuflucht zu einem brüsken, ja tyrannischen Benehmen. Bescheiden im Auftreten gegenüber Personen, bei denen er etwas erreichen wollte, konnte er gegenüber Untergebenen jähzornig, vulgär, distanziert oder herrisch sein und unbarmherzig grausam gegenüber denen, die er aus persönlichen Gründen als seine Feinde ansah." (ebd., S. 39)

So wird ihm auch dieses Zitat zugeschrieben:

> „Das Schönste im Leben ist, ein Opfer auszusuchen, den Schlag sorgfältig vorzubereiten, hart zuzuschlagen und dann zu Bett zu gehen und friedlich zu schlafen." (ebd., S. 40)

Im Terror schlägt das Nichts zu.

Schreckliche Taten zu begehen, macht Stalin, Hitler, Mao nichts aus. Sie provozieren kein schlechtes Gewissen in ihnen. Aber schreckliche Taten dürfen nicht einfach schreckliche Taten sein. Sie wollen also mit den *Helden* Sades nichts zu tun haben, die wissen und sagen, dass sie von Grund auf böse sind. Die grausamen Diktatoren des 20. Jahrhunderts legen allergrößten Wert darauf, dass ihre Taten für die gute Sache stehen. Sie gebrauchen und missbrauchen Ideologien wie den Sozialismus, den Nationalismus, um ihr Tun zu rechtfertigen. Ohne sie ständen sie nackt da, auch sich selbst gegenüber. Sie wollen nichts weniger wissen, als dass sie nur billige Massenmörder sind.

Die Ideologien immunisieren so gegen Selbstzweifel. Die Massenmorde belegen dann, wie angeblich wichtig die Ideologien für die Diktatoren sind. Das Quantum an Toten erscheint so als Ausdruck ihrer politischen Leidenschaft. Das Meer an Leichen ist der über jeden Zweifel erhabene Indikator für ihren politischen Willen. Es korreliert dem Anschein nach hoch mit dem politischen Gestaltungswillen der Stalins. Trotz immenser

Schwierigkeiten wird an den politischen Zielen festgehalten. Das Meer an Leichen dokumentiert die Unerbittlichkeit, mit der Stalin den Sozialismus in der Sowjetunion aufrechterhalten will, mit der Mao die Einheit Chinas bewahren will, mit der Hitler das deutsche Volk von *Ungeziefer* befreien will.

Aber was, wenn Mao, Stalin, Hitler nur ideologische Vorwände benutzt hätten, um als unüberwindbare Helden der Tat zu erscheinen, um das empirische Feld des Todes neu abstecken zu können? Die Drei bilden so die Speerspitze des fragmentierten Subjekts der Moderne. Sie verachten zwar alle die Ideen der Aufklärung, aber in einem Punkt fühlen sie sich der Moderne verbunden: Sie wollen gute Menschen sein. Sie wollen zumindest als gute Menschen dastehen. Sie sind kleinbürgerlicher als kleinbürgerlich.

Aber auch Overy (2005) wie Dabringhaus scheint nichts anderes übrig zu bleiben, als Stalin und Hitler als politische Helden zu umreißen, die für ihre Überzeugungen alles unternommen haben. Die andere Interpretation, dass sie politische Motive nutzen, um zu morden, ist einfach unannehmbar. Das kann doch gar nicht sein.

> „Bucharin und Trotkij sahen die Antriebskräfte Stalins in gravierenden Persönlichkeitsdefekten: Neid, Eifersucht, kleinliche Ambitionen… Möglicherweise wurde er durch Neid bewogen, erfolgreichere und ehrgeizigere Männer in seiner Umgebung zu ruinieren, ihm mochte der Beifall zur Diktatur gefallen haben (obwohl vieles dafür spricht, dass er die übertriebene Verherrlichung seiner Person missbilligte), doch das eine durchgehende Motiv in allen seinen Tätigkeiten war das Überleben der Revolution und die Verteidigung des ersten sozialistischen Staates. Macht bedeutete für Stalin offenbar die Macht, die Revolution und den Staat, der sie repräsentierte, zu bewahren und auszudehnen. Macht war für ihn nie Selbstzweck." (S. 42)

Braver, aufopferungsvoller Stalin! Für die Revolution hat er alles gegeben.

Overy spielt nicht einmal den Gedanken durch, dass Stalin auch politisch anders hätte agieren können. Waren die Morde nötig, um die Revolution zu bewahren? Musste Trotzkij deshalb sterben?

5.4 Zusammenfassung

Wir begreifen dies als einen unendlichen menschlichen Fortschritt, dass wir die Ebene der reinen Theorie, etwa einer Theologie oder einer Philosophie, verlassen haben, dass wir naturwissenschaftlich vorgehen, dass wir zwischen Theorie und Empirie unterscheiden, dass wir uns der Welt der Empirie zuwenden und sie mit Theorien konfrontieren. Gleichsam am Ende dieses Prozesses gilt nur noch die Empirie. Jede Form von Theorie ist in gewisser Weise suspekt geworden.

Für die *echten* Männer des 20. Jahrhunderts zählt analog nur noch die Tat. Sie stellt ihm den Beweis aus, ein richtiger Mann zu sein. Nur wer handelt, nur wer entscheidet (Schmitt), nur wer mordet, verdient Anerkennung. Morden macht einen *guten* Mann. Nur der ist *anständig*. Der Verlust des Imaginären, der Verlust des vollkommenen Zusammenhanges mit der Welt, der Verlust des nicht mehr im Zentrums der Welt zu stehen, gebiert den im Grunde traurigen und verzweifelten Tatmenschen, der morden muss, um seine Trauer passager überspielen zu können.

Im Gegensatz zum Naturwissenschaftler bedürfen jedoch die Mörder der Theorie – als Legitimation ihres Mordens. Eine totalitäre Philosophie wie der Marxismus eignet sich hervorragend für dieses Vorhaben, viel besser als eine billige Rassentheorie.

Nützlichkeit versus Verausgabung – Sade, der Zwitter

6.1 Sich bewähren für den Staat – 130

6.2 Die Abwehr des Bösen – 133

6.3 Zusammenfassung – 134

© Springer Fachmedien Wiesbaden GmbH, ein Teil von Springer Nature 2018
C. Klotter, *Warum der Spaß am Bösen ein Teil von uns ist*,
https://doi.org/10.1007/978-3-658-18638-8_6

6.1 Sich bewähren für den Staat

Sade unterminiert das Imaginäre, aber da raus will er auch nicht. Schließlich ist das Reale mit Dingen verbunden, die ihm in gewisser Weise nicht behagen, nicht behagen können. Zwar bekennt sich der Bürger Sade nach der Französischen Revolution zu dieser; Anerkennen des 3. Standes, Demokratie, Menschenrechte sind ihm wichtige Anliegen. Auch für ihn wie für die philosophische Aufklärung entsteht Gleichheit zwischen den Menschen durch ein neues Wertesystems: Die Geburt wird irrelevant, weswegen er seinen Adelstitel nicht mehr gebrauchen will. Was nun zählt, sind Wissen, Leistung, Nützlichkeit für das Gemeinwesen; das Leistungsdenken hält Einzug. Jeder bekommt die Anerkennung, die er wegen seiner Leistungen für das Gemeinwesen verdient.

Aber kann der Adelige von Geburt, de Sade, sich so weit von seiner Herkunft entfernen, dass er tatsächlich für das Reale, für Produktivität und Nützlichkeit eintritt? Seine Erzählungen weisen doch in eine ganz andere Richtung, die der sinnlosen Verausgabung, zum Beispiel von Menschenleben. Deshalb ist er für Bataille (1975) einer der wichtigen Gewährsmänner und Thronzeugen. Die Voltaires, die Diderots wollten mit der Aufklärung eine neue sittliche menschliche Gemeinschaft gründen, die das menschliche Wohlbefinden durch naturwissenschaftlichen Fortschritt, durch ethische Werte wie gegenseitigen Respekt, durch die Orientierung an dem Nützlichen zu steigern beabsichtigten (Schupp 2003, Beckenbach und Klotter 2014). Davor musste es de Sade grausen, allein deshalb weil er die menschliche Seele auch durchdrungen sah von der Lust an der Gewalt und an der Destruktivität.

Das ist es, das Foucault, neben Bataille und durch die Lektüre Batailles ein weiterer Adept de Sades, in „Überwachen und Strafen" (1977a) mit den neuen Machttechnologien in der Moderne meint: Dadurch, dass sich im Sinne der Aufklärung die Bürger und Bürgerinnen zu bewähren haben, nimmt sich der Staat das Recht heraus, die Bevölkerung und deren Körper zu formen, zu dressieren, zu disziplinieren – um einen starken Staat zu entwickeln. Diese Dressur der Bevölkerung gelingt nur, weil (fast) alle Menschen nun etwas wollen. Sie wollen geachtete Bürger sein, und das sind sie nur, wenn sie sich bewähren, wenn sie ihren Teil beitragen zum Wohl des Gemeinwesens.

Eines der zentralen Motive in der Moderne figuriert sich so auf spezifische Weise: Die Individualisierung ist doppelgesichtig: Sie dient der Erhöhung der allgemeinen Nützlichkeit und sie ist zugleich Arbeit des Individuums an sich selbst, also auf Eigensinnigkeit aus. Ohne Fleiß, kein Preis. Der „Penner" wird nicht mehr geduldet. Die Arbeitsunwilligen und die Irren werden eingesperrt (Foucault 1973). Sade gehört biographisch zu diesen Eingesperrten, zu diesen Dissidenten gegen die Nützlichkeit und gegen das Gemeinwohl.

Sade, der Romantiker, der Surrealist, der Situationist, der undogmatische Linke, der kritische Theoretiker, der Künstler schlechthin, der Dandy wehren sich gegen die neue Nützlichkeit, sehen alles diesem Prinzip unterworfen, nennen es dann Kapitalismus, der jedoch nur ein Ausdruck der neuen Nützlichkeit ist, berufen sich auf Marx, obwohl sie nützlich sein prinzipiell ablehnen. Wenn sie schlauer sind, und das sind wenige, berufen sie sich auf Bataille (1975), der eine Theorie der Verausgabung entwickelt hat und die Verausgabung als genauso wichtig erachtet wie die Produktivität.

Damit wehren sie sich die genannten Gruppierungen auch gegen das moderne Prinzip der Gleichheit, das ja nicht mehr auf angeborenen Verdienst setzt, sondern auf zu erwerbende Meriten. Gleichheit bedeutet in dem Sinne, die gleichen Chancen zu haben,

6.1 · Sich bewähren für den Staat

sich zu bewähren. Aber bewähren muss sich jeder, muss sich jede. Diese Verpflichtung legt die Moderne ihren Bürgern auf, bedingungslos.

Der Marquis de Sade hat sich zwar dem Nützlichkeitsdenken entzogen, nicht aber der Idee des Sich-bewähren-Müssens. Er schreibt in der Irrenanstalt Charenton Tagebücher bis an sein Lebensende. Er spielt dort mit Mitinsassen Theater (Sade 1972b). Und er hat ein Leben lang wie besessen gearbeitet und geschrieben, oft unter den widrigsten Bedingungen. De Sade nimmt so bezüglich der Bewährung und des sich selbst Verwirklichen auch eine Zwitterstellung ein.

Dieses moderne Nützlichkeitsdenken, das mit der Pflicht verbunden ist, dass sich der einzelne formt, hat seine abendländischen Wurzeln in einer spezifischen Arbeit an sich selbst (Foucault et al. 1993). De Sade ist von dieser Arbeit besessen. Dazu Foucault:

> „Zusammenfassend können wir sagen, dass es im Christentum der ersten Jahrhunderte zwei Hauptformen der Selbstenthüllung gab, zwei Wege, auf denen man die Wahrheit über sich selbst offenbarte. Die erste Form ist *exomologésis* oder der dramatische Ausdruck der Situation des Büßers als eines Sünders, der seinen Status als Sünder publik macht. Die zweite Form wird in der spirituellen Sprache *exagoreusis* genannt. Sie erheischt die unablässige analytische Verbalisierung von Gedanken im Zeichen des absoluten Gehorsams gegenüber einem anderen. Diese Gehorsamsbeziehung ist bestimmt durch den Verzicht auf eigenen Willen und das eigene Selbst." (Foucault 1993, S. 61)

De Sade entpuppt sich in dieser Perspektive als durch und durch katholisch geprägt. Seine Figuren der Lustmörder müssen sich unablässig im Diskurs erklären, als negative Sünder, als Sünder, die gerne sündigen und trotzdem Sünder bleiben. Unklar bleibt, wem sie in der unablässigen Verbalisierung ihrer intimsten Wünsche Gehorsam leisten. Klar ist nur, dass sie zur Offenbarung verpflichtet sind – eventuell dem christlichen Gott gegenüber?

Gleichheit als die Pflicht jedes einzelnen, sich zu bewähren, lässt sich transferieren, umdeuten in Normierung (siehe Foucault 1977a). Jeder Bürger, jede Bürgerin muss sich messen lassen an seiner, ihrer Fähigkeit, quantifizierbare Normen zu erfüllen wie das Schlankheitsideal oder die Optimierung und Maximalisierung sexueller Lust (quantifizierbar in Anzahl und Intensität der Orgasmen pro Woche). „Das habt Ihr nun von Eurem Wunsch nach Gleichheit!", könnte so zynisch ausgerufen werden. Die Norm ist die *perverse* Variante der Gleichheit, der Gleichmachung. De Sade ist ein entschiedener Gegner dieser Form der *Perversion*. Er ist ein Dissident von Natur aus.

Normen werden umgesetzt über normative Erwartungen einer Gesellschaft, die gleichsam einen Verpflichtungscharakter besitzen. Lotter (2012) geht davon aus, dass weder Gesetze noch moralische Gebote eine Gesellschaft zusammen halten, sondern eben normative Erwartungen, die jeder, jede erfüllen will, um ein anerkanntes Mitglied der Gesellschaft zu sein. Jede, jeder will so in der Terminologie Voltaires oder Diderots ein sittliches Element einer Gesellschaft sein (siehe weiter oben).

Genau diese Überzeugung hebelt de Sade aus. Er predigt eben nicht die Anpassung an die Normen. Er will nicht, dass sich jemand gut fühlt, weil er sich als anerkanntes Mitglied der Gesellschaft erlebt. Der Marquis de Sade würde sich auf diese Weise niemals zu einem Jedermann-Bürger erniedrigen. Er pocht auf die Souveränität der bösen Impulse in jedem, die sich artikulieren lassen, nicht nur um damit der menschlichen Natur zu folgen, die eben auch böse Impulse enthält, sondern um sich von der Masse, vom Massenmenschen abzusetzen. Das Böse ist die primäre Quelle der Möglichkeit zur Differenz zum anderen. Jederzeit kann das Böse zuschlagen. Sein Potenzial besteht aus seiner Unberechenbarkeit. Ein Streicheln eines Körpers kann jederzeit umschlagen in einen Riss, verursacht durch ein scharfes Messer. Das Messer kann auch sofort die Kehle durchschneiden, lautlos und elegant. De Sades *Sadismus* hat so nichts mit den vorab abgesprochenen Turnübungen heutiger S/M-Praktiken zu tun, die in ihrer Latex-Trostlosigkeit und ihrer schwülstigen Sprache eigentlich sofort auf den Index gehörten – so würde das de Sade vermutlich denken. De Sade durchbricht die Kindergartenidyllen des Gesellschaftsvertrags, des gesellschaftlichen Aushandelns und Ringens, des Kampfes um Anerkennung und Respekt.

Möglicherweise gehört dieser Riss, dieser abrupte Umschlag zu den frühesten Erfahrungen des Menschen als kleinem Baby, das eben noch glücklich gestillt wurde, aber dann unmittelbar danach von schrecklichen Verdauungsproblemen heimgesucht wird, von einer Sekunde auf die andere. Noch eben strahlte das Baby und nun schreit es wie verrückt. Dem Baby ist nicht ersichtlich, wie dieser Bruch zustande gekommen ist. Er ist ihm einfach ausgesetzt.

Möglicherweise dient diese Urerfahrung der Nachinszenierung eines sadomasochistischen Verhältnisses, nur dass im Letzteren der Masochist die vollkommene Kontrolle über diesen Riss hat. Er bestimmt darüber, wann das Messer angesetzt wird. Dieses Mal passiert nichts Unerwartetes außer dem Schmerz, von dem er davor schon wusste. Es ist sein Schmerz, sein geplanter Schmerz. Der Masochist triumphiert angesichts seiner Macht. Er hat alles in der Hand, nicht der lächerliche Helfershelfer, der sich Sadist nennen darf. Der Wiederholungszwang im Sinne Freuds gelangt zu einem Happy End. Dies widerfährt dem Wiederholungszwang eher selten.

Aber wir müssen anerkennen: Voltaire und Diderot haben sich bezüglich der moralischen Vorstellungen durchgesetzt und nicht Sade. Zumindest sehen wir uns als die Jüngerinnen und Jünger von den Erstgenannten. Von de Sade wollen wir in der Regel nicht wissen.

Das mag, wie erwähnt, unabsehbare und verhängnisvolle Konsequenzen haben. Eine besteht darin, dass wir das Böse in uns abspalten und so in einer permanenten Desintegration leben, die eigenen bösen Impulse in andere Objekte legen und diese dort verfolgen. Die unendlich vielen Krimiserien im Fernsehen dienen offenkundig auch dazu, bei den gezeigten Kriminellen und Psychopathen die eigenen bösen Anteile zu deponieren und sich versichern zu können, auf der Seite des Guten zu stehen. Aber auf diese Weise wissen wir wenig oder nichts über das eigene Böse. Wir können es so nicht einbinden und uns nicht integrieren.

Im Sinne der Jungianischen Psychoanalyse misslingt dann das, was C. G. Jung Individuation genannt hat:

> » „Die Selbstwerdung eines Menschen zu einem ganzen, unteilbaren und von anderen Menschen und der Kollektivpsychologie unterschiedenen (wiewohl in Beziehung zu diesen stehenden) Individuum." (Samuels et al. 1989, S. 106)

Wenn ich das (auch abgrundtief) Böse in mir nicht anerkenne, gelingt die Individuation nicht. Ich bleibe quasi ein Massenmensch.

> » „Die Individuation befindet sich stets mehr oder weniger im Gegensatz zur Kollektivnorm, die keine absolute Gültigkeit besitzt. >Je stärker die kollektive Normierung des Menschen, desto größer ist seine individuelle Immoralität.<" (ebd., S. 107)

Je stärker ich eine kollektiv geteilte Ideologie (Nationalsozialismus, Kommunismus) vertrete, je mehr ich einer unter vielen Gleichgesinnten bin, umso leichter fällt mir das Morden, tun doch die anderen nichts anderes. Ich morde dann mit einem guten Gefühl im Bauch. Nur der individuierte Mensch trägt für sich dagegen die volle Verantwortung. Das erschwert das Morden erheblich. Das im Sinne de Sades Anerkennen, dass ich sowohl Justine als auch Juliette bin, wäre so die Basis meiner Individuation.

Aber die Moderne hat sich nur Justine auf die Fahnen geschrieben, um dann als ihre verdrängte oder verworfene Kehrseite (Juliette) zu morden wie noch nie in der Menschheitsgeschichte. Hätte Juliette mit an Bord kommen dürfen, dann wäre die Geschichte vielleicht anders gelaufen. De Sade ist in dieser Perspektive ein Kultur- und Zivilisationsbewahrer. Wer hätte das gedacht?

6.2 Die Abwehr des Bösen

» „Erzogen wurden Justine und ich im Kloster Panthemont." (Sade 1994, S. 43)

Die Ich-Erzählerin ist hier Juliette. Ein Kloster ist der paradigmatisch am meisten geeignete Ort, um dem Laster zu verfallen, ein geschützter Raum, in dem alles Mögliche entstehen kann, und sei dieses nur der Langeweile geschuldet, die in diesen Mauern beheimatet ist. Das, wovor ein Kloster schützen will, ist genau das, was dann unausweichlich entstehen muss. Das Abgewehrte setzt sich auf irgendeine Weise durch. Das ist das eherne Gesetz der Abwehr im Sinne Freuds.

100 Jahre vor Freud beschreibt de Sade die Macht des Abgewehrten – des Abgewehrten in der für de Sade prophetisch geahnten Moderne. Es geht hierbei um die Abwehr des Bösen, das aus Impulsen wie Aggression, Destruktivität und eben auch Sadismus besteht. Das Selbstverständnis des Menschen in der Moderne wird mit dieser Abwehr definiert; sein Ich-Ideal besteht daraus, mit dem Bösen nichts zu tun haben zu wollen, es weit weg von sich zu weisen. Schließlich will der Mensch in der Moderne aufgeklärt, zivilisiert, ein Kulturwesen, affektkontrolliert (Elias) sein. Seine oberste Tugend ist die Selbstkontrolle. Er ist der wahre Nachfolger Zarathustras (siehe weiter unten). Der Mensch in der Moderne will zudem mit dem Tod nichts mehr zu tun haben – mit diesem nun unfassbaren, *unvernünftigen* und *nutzlosen* Einbruch der Gewalt (Ariès 1995). Dass dieses Ich-Ideal in keiner Weise zu einer Minderung der Gewaltausübung führt, vielmehr in einer positiven Korrelation besteht – je höher das Ich-Ideal, umso mehr Gewalt –, beweisen die letzten 200 Jahre (Ritter 2013).

Bataille (1978) beschreibt ein Modell von Verbot und Übertretung, das die Zunahme an Gewalt in der Moderne erklären könnte: je stärker die Verbote, umso heftiger ist die Überschreitung. Je stärker Gewalt als nicht dem Ich-Ideal entsprechend abgewehrt wird, umso massiver werden die Gewaltausbrüche.

» „Wir finden diese Implikationen von Anfang an in dem Übergang vom Tier zum Menschen, der darin bestand, dass mit den Verboten das wesentlich menschliche Verhalten eingeführt wurde. Die Verbote haben die Art und Weise verändert, in der der Mensch seine animalischen Bedürfnisse befriedigte, seine Art zu essen und seine Art auszuscheiden, aber sie haben sich vor allem auf zwei Bereiche erstreckt: auf den des Todes einerseits und auf den der Fortpflanzung andererseits. Die Menschen zeichnen sich durch ein Vermögen aus, die Befriedigung hinauszuschieben, die unmittelbaren Triebe zu zügeln und manchmal sogar zu beherrschen. Der unaufhörlichen

Promiskuität substituieren sie Regeln. Sie bemühen sich, den verfemten Bereich, in dem die Gewalt des Todes wütet – der für ansteckend gehalten wird – von dem Bereich, in dem das friedliche Alltagsleben abläuft, zu trennen." (S. 51)

Mit de Sade scheinen auf den ersten Blick die Verbote, die den Sex und den Tod betreffen, zu enden. Beides wird zusammengeführt in dem sexuell motivierten Tötungsakt. Sade kehrt so in gewisser Weise der Idee des modernen Menschen den Rücken. Er plädiert auf der imaginären Ebene für die Abschaffung der Abwehr, wiewohl das Böse für ihn eben nur ein Teil der menschlichen Natur ist (Juliette). So geht es bei ihm eher um die Ausleuchtung der Bandbreite dieser Natur. Justine gehört auch dazu. De Sade gibt zu bedenken, dass wir wissen sollten, wie viel Tier in uns steckt. Wir sollten unsere bösen Anteile nicht so abwehren, dass sie sich katastrophisch entladen wie etwa in den zwei Weltkriegen des 20. Jahrhunderts oder in Diktaturen des Nazi-Regimes oder unter Stalin.

> „Es war die Einhaltung der Verbote und nicht der Gebrauch der Vernunft, die dem Menschen das Gefühl vermittelte, kein Tier zu sein." (ebd., S. 51)

Verbote einzuhalten, füttert ein *edles* Ich-Ideal, nährt also den menschlichen Narzissmus. Triebenergie wird im Sinne Freuds umgewandelt in Narzissmus.

> „Die Menschen beachten diese Verbote, aber sie behalten sich schwerwiegende Augenblicke vor, in denen sie sie verletzen. Sie empfinden zwar nicht das Bedürfnis, jedes Gesetz systematisch zu überschreiten; aber im allgemeinen behauptet der Augenblick der Überschreitung einen unersetzbaren Platz im menschlichen Leben., was an der Einhaltung der Verbote, die das wesentlich menschliche Verhalten ausmacht, nichts ändert." (ebd., S. 52)

Der Mensch wäre im Sinne Batailles quasi von Natur aus gespalten: in das Einhalten der Verbote und in deren Überschreitung.

> „Das Verbot behält wesentlich die Möglichkeit der Überschreitung vor und ebenso behält die Überschreitung die Strenge des Verbots bei." (ebd., S. 52)

Das könnte so verstanden werden, dass je rigider die Verbote sind, umso heftiger die Überschreitungen ausfallen. Damit ließe sich erklären, warum die Moderne so blutig ist. Ein von Gewalt befreites Ich-Ideal kippt in die Lust am Massaker. De Sade wird in der Moderne verurteilt, weil er eben dieses Ich-Ideal massiv angezweifelt hat. Das wollte in der Moderne fast niemand wissen; auch nicht, dass die Stärke der Verbote mit dem Ausmaß der Überschreitung zusammenhängt.

Aber wollen wir uns nicht eingestehen, dass die Bataille'sche Idee des Menschen zu der Zeit, als er noch ein Tier war, und sich ungehemmt mit allen anderen paaren wollte, nicht zu dem Arsenal an Phantasmen über den Naturzustand im Sinne Rousseaus gehört, in dem angeblich noch die volle Freiheit und Ungehemmtheit herrschte? Aber Tiere haben feste Paarungszeiten.

6.3 Zusammenfassung

Es ist Bataille, der umreißt, dass die unproduktive Verausgabung für den Menschen ungleich wichtiger ist als die Produktion. Die Moderne hat dies vollkommen verdrängt, vermutlich sogar verworfen. Die unproduktive Verausgabung wäre so psychisch nicht

6.3 · Zusammenfassung

mehr repräsentiert, was jedoch nicht dazu führt, dass sie nicht mehr existent wäre. Vielmehr zerfrisst sie unsere Existenz. Bataille geht davon aus, dass, wenn die unproduktive Verausgabung sozial und psychisch geächtet ist, sie sich in katastrophischer Form äußert, so in Kriegen, die kein anderes Zeitalter mehr bestimmen als die Moderne. Das Nützlichkeitsdenken in der Moderne, die Durchsetzung der protestantischen Ethik und des aufklärerischen Denkens im Sinne Diderots, bilden so die Voraussetzung katastrophischer Verausgabung.

Zur unproduktiven Verausgabung ist auch das Böse zu rechnen. Darf diese nicht gedacht werden, darf sie psychisch nicht repräsentiert werden, dann wütet das Böse mehr denn je. Der Mensch in der Moderne ist so der Prototyp der psychischen Fragmentierung.

Neuzeitliche Gesellschaftstheorien versus de Sade

7.1 Der Leviathan – 138

7.2 Souveränität bei Rousseau – 141

7.3 Souveränität im Sinne G. Batailles – 146

7.4 Souveränität und Narzissmus – 150

7.5 Zusammenfassung – 160

© Springer Fachmedien Wiesbaden GmbH, ein Teil von Springer Nature 2018
C. Klotter, *Warum der Spaß am Bösen ein Teil von uns ist*,
https://doi.org/10.1007/978-3-658-18638-8_7

7.1 Der Leviathan

Thomas Hobbes *Leviathan* (1651, 2009) ist der zentrale Text zur Staatstheorie in der europäischen Neuzeit. Unter dem Eindruck der Jahrzehnte andauernden politischen Wirren in England versuchte Hobbes ein Modell eines starken Staates zu gründen. Dieser Staat sollte es nicht zulassen, dass Fehden und Bürgerkrieg ein Land zerstören, so seine Wahrnehmung von England zu seinen Lebzeiten. Gleich in der Einleitung umreißt er die Funktion des Leviathan:

> „Der große Leviathan (so nennen wir den Staat) ist ein Kunstwerk oder künstlicher Mensch – obgleich an Umfang und Kraft weit größer als der natürliche Mensch, welcher dadurch geschützt und glücklich gemacht wird. Bei dem künstlichen Menschen ist derjenige, welcher die höchste Gewalt besitzt, gleichsam die Seele, welche den ganzen Körper belebt und in Bewegung setzt." (S. 17)

Hobbes geht davon aus, dass eine menschliche Gesellschaft eine Zentralmacht braucht, die wie die Seele dem Bevölkerungskörper Lebenshauch einflößt und zugleich kontrolliert. Wenn das linke Bein autonom nach hinten läuft, und das rechte nach vorn, dann bricht Chaos aus. Wenn der Mund die rechte Hand auffrisst, dann zerstört sich diese Gesellschaft.

Bevor diese Argumentationskette der souveränen Gewalt weiter verfolgt wird, sollen Gedanken in der „Einleitung" (▶ Kap. 2) aufgegriffen werden, die bemerkenswert modern und aktuell klingen. Er drückt es nicht explizit aus, aber er legt es nahe, dass der zentrale Zusammenhalt einer Gesellschaft nicht nur durch die souveräne Macht hergestellt wird, die er mit der Seele analogisiert, sondern auch mit dem Verstehen der Menschen untereinander. Wenn ich den anderen verstehe oder versuche zu verstehen, dann verliert er für mich tendenziell die Qualität des bedrohlichen Feindes. Wie finde ich zum Verständnis des anderen? „Lerne Dich selbst kennen." (ebd., S. 18) Nur wenn ich mich kenne, kann ich andere verstehen.

> „Die Gesinnungen und Leidenschaften der Menschen, so verschieden sie auch immer sein mögen, haben dennoch eine so große Ähnlichkeit untereinander, dass, sobald ein jeder über sich nachdenkt und findet, wie und aus welchen Gründen er selbst handelt, wenn er denkt, urteilt, schließt, hofft, fürchtet usw., er auch eben dadurch aller anderen Menschen Gesinnungen und Leidenschaften, die aus ähnlichen Quellen entstehen, deutlich kennenlernt; ähnliche Leidenschaften also, nicht aber ähnliche Gegenstände der Leidenschaften." (ebd., S. 19)

Hobbes sagt es deutlich: Dadurch dass sich Menschen ähnlich sind, dass sie sich gleichen, können sie den anderen verstehen. Zu seiner Zeit war dies eine fast revolutionäre Botschaft: Alle Menschen sind im Prinzip gleich, und das sagte er in Zeiten, in denen das ständische Denken regierte. Er leitet damit die Parole der Französischen Revolution ein: Freiheit, Gleichheit, Brüderlichkeit. Im 20. und 21. Jahrhundert würden wir das, was Hobbes vorschlägt, als hermeneutische Verständigungsarbeit beschreiben. In Rousseaus Begriff der Übereinkunft (siehe weiter unten) steckt dies auch drin. So müssen wir festhalten, dass Hobbes fast von einer paradoxen Organisation menschlicher Gesellschaft ausgeht: der des Krieges aller gegen aller und der menschlichen Verständnis- und Verständigungskultur.

7.1 · Der Leviathan

De Sade würde dieses Konzept von Hobbes so kommentieren: Ja, es stimmt, es gibt einen Krieg aller gegen alle, aber kein Staat kann Gerechtigkeit herstellen, kein Staat kann den Einzelnen schützen. Für eine Verständniskultur würde Sade kein Verständnis aufbringen. Es geht nicht darum, empathisch gegenüber dem anderen zu sein, sondern ihn zu benutzen.

Hobbes nimmt an: Menschen gleichen sich nicht nur hinsichtlich der Gesinnungen und Leidenschaften, sie gleichen sich auch hinsichtlich ihrer personaler Ressourcen, wie wir heute eventuell sagen würden:

> „Die Natur hat die Menschen, sowohl in Hinsicht der Körperkräfte als der Geistesfähigkeiten, einen wie den anderen gleichmäßig begabt." (ebd., S. 132)

Und sollte es eine spezielle Überlegenheit des einen über den anderen geben, zum Beispiel hinsichtlich körperlicher Stärke, so kann der andere sich mit anderen zusammentun und ist damit den Stärkeren letztlich überlegen. So gibt es in dieser Perspektive quasi natürlich Gleichheit und Gerechtigkeit unter den Menschen.

Das Problem, das Hobbes vor Augen sieht, ist folgendes. Jeder Mensch strebt von der Natur aus auf Selbsterhaltung. Daher trachtet der eine nach dem fruchtbaren Grundstück des anderen, will es dem anderen abspenstig machen, ihn unfrei machen oder gar töten. Allerdings läuft der Sieger des Augenblicks Gefahr, morgen Opfer eines anderen zu werden. Das ist der permanente Kriegszustand aller gegen alle. Der Krieg macht kollektive Kulturleistungen oder Aufrechterhaltung einer Kultur unmöglich und er zerstört menschliche Tugenden:

> „Im Krieg sind Gewalt und List Haupttugenden; und weder Gerechtigkeit noch Ungerechtigkeit sind notwendige Eigenschaften des Menschen." (ebd., S. 137)

Und wir können schlussfolgern, dass für Hobbes Gerechtigkeit, die Gleichbehandlung von Menschen zum Beispiel bezüglich des Rechts Grundlage dafür ist, dass eine Gesellschaft nicht kriegerisch ist. Wenn alle das Gleiche haben, etwa an Grundbesitz, dann muss niemand auf den anderen neidisch sein, dann will niemand dem anderen etwas wegnehmen. Gerechtigkeit ist ein Mittel zur Aufrechterhaltung des politischen Friedens.

Sade dagegen geht davon aus, dass der Krieg nie endet. Für ihn gibt es keine Balance zwischen Krieg und Frieden. Vielleicht antwortet er Hobbes: „Welcher Illusion bist Du angehangen?"

Das menschliche Leben steht für Hobbes in einem Spannungsverhältnis zwischen Gesetz und Recht. Gesetz bedeutet, ich muss bestimmte Dinge in einer Gemeinschaft tun. Ich bin dazu verpflichtet, etwa zum Steuerzahlen. Tue ich es nicht, tun es andere nicht, dann bricht eine Gesellschaft zusammen.

> „Das Recht besteht nämlich in der Freiheit, etwas zu tun oder zu unterlassen; das Gesetz aber schließt eine Verbindlichkeit, etwas zu tun oder es zu unterlassen, in sich." (ebd., S. 138)

Ich darf mir aussuchen, welches Grundstück ich mir kaufe, was ich darauf anpflanze, aber für den Grundbucheintrag muss ich einen bestimmten Betrag entrichten.

> „Sobald seine Ruhe und Selbsterhaltung gesichert ist, muss auch jeder von seinem Recht auf alles – vorausgesetzt, dass andere dazu auch bereit sind – abgehen und mit der Freiheit zufrieden sein, die er den übrigen eingeräumt wissen will." (ebd., S. 139)

Ich verzichte darauf, andere bestehlen zu wollen, andere töten zu wollen. Ich verzichte auf die Freiheit, dies zu tun, unter der Voraussetzung, dass andere dies ebenso tun. Ich übertrage meine diesbezüglichen Rechte auf den Souverän. Für den Fall, dass jemand gegen das Verbot des Stehlens und Tötens verstößt, ist der Souverän berechtigt, diesen zu bestrafen und damit die Ordnung wieder herzustellen. Das Abtreten von individuellen Rechten, die alle kollektiv übereinstimmend machen, wird durch einen Vertrag fixiert. So kann Hobbes schreiben:

> „Versprechungen müssen erfüllt werden; denn geschieht dies nicht, so hat man dem Recht auf alles entsagt, und der Krieg aller gegen alle bleibt." (ebd., S. 150)

Sade sagt hierzu: Gesetz, Recht, Vertrag werden faktisch permanent unterlaufen. Sie existieren auf dem Papier. Sonst nirgendwo. Gegen den Mächtigen, gegen den Brutalsten schließen sich mehrere andere eben nicht zusammen, um ihn erfolgreich zu bekämpfen und niederzumachen. Nein, der Brutalste bleibt im Besitz seiner Macht.

Viele Diktaturen im 20. und 21. Jahrhundert bestätigen diese unheimliche Allmacht des Diktators. Er kann wie Stalin schalten und walten, wie er will.

Hobbes fasst zusammen:

> „Die Absicht und Ursache, warum die Menschen bei all ihrem natürlichen Hang zur Freiheit und Selbstherrschaft sich dennoch entschließen konnten, sich gewissen Anordnungen, welche die bürgerliche Gesellschaft erfordert, zu unterwerfen, lag in dem Verlangen, sich selbst zu erhalten und ein bequemes Leben zu führen." (ebd., S. 171)

Um den Krieg aller gegen alle zu vermeiden, bedarf es jedoch einer Sanktionsmacht, „welche die Leidenschaften aus Furcht vor Strafe gehörig einschränken kann und auf die Haltung der Naturgesetze und Verträge dringt." (ebd., S. 171)

Also: Der Mensch schwankt zwischen der Einsicht in die Notwendigkeit des Einhaltens der Verträge und Übereinkünfte und seinem leidenschaftlichen Wesen, das der Einsicht permanent entraten kann. Deshalb braucht es niemanden, der mit Engelszungen den Vertragsbrecher auf den Weg der Tugend zurück bringen kann, sondern eine Sanktionsmacht: „Wenn Du jemanden bestiehlst, dann wanderst Du ins Gefängnis, und zwar unverzüglich."

Für de Sade kommen nur bestimmte Diebe ins Gefängnis, die größten aber nicht. Und der abgewirtschaftete und heruntergekommene Absolutismus, in dem de Sade aufgewachsen ist und gelebt hat, hat ja durchaus nach dieser Art existiert. Sade erkennt im Absolutismus einen verrotteten Staat und antizipiert zugleich die Diktaturen in den nächsten Jahrhunderten.

Rousseau vorwegnehmend, spricht bereits Hobbes vom gemeinsamen Willen aller:

> „Um aber eine allgemeine Macht zu gründen, unter deren Schutz gegen auswärtige und innerliche Feinde die Menschen bei dem ruhigen Genuss der Früchte ihres Fleißes und der Erde ihren Unterhalt finden können, ist der einzig mögliche Weg hierzu der, dass jedweder alle seine Macht oder Kraft einem oder mehreren Menschen übertrage, wodurch der Wille aller gleichsam in einem Punkt vereinigt wird, so dass dieser eine Mensch oder diese eine Gesellschaft eines jeden einzelnen Stellvertreter werde und ein jeder die Handlungen jener so betrachte, als habe er sie selbst getan, weil sie sich dem Willen und Urteil jener freiwillig unterworfen haben. Dies fasst aber auch noch etwas mehr in sich als Übereinstimmung und Eintracht, denn es ist eine wahre Vereinigung aller in einer Person und beruht auf dem Vertrag eines jeden mit einem jeden." (ebd., S. 175)

Das Paradies scheint ausgebrochen zu sein. Alle können in Frieden leben und arbeiten. Alle Störenfriede, ob von außen oder im Lande, können verfolgt und ihrer gerechten Strafe übergeben werden. Eine Gesellschaft hat einen gemeinsamen Willen, dem sich alle unterwerfen. Wie viel mehr an Gleichheit und Gerechtigkeit erwarten wir? Vorbei sind die Zeiten, in denen ein willkürlicher Souverän jenseits des allgemeinen Willens und jenseits des Rechts und jenseits des Vertrags seinen Leidenschaften und Launen folgen konnte. Vorbei sind auch die Zeiten, in denen dem Souverän sein Volk gleichgültig war. Schließlich ist der Souverän nur der Stellvertreter des Volkes.

Für Hobbes ist der Egoismus der Menschen beherrschbar, auch seine Destruktivität. Er meint, dem Desaster die Stirn bieten zu können. Er entwickelt eine positive Utopie gegen Jeder-gegen-jeden. Diese Utopie hat unzweifelhaft die neuzeitliche Realität gestaltet, Demokratie, Rechtsstaat und Menschenrechte mit ermöglicht, aber die fundamentalen Brüche und Risse in dieser Epoche nicht verunmöglicht. Und offensichtlich teilen viele Menschen wie Jünger diese Utopie nicht. Sie wollen kein friedliches Zusammenleben der Menschen. Sie leben mit großem Vergnügen im Desaster. Davon hat de Sade geschrieben Und davor hat er eindringlich gewarnt.

Trotz dieser sich auftuenden Idylle bei Hobbes darf nicht übersehen werden, woher der Begriff Leviathan kommt und welche Funktion er hat. Leviathan ist eine Gestalt aus dem hebräischen Testament, „den Gott vor dem zweifelnden Hiob in einem Unwetter erscheinen lässt, um seine eigene, unermessliche Macht zu offenbaren." (Bredekamp 1999, S. 16) Leviathan soll also ein massiv furchteinflößendes Wesen sein, der offenkundig der Bevölkerung Angst und Schrecken einjagen soll.

> „So konnte Hobbes Werk dem Verdacht ausgesetzt werden, dem Totalitarismus den Boden bereitet zu haben, aber auch der Vermutung, dass die Bevölkerung diese Machtfülle niemals akzeptieren werde und zum Gegenschlag ausholen werde." (ebd., S. 16ff)

In der Moderne ist dieser Leviathan das Basismodell für Diktaturen, verstrickt in einen gleichsam unendlichen Kampf gegen Teile der eigenen Bevölkerung und natürlich gegen den äußeren Feind.

Für Hobbes besitzt dieser übermächtige Leviathan eine innere Kohärenz und Stringenz. Er handelt gleichsam logisch, gerecht und verlässlich. Sade hingegen erkennt im französischen Feudalismus eine wirre und grausame Seilschaft des Adels, die sich ständig untereinander bekämpft – nach Regeln, die nicht klar sind. Willkür und Machtmissbrauch sind die wesentlichen Prinzipien dieses Kampfes. Nur der Grausamste und Gewissenloseste überlebt oder hat eine Chance dazu.

Wer nun denkt, dass mit der Französischen Revolution der Leviathan im Sinne Hobbes auf den Plan tritt, der irrt. Der Tugendterror Robespieres fordert unzählige Tote. Willkür ist dabei das leitende Prinzip. Sade entkommt dem Terror nur durch Zufall (Reinhardt 2014).

7.2 Souveränität bei Rousseau

Der Weg von Hobbes zu Rousseau ist nicht allzu weit. Dennoch gibt es erhebliche Unterschiede, wie etwa Rousseaus Plädoyer für die Demokratie als die beste Staatsform. Im Gegensatz zu Hobbes, der eine Staatstheorie aufstellt, verbindet diese Rousseau mit einer vermeintlichen historischen Rekonstruktion.

Rousseau erzählt in seinem Werk *Vom Gesellschaftsvertrag* (1762, 1996) ein Märchen, einen Mythos über die Entstehung des Gesellschaftsvertrags, der durch die Überwindung des Naturzustandes entstanden sei. Im Naturzustand seien die Menschen frei und rein egoistisch, auf das eigene Überleben ausgerichtet gewesen. Dann mit dem Gesellschaftsvertrag unterwürfen sich die Menschen einem für alle geltenden und verbindlichen Recht, in gewisser Weise einem Zwangssystem, um dennoch in einem neuen Sinne frei zu sein und auch noch souverän zu bleiben. Zu klären wird sein, warum sie diesen Schritt vom Naturzustand zum Gesellschaftsvertrag getan haben und was die neue Souveränität ausmacht.

Mit Bataille (1978), aber gewiss nicht nur mit ihm, ist offenkundig, dass eine Aufteilung der Menschheitsgeschichte in die Phase des Naturzustandes und in die Epoche des Gesellschaftsvertrags absurd ist. Eine menschliche Gesellschaft ist per se darüber definiert, dass Verbote herrschen, dass das Triebleben reguliert wird, ebenso der Umgang mit den Toten Ritualen unterworfen ist.

So nimmt es Wunder, dass das aufgeklärte Zeitalter, die Epoche der Demokratie und Menschenrechte, bei Rousseau mit einem Mythos beginnt, anscheinend von einem Märchen begründet wird. Gibt es keine rationale Begründung für das aufgeklärte bürgerliche Zeitalter? Ist es ähnlich wie in der Wissenschaftstheorie, die im Sinne Popper konzedieren muss, dass sich Rationalität rational nicht begründen lässt?

Rousseau beginnt unverblümt:

> „Ich werde mich in dieser Untersuchung bemühen, stets zu verbinden, was das Recht gestattet und was das Interesse vorschreibt, damit Gerechtigkeit und Nützlichkeit sich auf keinen Fall getrennt finden." (1996, S. 9)

Es kann in seinem Sinne kein Recht geben, das die Nützlichkeit behindert. Er scheidet nicht zwischen edlem, quasi überirdischem Recht und dem niederen Nützlichen, sondern koppelt beide Sphären ganz im Sinne der protestantischen Ethik, die bekanntermaßen der Nützlichkeit mehr als verschrieben ist. De Sade hasste Rousseau (Reinhardt 2014), und wir wissen jetzt warum. Wie ausgeführt, hatte Sade für Nützlichkeit nichts übrig. Und Gerechtigkeit hielt er für eine Chimäre, ein Wunschdenken.

Zwei Absätze weiter gibt es nach der Verbindung von Recht und Nützlichkeit eine weitere offenbar notwendige Verknüpfung: der Freiheit mit der Pflicht: „... so bedeutet das Recht, dort wählen zu dürfen, immerhin die Pflicht, es informiert zu tun." (ebd., S. 9)

Mit der Freiheit geht der Bürger Verpflichtungen ein. Der Bürger, der wie im Absolutismus seine Regierung oder seinen Stadtrat nicht wählen darf, sieht sich auch nicht mit der Forderung konfrontiert, sich informieren zu müssen. Ob er sich informiert oder dies sein lässt, ist eben auch konsequenzenlos. Anders verhält es sich beim freien Bürger. Von seinem Kenntnisstand hängt es ab, ob die richtige oder falsche Regierung gewählt wird. Der freie Bürger hat die Pflicht, sich um das Gemeinwohl zu sorgen. Sonst funktioniert es nicht.

Freie informierte Bürger entscheiden gemeinsam über ihr Wohl – für de Sade wäre das ein grausames Phantasma, eine absurde Vorstellung. Egoismus und die Natur regieren die Welt, nicht Vernunft und Übereinkunft.

Rousseau und Sade zusammen zu denken, hätte das Fragmentiertsein des Menschen in der Moderne womöglich ein wenig abschwächen können. Dann hätte es ein Menschenbild gegeben, das den freien verantwortungsbewussten Bürger enthält, aber auch das Gegenbild des egoistischen anomischen Monomanen.

Rousseau spricht dann von der gesellschaftlichen Ordnung als einem geheiligten Recht, „auf dem alle anderen Rechte beruhen. Dieses Recht entstammt allerdings kei-

7.2 · Souveränität bei Rousseau

neswegs der Natur, es gründet auf Übereinkünften." (ebd., S. 10) Noch ist unklar, warum eine Ansammlung von Menschen eine Ordnung braucht, die ein geheiligtes Recht sein soll und auf der Übereinkunft der Menschen beruht. Die Menschen geben sich also selbst eine Ordnung per Aushandlung, die aber dann verbindlich gilt.

Um die Begriffe Freiheit und Ordnung zu veranschaulichen, wählt Rousseau das Beispiel Familie als die „älteste aller Gesellschaften und die einzige natürliche." (ebd., S. 11) Wenn die Kinder ihren Vater nicht mehr brauchten, könnten sie sich von ihm lösen, wie er dann nicht mehr verpflichtet wäre, sich um sie zu kümmern. Sollten sie weiterhin verbunden bleiben wollen, dann entstünde aus einer natürlichen Ordnung eine, die durch Übereinkunft entstanden ist. An sich strebe der Mensch nach Freiheit, und damit meint Rousseau „das oberste Gesetz" (ebd., S. 11) der Selbsterhaltung, was er gleich setzt mit sein eigener Herr zu werden. Diese Freiheit würde nur dann freiwillig beschnitten, wenn es dem Betroffenen nützlich sei. Damit wendet sich Rousseau gegen die von ihm erwähnten Autoren wie Grotius, Hobbes, aber auch Aristoteles, denen er unterstellt, dass die Menschheit einzuteilen sei in Herren und Sklaven. Rousseau hingegen geht davon aus, dass die Menschen gleich sind und per Übereinkunft bestimmte Freiheiten aus Nützlichkeitserwägungen abtreten. Ein Beispiel dafür wäre, dass per Gesetz die Anschnallpflicht beim Autofahren festgeschrieben wird. Auf diese Weise wird individuelle Freiheit beschnitten und zugleich gesellschaftlicher Nutzen erzielt: die Senkung der Mortalitätsrate im Straßenverkehr.

Für den Autor de Sade ist die Beschneidung der individuellen Freiheit nicht hinnehmbar, aber letztlich auch nicht möglich. Sie setzt sich schließlich immer durch. Aber wir dürfen nicht vergessen, dass selbst die Libertins in seinen Texten Übereinkünfte treffen, so etwa: „Es muss alles seine Ordnung haben."

Rousseau wendet sich gegen das Recht des Stärkeren, der aufgrund seiner Stärke Macht ausübt, weil diese Machtausübung nicht sittlich begründet sei. Und:

» „Einigen wir uns also, dass Stärke kein Recht schafft, und dass wir nur den gesetzmäßigen Machthabern gehorchen müssen." (ebd., S. 15)

Das Recht des Stärkeren, das ist noch immer Naturzustand, in dem einer gegen den anderen kämpft und der Stärkere überlebt. Aber das ist weder eine vernünftige noch sittliche Ordnung. Es ist unvernünftig, weil eine Gemeinschaft sich permanent schwächt und dezimiert. Es ist unsittlich, weil in einer Gemeinschaft alle gleich sein sollen und die gleichen Rechte und Pflichten haben. Rousseau plädiert also für die Schaffung einer Zentralgewalt, die Pazifizierung der Gesellschaft im Innern.

Rousseau und Sade sind wie ein dichotomes Paar, fast ein Ehepaar, Kontrahenten und dennoch eng verbunden. Zur Idee der Gleichheit würde Sade sagen: Die wird es nur auf dem Papier geben. Zur Zentralgewalt würde er sich äußern: Was für eine nette Idee, aber schaut Euch doch einmal das Leben an. Wie machtlos ist die Zentralgewalt? Das Ehepaar Rousseau und Sade ist zusammengekettet in einem Gegensatzpaar: da der Träumer und Idealist, dort der unerbittliche Beobachter der Realität.

Rousseau kann dann schlussfolgern: Erstens gebe es keine natürliche Herrschaft des einen Menschen über den anderen, zweitens schaffe Stärke kein Recht, drittens könne deshalb nur die Übereinkunft zwischen den Menschen eine gesellschaftliche Ordnung schaffen.

Rousseau muss sich dann mit der für ihn misslichen Idee auseinandersetzen, der Mensch könne einfach nur Sklave sein wollen, ein Wesen, das sich ohne Not und Nutzen einem anderen Mensch anheimstellen wolle. Diese Idee sei „absurd und unvorstellbar" (ebd., S. 16).

> „Auf seine Freiheit zu verzichten, bedeutet, die menschlichen Eigenschaften, die Menschenrechte und sogar -pflichten aufzugeben." (ebd., S. 17)

Nein, das sei mit der Natur des Menschen nicht vereinbar und unsittlich. Rousseau zementiert hier das Menschenbild des freiheitswilligen und freiheitssuchenden aktiven Bürgers, der sich seinen eigenständigen Willen nicht nehmen lassen will. So energisch er für dieses Menschenbild eintritt, so ersichtlich wird auch, dass er einen Feind bekämpft, der unter uns ist. Zumindest ein Anteil dieses Feindes könte in uns allen sein, in der Sprache der Psychoanalyse der regressive Anteil, der Rousseau offenkundig Angst macht, große Angst, weil er für ihn direkt in Sklaverei führt oder in Feudalismus, der für ihn ein rotes Tuch ist. Der Feudalherr oder ein anderer Herrscher würden in ihrer potenziellen Herrschaft immer nur ihr persönliches Interesse vor Augen haben und verfechten, aber niemals das Interesse aller oder das Gemeinwohl. In dem Gesellschaftsmodell, das er vor Augen hat, bestimmt die Mehrheit, was getan wird, und die Minderheit akzeptiert dies. Selbst diese Vereinbarung beruht auf Übereinkunft aller (ebd., S. 23)

Es wundert uns nicht, dass de Sade einmal wieder genau das Gegenteil formuliert. Es ist die beeindruckende Passivität der Opfer in seinen Texten. Sie wehren sich nicht, sie versuchen nicht davonzulaufen, sie starten keine Revolte gegen ihre Missbraucher. Sie sind auf nahezu beängstigende Weise passiv, als gelte ihre Vernichtung der Ausradierung ihrer Passivität.

In der Menschheitsgeschichte würde nach Rousseau irgendwann der gesetzlose Naturzustand hinderlich, er schwäche nicht nur die menschliche Gemeinschaft, vielmehr bedrohe er die Existenz des Menschengeschlechts. Und dann sei folgendes Problem zu lösen:

> „Wie aber kann der Einzelne, ohne sich zu schaden und ohne die Fürsorge zu vernachlässigen, die er sich schuldet, seine Kraft gemeinschaftlich einsetzen …? … Wie lässt sich eine Form des Zusammenschlusses finden, die mit aller gemeinsamen Kraft die Person und die Güter jedes Teilhabers verteidigt und schützt, und durch die ein jeder, der sich allen anderen anschließt, dennoch nur sich selbst gehorcht und ebenso frei bleibt wie zuvor? Das ist die grundsätzliche Schwierigkeit, für die der Gesellschaftsvertrag die Lösung bietet." (ebd., S. 24)

Einerseits muss sich jeder schützen, sich und sein Eigentum. Daher braucht es den Gesellschaftsvertrag. Aber indem ich diesen anerkenne, folge ich mir nur selbst und bleibe frei. Der Gesellschaftsvertrag ist ein Paradox, das trotz vermeintlicher Unvereinbarkeit nur Gutes bewirkt. Ein Traum ist damit in Erfüllung gegangen, das erste Paradox, das nicht zerreißt, sondern fügt.

Damit ist die Liste an unschätzbaren Vorteilen des Gesellschaftsvertrags bei weitem noch nicht abgeschlossen.

> „Da zum ersten ein jeder sich mit seiner ganzen Person gibt, besteht für alle die gleiche Bedingung, und weil sie für alle gleich ist, hat keiner ein Interesse daran, sie für die anderen belastend zu machen." (ebd., S. 25)

7.2 · Souveränität bei Rousseau

Ein jeder gibt sich ganz dem Gesellschaftsvertrag. Es gibt also keine Vorbehalte, keine Hintertürchen, keine separaten Sonderregelungen. Das macht alle gleich. Im Eigeninteresse möchte ich daher vom anderen nicht das erwarten, was ich selbst nicht leisten will. Rücksicht ist damit garantiert. Dieser Gesellschaftsvertrag scheint ein geniales Instrument zu sein.

Die „Entäußerung" (S. 25) jedes einzelnen sei „rückhaltlos" (ebd., S. 25). Niemand könne zusätzlich etwas fordern, niemand könne verlangen, das Maß aller Dinge zu sein.

> „Da schließlich ein jeder sich allen gibt, gibt keiner sich irgendwem, und da man über jedes Mitglied dasselbe Recht erwirbt, das man auch allen über sich einräumt, gewinnt man dabei ebenso viel, wie man abtritt, und dazu noch ein Mehr an Kraft, um zu bewahren, was man hat." (ebd., S. 25)

Ein perfekter Tausch. Niemand gibt zu viel, niemand gibt zu wenig, niemand gibt mehr oder weniger als der andere. Es ist ein Spar-Gerechtigkeitsmodell. Und niemand geht fremd oder heraus aus dem System. Es gibt kein Außen, sondern nur eine Volksgemeinschaft. Niemand hat Angst, dass der andere weniger geben könnte oder mehr haben könnte. Aber all das betrifft nur das Politische und nicht das Ökonomische. Da gibt es vermutlich Unterschiede und Neid.

Rousseaus euphorische Zusammenfassung kann dann lauten:

> „Jeder von uns stellt gemeinsam seine Person und ganze Kraft unter die oberste Richtlinie des allgemeinen Willens, und wir nehmen in die Gemeinschaft jedes Mitglied als untrennbaren Teil des Ganzen auf." (ebd., S. 25)

Das klingt fast schon totalitär. Jeder akzeptiert und unterwirft sich dem allgemeinen Willen und ist untrennbarer Teil des Ganzen. Es gibt kein Entkommen. Hätten das die Nazis nicht auch sagen können? Die Individualität kommt nicht vor, nicht die Differenz, nicht das Heraustreten aus der Gemeinschaft. Für Rousseau schafft der Zusammenschluss der „Vertragspartner" „eine sittliche und kollektive Gemeinschaft" (ebd., S. 25), die „…aus diesem Akt heraus ihr gemeinschaftliches Ich, ihr Leben und ihren Willen erhält." (ebd., S. 26)

Die Vertragspartner seien im passiven Sinne der Staat, im aktiven der Souverän. Jeder Mensch ist so Untertan wie Herrscher. Er formuliert mit den anderen das Gesetz, an das er sich bedingungslos halten muss. Auch das ist Gerechtigkeit, sich nicht mehr und nicht weniger an das Gesetz zu halten wie die anderen, wie alle.

Im Prinzip müsste Souveränität ja bedeuten, das selbst erlassene Gesetz brechen zu können. Aber: „Den Akt verletzen, dem der Staat sein Dasein verdankt, würde Selbstzerstörung bedeuten, und aus dem Nichts kann nichts werden." (ebd., S. 27) Der Souverän, das Volk, die Summe der Vertragspartner, kann weder dem Einzelnen schaden, noch sich selbst (ebd., S. 28).

Wo im Naturzustand der Instinkt und der Egoismus herrschten, sei es nun die Gerechtigkeit, die Pflicht ersetze den Trieb, das Recht das Begehren, Vernunft trete an die Stelle von Neigungen. Trotz einiger Verluste veredele sich die Seele, „seine ganze Seele erhebt sich zu solcher Höhe" (S. 30).

Wir müssen die Begriffe nur vertauschen und schon haben wir Sade in der Quintessenz: Trieb statt Pflicht, Begehren statt Recht, Neigungen statt Vernunft. Er wollte auch keine Seelen veredeln. So hat Sade gegen Rousseau angeschrieben. Er ist der Anti-Rousseau.

Wenn Rousseau die Idee der Gemeinschaft so zelebriert, dann hat er notgedrungen Schwierigkeiten mit dem privaten Eigentum, das dem einen mehr, dem anderen weniger umfänglich beschieden sein kann. Deshalb muss er schreiben: „Jeder Mensch hat natürlicherweise Anspruch auf alles, was er benötigt." (ebd., S. 32) Kein Anarchist hätte es besser formulieren können. So fährt er fort: Jeder Mensch möge sich das Land zu Eigen machen, das erstens noch keinem anderen gehört, das er zweitens auch bestellen kann und drittens auch tatsächlich bearbeitet.

Der Realitätsbeobachter Sade würde entgegnen: Auf welcher Wolke sitzt Du, Jean Jacques? Bist Du jemals durch die Straßen von Paris gelaufen? Ist es Dir nicht klar, dass es (auch) ökonomische Ungleichheit immer geben wird? Der Mensch ist nun einmal egoistisch. Er bemächtigt sich allzu gerne der Güter und Menschen, auch auf der Ebene des Sexuellen.

> „Ich denke daher, dass die Souveränität, die nur die Ausübung des allgemeinen Willens ist, niemals veräußert werden kann, und dass der Souverän, der nichts als ein Gesamtwesen ist, nur durch sich selbst vertreten werden kann; übertragen werden kann freilich die Macht, nicht aber der Wille." (ebd., S. 36)

Der feine Unterschied: Souverän soll das Volk bleiben, aber eine Gemeinschaft kann die Macht zum Beispiel an die Polizei abtreten, nicht aber den eigenen Willen aufgeben, es darf nie nur gehorchen oder sich unterwerfen, es muss unablässig an der Willensbildung arbeiten.

7.3 Souveränität im Sinne G. Batailles

> „Souveränität kommt allein demjenigen zu, der prinzipiell alles negiert, was die Autonomie seiner Entscheidungen einschränkt. Wenn dem so ist, hat jede empirische Definition der mehr oder weniger großen Souveränität wenig Sinn. Was zählt, ist immer nur der suspendierte, revozierbare Charakter einer faktischen Grenze – wenn nicht in Beziehung auf eine derart gegebene Souveränität so doch wenigstens in Beziehung auf diese ungreifbare Souveränität, die immer jenseits des Möglichen sich befindet und der gegebenen Souveränität in dem Maße einen Sinn verleiht, in dem sie sich ihr nähert." (1978, S. 48)

Das klingt nicht fast so, das klingt so, als habe Bataille de Sade nicht nur gelesen, sondern auch bewundert. Und daran kann kein Zweifel bestehen. Dieser unmöglichen Idee der Souveränität ist de Sade ein Leben lang in seinen Texten nachgelaufen und verzweifelt hinterher gehinkt, als habe er nicht gewusst, dass sie uneinlösbar ist, als habe er nicht wissen wollen, dass sie uneinlösbar ist. Aber auf irgendeine Weise muss er davon eine Ahnung gehabt haben. Dies mag erklären, warum seine souveränen Sadisten so erbärmliche Gestalten sind. Der Versuch, souverän zu sein, macht sie lächerlich, weil die Idee der Souveränität nicht zu realisieren ist. Auch das hat Bataille, wie noch zu lesen sein wird, präzise beschrieben.

Batailles Form von Souveränität existiert empirisch nicht, aber das Faktische bezieht sich unentwegt und unausweichlich auf diese Idee von Souveränität. In jedem Tun ist diese Souveränität mit gedacht. Bei jeder Entscheidung, die ich treffe, überlege ich, was eine autonome Entscheidung ist und was nicht.

7.3 · Souveränität im Sinne G. Batailles

> „Ich kann mich ausruhen oder bewegen; ich kann essen, trinken oder mich enthalten; eine Regel einhalten oder verletzen, spielen oder mich nützlich beschäftigen. Im ersten Fall suche ich unmittelbare Befriedigung, im zweiten verfolge ich ein ferner liegendes Interesse. Es handelt sich im ersten Fall um mein Recht auf Leben, um meinen Zweck; und im zweiten Fall um die Mittel, die ich im Dienst dieses Lebens, dieses Zweckes einsetze. Die Moral führt in der Regel auf den zweiten Weg. Aber wenn sie die Befriedigung auch hinausschiebt, es kommt der Augenblick, in dem man der geforderten Anstrengung eine Belohnung schuldet. Man isst, so sagt man, um zu leben; aber man lebt nicht, um zu essen. Schließlich muss ich sagen können, für welchen Zweck ich lebe, muss ich den souveränen Wert bestimmen, in Hinblick auf den ich *bin*." (ebd., S. 48)

Souveränität hat so wenig mit Nützlichkeit zu tun. Sie beruht auf dem Recht zum Leben, aber das reicht nicht aus. Ich muss mir als souveränen Akt einen Zweck verleihen. Ich muss wissen, warum ich lebe. Ich kann nicht sagen, ich lebe, um gesund zu sein. Gesundheit ist nützlich, aber kein Zweck. Im Sinne Batailles lässt sich Souveränität im Spannungsfeld von Triebbefriedigung (das Recht zu leben, zu essen zu trinken) und Sinnsuche verorten, in dem Sinne in einer paradoxen Formation. Nur Triebbefriedigung reicht eben nicht aus. Daher *quasseln* die Helden in den Texten de Sades unentwegt. Ihre Taten harren der Begründung. Ohne dies sind sie sinnlos. Sie würden eher auf die sexuellen Taten verzichten als auf die Diskurse. Erstere sind nur empirische Belege für letztere. Aber wie im Kritischen Rationalismus Poppers zählt eigentlich nur die Theorie. Die sexuellen Szenen sollen in gewisser Weise den Leser nur binden (Kundenbindung), wie ihn zugleich absolut abschrecken, um damit zu zeigen, wie unmöglich die Umsetzung der Idee der Souveränität ist. Die souveräne Geste verstümmelt sich selbst. Dazu bedarf es letztlich keiner sadistischen Täter.

Es gebe niedrige Zwecke wie etwa Zerstreuung suchen bei einem Pferderennen, aber auch höhere wie das „Streben nach Rang" (ebd., S. 49) durch Verausgabung. Mit Verausgabung meint Bataille das Gegenteil von Sparen: irgendetwas verprassen, Geld aus dem Fenster werfen, wie im traditionellen Potlatch das eigene Haus anzünden, da der Mitkonkurrent bereits sein Auto zerstört hat. Natürlich ist das Haus mehr wert. Es geht also bei der Verausgabung um die Überbietung, um so im gesellschaftlichen Rang höher zu stehen und sich dem als Souverän konzipierten König anzunähern. Dieser Vorgang oder dieses Bemühen hat für Bataille auch stets etwas Lächerliches.

> „Letztlich ist diese Gravitation zutiefst erniedrigend. Nirgendwo ist sie komischer als in der bürgerlichen Welt… Was die Masse anzieht, ist die Existenz einer Region, in der das menschliche Wesen souverän handelt." (ebd., S. 50)

Das macht den Adel, die berühmten Musiker, bekannte Schauspieler so attraktiv.

Aber Sade veranschaulicht wie kein anderer, dass die so komische Annäherung an die Souveränität keineswegs ein Privileg der bürgerlichen Welt ist. Seine Libertins sind nicht nur komisch, sondern zutiefst grotesk. Welches Brimborium brauchen sie, um irgendwie auf Touren zu kommen? Das Adjektiv grotesk reicht doch gar nicht hin, um diese sexuellen Szenen zu beschreiben.

Um das bisher zu Bataille referierte zu bündeln: Souveränität ist jenseits von Arbeit und Kalkül, ist zugleich Triebbefriedigung und Sinn, unerreichbar als reine Autonomie, in der Annäherungsbewegung an König beziehungsweise Gott. Der König repräsentiert wie bei Ludwig XIV. Gott auf Erden. Das ist seine primäre Funktion. Wir alle wollen uns, um unseren Rang zu erhöhen, dem Repräsentanten Gottes auf Erden annähern. Printmedien wie *Bunte* oder *Gala* legen es nahe: Es gibt gar keinen Abschied von der Repräsentation, von Gott, auch dann nicht, wenn der christliche Glaube an Einfluss verliert – nicht so das Modell der Repräsentation, insbesondere dann, wenn wir Gott substituieren mit dem eigenen grandiosen Selbst. Das ist möglich in einer Epoche, in den letzten zweihundert Jahren, die auch das Zeitalter der Individualisierung, der Selbstverwirklichung genannt wird.

C. G. Jung hat nicht von Individualisierung gesprochen, sondern von Individuation, von einem Prozess, der die menschliche Psyche von den normativen Erwartungen einer Gesellschaft entfernt. Individuation ist tendenziell antisozial bis anomisch und damit eine Entwicklung zu mehr Souveränität.

So unmöglich der vollständige Auszug aus dem Haus der normativen Erwartungen und der menschlichen Gemeinschaft ist, so lächerlich ist dann auch dieses Bemühen um Souveränität, zumal die Idee des grandiosen Selbst, das wie Gott verehrt werden kann, eine narzisstische Größenphantasie darstellt, die von ihrer Natur her stets brüchig, anfällig bis komisch sein muss.

Wenn wir es wagen würden, Sade mit einer psychopathologischen Diagnose zu versehen, dann würde uns zuerst das Adjektiv narzisstisch einfallen. Dafür sprechen seine immense Verletzlichkeit, seine rabiaten Wutausbrüche, wenn er glaubt, Unrecht zu erfahren, sein fundamentaler Mangel an Empathie (Reinhardt 2014).

Im Sinne Rousseaus könnte höchstens der Volkssouverän tendenziell stärker und wirkungsvoller narzisstisch besetzt werden, als ein Gebilde, das nie Schwäche hat und zeigt. Aber Individualisierung/Individuation und das Abtreten von Macht an den Volkssouverän von Seiten des Individuums sind nicht vereinbar. Auch hier zeichnet sich eine paradoxe Formation ab.

Der Begriff der Dezision bei Schmitt könnte auch narzisstisch interpretiert werden. Im Moment der Entscheidung bin ich souverän und erhaben und eigentlich vollkommen, aber eben nur im Moment. Das ganze Manöver nach dem Streben nach Souveränität ist demnach nie perfekt.

> „Deshalb ist die Geschichte der Souveräne und derjenigen, die sich anstrengen, ihnen – von weitem – zu ähneln, die Geschichte der Menschheit auf der Suche nach ihrem Zweck. Diese Geschichte ist unglücklich, aber sie hebt, gerade in der Durchquerung ihrer absurden Irrtümer, die Macht und das Wunderbare jenseits des materiellen Resultates, das die Arbeit sucht, umso deutlicher hervor." (ebd., S. 50)

Viel besser ließe sich de Sade nicht beschreiben: fast immer auf der Suche nach der souveränen Geste, unbeirrbar im permanenten Durchschreiten einer Welt voller Missverständnisse und grotesker Szenen, den Gefahren sich stellen, fast keinem Risiko aus dem Wege gehen, immer unbedingt eigensinnig.

Souveränität als Autonomie, als eventuell antisoziale Haltung wie in der Individuation nach C. G. Jung, setzt etwas voraus, nämlich dass es menschliche Regeln gibt, gesellschaftliche Verbote, die Voraussetzung für diese Art von Souveränität sind.

> „... in dem Übergang von Tier zum Menschen, der darin bestand, dass mit den Verboten das wesentlich menschliche Verhalten eingeführt wurde. Die Verbote haben die Art und Weise verändert, in der der Mensch seine animalischen Bedürfnisse befriedigte, seine Art zu essen und seine Art auszuscheiden, aber sie haben sich vor allem auf zwei Bereiche erstreckt: auf den des Todes einerseits und auf den der Fortpflanzung andererseits. Die Menschen zeichnen sich durch ein Vermögen aus,

7.3 · Souveränität im Sinne G. Batailles

die Befriedigung hinaus zu schieben, die unmittelbaren Triebe zu zügeln, manchmal sogar zu beherrschen. Der unaufhörlichen Promiskuität substituieren sie Regeln. Sie bemühen sich, den verfemten Teil, in dem die Gewalt des Todes wütet – der für sie ansteckend gehalten wird – von dem Bereich, in dem das friedliche Alltagsleben abläuft, zu trennen." (ebd., S. 51)

Indem de Sade keine Sekunde zögert, sich in seinen Texten gegen die menschlichen Gebote aufzulehnen, wohl auch wissend, dass sie unvermeidlich sind, und er sie in seinem Leben respektiert hat, will Sade zu dem Naturzustand zurückkehren, den sein *erster* Gegner, Rousseau, mythologisch beschworen hat, als könne er nur im radikalen Aufbäumen gegen die Verbote sie umso stärker bewundern, als könne er nur auf diese Weise seine Bewunderung kund tun; so, um einen psychoanalytischen Gemeinplatz wiederzugeben, als ob derjenige, der unablässig gegen die Homosexualität wettert, die größte Begeisterung für diese sexuelle Präferenz hegen würde.

Eine andere Interpretation: Das Überschreiten von Verboten ist die Definition der Souveränität. Da friedliche Arbeit, friedliches Miteinander, dort die Gewalt und der unkontrollierbare Tod. Zu diesem „dort" zählt Bataille die Souveränität. In diesem „dort" möchte de Sade sich zu Hause fühlen.

Da Verbote und Vernunft, dort die „animalische Allmacht des Wunsches" (ebd., S. 52). Bataille insistiert hierbei darauf, dass es die Verbote und nicht die Vernunft seien, die den Menschen zum Menschen mache. Souveränität besteht dann in der Überschreitung von Verboten.

> „…aber im allgemeinen behauptet der Augenblick der Überschreitung einen unersetzbaren Platz im menschlichen Leben, was an der Einhaltung der Verbote, die das wesentlich menschliche Verhalten ausmacht, nichts ändert." (ebd., S. 52)

Und:

> „Das Verbot behält wesentlich die Möglichkeit der Überschreitung vor und ebenso behält die Überschreitung die Strenge des Verbotes bei." (ebd.)

Verbot und Überschreitung konstituieren sich gegenseitig. Die Überschreitung als souveräner Akt stellt einerseits eine Rückkehr zum Tier dar, erscheint aber andererseits zugleich als etwas Göttliches, beziehungsweise als die Annäherung zum Göttlichen.

Die Vehemenz, mit der de Sade gegen die menschlichen Verbote ankämpft, lässt sich eventuell auch so verstehen, dass er sich diesbezüglich alleine auf weiter Flur wähnte, und nicht nur wähnte, sondern auch war. Fast die gesamte Aufklärung (außer La Mettrie) segelte auf dem Boot einer durch eine universale Vernunft zu erzielenden universalen Sittlichkeit. Das kann durchaus beängstigend wirken.

Mit Bataille verstehen wir also auf unterschiedliche Weise Sades Wüten gegen Gesetze und Verbote. Aber genau dieses Wüten betoniert die Verbote. Mehr Anerkennung können sie gar nicht bekommen. Auch deshalb ist Sade als Privatmensch selten anomisch gewesen und einer, der die Todesstrafe verabscheut (Reinhardt 2014). Seine Phantasmen der sexuellen Souveränität sind so abstoßend, dass jeder Leser denken muss: „Bloß nicht!" Und zugleich sind Manifestationen der Souveränität unausweichlich. Und sie sind immer potenziell schrecklich.

Das Menschenbild, das Bataille aus seinen Analysen gewinnt, ist dann notwendigerweise nicht eingehüllt in sanften Optimismus:

> „Die menschliche Welt ist letztlich nur eine Zwitterform aus Überschreitung und Verbot, so dass das Wort menschlich zu jeder Zeit ein System widersprüchlicher Bewegungen bezeichnet, die einen neutralisieren eine Gewaltsamkeit, die sie niemals ganz ausschalten können und die anderen entfesseln sie, aber in der Gewissheit des friedlichen Verlaufs, der folgen wird, der Begriff des Menschlichen bezeichnet daher nie, wie es sich einfache und friedliche Geister wünschen, eine eindeutige Position, sondern ein prekäres Gleichgewicht." (ebd., S. 54)

7.4 Souveränität und Narzissmus

Wir haben schon angedeutet, dass de Sade das Label Narzissmus angeheftet werden könnte. Daher kann es nicht falsch sein, dieses Label näher zu umreißen.

Der nun näher zu skizzierende Narzisst ist derjenige, der in seinem Persönlichkeitstypus heute am Ehesten dem Souverän nahe kommt. Er setzt sich tendenziell absolut – in einer approximativ absoluten Autonomie. Wie Gott und sein Stellvertreter auf Erden verkörpert er die Allmacht, duldet niemanden neben, nur unter sich. Seine souveräne Geste ist weniger ihm nützlich, verleiht ihm aber einen Zweck: der Oberste zu sein und zu bleiben, wenn nötig mit Gewalt, die auf nichts anderes ausgerichtet ist, als ganz oben zu bleiben und, wenn nötig, die anderen zu vernichten.

Unübersehbar ist sein Manöver lächerlich. Warum will er oben sein? Was nützt es ihm? Welchen Schaden richtet er damit an? Warum will er oben bleiben, obwohl er weiß, dass er bald ganz unten sein wird? Sein Glaube, besser zu sein als die anderen, gründet sich auf nichts oder wenig. Und auch wenn es viel sein sollte, gibt es keine rational begründbare Relation zwischen diesem Bessersein und dem Aufwand, den der Narzisst betreibt, um seinen Status zu erhalten. Der Narzisst verausgabt unglaublich viel, um oben zu bleiben. Am Schluss wird er einfach erschöpft zu Boden sinken oder ins Grab geballert werden. Das Dramatische an ihm ist, dass der Narzisst in der Regel von seiner Kleinheit weiß. Er hofft nur, dass dies die anderen nicht wissen. Dafür tut er alles.

Wenn wir konkretistisch auf die Ebene körperlicher Symbole überwechseln wollen, dann ist *flächendeckende* erektile Funktionsstörung der Libertins de Sades die Veranschaulichung der narzisstischen Problematik. Ihre Penisse sind stets verkümmert und müssen mit einem riesigen und grausamen Spektakel in Form gebracht werden. Mit den Spektakeln kann davon abgelenkt werden, welche sexuellen Probleme sie haben. Zugleich wird mit ihnen überdeutlich, in welchen Nöten die Libertins stecken.

Umgangssprachlich wird mit Narzissmus wohl Eitelkeit und Selbstverliebtheit gemeint, und zwar übermäßige Eitelkeit und Selbstverliebtheit. Bei Sade finden wir diese Eigenschaften in den unendlichen Diskursen. Sieh und höre: So schlau und belesen sind die Helden de Sades. Sie verfügen über viel Geld und Macht, kleiden sich erlesen. Kurzerhand: Sie sind die gleichsam natürlichen Narzissten.

Nicht weit davon entfernt von dieser Deskription des Libertins als Narzissten in Sades Texten ist die relativ aktuelle wissenschaftliche Definition. Akhtar (1996) fasst die historische Diskussion um die narzisstische Persönlichkeit im psychoanalytischen Diskurs, wie folgt zusammen:

> „Nicht nur die Vorstellung von Grandiosität, eine fortdauernde Suche nach Ruhm … sondern auch eine beeinträchtigte Liebesfähigkeit, Überich-Defekte, eine Tendenz zur

7.4 · Souveränität und Narzissmus

Promiskuität und Perversion, sowie kognitive Auffälligkeiten; ihr zentrales Merkmal, die Grandiosität, wird als Abwehr gegen Unterlegenheitsgefühle aufgefasst." (S. 4)

Viel besser lassen sich die bösen Buben de Sades nicht beschreiben. Ihre Grandiosität versuchen sie zu veranschaulichen über ihre Bestialität. Sie sind Herren über Leben und Tod. Mehr Grandiosität lässt sich schlecht herstellen. Sie erzählen sich wie in den *120 Tagen von Sodom* ihre *Helden*taten, um ihren Ruhm zu rühmen. Die mangelnde Liebesfähigkeit, sei es auf der körperlichen Ebene (Erektionsprobleme), sei es auf der emotionalen (sie sind zu nichts weniger in der Lage, als andere affektiv zu lieben und damit auch zu schützen), sticht bei ihnen ins Auge. Überich-Defekte sind so ommnipräsent, auch für sie selbst, dass sie nur noch als die richtige Moral deklariert werden können. Über Promiskuität und Perversion brauchen wir kein Wort zu verlieren, zu überdeutlich tauchen sie bei Sades Protagonisten auf. Die bedingungslose Grausamkeit von ihnen verweist als Abwehrformation auf ihre erlebte Inferiorität. Letztlich sind sie noch viel wertloser als ihre Opfer. Sie sind so wertlos, dass sie niemand quälen und umbringen will. Wer will schon Sex haben mit impotenten Fast-Greisen?

Akhtar berücksichtigt in seiner Definition allerdings nicht die Freud'sche Position (siehe unten). Reuleuax (2006) bündelt die Position Kernbergs, dem neben Kohut wohl wichtigsten Theoretiker des Narzissmus, auf folgende Weise.

» „Die Symptome der narzisstischen Persönlichkeitsstörung sind laut Kernberg die pathologische Selbstliebe, die sich in der Ausbildung des ›grandiosen Selbst‹ niederschlägt und sich in folgenden Merkmalen zeigt: Exhibitionismus, Überlegenheitsgefühl; Rücksichtslosigkeit; übersteigerter Ehrgeiz; extreme Abhängigkeit von Bewunderung; emotionale Flachheit und ausgeprägte Anfälle von Unsicherheit." (S. 68).

Sie führt weiter aus:

» „Bezogen auf die pathologischen Objektbeziehungen ist das vorrangige Symptom der unmäßige Neid, der als Abwehr folgendes nach sich zieht: die Entwertung anderer; die Neigung zur Ausbeutung; Beziehungsunfähigkeit sowie die fehlende Fähigkeit zur Empathie." (ebd., S. 68)

Sades Helden werfen sich gerne in Schale. Sie wollen als gebildet und kultiviert imponieren. Auch das ist eine Form, das grandiose Selbst zu präsentieren. Zum Sex und zum Morden brauchen sie immer eine Bühne. Sie sind also einerseits leidenschaftliche Exhibitionisten, wie sie andererseits auf den Exhibitionismus angewiesen sind. Ohne ihn wäre die erektile Dysfunktion nicht passager verhinderbar. Schon da zeigt sich ihre immense Not und Inferiorität. Ihr Überlegenheitsgefühl ist so anfällig, dass es mit der Tat des Mordens verifiziert werden muss. Es gibt für sie hierfür keine Alternative. Emotionale Tiefe zeigen sie nie, haben sie nie. Ihre Ausbeutung wird unzweideutig im Morden evident. Beziehungsunfähig wäre eine nette Umschreibung dafür, dass sie einen Bund, ein Band mit anderen nicht eingehen können. Empathie würde ihr Treiben nur stören.

Wie dürfen nicht vergessen, dass bei Akhtar und Kernberg das Gegenbild zum Narzissten eine voll entwickelte menschliche Persönlichkeit ist, also dem Ideal unserer Zeit entspricht. Der Mensch soll gütig und liebesfähig sein. Er soll keinem anderen ein Haar krümmen dürfen. Nicht einmal auf diesen Gedanken soll er kommen. Er ist sittlich und vernünftig. Er entspricht dem Menschenbild der bürgerlichen Aufklärung.

Der als nicht narzisstisch etikettierte Mensch ist jedoch nichts anderes als ein Ideal. Wir haben gesehen, wie die bürgerliche Aufklärung das Böse im Menschen tilgen wollte –

mit dem Effekt, dass das Böse im Menschen desintegriert umso grausamer in den letzten 200 Jahren walten konnte.

Das Bild des Narzissten als Teufel entspringt also dem primitiven Abwehrmechanismus der Spaltung. Der Narzisst ist die verdrängte andere Seite des Menschen. Aber wir sind alle *auch* maligne narzisstisch.

Diagnosen wie Narzissmus besitzen so einen kulturellen Stellenwert. Sie sind Deponien für das kulturell Abgespaltene/Verworfene, für das Ausgelagerte, für das, wie eine Kultur nicht sein will, was eine Kultur auf keinen Fall haben will, und gerade deshalb dem Verworfenen umso mächtiger ausgesetzt ist, eben weil es nicht anerkannt und integriert ist und so ein Eigenleben führen kann.

Und de Sade? Als Prototyp des Narzissten, als ein Autor, der Narzissten beschreibt. Er muss eine Lanze für diesen Typus brechen, weil es sonst niemand tut. Er ist so impertinent, weil er mutterseelenallein auf weiter Flur ist. Er ist eine Art Jesus, der sich selbst aufopfert, um der Spaltung in guter aufgeklärter vernünftiger Mensch und Psychopath im allgemeinsten Sinn etwas entgegenzusetzen, mit einer nie geahnten Unerbittlichkeit. Diese macht seine Texte in den sexuellen Szenen so widerwärtig und kaum lesbar.

Kulturwissenschaftliche Ansätze wie etwa Ehrenberg (2011) gehen zwar nicht von einem primitiven Abwehrmechanismus der Spaltung in vernünftigen und sittlichen Bürger und malignen Narzissten aus, aber sie weisen insgesamt darauf hin, dass Narzissmus nicht nur ein Krankheitslabel sein, sondern mit unserer Kultur in Verbindung gebracht werden kann. In der so genannten Leistungsgesellschaft, in einer Kultur, in der Selbstverwirklichung nicht nur eine Möglichkeit darstellt, sondern eine Pflicht ist, müssen die Menschen eitel und selbstverliebt sein, um sich so wichtig zu nehmen, um ganz oben mit schwimmen zu wollen. Narzissmus in dieser Perspektive gehört zum Pflichtenheft der Moderne.

Interessanterweise wäre diese kulturwissenschaftliche Interpretation nichts anderes als die Modifikation der Idee der Souveränität von Bataille (siehe oben): eine Interpretation der Moderne unter dem Gesichtspunkt der Souveränität, der dann der Name Narzissmus gegeben wird. Die Souveränität/der Narzissmus ist jedoch an diesem Punkt im Unterschied zu Bataille eher an den Nutzen gebunden (um mit schwimmen zu können), so wie insgesamt der Nutzen in der Moderne obsiegt, oder zumindest als Sieger wahrgenommen wird.

Ehrenberg (2011) knüpft in dem eben genannten Sinne die narzisstische Persönlichkeitsstörung an den Begriff der menschlichen Autonomie in unserer Kultur:

> „Dieser bedeutet heute zunächst zweierlei: die Wahlfreiheit im Namen der Selbstbemächtigung und die Fähigkeit, in den meisten Lebenssituationen selbst zu handeln… Die Selbstbehauptung ist sowohl eine Norm, weil sie zwingend ist, als auch ein Wert, weil sie wünschenswert ist." (S. 16)

Da viele Menschen an der Norm (und Wert) Autonomie/Selbstbemächtigung/Selbstbehauptung scheiterten, entstünden narzisstische Störungen und Depressionen.

Auch bei Ehrenberg misslingt im Sinne Batailles die Trennung von Zweck und Nutzen. Die Souveränität/der Narzissmus wird eingeschrumpft auf Norm und Nutzen, als könne die Moderne Souveränität, abgesehen von bestimmten Ausnahmen wie Schmitt und Bataille, nicht denken. Wenn Ehrenberg meint, eine Scheitern von Selbstermächtigung führe zu narzisstischen Störungen, dann würde Bataille sagen: In der Idee von Souveränität ist das Scheitern inbegriffen. Das aber ist keine Störung. Ehrenberg glaubt implizit doch tatsächlich, dass es den reinen ungebrochenen Narzissmus geben kann,

7.4 · Souveränität und Narzissmus

wie Bataille umgekehrt davon ausgeht, dass die Souveränität dem Scheitern und der Lächerlichkeit nie entkommt.

Bataille folgt in diesem Zusammenhang de Sade gleichsam blind. Dessen *Helden* sind nicht nur zutiefst lächerliche Gestalten, sie sind letztlich allem anderem verschrieben als dem Nutzen. Ihre Morde sind idealtypisch sinnlose Verausgabung.

In Hinblick auf moderne Massenmedien wird klar, dass Narzissmus nicht nur mit dem Projekt der Moderne (Individualisierung als Freiheit und Pflicht) in Verbindung gebracht werden kann, sondern auch mit den Medien. Der mythische Narziss musste noch sein Gesicht im Wasser spiegeln, um von sich hingerissen zu sein. Der moderne Narziss verfügt über Webcams, stellt seine Bilder in Social Networks, kann unentwegt mit seiner Handykamera Selfies von sich machen. Die Selbstbegeisterung ist heute medial vermittelt, ob auf einer Plattform der ideale Körper gezeigt wird oder auf der anderen der gezeichnete, unvollkommene. Beides und noch viel mehr ist möglich. Souveränität als autonomer Akt ist durch das Internet, durch die Social Media möglich geworden, jedoch nur solange ich mein Bild ins Netz stelle, nur solange es jemand dort ansieht und kommentiert. Andernfalls versinkt meine Souveränität im Dunkel der Nacht. Auch in diesem Zusammenhang ist Souveränität stets brüchig. Brüchigkeit ist ein zentrales Kennzeichen von Souveränität.

De Sade vermochte noch keine Selfies zu schießen, aber die sexuellen Taten in seinem Texten haben sehr häufig eine bestimmte Öffentlichkeit. Viele Personen sind beteiligt und schauen zu. So gibt es für den Narzissten den Spiegel der Bestätigung, ein Echo auf sein Tun. Zudem werden seine Taten mündlich weiter gegeben. Und da sie so außergewöhnlich sind, werden sie sozusagen von Generation zu Generation weiter gegeben. Sie sind eingeschrieben in das kulturelle Gedächtnis. Und unübersehbar hat es de Sade selbst geschafft, unsterblich zu werden.

Mit welchen Ursachen wird Narzissmus im *klinischen* Diskurs verbunden? Freud hat eine der ersten Ätiologie-Theorien zum Narzissmus entwickelt, wenngleich dieses voller Widersprüche ist (Valk 1983, Renger 2002). 1914 veröffentlichte Freud *Zur Einführung in den Narzissmus* (Studienausgabe 1989). Freud hebt hervor, dass er nicht der erste ist, der den Begriff Narzissmus klinisch verwendet. Der Autor Näcke habe ihn zur Kennzeichnung einer sexuellen Perversion verwandt,

> „bei welchem ein Individuum den eigenen Leib in ähnlicher Weise behandelt wie sonst den eines Sexualobjekts, ihn also mit sexuellen Wohlgefallen beschaut, streichelt, liebkost, bis er mit diesen Vornahmen zur vollen Befriedigung gelangt." (ebd., S. 41)

Es ist nicht erstaunlich, dass das 19. Jahrhundert den Narzissmus als Perversion begreift, hat das 19. Jahrhundert doch fast alle sexuellen Varianten als Perversionen etikettiert; dieses Jahrhundert hat die Perversion quasi erfunden (Krafft-Ebing 1984, Foucault 1977). Dennoch könnte die beschriebene Perversion Narzissmus durchaus als typisches Kulturphänomen des 19. Jahrhunderts gelten. Der Prozess der Zivilisation bringt mittels massiver Affektkontrolle und erhebliche Erhöhung der Schamgrenzen den Typus des „homo clausus" hervor, der durch einen Hiatus vom anderen getrennt ist (Elias 1978). Libidinöse Rückbesinnung auf sich selbst scheint die logische Folge zu sein. Der individualisierte Mensch ist tendenziell ein Einzelgänger. Er muss alleine seinen Weg finden und sich systematisch von allen anderen abgrenzen. Was liegt zur Erfreuung da näher als der eigene Leib? Es liegt auf der Hand: Der Souverän kann, da es ihn im Prinzip nur einmal gibt, nur sich selbst lieben. Niemand ist ihm ebenbürtig.

Sade muss möglicherweise geahnt haben, dass der Prozess der Zivilisation wie eine Krake die Triebimpulse und Affekte des Menschen noch stärker einschnüren wird. Mit seinem Plädoyer für den gesetzlosen Naturzustand versucht er, diesen Prozess aufzuhalten, selbstredend vergeblich. Sade muss am eigenen Leib erfahren haben, wie der Prozess der Zivilisation greift. Wegen seiner gelegentlichen Eskapaden, also wegen seiner Impulsdurchbrüche, veranlasste es seine Schwiegermutter, ihn ins Gefängnis werfen zu lassen, immer wieder und wieder, ihn nahezu zu eliminieren.

Auch seine Herkunftsfamilie ließ ihn deshalb fallen. Außer an seinem Lebensende, den er in trauter Einsamkeit verbrachte, war er überwiegend ein höchst einsamer Mann, der einen großen Teil seines Lebens in der Gefängniszelle verbrachte (Reinhardt 2014).

Heute würde niemand im alltäglichen Leben bei Narzissmus an Perversion denken, schließlich gehen massenweise Menschen in Fitness-Studios, joggen, machen Bodybuilding, gehen zum Schönheitschirurgen, um sich zu stählen und vervollkommnen zu lassen. Die Perversion Narzissmus hat sich wie viele Perversionen normalisiert. Freud ist hierbei ein Vorkämpfer. Er normalisiert den so genannten Narzissmus als bestimmte Entwicklungsphase des Kindes, in der alle Libido auf es selbst gerichtet ist, genannt primärer Narzissmus. Erst später verlagere sich die narzisstische Libido auf das Objekt, die Objekte. Freud nennt das Liebe und warnt davor, durch die Objektliebe das eigene Selbst zu wenig zu besetzen. Tendenziell pathologisch wird für Freud der Narzissmus allerdings dann, wenn die Objektliebe aufgegeben wird und die Libido auf das Selbst zurückverlagert wird. Es drohe ein Verlust an Bindung an die Realität. Es gebe quasi kein Außen mehr. Psychotherapeutisch seien narzisstisch Gestörte nur schwer erreichbar, weil sie keine Übertragung(sliebe) zum Psychotherapeuten aufbauten. Sie gingen quasi keine Beziehung ein. Fehlende Übertragung verhindert damit die Aktualisierung ehemaliger unbewusster Konflikte im psychotherapeutischen Raum. Narzissten fänden eh nicht den Weg zum Psychotherapeuten, weil sie mit ihrer Störung relativ gut leben könnten, zumindest nicht bereit wären, ihren Narzissmus aufzugeben.

Der Narzisst im Fitness-Studios versucht, sich einen königlichen Körper zu meißeln. Er formt sich wie ein Bildhauer, um als der höchste mit dem höchsten Körper zu erscheinen. Sein göttlicher Körper soll dazu dienen, dass die ihn Schauenden vor Ehrfurcht erstarren. Das Fitness-Studio ist so eine Werkshalle zum Erstellen des gottgleichen Körpers, der den königlichen Status seines Besitzers unmissverständlich signalisieren soll. Für Freud ist der Narzisst davon bedroht, die Bindung an die Realität zu verlieren. Für den Narzissten ist dies das Ziel. Er wendet sich von ihr ab, um vom Volk weit genug entfernt zu sein. Kein Souverän weilt am Stammtisch.

Schenken wir dem Biographen, Reinhardt (2014), Glauben, dann war Sade der Prototyp derjenigen, die die Verbindung zur Realität kappen und nicht kapieren, was passiert. Niemals konnte er verstehen, warum er nun wieder im Gefängnis gelandet ist.

Und Sades Libertins müssen ihre Opfer eliminieren, um kein Gegenüber mehr zu haben, um kein Außen mehr zu haben. Nur sie alleine sind noch da, allmächtig. Ihr Morden bedeutet, dass sich ihre Überzeugung durchsetzt, ihre Gedanken die Welt beherrschen. Das Vernichten bedeutet die Bestätigung ihrer Diskurse. Nur sie gelten.

Allerding setzen die Libertins nicht auf einen gestählten schönen Körper von sich selbst. Frauen sollen schön sein. Libertins haben Macht und Diskurse. Das reicht.

Sade als abgeschotteter Narzisst hat allerdings ein Riesenproblem. Kein Außen zu haben, nicht auf die Realität als Widerstand zu treffen, schafft eine ungeheuerliche Leere – die zum Beispiel mit monomanischem Schreiben zu füllen ist. Erst der Verlust an Realität ermöglicht ein vollkommen eigenes Denken und Schreiben.

7.4 · Souveränität und Narzissmus

Freud vergleicht Narzissten mit Frauen und Kindern, aber auch mit Katzen.

> „Solche Frauen lieben, strenggenommen, nur sich selbst mit ähnlicher Intensität, wie der Mann sie liebt. Ihr Bedürfnis geht auch nicht dahin zu lieben, sondern geliebt zu werden, und sie lassen sich den Mann gefallen, welcher diese Bedingung erfüllt." (ebd., S. 55)

Die narzisstischen Libertins aus Sades Texten kommen nicht einmal auf die Idee, geliebt werden zu wollen. Sie sind davon überzeugt, als zu liebende Objekte nicht zu taugen, niemals. Sie können eventuell bewundert werden, mehr auch nicht. Liebe und Macht, das will de Sade mitteilen, sind nicht kompatibel. In keiner Weise.

Der Idee der Säkularisierung der Glaubenssätze des Urchristentums, demnach etwa alle Menschen gleich sind oder gleich sein sollen (Freiheit, Gleichheit, Brüderlichkeit als Slogan der Aufklärung in Frankreich) steht Sade mehr als skeptisch gegenüber. Er verfügt zwar über die Sprache der Empfindsamkeit, diese aber ist rein manipulativ gedacht.

Das, was ihm an seinem sogenannten Lebensabend gelingt, eine Liebesbeziehung, dringt in seine Texte nicht ein, als sei sie mit dem Bann belegt. Das liegt nicht nur daran, dass sich für ihn Macht und Liebe kategorisch ausschließen, das kann auch damit zu tun haben, dass Liebe als frühchristliche Agape für Sade des *Teufels* ist. Agape verbindet Menschen, schafft Mitmenschlichkeit, gründet ein solidarisches Band der Gleichen, beinhaltet einen sensus communis, zumindest der Idee nach – schlimmere Dinge kann es für den Schreiber de Sade gar nicht geben.

Zurück zu Freud: Warum verfällt er auf Frauen, Kinder, Katzen als Wesen, die es lieben, geliebt zu werden? Warum nicht auf Götter? Lieben sie es nicht, geliebt zu werden? Verblassen sie nicht, wenn dies nicht geschieht? Sind es nicht die Götter, die primär auf Bewunderung und Zuneigung angewiesen sind?

Und ist Freud nicht selbst ein gottähnlicher Narzisst, wenn er es ablehnt, narzisstische Patienten zu lieben, wo doch die Liebe alleine ihm zukommen muss? Ihm, dem großen Sigmund Freud, der auch deshalb groß ist, weil er sich als Mann definiert, dem wie seinen Geschlechtsgenossen Narzissmus angeblich fremd ist. Sie lieben und lieben es minder oder nicht geliebt zu werden.

Ganz offenkundig war Freud sein Narzissmus unzugänglich, vollkommen unzugänglich.

Dennoch sehen sich nach Freud, wenn nicht die Psychotherapeuten, so doch die Eltern zuweilen veranlasst, den Narzissmus ihrer Kinder zu unterstützen.

> „Es besteht aber auch die Neigung, alle kulturellen Erwerbungen, deren Anerkennung man seinem Narzissmus abgerungen hat, vor dem Kinde zu suspendieren und die Ansprüche auf längst aufgegebene Vorrechte bei ihm zu erneuern. Das Kind soll es besser haben als seine Eltern, es soll den Notwendigkeiten, die man als im Leben herrschend erkannt hat, nicht unterworfen sein. Krankheit, Tod, Verzicht auf Genuss, Einschränkung des eigenen Willens sollen für das Kind nicht gelten, die Gesetze der Natur wie der Gesellschaft vor ihm haltmachen, es soll wieder Mittelpunkt und Kern der Schöpfung sein." (ebd., S. 57)

Nein, nicht nur Mittelpunkt und Kern der Schöpfung, sondern der Schöpfer selbst soll es, das Kind, sein. Um Freud weiter zu denken: Die Eltern betrachten ihr Kind als die Wiedergeburt Gottes, für den es keine Regeln gibt, weil er die Regeln erfunden hat, samt der ganzen Welt. Alle Eltern sind im Grunde Maria und Joseph und zwar dann, wenn sie ihrem Kind göttliche Status verleihen. Alle Eltern sind im Prinzip in der Lage, den wahren Souverän zu zeugen und zu gebären. Dieser prinzipiell mögliche Vorgang macht aus ihnen selbst Götter. Der christliche Glaube macht einiges, wenn nicht gar alles, möglich. Der christliche Glaube ist genährt aus dem verspeisbaren Gold des Narzissmus.

Sades Libertins müssen eben solche Eltern gehabt haben, von denen Freud hier berichtet. Sie haben ihre Söhne zu entgrenzten Weltherrschern erzogen. Ihre *Sexualpartner* sind in ihren Augen nichts anderes als Spielzeug, das zerstört werden darf, zerstört werden muss.

Wir haben es schon mehrmals anerkennen müssen. Sades phantasierte Welt ist vollkommen infantil.

Der Narzisst als moderne Variante des Souveräns, gottähnlich und königsgleich, kämpft bei Sade und seinem Theoretiker, Bataille, stets mit der menschlichen – allzu menschlichen Vergeblichkeit und Lächerlichkeit. Es gibt ihn nur mit einer Doppelgesichtigkeit von anmaßender Gestalt und unterirdischer Verlorenheit.

So sehen dies auch bestimmte psychoanalytische Narzissmustheorien. Volkan (1994) umreißt die narzisstische Persönlichkeitsorganisation, „bei der das grandiose Selbst dominiert und vom nicht dominierenden, entwerteten (>hungrigen<) Selbst abgespalten ist" (S. 49) mit drei Merkmalen:

> „- Äußerungen des grandiosen Selbst (z. B.: >Ich bin die Nummer Eins auf der ganzen Welt.<);
> - die Abwehrmechanismen des Ich, die von Patienten ständig verwendet werden, sein großartiges Ich aufrechtzuerhalten (z. B.: >Ich pflege nur Umgang mit unter mir stehenden Leuten, so dass ich im Vergleich zu ihnen immer glänze.<)
> - Anzeichen für das Vorhandensein der >Kehrseite der Medaille<, des hungrigen Selbst, das der Patient zu verstecken versucht (z. B.: >Jetzt bin ich jung und schön, aber ich habe im Kühlschrank einen großen Vorrat einer besonders guten Gesichtscreme. Sollte ich eines Morgens aufwachen und ein Fältchen im Gesicht entdecken, kann ich gleich etwas dagegen tun.<)." (1994, S. 49)

Der Narzisst fürchtet sich vor sich selbst, vor seiner bedürftigen, defizitären Seite, die er zu überspielen versucht. Es ist für ihn so kränkend und verletzend, schwach und angewiesen zu sein, dass er dies massiv abwehren muss. Diese Seite darf eigentlich gar nicht aufscheinen, tut es aber trotzdem. Er muss die schwache Seite verbergen und er muss sich aufplustern, um all das zu verdecken, was bei ihm defizitär sein könnte.

Besser ließen sich die grotesken *Helden* aus Sades Texten nicht beschreiben. Er skizziert sie auf eine Weise, die ihre inferioren Züge nicht mehr zu verbergen versuchen, sondern sie an die Oberfläche spülen – gut sichtbar für alle. Sade ist der erste Psychoanalytiker der narzisstischen Persönlichkeitsstörung, wie er im selben Atemzug die Kehrseite des modernen Subjekts offen legt, beschreibt, aber nicht deutet.

Zur narzisstischen Persönlichkeitsorganisation gehört auch, was Volkan (1994) als Glaskugelfantasie umreißt: „Der Patient hat dabei die Fantasie, einsam, aber glorreich an einem Ort zu leben, der von etwas Undurchlässigem – wie zum Beispiel Glas – umgeben ist." (S. 54) Damit wäre der Narzisst perfekt geschützt. Niemals kann er verletzt werden, von niemandem.

Ist das nicht der Status Gottes, zumindest des christlichen? Er lebt absolut geschützt im Himmel, in seiner Glaskugel. Aber er ist vollkommen einsam. Sein Himmel ist undurchdringlich. Deshalb hat ihn auch noch niemand gesehen. Die Kunde von ihm steht daher auf bleiernen Füßen; an ihn zu glauben, ist einfach, an ihn nicht zu glauben, nicht minder einfach. Sein Repräsentant auf Erden, der König, hat daher im Prinzip eine

7.4 · Souveränität und Narzissmus

schlechte Legitimationsbasis, genauso wie der perfekte Bodybuilder nichts anderes darzustellen scheint wie ein aufgeplustertes Baby. Das ist die Lächerlichkeit des Souveräns, von der Sade und Bataille schreiben, und den Menschen dennoch nicht davon enthebt, sich der Souveränität anzunähern.

De Sades Schicksal scheint es gewesen zu sein, unter unterschiedlichen Herrschaftsformen (Absolutismus, bürgerliche Revolution, Napoleons Despotie) im Gefängnis scheinbar offenkundig wider Willen zu landen. Wir können aber auch darüber nachsinnen, ob dies nicht seine Glaskugel war, die ihn schützte und einschloss. So könnte er die Verhaftungen unbewusst provoziert haben, um endlich wieder in seine Glaskugel zu gelangen.

Die Doppelgesichtigkeit des Narzissten (grandios und inferior) lässt sich noch anderweitig darstellen, einerseits in Form des malignen (bösartigen) Narzissmus, andererseits im Mythos von Narziss.

Reuleaux (2006, S. 67ff) bündelt die Aussagen verschiedener Autoren zu dem, was malignen Narzissmus ausmache: antisoziale Verhaltensweisen, ich-synthone Aggression oder Sadismus, pathologische Selbstliebe, Ausbildung eines grandiosen Selbst, unmäßiger und zerstörerischer Neid, Entwertung und Ausbeutung anderer, Unfähigkeit, andere als ausbeuterische Objektbeziehungen einzugehen, chronische Gefühle der Leere und Sinnlosigkeit, Unfähigkeit zur Selbstreflexion sowie zur Empathie.

So lässt sich womöglich ein beliebiger Tyrann oder absoluter Herrscher beschreiben. Wohlgemerkt: Der so beschriebene Souverän, sollte es möglich sein, ihn mit dem malignen Narzissten in hinreichende Verbindung zu bringen, ist fast zu bemitleiden. Der Nicht-Narzisst stützt den Narzissten, vergrößert sein Reich, indem er mitleidig ist.

Damit wäre *auch* zu erklären, warum die Opfer in Sades Werken sich nie wehren. Sie opfern sich, weil sie ihre Mörder bemitleiden. Sie tun alles für sie, das Maximale, eben sterben unter entsetzlichen Qualen.

Dem malignen Narzissmus als schwerem Krankheitsphänomen steht gegenüber der Mythos des Narzissmus sowie das kulturelle Phänomen des Narzissmus (in einer anderen Perspektive, als schon beschrieben). Sprich: Einmal ist Narzissmus ein Element der Psychopathologie, das andere Mal Teil unserer Kultur.

In *Reclams Lexikon der Antike* (1996) liest sich das gebündelt so:

> „Narkissos (griech. Myth.), ein schöner Jüngling, Sohn des Böotischen Flussgottes Kephissos und der Nymphe Leiriope. Die Nymphe Echo verliebt sich in ihn, wurde jedoch zurückgewiesen. Aphrodite bestrafte N. für seine Grausamkeit, indem sie ihn sich in sein eigenes, im Wasser erblicktes Bild verlieben ließ. Seine vergeblichen Versuche, sich seinem schönen Spiegelbild zu nähern, trieben ihn zur Verzweiflung, und er grämte sich zu Tode. Die Götter verwandelten ihn in die nach ihm benannte Blume." (S. 434)

Eine Nymphe gebar ihn, eine Nymphe verliebte sich in ihn. Aus heutiger Sicht könnten wir von einer Inzestschranke sprechen, die ihn davon abhielt, die andere Nymphe zu lieben. Und wäre unsere Interpretation unangemessen, wir würden nicht genau wissen, warum das Abweisen von Verliebtsein grausam sein sollte. Narcissus regrediert im Sinne Freuds aus irgendwelchen Gründen vom sekundären zum primären Narzissmus; er entzieht dem Objekt Libido und richtet sich auf sich selbst. Weder kann er sich im wässrigen, unscharfen, flüchtigen Spiegelbild richtig erkennen, noch kann er sich sich selbst nähern. Der auf sich selbst masturbierende Narziss aus dem 19. Jahrhundert (siehe

Freuds Verweis) hat sich im Gegensatz zum mythologischen Narcissus vor der Katastrophe bewahrt. Wie nützlich können doch *Perversionen* auch sein.

Sades Narzissten schützen sich auch vor der Katastrophe der Selbstauflösung, indem sie andere auflösen, nichten. Aber im Grunde wissen sie, dass sie zuallererst sich richten wollen, wissen sie doch darum, wie abgrundtief armselig und lächerlich sie sind. Sie sind so erbärmlich wie die Nazi-Führer in den Nürnberger Prozessen, in denen niemand gedacht hätte, dass sie jemals ein Reich aufgebaut und geführt hätten (Klotter und Beckenbach 2012). So ist der Lustmord am anderen eine Selbstmordprävention. Das Morden darf nicht aufhören, weil nach ihm der Suizid gewiss käme.

Ovid (1996) klärt uns in seinen „Metamorphosen" ein bisschen besser über Narcissus auf. Jünglinge und Mädchen begehrten den 16-Jährigen sehr (er könne erscheinen wie ein Jüngling, aber auch wie ein Knabe).

» „Doch solch harter Stolz war gesellt seiner lieblichen Schönheit: Keiner der Jünglinge hat ihn gerührt und keines der Mädchen." (ebd., S. 105)

Narzissmus – das ist noch heute der natürliche Feind der Triebe, insbesondere der Sexualität. Reiner Narzissmus bedeutet, jeder Berührung aus dem Weg zu gehen. Schon ein Lächeln, aber schlimmer noch die Liebkosung, erscheint als Angriff, als Kränkung des Selbst. Sie muss zurückgewiesen werden. Und warum sollte der mythische Narcissus ausgerechnet der Nymphe Echo seine Liebe schenken, „dass sie von vielen Worten die letzten nur kann wiederholen." (ebd., S. 107)

Narcissus kann nur sich selbst sehen, Echo kann nur fremde Worte wiederholen – weiter kann ein Paar nicht auseinander sein. Nicht Narcissus ist womöglich grausam, sondern Aphrodite, wobei zu bedenken ist, dass Echo, abgewiesen von Narcissus, ihren Körper verliert und nur noch Stimme ist.

» „Während den Durst er will löschen, erwuchs ein anderer Durst in ihm. Während des Trinkens liebt er, berückt von dem Reiz des erschauten Bilds, einen leiblosen Wahn, was Welle ist, hält er für Körper." (ebd., S. 109)

Der arme mythische Narcissus ist noch nicht durch Medien geschult. Er verwechselt sich mit einem medialen Bild. Das wäre heute im Medienzeitalter nahezu undenkbar.

Die trostlosen und untröstlichen Libertins Sades sind ein Schritt weiter oder vielleicht auch nicht: Wie bereits erwähnt, in den imaginierten Szenen des Mordens sind sie auf der Suche nach dem Realen, nach dem Gegenüber. Ihr Morden ist die Welle, von der Ovid spricht. Sie dringen zum Körper nie vor, natürlich auch, weil sie ihn auflösen. Aber auch dies hilft nicht dazu, zum Realen vorzudringen. Die Libertins verbleiben in der Dunstwolke des Unfassbaren, je mehr sie fassen und zerstören wollen. Vielleicht ist das ihr eigentliches Drama, was sie so unglaublich trostlos und lächerlich macht. Sie sind moderne Don Quichottes im verzweifelten Versuch, sich upzudaten.

Eventuell ist dies Sades Kommentar zu dem Versuch der Naturwissenschaften, das Reale zu ergreifen. Sie glauben, es in der Hand zu haben. Aber in ihrer Innenhand ist nicht einmal eine Seifenblase zerschellt. Der Mythos der Neuzeit, mit empirischen Methoden der Realität zu Leibe zu rücken, zerbricht im Denken Sades. Er hat damit eine ähnliche Position wie Kant, der meinte, dass wir nur mit fixen Kategorien des Verstandes uns dem nähern können, was sich Realität nennt, ohne jemals sie wirklich erfassen zu können. Es ist zunächst der Kopf, der Realität definiert und glaubt, sie finden zu können.

7.4 · Souveränität und Narzissmus

Sade erscheint so als düster schauender Prophet der Moderne, der von Fortschritt nichts wissen will.

So weit entfernt Narzissmus als Psychopathologie und als Mythos oder kulturelles Phänomen sind, so einigt sie doch die antisoziale Tendenz: mit dem anderen nichts zu tun haben zu wollen, schon gar nicht, sich in ihn verlieben, ihn nicht sehen und erkennen zu wollen, aber auch mit der Selbstreflexion große Schwierigkeiten zu haben. Denn Selbstreflexion bedeutet im ersten Schritt nicht, sich seiner nähern zu wollen, sondern sich von sich zu entfernen, sich von einem anderen Standpunkt aus zu betrachten, aus der Perspektive des anderen. Diese Form der Entfremdung toleriert der Narzisst nicht. Insofern wäre Aphrodite doch nicht grausam, sondern eine Richterin, die negativ das sanktioniert, was unsere Gesellschaft als unerwünscht definiert: nur bei sich selbst bleiben und die Kommunikation verweigern zu wollen, von Methexis nicht wissen zu wollen, schon gar nicht vom sensus communis. Dem Psychotherapeuten von heute kommt die Aufgabe zu, Aphrodite bei ihrer gesellschaftlichen Aufgabe zu vertreten. Der Narzisst sieht das nicht gerne.

Fassen wir zusammen: Dem bürgerlich-aufklärerischen Ideals des vernünftigen, sittlichen, vom Bösen gereinigten Menschen hält de Sade das Gegenbild vor, das des malignen Narzissten. Auf der Schaukel dieser beiden Bilder sieht de Sade den Menschen. Mal triumphiert das eine Bild, mal das andere. Wichtig für ihn ist, beide Bilder anzuerkennen, den Menschen nicht auf das Gute zu verkürzen, auf dass dann das desintegrierte Böse viel mehr Schaden anrichtet, als wäre es einigermaßen *dabei* gewesen.

Narzisstische Persönlichkeitsanteile können sich in der Moderne wesentlich besser entwickeln, weil die Anerkennung einer Person nicht mehr von der Geburt abhängt, vielmehr müssen Menschen etwas leisten, sie müssen sich bewähren, um anerkannt zu sein. Ein absoluter Herrscher kann ein guter oder schlechter sein, aber er bleibt so oder so ein Herrscher. In der Moderne hingegen kann, um den Gemeinplatz zu wiederholen, aus einem Tellerwäscher ein Millionär werden. Der Spielraum der Gestaltung ist in der Moderne unvergleichlich viel größer als in der Zeit davor, damit auch das narzisstische Potenzial. Die Moderne ist das Zeitalter des Narzissmus. Darauf weist de Sade eindringlichst hin und verspottet ihn zugleich auf eine grausame Weise, weil lächerlicher als ein Narzisst niemand sein kann.

Das Konzept der Individualisierung glättet, schönt und verharmlost den wild sprießenden Narzissmus der Moderne. Dann wird von Selbstentfaltung, Selbstverwirklichung und Einzigartigkeit gesprochen. Dieses Konzept der Individualisierung gibt dem wilden Tier, das sich Narzissmus nennt, ein nettes Gewand. Selbst der maligne Narzisst erfreut sich dieser Kleidung, würde er sich entblößt und nackt doch zu Recht vor sich selbst fürchten.

Dann wäre der maligne Narzissmus der Antriebsmotor des kapitalistischen Zeitalters und nicht die protestantische Ethik, wie dies Max Weber (1993) angenommen hat. Diese wäre eher ein Instrument des Aderlasses für den Narzissmus, eine Politik des systematischen Verzichts, um demütig und bescheiden zu wirken. Sie lässt den Narzissmus immer wieder eindampfen und abschwächen. Aber gerade in der radikalen protestantischen Ethik als beeindruckender Abwehrorganisation zeigt sich das irrwitzige Ausmaß des Narzissmus in der Moderne.

7.5 Zusammenfassung

Was passiert, wenn die absolute Macht eines Königs abdankt, abdanken muss, verabschiedet wird? Dann kann der Gedanke aufkommen: Die Macht liegt in den Händen des Volkes. Aber bricht dann nicht Chaos und Anarchie aus? Ein jeder gegen jeden? Mit dem quasi natürlichen Altern der absoluten Macht in Europa entstehen dementsprechend Gesellschaftstheorien, die den Versuch unternehmen, Modelle zu kreieren, die eine moderne Gesellschaft ordnen können. Hobbes beschwört so das Gewaltmonopol des Staates, Rousseau in seinem Gesellschaftsvertrag eine Mixtur aus Demokratie und Diktatur. Beide Modelle sind von der Angst vor dem Chaos geprägt. Die absolute Souveränität ist zwar ausgehebelt, aber die Souveränität hat das Antlitz bedrohlicher Gewalt behalten. Es macht Angst.

Nur Bataille weist auf die Ambivalenz und partielle Lächerlichkeit der Souveränität hin. Er stößt sie vom Thron. Die psychoanalytischen Narzissmus-Theorien greifen Bataille nicht auf, aber sie beschreiben auch die Gleichzeitigkeit von Größenphantasien und fundamentaler Inferioritätserfahrung bei Narzissten.

Der Narzisst ist nicht nur eine Figur der Moderne. Aber er hat in ihr einen äußerst fruchtbaren Boden, weil anders als in der Renaissance der Mensch nicht mehr im Mittelpunkt der Welt steht und er seinen Zusammenhang mit der Welt verloren hat. Die zutiefst bösartigen Diktatoren des 20. Jahrhunderts sind so Prototypen eines malignen Narzissmus.

Das Böse und de Sade

8.1 Das Böse in der Moderne – 162

8.2 Wir und das Böse – 164

8.3 Der Todestrieb – 166

8.4 Subjektivierung und Legitimierung politischer Gewalt: ihr Begründer Rousseau – 173

8.5 Das Schicksal des Bösen – das Böse als das Schicksal – 178

8.6 Zusammenfassung – 185

© Springer Fachmedien Wiesbaden GmbH, ein Teil von Springer Nature 2018
C. Klotter, *Warum der Spaß am Bösen ein Teil von uns ist*,
https://doi.org/10.1007/978-3-658-18638-8_8

8.1 Das Böse in der Moderne

Wir haben es gesehen: In Sades Texten wird das Böse als Teil der inneren Natur betrachtet, der ausgelebt werden soll, sich erhebend über die Moral und die Gesetze. Die Persönlichkeitsstruktur des Narzissten gibt dem Bösen Gestalt. Der Narzisst ist das Gegenbild zum gesitteten und vernünftigen Bürger. Sade plädiert für die Integration der bösen Selbstanteile, indem er unentwegt darauf pocht, dass das Böse, wenn schon eventuell nichts anderes, *real* ist, existent ist und ernst genommen werden muss. Zugleich erweist sich Sade als Katholik, indem er einerseits mit seinen Bildern der sexuellen Qualen darauf hinweist, was passiert, wenn die christlichen Gebote nicht mehr gelten, indem er andererseits das Prinzip der Wahl vorstellt: Menschen können sich für das Gute, aber auch für das Böse entscheiden.

Um die Stellung des Bösen bei de Sade näher zu umreißen, sollen nun einige Aspekte der Geschichte des Bösen vorgestellt werden.

Schmidt-Biggemann (1993, S. 12) geht davon aus, dass seit dem 18. Jahrhundert eine Verschiebung zu wirken beginnt: Das Böse wird nicht mehr wahrgenommen als von außen kommend, in den Menschen fahrend oder eindringend (wie der Teufel), sondern als Teil der Seele des Menschen; es speist sich aus den Quellen der intrapsychischen Aggression, Lust und dem Machtstreben. De Sade ist dementsprechend der prototypische Produzent und zugleich Zeitzeuge dieser historischen Transformation. Wie kein anderer pocht er darauf, dass das Böse einen nicht befällt, sondern in der Seele des Menschen wohnt.

Mit dieser historischen Veränderung wird die menschliche Seele insgesamt aufgewertet. Sie kann weniger von außen manipuliert werden, vielmehr ist sie immuner nach außen, aber damit auch der Hort des Bösen selbst. Diese moderne Psyche ist wirkmächtiger als die frühere. So könnte vermutet werden, dass auch ihre bösen Taten schlimmer sind als die früheren – sie sind die von malignen Narzissten.

Die Moderne schreibt so einerseits der menschlichen Psyche mehr (böse) Macht zu. Andererseits tilgt die Aufklärungsphilosophie, wie ausgeführt, die Idee, dass der Mensch von Natur aus böse ist.

Auch angesichts dieses Paradoxons kann eine Integration böser oder negativer Selbstanteile nicht stattfinden. Der Projektion der bösen Selbstanteile ist damit Tür und Tor geöffnet. Diejenigen, auf die projiziert worden ist, dürfen dann auch ermordet werden wie die Untermenschen, die Juden, die Revisionisten und Renegaten, etc., ohne dass die Mörder dabei ein schlechtes Gewissen hätten. Im Gegenteil: Sie fühlen sich dabei gut.

Aus dieser Perspektive kann nicht die Rede davon sein, dass sich in der Moderne generell eine reife Psyche ausgebildet hätte, ausgestattet mit einem gut funktionierenden Über-Ich. Nein, davon kann offenbar nur anteilig die Rede sein. Ein relativ gut funktionierendes Über-Ich wäre so am ehesten dem anglo-amerikanischen Raum zuzuschreiben, in dem eine protestantische Ethik den reinen Narzissmus ein wenig zurück geschraubt hätte.

Wäre generell eine durchgehend reife Psyche in den letzten 200 Jahren entstanden, dann hätte es den Nationalsozialismus oder den Stalinismus nicht gegeben.

De Sade ist gleichsam der Prophet unseres unermesslich grausamen Zeitalters, aber ein Prophet, der psychisch intakter war als die Diktatoren des 20. Jahrhunderts. Seine Figuren in seinen Texten können sich zu ihren bösen Taten bekennen. Ja, sie erfreuen sich an ihnen und sind stolz darauf. Sie exhibitionieren sich mit ihnen. Die Diktatoren

8.1 · Das Böse in der Moderne

des 20. Jahrhunderts haben stets im Namen des Guten gearbeitet, für das Volk, für den Sozialismus, etc. Sie arbeiteten mit Spaltung und Projektion.

Der Skandal, den Sade verursacht hat und noch verursacht, besteht darin, nicht auf der Seite des Guten stehen zu wollen; er enthüllt quasi die bösen Taten des 20. Jahrhunderts eben als diese. Deshalb ist er im Jahrhundert der politisch legitimierten Grausamkeit zu großen Anteilen nicht tolerabel. Er muss vergessen werden, zumindest was seine politisch-philosophischen Ambitionen betrifft. Nur dann funktionieren die psychische Spaltung und die Projektion der eigenen bösen Anteile in andere (Juden, Klassenfeinde). De Sade war also psychisch reifer als seine *Nachfolger*. Wie das zustande gekommen ist, ist schwer erklärlich. Klar ist nur, dass die menschliche Psyche in den letzten 200 Jahren in toto keinem Reifen oder *Fortschritt* unterworfen war.

Colpe (1993) siedelt eine Dichotomie von Gut und Böse, das die abendländische Geschichte zentral beeinflussen sollte, in Afghanistan in Mazar-e-Scharif (bis vor einigen Jahren der Stützpunkt der Bundeswehr) mit der Figur Zarathustra (1000 bis 800 vor Christi) an. Dieser betrieb Weidewirtschaft und war bedroht auch in seiner ökonomischen Existenz von *bösen* umherschweifenden Nomaden, die sich mit Drogen berauschten und sich dann an orgiastischen Viehschlachtungen zusätzlich berauschten. Zarathustra hat eine elementare Abscheu vor Gewalt, er tritt ein für Natur- und Tierschutz, er verteidigt das geordnete sesshafte Leben. Die Nomaden sind es jedoch, die lustvoll morden und verausgaben. Die blutrünstigen Nomaden sind also quasi prototypisch souverän böse, weil sie umherschweifen, ihre Angriffe sind nicht berechenbar, niemand weiß, wann sie kommen und gehen; sie verletzen die soziale Ordnung fundamental.

Sade ist in diesem Zusammenhang ein Grenzgänger, einerseits weil er die Nomaden/Libertins als lächerliche Figuren vorstellt, andererseits weil er mitten in den Gewaltorgien auf Diskurs, Bildung und Ordnung setzt. Sade verfällt so nie einem dichotomen Denken derart, dass da der wilde Souverän begeistert und berauscht Orgien feiert, dass dort der brave und sittsame Bürger steht. Menschen sind bei ihm in der Regel verschränkt. Selbst die tugendhafte Justine ist unentwegt mit dem Bösen konfrontiert, als zöge es sie wie ein Magnet an.

Die Katastrophen des 20. Jahrhundert wie Nationalsozialismus, Stalinismus oder Maoismus legen es nahe, dass der Typus des bösen souveränen Nomaden nicht ausgestorben ist, sondern verdeckt weiter am Werk ist; er konnte nicht einmal gelungen kulturell überformt werden. So können wir nicht davon ausgehen, dass dieser Nomadentypus endgültig erfolgreich etwa mit dem Ende des Dritten Reichs besiegt worden ist. Vielmehr ist er noch mitten unter und in uns und kann unberechenbar jederzeit wieder seine kulturelle Dominanz gewinnen, auch wenn das immer nur ein Zwischenstadium ist.

Im Sinne Batailles (1978) streben wir nach Souveränität, eventuell auch einer bösen, die das womöglich langweilige Leben des Zarathustras unterhaltsamer und spannender macht. Der auf Nutzen und Sicherheit aus seiende Zarathustra würde so seinen Gegenspieler mit produzieren – als sein notwendiges Gegenbild, als eine Figur, auf die die negativen (aggressiven) Selbstanteile ausgelagert werden können.

Zurück zu Colpe: Aus Oppositionen aus rein – unrein, wahr – lügnerisch, gläubig – ungläubig, aus Personifikationen des guten und des bösen Menschen werden in der persischen Religionsgeschichte dann zwei Reiche, das Reich des Guten und das Reich des Bösen, geschaffen von einem guten und einem bösen Geist, die unablässig miteinander ringen (Colpe 1993, S. 25ff). Diesen zwei Reichen werden weitere Oppositionen hinzugefügt: hell – dunkel, geistige – stoffliche Weltsubstanz.

In einer symmetrischen Welt, aufgeteilt in ein gutes und böses Reich, ist der Mensch den Mächten der Finsternis stets ausgesetzt, er kann prinzipiell vom Reich des Bösen vereinnahmt werden. Dagegen: In der ursprünglichen Version von Zarathustra kann er eher wählen: Will ich ein sesshafter anständiger Mensch sein oder will ich ein böser orgiastischer Nomade sein? Souveränität ist so wählbar und das Böse ist attraktiv. In der symmetrisch aufgeteilten Welt ist das Böse eher eine Plage, ein böser Geist.

Die beiden unterschiedlichen Konzeptionen haben Auswirkungen auf das jeweilige Menschenbild: hier derjenige, der wählen kann und damit die Verantwortung für seine Wahl hat, dort derjenige, der vom Bösen ereilt wird, vielleicht weil er nicht vorsichtig genug war oder sich überraschen ließ, wie ein Mensch, der im Sommer das Haus verlässt und von einem Regenschauer ereilt wird, ohne einen Regenschirm dabei zu haben. Im zweiten Fall ist die Schuldfrage anders zu beantworten; das Subjekt ist weniger verantwortlich. Schließlich ist das Reich des Bösen nicht weniger mächtig als das des Guten.

Die symmetrische Aufteilung der Welt in Gut und Böse wirbt in gewisser Weise für Verständnis für den Gestrauchelten, den Gefallenen. Es ist dann menschlich, allzu menschlich, vom Bösen infiltriert zu werden.

De Sade präferiert hingegen in aller Deutlichkeit das Modell der Wahl. Justine entscheidet sich für die Tugend, Juliette für die Grausamkeit. Letztere setzt die Tradition der Nomaden manifest fort. Vom Kampf zwischen zwei gleich starken Mächten des Guten und des Bösen kann bei ihr nicht die Rede sein. Vom Guten ist sie gänzlich unberührt (natürlich auch weil sie eine idealtypische Konstruktion ist).

Sades Modell der freien Entscheidung für oder gegen das Gute ist in gewisser Weise katholisch konzipiert. Augustinus hat auf diese Möglichkeit der Wahl hingewiesen. Zugleich steckt nach ihm im menschlichen Leib der Teufel, der uns zum Bösen verführen will. Dann sind Menschen eben auch anfällig für die Sünde, die insofern sinnvoll ist, weil wir erst nach der Sünde die unendliche göttliche Gnade erfahren und erleben, von ihm wegen der Sünde nicht verstoßen zu werden. Die römisch-katholische Kirche ist damit auf die Sünde angewiesen.

Es ist nicht ausgeschlossen anzunehmen, dass Sade das Tal der Sünde lustvoll durchschreitet, um diesen römisch-katholischen Sündenbegriff zu Ende zu denken und zu fragen, wie reagiert Gott auf entsetzliche Sünden. So soll er in sexuellen Praktiken mit Prostituierten auch Hostien zweckentfremdet haben, um eine unmittelbare Reaktion Gottes zu erhalten. Aber Gott blieb eine Antwort schuldig (Reinhardt 2014). Festzuhalten bleibt, dass de Sade sich einen unmittelbaren Dialog mit Gott wünschte.

8.2 Wir und das Böse

Es kann nicht davon ausgegangen werden, dass erst mit de Sade die Gewalt und das Böse sowie deren Theoretisierung die europäische Bühne betritt. Der Leviathan von Hobbes ist ja, wie ausgeführt, kein nettes Kaninchen im Stall, sondern nach dem Willen seines Schöpfers, Hobbes, soll er allgewaltig sein, innerstaatlich pazifizieren und damit jede Fehde unterbinden. Auch der Rousseau'sche Gesellschaftsvertrag kommt, wie ebenfalls bereits skizziert, nicht auf Samtpfoten daher. Von einer Diktatur ist er unter bestimmten Gesichtspunkten wie das Zulassen von politischen Parteien, von Meinungsfreiheit, gar nicht weit entfernt.

Aber Hobbes und Rousseau denken die Machtmöglichkeiten eines Staates und nicht des Individuums. Schmitt wirft die Frage auf, wer in einer als demokratisch deklarierten

Gesellschaft über den Ausnahmezustand verfügen darf. Diese Person oder dieser Personenkreis tritt an die Stelle des Souveräns etwa eines absolutistischen Nationalstaats, ohne sich in dessen Glanz sonnen zu können. Den Entscheidern über den Ausnahmezustand kommt kein Glamour zu. Sie erscheinen auch nicht als individuell souverän oder im Speziellen böse. Sie tun nur ihre Pflicht.

Erst wenn de Sade die systematische Grausamkeit des Feudalismus nicht geißelt, aber bloß legt, wenn er davon ausgeht, dass der Naturzustand von Macht, Machtausübung und -missbrauch dem Feudalismus nicht nur inhärent ist, sondern ihn gründet, erst dann kommt das böse und souveräne Individuum ins Spiel, das seine Macht zu genießen weiß. Denn es ist der Feudalherr, dem das jus primae noctis zukommen, der so weit wie ein Gilles de Rais gehen kann – gleichsam dem Ahnherrn Sades. Das, was Letzterer imaginierte und niederschrieb, das vollbrachte de Rais tatsächlich.

De Sade wird mit der Französischen Revolution zum anteilig überzeugten Bürger Sade, legt seinen Adelstitel also ab, um später erkennen zu müssen, dass mit dieser Revolution die Gewalt und die Lust an der Gewalt bei weitem nicht abgeschafft worden ist. Im Gegenteil. Der Tugendterror der Revolutionäre, das fleißige, emsige und willkürliche Morden, stellt einen Gilles de Rais, was das massenhafte Hinrichten betrifft, in den Schatten. Entscheidend hierbei ist, dass im Gegensatz zu den Erklärungen der Helden in Sades Texten das Töten der politischen Gegner (und Freunde) in der Revolution stets im Namen der Tugend vollzogen wird.

Sade entgeht eher zufällig der Hinrichtung. Er war bereits auf der Liste, auch wenn er radikale Texte im Sinne der Revolution schrieb, er war bereits auf dem Weg zur Hinrichtung, als er auf irgendeine Weise entkam (Reinhardt 2014).

Auch hier wird die fundamentale Fragmentierung Sades und vermutlich aller oder vieler Menschen überdeutlich. Er spricht sich für die Revolution aus, auch wenn sie ihm zutiefst suspekt ist, auch wenn er sich entschieden gegen das Morden von Menschen als politisches Mittel ausspricht. Er verabscheut dies sogar (ebd.). So ist Sade Befürworter und Gegner der Revolution in einem, Katholik und Hassprediger gegen Religion, überzeugter Adliger und überaus mutiger Offizier und Dekonstrukteur feudaler Gewalt.

Die Gewalt in der Moderne endet keineswegs mit der Französischen Revolution. Der Kolonialismus und Imperialismus Europas im 19. und 20. Jahrhundert ist gar wenig von Friedfertigkeit und agape geprägt. Die von Clausewitz inspirierte Intensivierung und Radikalisierung des Krieges in den beiden Weltkriegen (oder auch nur dem einen, wenn sie zusammen gezogen werden) im 20. Jahrhundert, die Ermordung von 6 Millionen europäischer Juden durch das nationalsozialistische Deutschland erscheinen als Formen systematischer Grausamkeit, gegen die die endlos wiederholten sexuell-grausamen Szenarien de Sades wie ein Kinderspiel wirken.

Aber wir haben Schwierigkeiten, politisch und gesellschaftlich veranlasste systematische Grausamkeit als böse zu deklarieren. Böse soll eher das außergewöhnliche Individuum sein, ein Nero, ein Caligula, auch ein de Sade, das machttrunken sich in Gewalt verliert.

Und das hat etwa für uns Deutsche durchaus nützliche Effekte. Würden wir die Nationalsozialisten als böse etikettieren, dann wären wir die Nachfahren der Bösen und damit im Grunde potenziell selbst böse. Und das wollen wir nun wirklich nicht sein. Daher tut es Not, das Böse zu individualisieren und damit zu vereinzeln, zu singularisieren. Nur so erscheint es uns erträglich. Böse wäre so der Missbrauch souveräner Macht, auf welcher Ebene sie auch immer angesiedelt ist, sei es durch den Kaiser/König, sei es durch den Briefboten, der für die Mafia arbeitet. Damit sind wir, die wir vor dem Bösen erschrecken (und fasziniert das Böse beobachten und damit an ihm teilhaben), wir, die große Mehrheit der Bevölkerung, definitionsgemäß gut. Was für ein Glück, dass es das personifizierte Böse gibt.

In dieser Perspektive stellt sich das Böse oder der Böse außerhalb einer bestehenden Ordnung, verletzt systematisch und gewollt Regeln und Normen, ist damit souverän wie ein absoluter Herrscher. Das zumindest ist das Böse in unserer Zeit. Deshalb bedürfen wir der Psychopathen, der Amokläufer und de Sades, denen wir eine psychopathologische Diagnose zuordnen dürfen.

Es mag zwischen denjenigen, die Böses tun, Regeln geben wie bei der Mafia, aber innerhalb eines Systems wie einer Gesellschaft sind sie das potenziell radikal andere, nicht kalkulierbar und sie zerstören eine Gesellschaft oder schaden ihr mehr oder weniger intensiv und dauerhaft.

Der Leviathan ist also nicht mächtig genug, auch nicht der Volkssouverän, um das Böse in einer Gesellschaft zu verhindern. Das ist für *uns* gut so. Wären die Genannten stark genug, um die Fehde im Keime zu ersticken, wüssten *wir* nicht mehr, wo *wir* unsere intrapsychischen bösen Anteile unterbringen könnten.

Der „Pate" oder der absolute Herrscher sind tendenziell einsame Personen. Sie müssen sich abriegeln und einschließen, um weder von den „Feinden", also von den Guten (wir alle, fast wir alle) noch von Menschen aus dem eigenen Lager angegriffen und getötet zu werden. Cicero hat dies sehr anschaulich am Beispiel des Despoten Damokles beschrieben. Er ist ständig bedroht. Und er weiß, er wird mit einer bestimmten Wahrscheinlichkeit schrecklich sterben wie Gaddafi, wie Saddam Hussein, wie eventuell bald Assad. Alleine Stalin und Mao sind quasi gut davon gekommen. Die souveräne und/oder mafiotische Machtausübung ist also mit einem Risiko verbunden: Der Souverän setzt sich selbst aufs Spiel. Um andere zu bedrohen, muss der Bedroher sein eigenes Leben einsetzen. Damit erinnert er an die Idee der Souveränität von Bataille. Souveränität ist immer nur ein Versuch, kein Status, und es ist immer ein lächerlicher wie unausweichlicher Versuch. Der Bataille'sche Souverän weiß um sein lächerliches Bestreben. Deshalb ist er nicht grausam. Der Mafioso weiß dies nicht, will dies nicht wissen. Das Nicht-Wissen-Wollen ebnet den Weg zur Grausamkeit.

Souveränität im Sinne Hobbes, Rousseaus und Schmitts wäre eine politische Kategorie. Das Adjektiv böse wählen *wir*, um damit das vermeintlich unfassbar andere, über das *wir* nicht verfügen können und wollen, zu charakterisieren. Es ist Teil eines psychologischen Tricks, um vom eigenen Bösen nichts wissen zu müssen. Zugleich hat dieses Böse die Aura der Souveränität, der absoluten Willkür, weil *wir* fürchten, dass unsere bösen Anteile, würden sie ungehemmt wirken können, absolut willkürlich wären.

So ist der nun vorgestellte Mesrine das absolut andere, wie er versucht, uns zu überzeugen, dass er einer von uns ist. Vielleicht hat er Recht.

8.3 Der Todestrieb

Jünger, der im 1. Weltkrieg vermutlich unzählige Menschen getötet hat, fühlte sich davon moralisch nicht negativ berührt. Er empfand sich als einen guten Menschen. Wir haben dies bereits ausgeführt. Sades *Helden*, die morden, definieren sich selbst als böse. Nicht so Jünger. Das Böse in der Moderne versucht sich zu verbergen, indem es zum Beispiel in die sogenannten Psychopathen ausgelagert wird.

8.3 · Der Todestrieb

Ein zentraler Effekt der Doktrin der Aufklärung, dass der Mensch vernünftig und sittlich ist, besteht offensichtlich darin, dass die Menschen in der Moderne gut sein wollen oder sich als gut deklarieren wollen. Das Gute ist zu einer normativen Erwartung geworden – wie das Schlankheitsideal, dem alle nacheifern und das die wenigsten erreichen. Wir eifern nach, weil wir anerkannte Mitglieder der Gesellschaft sein wollen. Wären wir das, dann wären wir narzisstisch gratifiziert. Die Erfüllung von normativen Erwartungen dient im Wesentlichen dem Narzissmus.

Das Böse droht sichtbar zu werden, wenn wir das Schlankheitsideal nicht erfüllen. So versuchen wir, es mit einer Diät zu verbergen, oder noch besser: Wir begründen unsere böse Taten durch unsere Biographie, durch unsere Eltern, der Umwelt, etc. Wir bemühen die Psychoanalyse, um als Opfer unserer Lebensgeschichte dastehen zu können. Wir sind so traumatisiert, dass wir nicht anders können, als ab und zu ein bisschen böse zu werden.

Jünger musste ein Töten noch nicht legitimieren. Schließlich war er im Krieg, schließlich hat er seine Gegner seiner Meinung nach nicht dämonisiert. Der Krieg war für ihn ein faires Fußballspiel, bei dem wider Willen ab und zu ein Foul vorkommt. Das ist halt so im Fußball. Und im Krieg.

Zu Zeiten Jüngers war die Psychoanalyse auch noch nicht zum Gemeingut geworden. Sie gehörte noch nicht zum kulturellen Erbe, dessen sich nahezu alle Mitglieder der Gesellschaft bedienen können. Es war zu Zeiten Jüngers noch nicht vielen klar, dass unsere Lebensgeschichte unsere Persönlichkeit geformt hat, geformt haben soll.

Um ein Beispiel für das durch die Psychoanalyse geprägte kulturelle Erbe zu geben: Zu Freuds Zeiten war die Hysterie *die* Modeerkrankung. Als Freud diese durch die Annahme einer sexuellen Ätiologie erklärte, war die Hysterie noch mehr zum Skandal geworden. Sie bestand dann nicht nur in bizarren Störungen im sensomotorischen Bereich, vielmehr wurden an diese gleichsam die Genitalien angeschlossen. Viel mehr Skandal ist schwer möglich. Dadurch, dass diese ätiologische Zuschreibung offenkundig zum (unbewussten) Gemeingut geworden ist, wird heute niemand mehr auf diese traditionelle Weise hysterisch. Das wäre einfach zu peinlich – peinlich im doppelten Sinne: Es wird sichtbar, dass wir sexuelle Wesen sind, und es wird offenkundig, dass unsere Sexualität gestört ist; und das in einer Zeit, die sich dem *befreienden und befreiten* Ausleben aller erdenklichen Formen von Sexualität verschrieben hat.

Das Böse ist also nicht mehr der Teufel in unserem Leib, der uns verführt, uns verführen kann, es wird deklariert als Produkt von irgendwelchen Umwelterfahrungen. Wenn dann jemand einem anderen Gewalt antut, dann erklären wir dies damit, dass der Vater dieses Menschen Alkoholiker war und die Mutter sich nicht hinreichend um ihn gekümmert hat.

Wohlgemerkt: Das ist der halbierte Freud. Ja, Freud ging davon aus, dass die Kindheit einen Menschen prägt, auch negativ prägt. Zugleich war er davon überzeugt, dass ein Todestrieb zur Natur des Menschen gehöre, ein Trieb, der Bindungen auflöst, sich destruktiv und autodestruktiv auswirkt.

Freud wird im kulturellen Erbe halbiert, weil die bürgerliche Aufklärung aus der menschlichen Natur gleichsam das Böse, den Todestrieb heraus operiert hat. Und selbst ein Bösewicht wie Mesrine bleibt dann in der Tradition der Aufklärung. Letztlich sieht er sich als guter Mensch.

Der Todestrieb von Jacques Mesrine (1994) ist die Autobiographie eines Verbrechers, der in Frankreich und Kanada Staatsfeind Nr. 1 war, der sich nahezu am Lebensende im

Gefängnis an sein Leben erinnert (eine Art von Selbstpsychoanalyse), es aufschreibt, in der Hoffnung, dass von ihm etwas anderes übrig bleibt als nur die Leichen der Getöteten. Er ist der ideale andere, der *uns*, der großen Mehrheit der Bevölkerung, das Gefühl gibt, gut zu sein. Und zugleich ist er der ideale andere für sich selbst. Er erlöst sich selbst von seinen Sünden, indem er sie als Produkt der Umwelt begreift.

De Sade hätte an seinem Grab, falls es eines geben sollte, geweint – vor Verzweiflung. Gibt es denn niemanden mehr, der aus reinem Vergnügen böse ist, hätte er gewehklagt. Er hätte fortgefahren: Wie verlogen sind doch die Europäer geworden, diese Kultur der Menschen, die sich mit der Romantik (siehe weiter unten) offiziell der Aufrichtigkeit und Echtheit verschrieben hat?

Der Begriff Todestrieb stammt, wie schon erwähnt, von Freud und gehört zum Vokabular der Psychoanalyse. Er ist für Freud der Gegenspieler zu Eros, dem Liebestrieb. Dieser stellt Verbindungen her, während der Todestrieb Verbindungen auflöst und zerstört. Im Sinne Freuds ist von Glück dann zu reden, wenn Eros den Todestrieb ein bisschen in die Schranken weisen kann. So ist denn der Mensch in einem permanenten Spannungszustand, er wird gleichsam zerrieben zwischen diesen beiden Strebungen.

Der unschätzbare Vorteil des Todestriebes für Mesrine ist, dass er nach Freud angeboren und in jedem Menschen vorhanden ist. Deshalb kann sich Mesrine auf ihn berufen. Gleichsam nicht er, sondern der Trieb tötet. Aber das reicht ihm nicht als Legitimation. Seine Lebensgeschichte muss er herbei zitieren, um noch mehr Verständnis und Verteidigung seiner üblen Taten zu haben. Selbst für einen Jünger, der liebliche belgische Landschaften und schöne kleine Dörfer und Städte beschreibt, wäre diese Form der Entschuldigung vermutlich peinlich entgleisend. Er als Soldat findet ja das Morden okay. Es ist ein Ausweis von Männlichkeit. Männer töten eben. Punkt.

Als läge er auf einer Couch beim Psychoanalytiker, erzählt Mesrine von seiner Kindheit, die, das wissen wir in unserer Epoche, die Ursachen für das Ungeheuerliche liefern soll – eine schlüssige Geschichte, die geradlinig die Verbindung zwischen Kindheitserlebnissen und den Morden zieht. Das Subjekt entlastet sich, schiebt Verantwortung ab, zieht den Kopf aus der Schlinge, hofft auf Verständnis und Mitgefühl, selbst für einen Mörder. Auch Mörder, jawohl, haben ihre Geschichte, eine nacherzählbare und nachvollziehbare.

Wir ahnten es. Der Vater kümmert sich nicht genug um ihn. Sein Geschäft ist ihm wichtiger. Der Sohn verwahrlost und entgrenzt. Niemand stellt sich ihm in den Weg, wenn er nicht zur Schule geht, Zeugnisse fälscht und auf die schiefe Bahn gerät. Seine Eltern verstehen ihn einfach nicht. Somit ist es überhaupt nicht verwunderlich, wenn er zum Mörder wird. Alle Kinder, die sich von ihren Eltern nicht verstanden fühlen, werden zu Gangstern. Fast alle.

Auch wenn Freud den Todestrieb für angeboren hält, er bahnt den Weg zu solchen Formen der Selbstentschuldigung.

Und denke niemand, Mesrine sei nur ein böser Mensch, ja, auch er hat Gefühle, kann sich als Junge verlieben, genießt die Küsse, die Reinheit der ersten Berührungen. „… unser Flirt hatte die Schönheit und Reinheit der Jugend und dauerte die ganzen Ferien." (1994, S. 29)

Aber davor ist Krieg, sein Vater muss in den Krieg. „Ich sah meinen Vater nicht wieder." (ebd., S. 16)

Diese Aussage lässt vermuten, dass sein Vater nie mehr zurückkommen wird. Doch das trifft nicht zu. Einige Jahre später kehrt er aus der Kriegsgefangenschaft nach Hause. Für Mesrine ist die Abwesenheit wie der Tod des anderen. Der Vater, der sich verabschiedet, ist für ihn gestorben. Die jüngere Schwester wird am Anfang der Erzählung

8.3 · Der Todestrieb

kurz erwähnt. Dann ist sie verschwunden, unauffindbar – wie die zahllosen toten Menschen, die Mesrine hinter sich lässt. Doch im letzteren Fall wird er nicht gleichsam Opfer der Abwesenheit, sondern er erzeugt diese.

Die Psychoanalyse würde von fehlender Objektkonstanz sprechen. Das abwesende Objekt wird psychisch nicht repräsentiert. Subjekt-Objekt-Beziehungen werden nicht verinnerlicht.

Als er als junger Mann eine Frau heiratet, die gerade von einem anderen schwanger geworden ist, äußert er sich nach der Trennung von der Frau über das Kind so:

> „Der Kleine kam zu den Großeltern mütterlicherseits und verschwand aus meinem Gedächtnis, als wäre er nie geboren worden." (ebd., S. 49)

Wenn ich hier die Lebensgeschichte Mesrines psychoanalytisch interpretiere, seine Geschichte weiter denke, dann passiert hier etwas Kulturtypisches: Eine Psychoanalyse hat nie das letzte Wort. Sie wird quasi automatisch fortgesetzt, und die böse Tat wird weiter und weiter eingekleidet, erklärt und verwischt zugleich. Sie löst sich auf in einem Diskurs. Am Ende ist ein Mord nur ein Anstoß zum Diskurs – ein Erzählanstoß.

Und hier kehren wir zu Sade zurück, er, der nur phantasmatisch mordete, erhält nun sein Pendant in der Auflösung der bösen Tat im Diskurs. Dazu steht ein Jünger, der den Krieg nutzt, um ein Buch zu schreiben. Das Reale bleibt in all den drei Varianten letztlich das Unverfügbare, das, was nie passiert ist.

So erscheinen denn auch die Kriegsszenen bei Jünger wie Beschreibungen eines Computerspiels, zumindest können wir das heute so ausdrücken. Früher wäre es eventuell möglich gewesen, den Krieg als Slapstick zu begreifen, so handgreiflich wie absurd. Jünger ist ja in den Krieg gezogen, um das Reale zu erfahren. Aber es gleitet an ihm ab. Vor einer fürchterlichen Schlacht sind die Soldaten bei bester Laune, lachen, trinken, rauchen – wie heute bei einer After-Work-Party. Aber die Schlacht liegt bei Jünger noch vor ihnen.

Auch bei Mesrine steht das Reale auf wackligen Füßen. Die mangelnde Objektkonstanz führt zu der inneren Leere, von der Mesrine so oft spricht, wobei stets unklar bleibt, ob Mesrines Argumentation eher Legitimation/Apologie oder eher Ausdruck von Introspektion ist. Vermutlich ist für Mesrine jede Wiedergabe einer Erfahrung, eines Gefühls, strategisch durchtränkt. Es gibt für ihn wenig Welt jenseits der Selbstinszenierung und der Manipulation. Viele Sätze funktionieren wie abgeschossene Kugeln, die in den Kopf des Lesers eindringen, um dessen Denken zu vernebeln, um die gewünschte Wirkung zu erzielen.

Dies gilt auch für die Schilderung eigentlich schrecklicher Kindheitserinnerungen. Résistance-Männer entblößen vor seinen Augen und vor anderen Zuschauern eine Französin, die angeblich mit deutschen Soldaten ins Bett gegangen ist; sie wird so lange geschlagen, bis sie nicht mehr aufstehen kann. Vielleicht ist sie tot, mutmaßt der kleine Jacques Mesrine. Aber sonderlich erschrocken oder erschüttert wirkt er nicht.

Anders verhält es sich bei einer Meise, die er – aus Versehen? – erschießt:

> „Kein Gesang mehr ... Stille. Sie lag blutend unter dem Baum, das Blei hatte ihren Brustkorb zerrissen. Ich fühlte mich vollkommen leer. Was hatte ich da getan? Ich hatte sie getötet. Es war entsetzlich." (ebd., S. 26)

Na klar, so eine Meise zu töten ist viel schlimmer als das Totschlagen einer Frau.

Und wie so oft stellt sich beim Leser ein Gefühl der Entwirklichung ein. Soll er jetzt mit dem armen kleinen Jacques mitweinen, weil er einen Vogel getötet hat? Soll er desinteressiert sein am Schicksal einer Französin, die getötet wird, weil sie angeblich mit einem deutschen Soldaten Sex hatte?

Und wie leicht entsteht so ein Gerücht? Hat jemand dabei zugesehen, wie sie und der Deutsche im Bett lagen? Lässt sich nicht an jeden, an jede, ein derartiger Verdacht anbinden? Sind wie dann nicht alle erschlagen worden. Wird dies nicht in absehbarer Zeit passieren?

Das Töten und Morden ist dann, wie es Mesrine erzählt, zu einer Normalität geworden, wie Haare waschen, Haare föhnen, Hut aufsetzen.

Die Résistance-Männer lachen gut gelaunt und unbeschwert über ihre Schläge, als sie den Ort der Folter verlassen. Auch der kleine Jacques ist offenkundig ungerührt. Wenn er später Menschen umbringt, lacht er zwar nicht, bleibt aber seelenruhig oder eiskalt. Das, so will uns das Mesrine weismachen, hat er von der Résistance gelernt; und wer würde es wagen, diese Männer als unehrenhaft zu bezeichnen. Schließlich haben sie gegen den Feind gekämpft. Eine verdächtige Frau tot zu schlagen, das gehört offenkundig zu diesem Kampf dazu.

Jünger hätte das nicht anders formuliert. So vereint sich bei Mesrine die Legitimation der Gewalt durch das unabweisbare Faktum des Krieges mit der Psychoanalyse seines Lebens.

Was lernen wir aus der Erinnerung an die Résistance? Es gibt nach Mesrine keine Dichotomie von guten und schlechten Menschen. Auch die vermeintlich Guten sind roh und brutal. Alle Menschen sind letztlich schlecht. Einige sind nur schlechter. Und es ist möglich, schlecht mit schlechter zu überbieten. Das ist das Projekt von Mesrine, seine Antwort auf eine üble Welt, die Besseres nicht verdient hat. Nur eine Radikalisierung des Todestriebes lässt die Welt spüren, wie entsetzlich sie ist.

Wir geraten nun an eine weitere Legitimation von Gewalt: Die Welt ist so übel, dass nur Gewalt die angemessene Antwort darauf ist. Mesrine ist einfach wütend, zu Recht wütend über diese Welt – aus welchen Gründen auch immer. Im Grunde sind diese nicht relevant, ein bisschen darf er sie beschreiben, aber entscheidend ist die Emotion als Wahrheit, die einer Antwort bedarf. So ist die Emotion der Wut wahrer, als das als Welt wahrgenommene Reale. Auch das ist ein Vermächtnis der Romantik: Nichts ist wahrer, echter, als das eigene Gefühl. Es steht im unantastbaren Schrein der Seele. Es ist der Wegweiser zur Tat, ohne dass ein anderer Mensch konsultiert würde. Der andere stört.

Als Mesrine wieder auf einer Schule scheitert, wagt sein Vater, ihn zur Arbeit zu schicken. „Wieder einmal wurde ich vor die Tür gesetzt." (ebd., S. 41) Der arme kleine Jacques, verstoßen von den hartherzigen Eltern, verbannt in die grausame Arbeitswelt.

Fortsetzung der Psychoanalyse Mesrines: Eine Eigenbeteiligung gibt es für ihn nicht. Dass er in der Schule nichts macht und Zeugnisse fälscht, ist für ihn psychisch nicht präsent. Er beschreibt dies zwar, sieht es aber nicht als Teilursache für die Entscheidung des Vaters, ihn arbeiten zu lassen.

> „Ich beobachtete intensiv die Gesichter der Kollegen, die von der Eintönigkeit der Arbeit gezeichnet waren. Ich schwor mir, dass ich so ein glanzloses und tristes Leben nicht lange führen würde. So wie die anderen wollte ich nicht werden… Ich zog daraus eine Lehre: der, der im Schatten lebt, kommt nie an die Sonne." (ebd., S. 41)

Für den kleinen Jacques ist Arbeit nichts. Er möchte im Rampenlicht stehen. Arbeitsleben ist demütigend, ein Sklavenleben. Mesrine möchte sich nicht gleich machen mit der Masse. Sein Narzissmus lässt dies nicht zu. Er ist etwas Besseres, warum auch immer.

8.3 · Der Todestrieb

Mesrine erweist sich auch hier als Romantiker, der der üblichen Welt den Rücken kehrt (Klotter und Beckenbach 2012 und siehe weiter unten).

> „Und was sah ich? Müde, traurige Gesichter; ich sah Menschen, die eine mies bezahlte Arbeit fertig machte; Menschen, die aber auf diese Arbeit angewiesen waren, um wenigstens genug zum Überleben zu haben; Menschen, die auf ewig zur Mittelmäßigkeit verurteilt waren, weil sie die gleiche Kleidung trugen und am Monatsende die gleichen Geldprobleme hatten; Menschen, die sich nie ihre geheimsten Wünsche erfüllen konnten, die sich an den Schaufensterscheiben der Reisebüros und Luxusgeschäfte die Nasen platt drücken. Ihnen blieb nur die Stammkneipe und ihr Gläschen Rotwein." (ebd., S. 56)

Es kommen einem die Tränen über das elende Leben in der Arbeitswelt im Kapitalismus. Mesrine ist von tausenden von kleinen Ameisen umgeben, von Arbeitsbienen. Er argumentiert hier mit einer fast linken Terminologie. Adorno hätte nur ein wenig eleganter argumentiert. Der Tenor ist derselbe.

Problematisch an dieser Form von Kritik ist, dass je emotionaler sie vorgetragen wird, sie umso berechtigter erscheint; in der Art: Wenn ich mich über jemanden anderen echt aufrege, dann muss das ein schlimmer Mensch sein. Eigentlich darf ich ihn dann auch umbringen. Es gibt keinen Vergleich mit der Arbeit im Feudalismus, keine Überlegung, wie Arbeit anders aussehen kann.

Aber die vorgetragene Emotion des Abscheus über die Arbeitsbedingungen im Kapitalismus bedarf der Argumentation doch gar nicht, weil sie, wie sie vorgestellt wird, wie ein Seismograph funktioniert, wie ein arbeitswissenschaftliches Messinstrument.

Wie mehr oder weniger der *Argumentationsfigur* Mesrines zuzustimmen ist – frappant ist der Angriff auf das Denken der Leser: Wer die Gesellschaft auf diese Weise kritisiert, hat das Recht zu morden. Alternative Lösungen stehen nicht zur Verfügung, weder politisches Engagement noch Krankwerden noch Arbeit verweigern. Für Mesrine sind diese Alternativen gar nicht denkbar, schließlich machen sie nicht reich. So sehr er diese Welt hasst, so sehr möchte er auch an ihr teilhaben, vor allem an ihren Möglichkeiten eines luxuriösen Lebens.

Mesrine strebt ein souveränes Leben im Sinne Batailles an, jenseits von Arbeit und Nutzen. Sein Morden ist eine bestimmte Form der Verausgabung, wie er sich selbst aufs Spiel setzt. Das ist sein Einsatz. Er möchte wie im Potlatch den anderen überbieten: mehr morden, brutaler morden.

> „Wenn ich morgens um 6 Uhr Lust hatte, mit einer Frau zu schlafen, dann wollte ich das auch machen, ohne etwa auf die Uhr gucken zu müssen. Ich wollte ohne Zeiteinteilung leben, denn damit fingen für mich alle Zwänge der Menschen an… Mir war klar, dass meine Theorie irrational war, dass man daraus keine Gesellschaft aufbauen konnte. Aber was war denn das für eine Gesellschaft mit all ihren Prinzipien und Gesetzen?" (ebd., S. 57)

Endlich stoßen wir auf die Verbindung zwischen Mesrine und de Sade. Mesrine schließt sich ihm in der Kritik an der durch Gesetze regierten Gesellschaft an.

Und wir finden eine weitere Legitimation der Gewalt hier vor: Gesetze sind echt blöd und langweilig. Oder? Eine alternative Argumentationsfigur: Gesetze sind für die Doofies, die tagsüber gedemütigt arbeiten gehen und sich abends in ihrer Stammkneipe mit einem Glas Wein (vergeblich) zu trösten versuchen.

Mesrine steht mit dieser Zivilisationskritik nicht alleine da. Auch Menschen mit alternativen Lebensentwürfen kritisieren das Joch der Zeitverknappung. Im Grunde denken fast alle Menschen ähnlich, wenn sie kritisieren, dass niemand mehr Zeit hat, wenn sie die Wellness-Oase als Tempel der Entschleunigung anbeten. Mesrine ist argumentativ fast Mainstream und wähnt sich dennoch avantgardistisch. Wenn er sich mit dem Zeitgeist fraternisiert, dann ist damit die Strategie verbunden, sein Handeln verständlich zu machen. Er heischt nach Anerkennung seiner Position. Er erträgt es offenbar nicht, ein gedanklicher Außenseiter zu sein. Der großspurige souveräne Verbrecherfürst wird da ganz klein. Er möchte als Fühlender, Denkender, Sprechender und Handelnder anerkannt werden. Er bettelt gleichsam um diese Anerkennung.

Sade war ein Dissident, dem es ziemlich gleichgültig war, was die breite Bevölkerung über ihn denkt. Jünger und Mesrine sind Kleinbürger, die als rechtschaffene und ehrbare Menschen geachtet werden wollen. So schlimm kann sich das Böse selbst denunzieren und gemein machen.

Sollte dieses Argument der bedauerlich beschleunigten Zeit nicht ziehen, gibt es noch immer die Gesellschaft, die an allem Schuld sei. Sie habe ihn im Namen der Freiheit in den Krieg ziehen lassen (den Algerienkrieg). Dort habe er unschuldige Menschen getötet.

> „Die Gesellschaft hatte mich übers Ohr gehauen, sie hatte mein Leben für eine falsche Sache aufs Spiel gesetzt. Und dann hatte sie mich wieder ins bürgerliche Leben entlassen, ohne sich im geringsten um die Auswirkungen, die der Krieg auf meine Psyche hatte, zu kümmern. Deshalb sagte ich ihr den Kampf an und wollte ihr alles, was sie in mir zerstört hatte, heimzuzahlen." (ebd., S. 57)

Stimmt: Kriege können sinnlos sein, das trifft auf den Algerienkrieg insbesondere zu. Stimmt: Eine Gesellschaft sollte sich um ihre Soldaten kümmern, die möglicherweise traumatisiert sind und ins bürgerliche Leben nicht zurück finden.

Bei dieser Möglichkeit zur vielfachen Zustimmung ist die potenzielle Denkstörung übersehbar, die Mesrine beim Leser erzeugen will: ihn in seiner Wut verstehen, dass er zurück schlagen möchte, aus einer potenziellen Traumatisierung durch den Krieg den eigenen Krieg gegen die Gesellschaft werden zu lassen. Diese Schlussfolgerung ist doch echt logisch, oder? Und dann auch so mutig, so entschlossen, so konsequent.

Sade brauchte für seine phantasierten bösen Taten keine Rechtfertigung, dass die Gesellschaft seinen Helden Schaden zugefügt habe. Nein, sie machten es aus purer Freude. Mesrine nutzt/missbraucht die Psychoanalyse, um sein Tun zu rechtfertigen. Auch diese vermeintliche Opferrolle ist zutiefst kleinbürgerlich.

Schon kommt ihm eine Geschichte über den Weg gelaufen, in der er völlig zu Recht zurück schlagen kann. In einer Bar schlägt er den Zuhälter einer Freundin zusammen. Er weiß, dass der Zuhälter diese Ehrverletzung nur wieder gut machen kann, indem er ihn tötet. Der Zuhälter, ein Araber, etwas, was Mesrine besonders böse macht, rächt sich an Sarah, indem er sie verprügelt. Mesrine bekommt das mit und plant, den Zuhälter umzubringen, was angesichts der Verletzungen, die der Zuhälter bei Sarah verursacht hat, mehr als gerechtfertigt erscheint. Detailliert berichtet der Autor, wie er den Zuhälter foltert. „Ich empfand überhaupt nichts, weder Skrupel noch Mitleid." (ebd., S. 79)

Die Gewalttat ist ein souveräner Akt. Mesrine ist zugleich Richter und Vollstrecker. Er gibt sich das Gesetz. Und dennoch muss er sich legitimieren. Mesrine muss jemanden töten, der zu Recht getötet worden wird. Gewissenserforschung ergänzt die Legitimationsbemühungen: „Ich empfand weder Reue noch Genugtuung." (ebd., S. 80) Als wäre er im Beichtstuhl, versucht er seine Gefühle zu entschlüsseln. Legitimationsbemühungen und Selbsterkundungen gehören gewiss nicht zur Souveränität. Sie sind Elemente einer (Laien-)Psychoanalyse, die versucht, nicht dem Über-Ich, aber dem Ich-Ideal gerecht zu werden. Er möchte vor sich nicht als böser Mensch dastehen. Da ist Jünger nicht anders, der mit sich so zufrieden ist.

Möglicherweise resultieren die zahlreichen Legitimationsfiguren bezüglich seiner Gewalttätigkeit und sein offensichtlich intensiver Wunsch, doch noch ein guter Mensch zu sein, aus dem Erbe der Aufklärung, wonach ein Mensch eben nun einmal nicht böse ist.

Für Jünger müsste es ein Schock gewesen sein mitzubekommen, dass er eventuell unter der Doktrin der Aufklärung steht, hat er diese doch als politischer Rechtsaußen vehement abgelehnt.

Jünger und Mesrine haben da eher eine Leerstelle, wo andere ein Über-Ich haben, aber das Ich-Ideal ist omnipräsent. Letzteres ersetzt das Erstgenannte. Deshalb sind beide so narzisstisch anfällig.

Mit der Entscheidung zum Mord und mit dessen Ausführung konstituiert sich ein neues Subjekt:

> „Aber ich hatte in mir den kaltblütigen Mörder entdeckt, der seinen Feinden gegenüber kein Mitleid verspürt." (ebd., S. 80)

Souveränität, auch wenn sie eine durch Legitimation und Gewissenserforschung eingeschränkte ist, konstituiert sich über die Tat. Derjenige, der die Tat nur phantasiert, ist niemals souverän. Er scheitert an seiner Ängstlichkeit, seinen Hemmungen. Das 20. Jahrhundert ist dann das Jahrhundert der Tat, die Nazis sind explizit Tatmenschen (Klotter und Beckenbach 2012). Ein de Sade bedurfte dessen nicht. Ihm reichte das Imaginäre. Erst das *echte* empirisch-naturwissenschaftliche Zeitalter, das sich offenbar nahezu vollkommen im 20. Jahrhundert abschließt, bedarf der *echten* Tat. Die Nazis als Tatmenschen verdanken diese Rolle dem naturwissenschaftlichen Denkmodell. All die romantischen Geisteswissenschaftler und Juristen aus dem Reichssicherheitshauptamt sind naturwissenschaftliche Kreaturen.

Als Staatsfeind Nr. 1, als übler Gewalttäter hat Mesrine viel Schaden angerichtet. Zugleich war er für seine Gesellschaft mehr als nützlich, konnte doch fast ganz Frankreich mit ihm das Böse personalisieren und sich selbst von dem Verdacht befreien, selbst böse sein zu können. Hätte es Mesrine nicht gegeben, er hätte erfunden werden müssen. Aber Mesrine war und ist harmlos im Vergleich zu dem Bösen, das Rousseau als politisches Modell angestoßen hat.

8.4 Subjektivierung und Legitimierung politischer Gewalt: ihr Begründer Rousseau

In seinem Buch *Böse Philosophen* (2010) erzählt Blom von radikalen Philosophen in Frankreich, die die Wegbereiter der Französischen Revolution wurden, von Holbach und Diderot, die jedoch weit weniger berühmt geworden sind und heute weit weniger geehrt werden als Voltaire und Rousseau. Im Panthéon in Paris ruhen die Sarkophage von Voltaire und Rousseau. Die Gräber der beiden anderen sind unbekannt. Nach Blom liegt dies nicht daran, dass Holbach und Diderot philosophisch weniger geleistet hätten als

Voltaire und Rousseau. Der Grund ist ein anderer: Holbach und Diderot brachen entschieden mit der römisch-katholischen Kirche, sie waren Atheisten und Materialisten. Auch für das revolutionäre Frankreich war dies zu radikal, vom heutigen Frankreich ganz zu schweigen. Wer zu radikal ist, wird vergessen und verworfen. Und auch für diesen Fall gilt: Wer eine Gesellschaft dadurch bedroht, dass sie oder er zu viel in Frage stellt, ist gefährdet. Holbach und Diderot waren stets davon bedroht, wegen ihres Denkens, wegen ihrer Veröffentlichungen verhaftet und getötet zu werden. Diderot saß auch ein im Gefängnis.

Wenn Blom diese Philosophen als böse etikettiert, dann schwingt darin Ironie mit. Denn sie sind in seiner Perspektive in ihrer Philosophie nicht böse, sie waren auch in ihrer Lebensführung nicht böse, nicht amoralisch, sondern einer Gesellschaft gefährlich, die noch von der Kirche und dem Adel bestimmt war. Wenn er also von bösen Philosophen spricht, dann meint er damit eine Gesellschaft, die radikale Philosophen als böse einstuft.

Voltaire konnte es sich seines Erachtens wegen seiner Geschäfte und seines öffentlichen Ansehens nicht leisten, sich von der christlichen Religion und Kirche los zu sagen, Rousseau vermochte dies aus psychischen Gründen nicht. Seine schwierige Seele bedurfte des Glaubens. Holbach und Diderot hingegen waren weder finanziell darauf angewiesen, eine hohe gesellschaftliche Reputation zu besitzen, noch drohten sie psychisch daran zugrunde zu gehen, wenn sie den Glauben aufgaben. So konnten sie Atheisten und Materialisten werden. Sie durften sich offiziell nur nicht dazu bekennen. In den Pariser Salons, vor allem in Holbachs eigenem, konnten sie ihre Überzeugungen vertreten oder in Büchern, die allerdings unter Pseudonym veröffentlicht wurden, veröffentlicht werden mussten.

Holbach und Diderot wurden tendenziell vergessen, ihre philosophiegeschichtliche Bedeutung eingeschmolzen. Möglicherweise hat Sade versucht, mit seinen ungeheuerlichen sexuell-grausamen Szenen diesem Schicksal zu entgehen. Aber das gelang ihm nicht. Er ist nicht im kollektiven Gedächtnis geblieben als Philosoph, sondern als angeblicher Sadist.

Dies ist eine böse Ironie des Schicksals, der noch eine andere hinzugefügt werden kann: Rousseau, der Philosoph des guten Menschen, des sittlichen Menschen und damit der *natürliche* Feind Sades, hat ein Erbe hinterlassen, das zur Gewalt einlädt und sie legitimiert. Beim vermeintlich bösen de Sade war dies nicht der Fall. Und auch aus dieser Ironie, aus diesem seltsamen Paradox, lässt sich der Schluss ziehen: Misstraue Menschen, die angeben, gute Menschen zu sein.

Rousseau hatte nicht nur eine schwierige Seele, er war auch anteilig ein böser Mensch. Was das heißt, soll nun näher erläutert werden. Er, der Autor des Gesellschaftsvertrags, eines Manifestes eines gelingenden menschlichen Miteinanders mit diktatorischen Zügen, war im Grunde ein Menschenfeind. Blom beschreibt ihn als „selbstbesessen", als „zwanghaften Lügner" (ebd., S. 17) und als Paranoiker (ebd., S. 18).

Die hier weiter zusammen getragenen biografischen Schnipsel aus Rousseaus Leben sollen nun nicht dazu dienen, die Widersprüche zwischen Leben und Werk eines berühmten Philosophen herauszuarbeiten, im Sinne: „So war Rousseau wirklich!", um damit sein Werk erleichtert abtun zu können; vielmehr geht es darum, bestimmte seiner Positionen, etwa seinen Hass auf Zivilisation, biografisch verständlicher werden zu lassen, oder die totalitären Züge seines Gesellschaftsvertrages vor dem Hintergrund zu betrachten, dass er der letzte gewesen wäre, der sich auf diesen eingelassen hätte, schon

8.4 · Subjektivierung und Legitimierung politischer Gewalt ...

gar nicht in der von ihm geforderten radikalen Vollständigkeit, mit Haut und Haaren gleichsam. Im Grunde sagt Rousseau: „Lasst dies mit dem Gesellschaftsvertrag sein!" „Hände weg vom Gesellschaftsvertrag!" Denn dieser ist mit meiner Persönlichkeit absolut unvereinbar.

Bedauerlicherweise kam diese indirekte Botschaft Rousseaus nicht an, im Gegenteil:

> „Menschen, die an Utopien glauben, sind letztendlich immer religiös, und so überrascht es wenig, dass Rousseaus Zukunftsvisionen nicht nur Robespierre beeinflussten, sondern auch Lenin und den kambodschanischen Diktator Pol Pot, der Rousseaus Werke während der 1950er Jahre in Paris aufmerksam und mit Begeisterung gelesen hatte und der später den wohl grausamsten Versuch unternahm, Rousseaus Gesellschaft unverdorbener und tugendhafter Landbewohner fern von allen Einflüssen einer dekadenten Zivilisation zu verwirklichen, indem er versuchte, sein eigenes Land in die Eisenzeit zurück zu morden." (ebd., S. 20)

Rousseaus Mutter stirbt bei seiner Geburt, etwas, das ihm sein Vater immer wieder vorwirft, um ihn dann mit Schlägen zu traktieren. Ein guter Lebensbeginn sieht anders aus; daran nicht mehr oder weniger verrückt zu werden, ist nicht so einfach. Der Vater musste ins Gefängnis, flieht jedoch aus der Stadt Genf aufs Land. Jean-Jaques entdeckt die Schönheit des einfachen und tugendhaften Landlebens.

In der Sprache der Psychoanalyse würden wir hier vom Abwehrmechanismus der primitiven Spaltung sprechen: Ein Objekt, in diesem Falle das gesamte Leben, darf nicht positive und negative Züge haben, die es gilt zu integrieren, vielmehr wird es gespalten in zwei, bei dem das eine rein/gut und das andere ganz böse ist.

Rousseau erträgt kein ambivalentes Objekt, sondern muss teilen in das böse, das er verfolgen und verachten und das andere, das er bewundern darf. So kann er ein Leben lang kämpfen, gegen das eine und für das andere, wie es sein Nachfahre Pol Pot auch getan hat.

Es ist psychisch schwieriger, das ambivalente Objekt zu ertragen, weil es mit Ernüchterung einhergeht: Nichts ist vollkommen. Das Eingeständnis folgt, dass ich selbst auch nicht vollkommen bin. Und ich kann nicht mehr auf das böse Objekt einschlagen. Der Kampf hat seinen Sinn verloren. Das macht keinen Spaß.

Wenn ich nicht anerkennen kann, dass ich zugleich gute und schlechte Seiten habe, wenn ich von einem Pol in den anderen falle, dann ist es möglich, die eigenen inneren bösen Anteile so behandeln, als wären sie mein Feind, sie also zu bekämpfen.

Rousseau benutzte dazu masochistische Strebungen. Er sexualisierte die Bestrafung. Er liebt es, sich von seiner attraktiven Lehrerin verprügeln zu lassen (ebd., S. 56). Als Heranwachsender gibt er vor, den Glauben wechseln zu wollen, um so eine Herberge in Turin zu finden. Dort, von sexuellen Impulsen übermannt, entblößt er in einer Gasse sein Gesäß, hoffend, dass eine der Frauen ihn verprügeln möge. Doch nur die Polizisten werden gerufen (ebd., S. 58), was ihn zutiefst demütigt.

Um endlich bekannt zu werden, rät ihm sein damaliger Busenfreund Diderot, nicht den menschlichen Fortschritt zu besingen, nicht die Errungenschaften des menschlichen Geschlechts zu lobpreisen, sondern die Versklavung des Menschen durch die Zivilisation mit ihren „perversen Vergnügungen" (ebd., S. 80) zu geißeln. Zu diesen ließen sich auch masochistische Strebungen rechnen, womit wir wieder bei ihm selbst angelangt wären, beim Kampf gegen sich selbst.

Rousseaus Kampf um Ruhm lässt ihn eine Oper komponieren, in der ein Dorfbursche in Sachen Liebe sich gegen die Gräfin und für die Schäferin entscheidet. Der geistig bescheidene Ludwig XV. ist von diesem Werk so entzückt, dass er dem Komponisten eine Leibrente anbietet. Dafür muss der Geehrte nur noch die Auszeichnung persönlich von dem König in die Hand nehmen. Doch er weigert sich. Alles Flehen und Beten seiner Freunde sind vergeblich.

> „Ich schere mich einen Dreck um die Leute bei Hofe; heute können alle Könige der Welt mit all ihrer Arroganz und ihren Titeln und ihrem Gold zusammengenommen mich nicht einen einzigen Schritt weit bewegen." (Rousseau, zitiert nach Blom, ebd., S. 103)

All die Vertreterinnen und Vertreter aller linken Bewegungen der letzten 200 Jahre wären stolz auf den aufrechten Mann. Er lässt sich vom System nicht verbiegen. Gratulation! Unbeugsam versucht er sich der Macht und dem System zu entziehen.

Die Freunde wie Diderot, die ihn dazu anhalten wollen, den König aufzusuchen, werden nun für Rousseau seine Feinde. Er wittert eine Verschwörung gegen sich und beginnt Paris zu meiden.

So könnte ersichtlich werden, dass Rousseau das Angebot einer Leibrente als feindliche Übernahme interpretiert, als ob er dann fürderhin eine Marionette des Königs wäre. Rousseau fürchtet um seine brüchige Identität – er, der immer schwankte zwischen Anmaßung/Selbstüberschätzung und Inferioritätsgefühlen, der empfänglich war für jede vermeintliche üble Nachrede, die er gleichsam suchte.

> „Jeden Tag wuchs die Überzeugung, dass er das Opfer einer Intrige war, die seine vormaligen Freunde aus Neid über sein Genie und seinen Erfolg als Komponist ausgeheckt hatten. Angestiftet von dem dämonischen Grimm, versuchten sie heimlich, ihn zu destabilisieren, ihn seine Kraft zu rauben, Gerüchte über ihn zu verbreiten, seinen Sturz zu erzwingen. Sein Verdacht erhärtete sich zu der tiefen Überzeugung, systematisch ausgeschlossen und lächerlich gemacht zu werden." (ebd., S. 154)

Die Anerkennung von Kultur, von Vernunft, von kritischer Diskussion von Seiten des Kreises um Diderot erschienen nun Rousseau als Verfallssymptome dekadenter Zivilisation und Verneinung der Natur. So gedacht, musste sich Rousseau der Diskussion nicht mehr stellen. Er hatte keine rationalen Argumente mehr zu befürchten, vielmehr durfte er sich hineinstellen in die eigene emotional bestimmte Welt, die ihm zur wahren Welt wurde. Er musste seine Paranoia nicht mehr hinterfragen oder relativieren, kein Zweifel musste sich in ihm jemals wieder regen. Er war ganz bei sich angekommen – in der Auslöschung des anderen.

So wurde Rousseau das große Vorbild der linksextremistischen und rechtsextremistischen Revolutionäre des 19. und 20. Jahrhundert – in der Radikalisierung von Subjektivität, in der Rücksichtslosigkeit, bedingungslos an ihr festzuhalten, in der Verleugnung bis Vernichtung des anderen. Und all das schien ihm wie seinen Nachfolgern vollkommen legitim. Sie mordeten mit dem reinsten Gewissen, in voller Aufrichtigkeit. Sie verfolgten und töteten die Renegaten, Revisionisten und Dissidenten mit heiterer und satter Seele.

Als seine Gönnerin, der er sein Auskommen verdankte, eine Atemwegserkrankung bekam und mit Unterstützung Rousseaus nach Genf zu einem Experten reisen wollte, lehnte dieser ab. Das war unter seiner Würde. Als seine Freunde ihn baten, ihr behilflich zu sein, witterte er wieder eine Verschwörung gegen sich, womit auch deutlich wird, wie

8.4 · Subjektivierung und Legitimierung politischer Gewalt ...

hilfreich Paranoia sein kann: Seine Unfähigkeit zur Dankbarkeit, seine radikale Selbstbezogenheit, seine antisozialen Tendenzen fanden damit eine gute Legitimation. Wieder konnte er mit sich im Reinen sein. So verwundert es dann nicht, dass er seine von ihm gezeugten Kinder allesamt ins Findelhaus gab, um ungestört in voller Freiheit schreiben zu können.

Gleichwohl ist es nicht auszuschließen, dass sich Zweifel und Schuldgefühle in den tiefsten Schichten seiner Seele heraus gebildet haben, denen er möglicherweise zuweilen hilflos ausgesetzt war, mit denen er aber nichts zu tun haben wollte. Um dies zu bewerkstelligen, bedarf es Gottes. Er ist es, der die menschlichen Schwächen verzeihen kann. Atheisten wie Holbach oder Diderot müssen alles mit sich klären. Sie müssen in dieser Welt prosozial sein, weil ihnen niemand vergibt und weil sie in keine andere Welt abtauchen können. Deshalb hält Rousseau an dem Glauben an Gott fest und beginnt seine ehemaligen Freunde immer mehr zu hassen, für deren Fähigkeit, auf Gott verzichten zu können.

> „Für Rousseau drückte das gesunde menschliche Gefühl, der gesunde Instinkt den Willen Gottes aus, der den Menschen geschaffen hatte. Dies war ein sehr christlicher Ansatz in Sachen Psychologie und Philosophie, der das Hauptverdienst der Aufklärung, die Emanzipation der Vernunft von der Theologie, zunichtemachte. Die wahre Vernunft war göttlich und kam aus dem raunenden Innern der Seele ... Jede Kritik an dieser Überzeugung, jedes Argument gegen die instinktiv gefühlte Wahrheit war deswegen qua Definition pervers und schädlich, gegen Gottes Willen." (ebd., S. 250)

Wenn die Stimme Gottes in mir wirkt und mit mir spricht, so kann daran nichts Falsches sein. So bin ich immun gegen die Kritik des anderen. Ich bin stets auf dem rechten Weg. Jeden, der mich kritisiert, kann ich letztlich töten. Hat er seine Stimme nicht auch gegen Gott erhoben, den ich so intensiv in mir spüre? Rousseau legt die Grundlage für alle psychotischen politischen Systeme.

Kritik an der vom Glauben abgelösten Vernunft, die Furcht vor sexuellen Impulsen, die eine Gemeinschaft gefährden, die Konkurrenz untereinander, Besitztum und Ungleichheit, eine denaturierte Zivilisation gefährden für Rousseau die friedliche menschliche Gemeinschaft Gleicher, die zusammen auf dem Feld Hand in Hand arbeiten. Der Gesellschaftsvertrag, der das Zusammenleben dieser friedlichen, harmonischen, naturnahen Gemeinschaft regelt, den er auch als den allgemeinen Willen beschreibt, dieser allgemeine Wille ist nicht von allen vernehmbar. Nur wenige Auserwählte vermögen diesen wahrzunehmen. Ihnen ist es vorbehalten, das gemeinschaftliche Leben zu regulieren. Volksbeschlüsse sind daher schädlich, ebenso wie Parteienstreit. Partei- und Partialinteressen sind zu eliminieren, und sei es mit Gewalt. Daher kann auf Zensur nicht verzichtet werden. Rousseau plädiert also für die Diktatur. Und er selbst ist vermutlich der allgemeine Wille, der die „Ungläubigen" auch töten darf (ebd., S. 259). Diderot, Holbach und Grimm stehen also schon auf der Liste.

Ein Ludwig XIV. leitet seine Souveränität auch von Gott ab. Er ist dessen Stellvertreter auf Erden. Aber er hätte nicht vom allgemeinen Willen gesprochen, mit dem er aus seinem Frankreich ein friedliches Miteinander machen möchte. Daran hatte er kein Interesse. Er war kein politischer Utopist. Die bessere Welt, die war oben, eben Gottes Reich oder der Himmel. So muss Ludwig XIV. zwar andere Nationen oder politische Gegner bekämpfen oder neutralisieren. Aber diese sind keine Feinde eines allgemeinen Willens. Er muss sie nicht notwendig hassen. Es versüßt ihm nicht das Dasein, sie töten zu müssen. Es ist eher notwendig.

Zu menschenfreundlich bietet David Hume Rousseau, der auf der Flucht und obdachlos ist, in England quasi Asyl an. Dieser dankt es ihm mit einem radikalen Krieg, der Hume fast das Genick bricht. Menschen wie Rousseau stört das wenig.

> „Wenn die philosophische Schlammschlacht um Rousseau und Hume einen Gewinner hatte, dann war es Rousseau. Die Kontroverse machte seinen Namen noch bekannter und bescherte ihm eine neue Generation von Lesern, die seine Rhetorik der kompromisslosen moralischen Ehrlichkeit für bare Münze hielten. Der Autor wurde ihr Prophet einer ungekünstelten, von Herzen kommenden Moral und einer gesunden Überzeugung, die keiner weiteren Rechtfertigung bedurfte und die sie sich sicherlich nicht von einer Gruppe zynischer und überintellektueller Pariser Philosophen streitig machen lassen würden." (ebd., S. 292)

Mit Rousseau ist der Typus des Schauspielers Adolf Hitler geboren: vermeintlich kompromisslos die Wahrheit sagen, einfach, ehrlich, offen, starke Moral, vom Herzen (von Gott) kommende Überzeugungen, Kritik ignorierend, vor Allem von den Überintellektuellen, im Falle Hitlers waren das die Juden, diese arroganten Wesen. Die militante kleinbürgerliche Aufrichtigkeit, die sich von niemandem aufhalten lässt, ist geboren, auch aus dem Ressentiment gegen die besseren Bürger. Dieser Kleinbürger ist schuldunfähig und immer im Recht. Seine Gewalt ist stets legitim. Gerade weil er sich so anständig fühlt, ist er so verhängnisvoll böse. In seiner souveränen Dimension bezieht er sich nicht mehr auf den Repräsentanten Gottes auf Erden, auf den König. Er ist ein Teil einer Bewegung von unten gegen die da oben, und damit auch gegen den König. Der Kleinbürger integriert Aspekte der kommunistischen Revolution und der Diktatur des Proletariats in seinen Rechtfertigungshorizont, indem er seinen Kampf gegen die da oben als mehr als gerecht erleben und verkaufen kann. Und wenn dann mal was schief läuft? Da kann er nur sagen: Wo gehobelt wird, da fallen auch Späne. Nicht wahr?

Und de Sade: Er hat mit Rousseau in den eben genannten Punkten nichts zu tun, überhaupt nichts – außer seine Präferenz für den gesetzlosen Naturzustand. Aber für Sade ist die Idee des Naturzustands eine Argumentationsfigur, um gegen Moral und Gesetz vorgehen zu können. Sie ist Teil eines rationalen Diskurses und nicht gottgegebener Vernunft. Sades Figuren diskutieren und sie erleben sich gänzlich anders als die idealen Menschen Rousseaus als unmoralische Wesen, die genau deshalb nicht aus Überzeugung und mit gutem Gewissen morden können.

Das, was den politischen Einfluss betrifft, hat sich Rousseau in der Moderne haushoch durchgesetzt und nicht Sade.

8.5 Das Schicksal des Bösen – das Böse als das Schicksal

Der Diabolus leitet sich von diaballein ab: durcheinander würfeln, ein Durcheinander machen (Schmidt-Biggemann1993, S. 7). Er ist derjenige, der alle Gewissheiten, alle Vorausplanungen zunichtemacht. Keinen festen Boden gibt es mehr, auf dem alles solide steht. Um die Zukunft und deren Antizipation ist es schlecht bestellt. Daher liebte Charles Manson das Lied von den Beatles „Helter Skelter" (übersetzt: drunter und drüber). Und es gibt nicht einmal eine Ordnung in der Unordnung. „Das Böse hat keine Logik, man kann es nicht deduzieren und definieren." (ebd.) Es ist eine Variante des Zufalls und des Schicksals in einer radikalisierten Form. Radikalisiert meint hier, dass

8.5 · Das Schicksal des Bösen – das Böse als das Schicksal

das Böse dem Schicksal die Stirn bieten will. So entzieht sich das Böse sowohl den Kontinuitäten etwa der Jahreszeiten, als auch letztlich dem Walten des Schicksals, es ist ein Schlag gegen die Unentrinnbarkeit des Schicksals, der Zeit, des Raumes, der Endlichkeit; das Böse ist daher ein souveräner menschlicher Akt, der genau nur auf den ungewissen Augenblick zentriert ist; die Willkür des Bösen beruht auf der Idee des freien Willens, auf der Idee der Möglichkeit und Notwendigkeit der Entscheidung, wo doch so viel festgelegt ist: welche Eltern mich wann in welcher Gesellschaft zeugen. Das Böse ist aus der Panik gegen die Macht des Schicksals entstanden. Für den Bösen ist die Welt entsetzlich, weil sie einerseits so festgelegt ist. Menschen werden geboren, Menschen sterben. Das ist gewiss. Andererseits entscheidet das Schicksal über das Wie und Wann etwa des Sterbens. Diesem infernalischen Paar aus ewiglichem Festgelegtsein und wankendem Schicksal kann nicht einmal die souveräne böse Tat letztlich etwas entgegensetzen.

Mesrine kann noch so viele Menschen foltern und umbringen. Ihm gehört im Grunde nur der souveräne Augenblick:

> „Die Faszination dieses Phänomens muss wohl darin liegen, dass das Böse das tremendum, das Zitternmachen, an sich behält, das die Augenblickserfahrung der numinosen Evidenz charakterisiert." (ebd., S. 8)

Rousseau fühlte sich möglicherweise gut, wenn er selbstgerecht Hume mental foltern konnte oder wenn er als Publikumsliebling aus der Schlacht hervor ging. Aber all dies sind mehr oder weniger lange Augenblicke, die nicht tragen. Das Böse trägt insgesamt nicht. Auf es ist kein Verlass. So fordert es die unendliche Wiederholung. Und diese macht so müde.

Auch die Wüstlinge Sades hadern zutiefst mit dem Bösen als böse *Jungs*. So unklar es ist, wann sie töten, so absehbar ist, dass sie dies tun, so erwartbar, dass sie das Töten mit dem Sex verbinden. Die sonderlichsten sexuellen Praktiken verlieren so ihren Schrecken, auch wenn der Augenblick des Tötens ein Zittern und Schaudern auslöst. Und die bösen *Jungs* können dem Schicksal letztlich nicht trotzen. Das Schicksal fragt sie nicht, was es tun soll. Wie gegenüber allen anderen Menschen hüllt es sich in Schweigen, in ein vornehmes Schweigen. Die vermeintliche Allgewalt der Lüstlinge zerbröselt unter ihren Händen. Auch deshalb werden sie als lächerliche Wüstlinge von Sade skizziert. Nicht einmal auf das Böse ist Verlass.

Das Böse macht auch müde, weil der Böse ein Tatmensch ist, ein unentwegter Tatmensch, gleichsam gefesselt an die Tat. Hierzu einen religiösen Verweis: In der Religion des Zarathustras gibt es zwei Figuren, die das Böse und das Gute verkörpern. Ahriman, der Böse, handelt zuerst, dann denkt er nach, bei Ohrmazd, dem Guten, ist es genau umgekehrt (Colpe 1993, S. 27). Das Böse verlangt primär nicht nach dem Denken, nicht nach dem Planen. Handeln ist immer richtig, einmal sicherheitshalber den anderen verprügeln oder gleich erschießen, und danach checken, was es gebracht hat. Der Handelnde kennt zudem kein Gewissen. Wer handelt, nimmt irgendetwas in Kauf. Das ist halt beim Handeln so. Dies ist auch ein Männlichkeitskult. Nachdenklichkeit ist etwas für *Weicheier*, die Reflexion betulich-weibisch.

3000 Jahre nach Zarathustra wird die Tat genauso gepriesen. Die Hitler'schen Tatmenschen haben es nicht anders gemacht; 3000 Jahre Geschichte sind nichts (Klotter und Beckenbach 2012). Jünger und Mesrine sind nicht minder Prototypen der Tatmenschen. Sie müssen unablässig töten, offensichtlich um existieren zu können, um sich zu bewahren. Ohne die Tat verlören sie ihre Identität.

Das heitere Tun hat aber seine Schattenseiten: Zunächst hat Ahriman freie Wahl, dann wird das Bösetun obsessiv, er kann nicht mehr anders (Colpe 1993, S. 28). Wer einmal mit dem Bösetun angefangen hat, kann damit nicht mehr aus freien Stücken aufhören; es infiziert. Das Böse liegt auf dem Bösen wie ein Fluch. Davon erzählt Mesrine auch. Die endlose Redundanz der sadistischen Praktiken in Sades Texten spricht dieselbe Sprache. Auch das macht das Quälende aus, die der Leser von de Sade zutiefst spürt. Das Böse ist quasi eine Sucht mit sehr hohem Potenzial, abhängig zu machen.

„Lügen und Böses gehört … semantisch zusammen." (Schmidt-Biggemann 1993, S. 7) Diese semantische Schnittmenge lässt den routinierten Lügner Rousseau verständlicher werden. Ihm machte es keine Mühe, seine Ex-Freunde oder David Hume zu denunzieren. Die Libertins Sade verstecken ihre Taten stets vor der Öffentlichkeit. Sie suchen abgelegene Schlösser auf. Sie verkriechen sich in Gräbergewölben. Nach außen stehen sie stets tadellos da. Die Männer, an die sich Justine wendet, um Unterstützung zu erfahren, haben stets ein doppeltes Gesicht: in der Öffentlichkeit Ehrenmänner, bei und mit ihr miese Schurken. Offenbar bereitet das Lügen Lust. Es ist die Lust der Manipulation von und der Kontrolle über andere. Mit der Lüge wird die erste Falle gebaut. Sie belegt die Macht der Lügner.

Die Lüge ist auch ein Mittel der Weltverneinung oder Weltverstellung. Ich drehe und richte sie so, wie es mir passt, bis sie zu mir passt. Auch das ist eine Form von narzisstischer Weltaneignung oder Weltbemächtigung. In diesem Vorgang stellt sie sich mir nicht entgegen. Sie ist nicht widerständig. Vielmehr unterwerfe ich sie mir gleichsam konstruktivistisch. Ich bin der Herr dieser Welt. Sie ist wie Teig in meiner Hand, dem ich jede Form geben kann.

Eine daran anschließende Interpretation: Rousseau kann so nicht zum König von Frankreich gehen, um von ihm eine Leibrente zu erhalten, weil er selbst eigentlich der König/der Souverän ist. Rousseau weiß zugleich, dass er eben nicht der Lenker der Welt ist. Das ist eine unglaubliche Schmach, eine ungeheure Beleidigung, die seine ganze Existenz permanent gefährdet.

Es ist unübersehbar, dass die narzisstische Weltbemächtigung ein zentrales Motiv der Lustmorde in Sades Texten darstellt. Die Opfer haben nur der Lust der Täter zu dienen und sie werden anschließend ausgelöscht, auf dass nichts anderes existiere als der narzisstische Mörder.

> „Hier sind wir mitten in Mephistos eigentlichem Element: Ist der Geist, der stets verneint, als *Wesen* zu fassen – oder ist es gerade das Wesen des Bösen, dass er keines hat? Was kann dieses Paradox bedeuten, dass das Wesen von etwas darin besteht, dass es kein Wesen hat?" (ebd., S. 8)

Es ist das empörte Nein von Mesrine gegen die Schäbigkeit der (Arbeits-)Welt, was dazu führt, dass er nicht arbeitet, keinen 8-Stunden-Tag hat. Es bleibt aus der Perspektive einer Person, die arbeitet, eine Lücke von mindestens 8 Stunden, es bleibt eine Identitätslücke bei dem, der sich mit seiner Arbeit nicht identifizieren kann. Das empörte Nein macht identitätslos, macht wesenlos. Was hat Mesrine den lieben langen Tag gemacht? Er hat ja nicht am Fließband gemordet. Womit hat er sich beschäftigt? Worüber hat er nachgedacht?

Und was machen de Sades Helden, wenn sie keinen Sex haben und nicht morden? Vermutlich nichts. Sie sind dann nicht und nichts. Noch mehr Sex und noch mehr Mord, muss daher ihre Parole lauten, damit sie die Leere verlassen können. Sie bräuchten Fließband-Sex. Da der Sex aber im Nichten des Opfers endet, gähnt auch hier ein Abgrund.

8.5 · Das Schicksal des Bösen – das Böse als das Schicksal

Wenn de Sade, wohlgemerkt nur in seinen Texten, gegen alles anwettert, von der Religion, über die Moral bis zu den Gesetzen, dann öffnet sich auch da eine reine Leere. Das Wesen, das stets verneint, verneint auch sich und löst sich auf. Dieser Zustand scheint der einzige zu sein, der Sicherheit gibt, absolute Sicherheit. Das ist keine narzisstische Glaskugel-Phantasie (siehe weiter oben Volkan), das ist eine Tresor-Phantasie von einem Tresor, der, wenn er sich schließt, niemals mehr aufzumachen ist.

So existenziell bedroht muss sich de Sade ein Leben lang gefühlt haben, der Welt und dem Schicksal hilflos ausgeliefert. Kein Schutz nirgendwo; daher die endlose Phantasie über den Libertin, der die absolute Macht besitzt oder der glaubt oder hofft, diese zu haben. Aber nicht einmal die scheint Sicherheit und Obhut zu geben. Diese angenommene Macht zerschellt wie ein Flugzeug an einem steinigen und kahlen Bergwipfel, wenn das Opfer getötet ist. Das Opfer macht machtlos. Es ist der eigentliche Souverän. Das Opfer spielt Schicksal über den Täter und entleert ihn vollständig.

Bei Rousseau wissen wir, was auf das empörte Nein folgte: das Schreiben von Texten. Er gibt seine Kinder ins Waisenhaus, schafft einen leeren Raum, opfert sie auf und schreibt dann Bücher, die ihn weltberühmt machen. Es handelt sich hierbei fast um einen Warentausch: eine Leere (die weggegebenen Kinder) wird ausgetauscht gegen eine Substanz (Bücher), die ohne die Leere gar nicht entstanden wäre.

Nicht viel anders als Rousseau verfährt Mesrine. Er tötet ein Leben lang, um dann ein Buch zu schreiben. Gut, sein Ertrag ist nicht sonderlich hoch.

Bei de Sade gibt es diesen Tausch eben nicht. Die Wesenlosigkeit, die Leere (der Tod der Opfer) schafft kein Wesen, keine Substanz. Die Rechnungen seiner Wüstlinge gehen nie auf, sollen womöglich auch nicht aufgehen, weil sie sich mit dem reinen Nichts konfrontieren wollen, als stürben sie selbst beim Töten der anderen. Und im Grunde sind die Opfer besser dran. Sie betreten abrupt das Nichts, es sei denn, ein Teil von Sade hofft doch noch auf Gott und den Himmel. Dieser ist den Opfern nach so viel Qual sicher. Ganz sicher. So sind die Libertins Gehilfen Gottes, seine treuesten Diener, die ihm qualitätsgeprüfte gute Seelen verschaffen; das Morden als Qualitätsmanagement.

Für die triebtheoretische Auslegung der Psychoanalyse entsteht das Nein in der analen Phase mit der Entscheidung des Kleinkindes darüber, ob es eine Exkremente zurück hält oder ausscheidet. Das ist die erste Form der Kontrolle – über sich; es ist gleichsam die erste souveräne Entscheidung. Sie setzt sich fort in einem entschlossenen Nein, jetzt nicht ins Bett gehen zu wollen, keinen Saft trinken zu wollen, etc. Das Nein ist so ein Geburtshelfer der eigenen Identität mit eigenen Wünschen und Abneigungen; es entspringt eigentlich keiner Weltverneinung, sondern bildet ein bestimmtes Weltverhältnis: Das passt mir, das will ich, das will ich nicht.

Aus schwer zu ermittelnden Gründen gibt der Böse dieses Weltverhältnis auf:

> „… indem sich jemand auf sich selbst wendet und nur auf sich selbst, gibt es keinen Grund mehr für ihn etwas zu begründen, er reduziert sich als schlechterdings Wollender nur auf sich selbst: Das ist die Attitüde der absolut freien Souveränität. Und alle, die den Freien an seiner Freiheit hindern, begreift er als die Feinde seines Selbst." (Schmidt-Biggemann 1993, S. 10)

Exakt das ist Rousseau. Seine Kinder sind es, die ihn daran hindern könnten zu schreiben. Daher müssen sie weg, gerade sie, die besonders viel Aufmerksamkeit binden könnten.

Exakt das ist Rousseaus politisches Programm, was sich in den revolutionären Bewegungen des 19. und 20. Jahrhundert als so hilfreich erwiesen hat: Es gilt nur noch die eigene Welt, das eigene Gefühl, das eigene Wollen. Alles andere wird ausradiert.

Diese absolute Freiheit schwebt auch Mesrine vor: sich durch nichts einschränken zu müssen, schon gar nicht durch Arbeit. Anderen muss ich nichts erklären, nichts begründen.

Wie erwähnt, ist auch an diesem Punkt Sade anders. Seine Wüstlinge müssen wie Theologen ihr Dogma begründen und sich rechtfertigen. Sie begreifen ihre Opfer auch nicht als ihre Feinde.

Es ist nicht schwierig, weitere psychoanalytische Erklärungskonzepte anzubieten, um den Weltrückzug zu verstehen. Heranzuziehen wäre Thanatos, der Todestrieb, der seiner Definition nach Bindungen, Verbindungen abbaut oder auflöst. Eros hätte so bei Rousseau oder Mesrine wenig oder keine Chance; auch nicht bei de Sade.

Aber werden wir mit einer derartigen Interpretation glücklich? Eigentlich ist es ja keine Erklärung, sondern nur eine Deskription. Hinzukommen müssten Deutungen, warum für die Genannten die Welt nicht oder wenig zählt, warum die Welt, der Weltbezug entweder nicht attraktiv oder auch sehr bedrohlich ist. Klar zu sein scheint, dass bei Mesrine und Rousseau die Welt ihre Denkkreise und Horizonte beeinträchtigt und vermeintlich Unannehmbares fordert. Bei Mesrine sind es die üblichen Realitätsanforderungen wie arbeiten gehen müssen, die für ihn nicht tolerabel sind. Für Rousseau scheint es empörend zu sein, dass andere auch denken und schreiben, vielleicht besser als er, dass es überhaupt jemand wagt, sich seines Verstandes zu bedienen, wo doch er das alleinige Privileg hat, dies tun zu dürfen. Er ist der König des Denkens, der erste Souverän der Philosophie. Andere müssten ihn fragen, wenn sie es auch tun wollten. Sie müssten dann, ihn bewundernd, von ihm abschreiben.

Ein radikaler Narzissmus könnte es sein, der die libidinöse Besetzung der Welt der Objekte nicht zulässt. Welt schrumpft zusammen auf das Ich, das keinen anderen Maßstab mehr hat als sich selbst.

Angesichts Sades *Helden* ließe sich durchaus sagen, dass sie von Thanatos bestimmt sind; es wäre aber auch zu denken, dass sie Thanatos selbst sind – ein Thanatos, der argumentieren muss, ein redseliger Trieb, fragmentiert von allen anderen menschlichen Funktionen; von fast allen anderen, schließlich muss ja noch der Motor der Erektionsfähigkeit angeworfen werden. So hängt das Genital halbwegs am Denken und an Thanatos, aber auch schon ziemlich fragmentiert und isoliert.

So wäre Sade dann einer der besten Theoretiker des Fragmentiertseins unter dem Mantel des *frivolen Romanschreibers*. Er teilt uns mit, dass fragmentierte Existenzen durchaus lebensfähig sind. Und er gibt uns zu verstehen, dass das fragmentarische/fragmentierte Leben eine besondere Lust besitzt, die Lust am riskanten Experiment, das endlos wiederholt wird, wie dies kleine Kinder tun, wenn sie in Endlosschleifen immer die gleichen drei Bausteine aufeinander türmen.

Womöglich ist Sade der Prophet der modernen fragmentierten Seele, des experimentellen Lebens, des Lebens im permanenten Krieg wie das Mesrines oder Jüngers. Beide haben sich ja experimentelle Rahmen gesetzt: die des Soldaten im Stahlgewitter, die des Kriminellen als Staatsfeind Nr. 1. Und es ist doch klar, dass das kriegerische oder kriminelle Leben nicht *ganzheitlich* konzipiert werden kann. Im mitgenommenen Tornister befinden sich nur die reine Aggression, Mut und ein Gewehr; bei den deutschen Offizieren im 1. Weltkrieg noch der Zarathustra Nietzsches. Nur der rudimentäre Mensch ist kriegstauglich: ohne Mitgefühl, ohne Trauer, ohne Schuldgefühle. Nur eine kleine Prise Eros muss mit dabei sein, für das Tätscheln der Kameraden (Jünger), für die Prostituierten (Mesrine). Bei Sade fließt diese Prise in den wertschätzenden und höflichen Umgang der Übeltäter untereinander.

8.5 · Das Schicksal des Bösen – das Böse als das Schicksal

Nicht zu vergessen: Die Moderne steht im Zeichen der Militarisierung einer gesamten Bevölkerung. Aus der Kriegerkaste der Adligen wird ein Massenheer aller wehrtauglichen Männer. Der Krieg ist allgegenwärtig für alle, auch für die Frauen, denen dann in ihrer rudimentären Seele die Aufgabe des Trauerns zukommt. Aber das Leben geht ja weiter.

Wir können weiter spekulieren: Dieser radikale Narzissmus, der zur Weltverneinung führt, fußt auf einer fundamentalen Verletzung des Selbst. Der Narzissmus ist dann ein Abwehrmanöver gegen diese biographische Verletzung. Rousseau gab ja einige Hinweise auf diese familial bedingten schweren Wunden, die nicht zu heilen, vielmehr nur mühsam zu verbergen sind.

Zu diesen Interpretationen lässt sich ein Einwand mühelos formulieren. Sicherlich werden nicht alle Menschen, die eine schlimme Kindheit hatten, zu autistischen malignen Narzissten. Es gibt da keinen zwingenden Zusammenhang – glücklicherweise! könnten wir hinzufügen, ansonsten gäbe es sehr viele Mesrines. Diese Armada von *Staatsfeinden* würde uns (das „uns" steht dann wie selbstverständlich für die Guten, die wir sein wollen) das Leben schwer machen.

Zu diesem Argument ließe sich sagen, dass möglicherweise diese Armada in der demokratisierten, militarisierten Massengesellschaft als reale Armee verwandt wird, und die Gewalt auf die *Feinde* einer Nation erfolgreich gerichtet ist.

Der demokratisierte Krieg und die Gewalt bildet so ein Grundmuster des Desasters in der Moderne.

Diesem Modell steht Norbert Elias (1978) Zivilisationstheorie entgegen. Er nahm an, dass seit dem Mittelalter in Europa eine zunehmende Affektkontrolle gegriffen hätte, die Menschen immer weniger ihre Affekte wie Aggressivität erlebt und agiert hätten. So sei der Akt des Tötens etwa von Tieren hinter die Kulissen gelegt worden.

Wir können die militarisierte Gesellschaft und die Theorie von Elias nur zusammen bringen, wenn wir differenzieren. Manieren und Selbstkontrolle bei Tisch mag zugenommen haben, aber die ausgeübte Gewalt der wehrfähigen Männer, des männlichen Geschlechts eben auch. Sie wurde und wird in der Regel gegen den Feind im Außen gerichtet. Auch hier ist eine Spaltung und Fragmentierung festzuhalten. Der Mensch in der Moderne spaltet und ist aufgespalten. Die bösen Anteile des Menschen, so ist zu vermuten, sind weniger wirkmächtig, wenn sie wahr- und angenommen werden können.

Der psychoanalytische Ansatz von Melanie Klein könnte helfen, die Integrationsarbeit zu verstehen. Sie unterscheidet zwei Positionen, die paranoid-schizoide und die depressive Position. In der paranoid-schizoiden Position gelingt die Integration von guten und bösen Selbstanteilen nicht; die bösen können nicht anerkannt werden und werden per projektiver Identifizierung in andere Menschen gelegt und sie werden überdies verfolgt und bekämpft im andern. Es wird ein Krieg gegen sie geführt, verdrängend, dass es sich um Selbstanteile handelt. Genau so wenig wie es eine Integration von guten und bösen Anteilen bei einem selbst gibt, genau so wenig können bei den anderen Menschen die guten und die schlechten Seiten zusammengefügt werden. Der Andere ist dann entweder vollkommen gut oder vollkommen schlecht. In der depressiven Position können die zwei Seiten bei sich und dem anderen zusammengefügt werden.

» „Die Verschmelzung von Hass und Liebe gegenüber dem Objekt lässt eine besonders quälende Traurigkeit entstehen, die Klein als depressive Angst (oder `Sehnsucht´) bezeichnete. Sie bringt die früheste und qualvollste Form des Schuldgefühls zum Ausdruck, das in den ambivalenten Gefühlen gegenüber dem Objekt wurzelt. Der

Säugling ist in einem bestimmten Alter (normalerweise von vier bis sechs Monaten) körperlich und emotional reif genug, um seine fragmentierten Wahrnehmungen von der Mutter miteinander zu verbinden und die voneinander getrennten, guten und bösen Versionen (Imagines), die er zuvor wahrgenommen hatte, zusammenzufügen… Depressive Angst ist das entscheidende Element reifer Beziehungen, die Quelle großherziger und altruistischer Gefühle, die dem Wohlergehen des Objekts gelten. In der depressiven Position werden Anstrengungen unternommen, den Liebesaspekt der ambivalenten Beziehung zum beschädigten `ganzen Objekt´ zu intensivieren (Wiedergutmachung)." (Hinshelwood 1993, S. 199)

In der depressiven Position werden die Objekte nicht mehr aufgeteilt in gute und böse. Das Subjekt merkt, dass es stets ambivalent gegenüber dem Objekt ist, merkt, dass es sowohl gute und schlechte Seiten hat, wie es selbst diese beiden hat. Angesichts der Ambivalenz entsteht ein Schuldgefühl, das dazu führt, dass das Subjekt seine Ambivalenz dem Objekt gegenüber wieder gut machen will.

Es macht keinen Spaß, von der paranoid-schizoiden Position zur depressiven zu wechseln, aber es ist außerordentlich hilfreich. Ich kann mich und den anderen vielschichtig wahrnehmen und diese Facetten in ein Bild integrieren und ich kann anerkennen, dass ich nicht nur ein Engel bin. Hilfreich ist die depressive Position auch deshalb, weil in der paranoid-schizoiden Position ich meine negativen Selbstanteile auslagere und sich meine Psyche damit entleert. Nicht umsonst spricht Mesrine so oft von der Leere, die sich in ihm ausgebreitet hat. Wir müssen davon ausgehen, dass die Libertins Sades überwiegend aus Leere bestehen.

Sade hat kein integriertes Bild vom Menschen geliefert. Aber es ist sein großes Verdienst, auf das von der Aufklärung verworfene Böse in aller Deutlichkeit hingewiesen zu haben.

Wir machen, auf Colpe (1993) zurückkommend, einen Sprung in die Zeit nach der Geburt Christi, die mit einem theologischen Problem zu kämpfen hat. Die Erlösungsreligionen Judentum und Christentum können in einem ersten Schritt nicht erklären, woher das Böse kommt. Der erlösende Gott kann mit dem Bösen nicht verknüpft werden. Streng genommen darf er die Welt, die voll des Bösen ist, nicht geschaffen haben. Wohin dann mit dem Bösen?

Die zahlreichen gnostischen Sekten haben darauf eine Antwort gefunden: Ein böser Gott muss die Welt erschaffen haben, der Demiurg, der häufig mit dem Gott des hebräischen Testaments identifiziert wurde. Damit ist dem Antijudaismus und Antisemitismus Tür und Tor geöffnet (ebd., S. 39ff). Die ganze Materie einschließlich des Leibes ist dann böse, die ganze Welt ist falsch und böse. Alleine ein göttlicher Funke (scintilla) in mir kann mir helfen, die Botschaft des fernen guten Gottes (deus absconditus) zu erhören und zu ihm aufsteigen zu können. Versöhne ich mich dagegen mit der Materie, bin ich satt und zufrieden, werde ich schläfrig, dann kann ich die Botschaft des fernen Gottes nicht mehr vernehmen.

Colpe zeigt die Konsequenzen auf, die die gnostische Weltsicht auf die Idee des Bösen hat:

> „Sachlich bedeutet die Hypostasierung des Bösen zu einer selbständigen Macht in den Dimensionen dieser Welt seine Universalisierung." (ebd., S. 46) Und: „Es scheint, dass im Grenzgebiet zwischen Iran, wo die Kollektivierung des Bösen auf den Begriff gebracht worden war, und Nordsyrien, wo der Allgemeincharakter des Bösen kraft semitischer

Eigenart seiner Substantivierung in personenhafte Repräsentanz übergehen konnte, ein griechisches Substanzdenken zur endgültigen Hypostasierung beigetragen hat, die ihrerseits Voraussetzung für Universalisierung und Kosmisierung des Bösen war." (S. 49)

Sade ist ohne diese geschichtliche Weiterentwicklung des Konzepts des Bösen nicht zu denken. Er totalisiert das Böse. Er macht sie zur universal herrschenden Allmacht.

Wenn die Welt vom bösen Demiurgen erschaffen ist, dann kann ich nur mit radikaler Weltverneinung dem Bösen entkommen, oder, das ist eine andere Variante der Gnosis, durch das Durchschreiten und Erproben von allem Bösen, um anschließend rein auferstehen zu können. In dieser Perspektive ist das Böse legitimiert. Es dient dem Heil.

Sade könnte dieser libertären Richtung der Gnosis zugerechnet werden. Er beschreibt alle erdenklichen Formen des Bösen, durchschreitet sie phantasmatisch in der insgeheimen Hoffnung, nach dem Ende aller Schrecknisse zum fernen Gott aufsteigen zu können. Die sexuell-grausamen Szenen, die Sade vorstellt, haben ihr Grauen vielleicht auch deshalb, weil der Körper doppelt besetzt ist: Einerseits dient er der Lust, andererseits gilt er in der Gnosis als das schlechthin Böse und Unannehmbare. Dieses Unannehmbare liegt wie ein schlimmer Schleier über allen sexuellen Szenarien Sades. Dann ist nicht nur für ihn die Natur des Menschen anteilig böse, sondern auch der Körper eine Herdstätte des Schmutzes, des Abschaums. So wird verständlich, dass bei Sade der Sex nie heiter ist. Davon ist er maximal weit entfernt. Und exakt dieses muss de Sade unentwegt beweisen. Er könnte seinen Lesern zuschreien: „Merkt Ihr denn immer noch nicht, wie entsetzlich der menschliche Körper ist? Soll ich es Euch nochmal beweisen? Kapiert Ihr denn gar nichts?" Womöglich dient die endlose Redundanz der sexuellen Tableaus bei Sade auch dazu, diese Beweisführung anzutreten. Koste es, was es wolle.

8.6 Zusammenfassung

Für Sade war die böse sexuelle Tat quasi reine Lust. In unserem aufgeklärten Zeitalter, in der das Böse dem Anspruch nach verdammt wird, ist das Böse Ergebnis einer schlimmen Biographie. Freuds Psychoanalyse erkennt zwar den Todestrieb an, gleichwohl muss es besondere lebensgeschichtliche Einschnitte geben, damit sich der Todestrieb durchsetzt. Ein Amokläufer in unseren Tagen muss dann psychopathologisch auffällig sein. Ein Schreiben seiner Psychiaterin wird dann in seiner Wohnung gefunden, in dem ihm eine schwere psychische Störung bescheinigt wird.

So verfährt dann auch Mesrine, der Staatsfeind Nr. 1 in Frankreich, wenn er klagsam sein Morden begründet. Morden ohne Legitimierung ist heute nicht mehr möglich.

Prototyp hierfür ist Rousseau, der für seine bösen Taten und für seine böse Seele stets gute Gründe findet. Das, was er macht, ist stets richtig und nachvollziehbar.

Zugleich wird sichtbar, dass der biographische-psychoanalytische Zugriff auf das Böse etwas erhellen kann und eine Zeitdiagnose erlaubt. Das Böse unserer Tage kann etwas zu tun haben mit der Leere und Weltverlorenheit des modernen Subjekts.

Ersichtlich sollte in diesem Kapitel auch werden, dass sich das Böse historisieren lässt. In unterschiedlichen geschichtlichen Epochen hat es unterschiedliche Bedeutungen.

Der einsame Bürger in der Höhe

9.1 Zum Beispiel Peter Brückner – 188

9.2 Zusammenfassung – 196

Wir haben jetzt bestimmte Ausdrucksformen des Desasters in der Moderne ein wenig kennengelernt. Verkürzend formuliert: Der fragmentierte Mensch der Moderne, der vom Bösen nichts wissen will, ist der bösartigste Mensch, den die Menschheitsgeschichte kennen gelernt hat. Er ist ein Meister des systematischen Massenmordes. Die Moderne hat die gesamte Bevölkerung militarisiert. Der Krieg ist allgegenwärtig.

In der Einleitung (▶ Kap. 2) wurde aber noch eine andere Facette des Desasters angedeutet: dass trotz Verkündigung der Menschenrechte, des Bestehens von Demokratie und Gewaltenteilung niemand wirklich sicher ist. Es gibt in Deutschland den geregelten Ausnahmezustand, der im Prinzip in eine Diktatur umgewandelt werden kann, in der dann viele Menschen Freiwild werden können. Sie können dann wie im Nationalsozialismus gefoltert und gemordet werden.

Dieses nicht zu tilgende Gefühl, ausgestoßen zu werden, macht dieses Desaster aus. In der Arbeitswelt wird dies heute verniedlichend unter Mobbing verhandelt.

Die Idee des bürgerlichen Subjekts, das anders sein will als die Masse, das sich darüber erhebt, birgt auch diese Gefahr des Ausschlusses. Kollektivistische Menschen werden in der Regel nicht exkludiert, warum auch, sie hängen ihr Fähnlein doch eh nach den Wind, welcher Wind auch immer weht. Der individualisierte Bürger hingegen ist bedroht. Er versucht seiner Exkommunizierung zuvor zu kommen, indem er sich zurück zieht (Zarathustra in die Höhe), indem er unzugänglicher Einsiedler wird (Steppenwolf). Aber er weiß, dass er nie richtig entkommen wird. Der Mob ist allgegenwärtig.

Das ist auch die zentrale Erfahrung de Sades. Jedes politische System, in dem er lebte, leben musste, ob Absolutismus, Revolution oder die Herrschaft Napoleons, hat ihn zur Strecke bringen wollen, hat ihn eingekerkert. In der Zeit der Französischen Revolution sollte er gar hingerichtet werden (Reinhardt 2014). Wie fast kein anderer weiß er, was es heißt, ein Außenseiter zu sein.

Einer, der dies ebenfalls eindrücklich erfahren hat, ist Peter Brückner.

9.1 Zum Beispiel Peter Brückner

Brückner, ein linker Professor der 68er-Generation schreibt ein autobiographisches Werk *Das Abseits als sicherer Ort – Kindheit und Jugend zwischen 1933 und 1945* (1982). Der Titel macht unmissverständlich deutlich, dass das Abseits in dieser Zeit die Rettung war und nicht das Mitschwimmen in der Volksgemeinschaft, nicht das Untergehen in der Masse, nicht das bierselige politische und psychische Destrukturieren beim Feiern mit den Kumpels. Mit anderen zusammen zu sein, mit ihnen verbunden zu sein, bedeutet nichts anderes, als ein guter Nazi zu sein oder werden zu wollen.

Im Abseits als Begriff schwingt mit ein Sich-Ausschließen, eine selbst gewählte Einsamkeit, die ertragen werden muss und kann. Das Abseits hält die Psyche des Einsamen intakt. Mit der Präferenz für das Abseits wird die Abscheu gegenüber der namenlosen Masse formuliert – und das betrifft nicht nur die Nazis als Volksgemeinschaft. Bereits Faust ekelt sich vor ihr.

Das bürgerliche Subjekt konstituiert sich leidend als heftiger Gegner der Menschenmenge. Es kann seine Würde nur bewahren in erbitterter Abgrenzung zum Pöbel.

Bei Brückner ist jedoch die Masse besonders grausam und bedrohlich. Die Nazis bilden nicht nur einen Pöbel, der nach Bier und schönen Frauen lechzt (Faust), sie sind

9.1 · Zum Beispiel Peter Brückner

unbarmherzig grausam und brutal. Brückner muss seine Kindheit und Jugend unter den Nazis verbringen.

> „Diese deutschen Savonarolas haben, was in Europa sonst seltener wird, gleich en masse: einen Instinkt für die Wahrnehmung von kleinsten Zeichen der Differenz in der menschlichen Physiognomie – was >abweicht<, was fremdartig anmutet, ist schon als Unwert erkannt. Wo sie wahrnehmen, denunzieren sie schon." (Brückner 1982, S. 7)

Die Nazis lassen keine Differenz zu, lassen das Andere nicht zu. Entweder müssen sie es annektieren oder eliminieren oder vertreiben. Die fundamentalste Kränkung für sie besteht darin, dass jemand anders ist oder anders sein will als sie selbst, dass es jemand wagt, einzigartig zu sein, oder nicht anders als einzigartig sein zu können. Der Andere ist die Quelle schwerster Neidgefühle. Er wagt es herauszuragen und ein eigenes Gesicht zu haben. Es gibt nichts Empörenderes. Der Volkszorn wird all die gnadenlos richten, die glauben, es sich leisten zu können, different zu sein. Es wird kein Unterschied gemacht zwischen denen, die glauben, es sich leisten zu können, und denen, die, ob sie wollen oder nicht, anders sind.

Das Desaster ist also in dieser Perspektive allgegenwärtig. Auch wenn das Individuum noch nicht ausgeschlossen, verbannt oder verhaftet worden ist, so droht dies ihm die ganze Zeit. Es weiß von der Frist, die ihm bleibt vor dem Ausschluss.

In dieser Perspektive verabscheut das einsame bürgerliche Subjekt nicht nur die Masse für ihren Hang zur Massenhaftigkeit, vielmehr hat es einfach Angst: vor der Gewalt der Masse. Die einsamen Gestalten des 18. und 19. Jahrhundert antizipieren unbewusst die Gefahr, die durch die Masse entsteht. Sie sehen sich durch diese bereits ausgelöscht. Daher befinden sie sich wandernd gleichsam auf der Flucht und beweisen sich damit, fluchtfähig beweglich zu sein. Mit großer Leidenschaft tun dies die Frühromantiker Wackernagel und Tieck (Klotter und Beckenbach 2012). Wer dazu keine Neigung besitzt, stirbt lieber früh und relativ friedlich (der Frühromantiker Novalis), verschanzt sich auf dem Land als Pfarrer hinter Bergen des platonischen Werkes, das es zu übersetzen gilt (der Frühromantiker Schleiermacher) oder schließt sich einer nicht ganz so sinistren Gruppe wie der der Katholiken an (der Frühromantiker Friedrich Schlegel, ca. 100 Jahre später der Dadaist Hugo Ball), um – so die Hoffnung – durch diesen Bund geschützt zu sein gegen die große Masse. Andere wandern aus und in die Höhe (Nietzsches Zarathustra). Rilke bringt es gleichsam auf den Punkt.

> „… Ach, wen vermögen / wir denn zu brauchen? Engel nicht, Menschen nicht, / und die findigen Tiere merken es schon, / dass wir nicht sehr verlässlich zu Hause sind / in der gedeuteten Welt." (1982, S. 441)

Und er kann so schlussfolgern. „Denn Bleiben ist nirgends." (ebd. S. 443). Also der Mensch ist von allem entbunden und stets auf der Flucht.

So traurig das klingen mag, diese Beziehungsunfähigkeit, wie wir dies heute nennen würden, hat doch einen unschätzbaren Vorteil: sich der Verhaftung potenziell entziehen zu können. Die Flucht schützt.

Der Pöbel ist nicht nur deshalb bedrohlich, weil er einen selbst gemein machen könnte (Bier und Frauen), er duldet keine Individualität. Und das im Zeitalter der Individualisierung.

Kann es sein, dass die Individualisierung den gewalttätigen Pöbel produziert, und zwar dadurch, dass die Möglichkeit und die Pflicht zur Individualisierung, dass das permanente Sich-bewähren-Müssen viele Menschen überfordert? Dies könnte dazu führen, dass diese entsetzlich wütend auf die Individualisierung werden. Sind sie dann so wütend wie das Kleinstkind, das versucht zu krabbeln und dies nicht schafft? Aber möglicherweise hofft das Baby noch darauf, irgendwann krabbeln zu können. Der zornige und wütende Pöbel hat alle Hoffnung aufgegeben.

So kann das bürgerliche Subjekt sowohl dabei scheitern, ein angemessenes Über-Ich zu haben, als auch dabei, sich nicht genug bewähren zu können und damit wenig soziale Anerkennung zu erfahren sowie den eigenen narzisstischen Ansprüchen nicht zu genügen. Im Gefühl des Scheiterns, in der Antizipation dessen, in die Masse zu fließen, einer von vielen zu werden, ist ein naheliegender Schritt.

> „An irgendeinem Tag verlässt ein Ehepaar, den einjährigen Sohn im hochrädrigen Kinderwagen, das Café Rumpelmayer. Eine Rotte von Faschisten drängt die Frau vom Gehsteig: ›Judensau!‹ Der Kinderwagen wird ihr aus der Hand gerissen, der Ehemann vollständig übersehen und behandelt, als gehöre er nicht dazu." (Brückner 1982, S. 7)

Ohne die Frau zu kennen, erkennt der Pöbel das andere in ihr und diffamiert und bedroht sie massiv. Das einjährige Kind ist Peter Brückner, die Frau seine jüdische Mutter, die einige Jahre später emigrieren wird (muss). Das Abseits hätte ihnen gegen den Mob geholfen. Aber ein Bürgersteig im Zentrum von Dresden ist eben das Gegenteil eines Abseits.

Der Junge, dem diese Geschichte der antisemitischen Gewalt vermutlich einige Jahre später erzählt werden wird, sitzt dann in der Klemme. Er hasst den Mob und fürchtet sich vor ihm. Schließlich ist er auch Jude. Zugleich könnte er auf die Idee einer Überlebenssicherung kommen: sich dem Mob anschließen, um so Schutz vor ihm zu haben. Nicht zuletzt könnte er seine Mutter dafür hassen, dass sie anders ist.

Die Idee der Möglichkeit zur Bindung wird so kontaminiert. Es ist für den jungen Brückner riskant, diese Mutter zu haben. Sich dem Mob anzuschließen, bedroht jedoch die eigene Identität, schon gar die jüdische. Das, was sich anbietet, ist die Abkehr von der Bindung.

> „Nach Zwischenaufenthalten bei Verwandten meines Vaters floh ich im Sommer 1935 (da war er 13 Jahre alt; A. d. A.) in die meist leere elterliche Wohnung zurück: versorgte mich selbst, kaufte ein, ging kaum zur Schule, fraß das Leben der Stadt mit Augen, Ohren und Nase, lief in Kirchenkonzerte (der Eintritt war damals meistens frei). In den Nächten, wenn ich sie nicht auf dem Bahnhof verbrachte, las ich, was immer mir in die Hände fiel: anarchistische Lust des ›Abseits‹." (ebd., S. 12)

So schlimm die Voraussetzungen sind (eine durch die Nazis zerstörte Familie, selbst durch den Mob bedroht), so bieten sie doch die optimalen Bedingungen zur Umsetzung des aufklärerischen/bürgerlichen Ideals der Selbstverwirklichung, als bedürfe diese Realisierung schwerer Prüfungen. Dieses Ideal leicht zu erringen, würde bedeuten, es zu verfehlen. Das Abseits, die passagere totale Einsamkeit, gewährt absolute Autonomie. Und Brückner erlebt dies wie einen Rauschzustand, der in einem Zusammensein mit anderen niemals möglich wäre. Selbst die Liebe kann nicht annähernd das bieten. Schon viel zu viel Versöhnung, Annehmlichkeit, Leichtigkeit. Das Abseits ist der Ort des Unversöhnlichen. Der andere ist immer und überall nicht der potentielle Feind, sondern der *echte* Feind, der den Rausch der Einsamkeit, das nächtliche Umherschweifen bedroht,

9.1 · Zum Beispiel Peter Brückner

den Bildungshunger erstickt. Und für dieses absolute Abseits, das Brückner angeblich erlebt hat, müsste er den Nazis eigentlich dankbar sein. Bessere Feinde lassen sich nun mal nicht finden. Je besser der Feind, umso ekstatischer ist das Abseits. Wir wollen uns gar nicht vorstellen, wie langweilig das Abseits unter einer sozialdemokratischen Regierung sein muss. Dann wird es doch schon besser sein, mit den Genossen singend am Lagerfeuer zu sitzen. Das Ideal des bürgerlichen Subjekts ist es, mit dem Sozialen zu brechen, sich niemals den Regeln der Gemeinschaft zu unterwerfen. Wer letzteres tut, verdient es nicht, ein Subjekt genannt zu werden. Er ist Abschaum, ein dumpfes Herdentier. Das Subjekt, das Subjekt genannt werden darf, ist ein prinzipiell leidendes. Von dem Ausmaß seines Leids hängt die Güte seiner Subjekthaftigkeit ab. Und zu guten Anteilen kann für das Leid die Gesellschaft verantwortlich gemacht werden. Diese besteht im Prinzip immer aus Nazis. Diese tendenzielle Selbstviktimisierung macht lustvoll leiden. Ein Zurück zum Volk gibt es im Prinzip nicht, es sei denn als Führer der Masse (Nietzsches Zarathustra). Das Leiden wird umgeformt in eine Botschaft, wie das Volk sein Heil finden kann. Aber der Führer bleibt dem Volk immer fremd. Seine Einsamkeit lebt fort inmitten der Menschenmasse. Der Führer ist ein Führer bis auf weiteres. Entweder wird er entmachtet und/oder umgebracht oder er verschwindet von einem Augenblick auf den anderen. Er entschwindet auf einem rauschenden Fest durch die Falltreppe. Oder er macht es wie der Schauspieler James Woods in Sergio Leones Film „Once upon in America". Er entsorgt sich selbst in einer Müllzerkleinerungsanlage. Auch im Herzen der Macht kann das Abseits sein.

Das Desaster zeigt so ein doppeltes Antlitz: Es ist die permanente Bedrohung durch die Masse, es stellt zugleich den Möglichkeitsraum zur Verfügung, sich noch stärker zu individuieren. Es ist die Voraussetzung dafür, sich besonders zu bewähren.

Brückner schildert das Abseits, zu der die Fluchtbewegung gehört, nicht nur an seinem Beispiel, vielmehr an dem seiner Mutter.

> „1965 – sie hatte inzwischen einige Jahre in Schweden, danach erneut in London gelebt – besuchte sie mich, 77 Jahre alt, in Heidelberg. Fassungslos stand sie vor meinen Büchern: `Wie willst du das alles mitnehmen, wenn du mal weg musst?´ Ihr Besitz bestand noch immer aus zwei großen Koffern," (Brückner 1982, S. 13)

Sie darf gar nicht sagen „wenn du fliehen musst", schon dieser Ausdruck hätte sie verdächtig gemacht. Und sie muss das Fliehen verharmlosen als Weggehen, mal auf die Toilette gehen, paar Tage Urlaub machen.

Eine Option, sich gegen den Mob zu schützen, ist, wie erwähnt, sich dem Mob anzuschließen. Brückner versucht dies auch. 1933 wird er Mitglied der Hitlerjugend (HJ), das er als „Jungvolk" (1982, S. 14) umschreibt oder als das Braunhemd-Tragen (ebd., S. 15). Natürlich hat er seine liebe Not damit, dafür eine Rechtfertigung zu finden, eine Verbindung einzugehen – mit Menschen, die seine Mutter bedroht hatten, wegen denen seine Mutter emigrieren musste.

> „Die Infamie des Faschismus war in diesen Jahren noch nicht bürokratisiert, Individuen durften noch zerstörerisch sein auf eigene Faust … Allein dass am Sonntagmorgen >Dienst< angesetzt war, suggerierte Aufruhr: … gegen den langweiligen Feiertag, gegen die Kirche, gegen Ordnung gerichtet." (ebd., S. 15)

Brückner stilisiert die HJ als anarchistische Untergrundbewegung, als ein Abseits jenseits der vorherrschenden Ordnung. Wie auch immer diese Stilisierung zutreffen mag, Brückner unterschlägt möglicherweise sein primäres Motiv beim Mitgliedwerden in der HJ: ein Versuch, sich zu schützen mit dieser Zugehörigkeit, um sein Anderssein zu verbergen. Bindung und Zugehörigkeit geraten dann prinzipiell in den Verdacht, eine autoprotektive Notgemeinschaft zu sein, nicht geboren aus Freiwilligkeit und Zuneigung, sondern aus der Angst, nicht überleben zu können. Das Bierzelt mit seinen laut feiernden Insassen verdankt sich dann auch der Angst, ausgestoßen und/oder ermordet zu werden. Es wird bis in die Puppen hinein gefeiert, um die Frist des Überlebens zu verlängern. Die Schutzfunktion der Gemeinschaft, ob Ehe, Familie oder Schützenverein, provoziert eine fundamentale Ambivalenz des Einzelnen gegenüber der Gemeinschaft, weil sie aus Not und Zwang geboren ist. Wer nicht ganz blind ist, hasst Gemeinschaft anteilig immer und träumt von Brückners Abseits in Dresden in der verwaisten Wohnung seiner Eltern. Freiheit, so die Selbsterklärung, kann es dann nur geben in der Entbindung. Nur arme und feige Menschen schließen sich zusammen.

Der Freiheitsanspruch in der Moderne, nicht nur gedanklich den Ausgang aus der selbstverschuldeten Unmündigkeit zu finden, sondern sich als freies Subjekt darüber zu definieren, dem Gemeinen, Gemeinsamen zu entrücken, lässt die Zugehörigkeit in einem zwiespältigen Licht erscheinen. Sie indiziert das Scheitern des modernen Subjekts. Auch deshalb hat vermutlich Kant den Bund der Ehe nie geschlossen.

Wenn sich das bürgerliche Subjekt für Bindung und Zusammensein entscheidet, dann hat es sich bereits durch diesen Schritt von der Idee des bürgerlichen Subjekts von Freiheit, Unabhängigkeit und Eigenständigkeit verabschiedet. Es bleibt zerrissen zwischen dem Wunsch nach Zugehörigkeit und nach Autonomie. Es bleibt fragmentiert.

Vermutlich muss sich Brückner dafür gehasst haben, einer Gruppierung beigetreten zu sein, die seine Mutter gejagt und in die Flucht getrieben hatte. Deshalb werden seine Träume nach dem Abseits umso intensiver. Ein bestimmtes Buch eignet sich vortrefflich, um sich ins Abseits hineinzuträumen. Brückner beschreibt es in einer Fußnote.

> „Das Symbol (der Sowjetstern; A. d. A.) hatte seine magische Wirkung – ähnlich wie die silberne Schlange auf einem (dunkelblau gebundenen) Buch meines Vaters. Ich nahm das Buch deshalb 1936 mit ins Internat, noch immer ohne Zugang zum Text, ja, ohne Interesse daran. Es hieß: >Also sprach Zarathustra<." (Brückner 1982, S. 15)

So sieht also Brückners Spagat hinsichtlich der Zuneigung zur Gemeinschaft aus. Da die Faszination für eine gleichmachende und einebnende Volksgemeinschaft, dort die für die tendenziell absolute Einsamkeit.

Der Sowjetstern steht nicht nur für die Volksgemeinschaft, sondern auch für Stalins Massenmord, von denen Brückner in den 30er Jahren des letzten Jahrhunderts vermutlich nichts wusste.

Brückner glorifiziert nicht nur das Abseits und damit die Idee des bürgerlichen Subjekts, vielmehr geht er in fast anarchistischer Manier davon aus, dass es selbst herstellbar ist. „Diese zwar nicht erkämpfte, aber doch nicht ohne List selbsttätig herbeigeführte Einsamkeit enthielt ein Glücksversprechen, die mich allen Gefühlen von Vereinzelung enthob: *Es gibt immer Orte zu finden, die leer von Macht sind. Die institutionelle Umklammerung des Lebens ist zu Anteilen Schein.*" (ebd., S. 17) Ein anständiger Marxist hätte so nicht argumentiert, auch kein Anhänger Foucaults. Brückner totalisiert nicht, sieht sich nicht allumfassend in den Fängen der Macht, vielmehr singt er in gewisser Weise ein Hohelied auf die Idee des bürgerlichen Subjekts: Ja, es kann sich befreien, muss nicht

9.1 · Zum Beispiel Peter Brückner

warten auf eine Revolution, kann sich auch nicht herausreden, in diesem System unweigerlich unfrei zu sein.

> „Immer sind es unsere Theorien, die der Macht – des NS-Staats, des Staates überhaupt, des Kapitals – eine Totalität des Zugriffs einräumen, die die Macht wohl anstrebt, aber eben nur in unseren Theorien erreicht." (ebd., S. 25)

Mit diesem Denkmodell sind wir nicht mehr (nur) Opfer der Verhältnisse. Wir können, wenn wir gefangen bleiben, unsere Hände nicht mehr in Unschuld waschen. Aufklärerisch fordert Brückner uns auf, unser Leben jenseits staatlicher Ein- und Zugriffe zu gestalten.

Ostern 1937 lässt sich Brückner zugleich taufen und konfirmieren. Er tritt auf in „Jungvolk-Uniform".

> „… und an gewissen Stellen des Rituals, wo man sich eigentlich verbeugen sollte, schlug ich die Hacken zusammen wie ein Soldat." (ebd., S. 30)

Paradoxer kann eine Situation wohl kaum sein. Er lässt sich möglicherweise taufen, um den potenziellen Verdacht abzuschwächen, eine Jude zu sein und muss zugleich den Nazi-Aggressor spielen – gegen den schutzgebenden Bund, die evangelische Kirche. Diese paradoxe Organisation hilft dabei, ortlos und unauffindbar zu sein, quasi im Abseits des Abseits. Er ist dem Papier nach kein Jude mehr, er ist kein richtiger Protestant und er ist in seinem Erleben, kein Hitler-Junge. Er spielt ihn ja bloß.

> „Während ich dem Nationalsozialismus also entronnen, ihm lange voraus war (durch den Weg in die Innerlichkeit und Geistigkeit; A. d. A.), holte er mich an einer unerwarteten Stelle ein." (ebd., S. 56)

Brückner verfällt der sportlichen Ertüchtigung. Da für die Nazis Sport einen hohen Stellenwert hatte (Kriegsvorbereitung, Einübung von Disziplin) und sich Brückner nun für Sport begeisterte, erscheint es ihm als sonnenklar, dass er sich nun den Nazis angepasst bis angebiedert hat, als ob er seinen Sport von dem der Nazis nicht abtrennen kann, als ob sportlicher Wettbewerb an sich faschistisch sei, als ob die Lust am Körper und der Bewegung bereits verdächtig wäre. Möglicherweise verschiebt Brückner seine psychische Anpassung an die Nazis auf seinen Körper, damit seine Psyche unverdächtig bleibt. Aber er war nun mal Mitglied der HJ.

> „Wer an solchen Touren (an Fahrradtouren; A. d. A.) Spaß hat, ein unschuldiges Vergnügen, ist im Grunde schon integriert, d.h. faktisch normal: ist, wie Jungens eben sind, auch wenn sich der Spaß halblegalen Unternehmungen verdankt. Es gibt aber keine harmlose Normalität, der >Normale< ist schon auf dem Weg zum Handlungsgehilfen des politischen Systems. Nur wer zu nichts Bürgerlichem taugt, taugt auch nicht zum Faschismus." (ebd., S. 64)

Apodiktisch unterteilt Brückner in ein dichotomes Schema: Anti-Bürger und Faschist. Seinen eigenen Körper zu mögen, ist schon faschistisch und Integration. Warum das so sein soll, darüber sagt Brückner nichts. Und Freude am Sport zu haben, ist doch nicht gleichzusetzen mit Normalität. Es gibt doch genug Sportmuffel, zu denen ich auch Hitler, Goebbels und Göring rechne. Ist guten Sex zu haben, dann auch faschistisch?

Dann der unscharfe Begriff des Bürgers. Brückner versucht doch selbst den idealen Bürger zu repräsentieren: belesen, gebildet, autonom, kritisch. Soll der ein Faschist sein? Brückner meint doch eher das Bild des unterwürfigen Kleinbürgers, der einen Führer braucht und mit Demokratie nichts anzufangen weiß. Mit dieser Nicht-Unterscheidung der beiden Typen des Bürgers eliminiert sich Brückner selbst als Bürger. Und er macht damit klar, dass niemand dem Nationalsozialismus entkommt, vor allem er nicht. Aber das liegt nicht am Sportmachen, sondern möglicherweise an seiner eigenen Radikalität, die der der Nazis ähnelt. Nicht umsonst nennt der Historiker Wild die Nazi-Generation die „Generation der Unbedingten" (2002). Brückner hat dieses Unbedingte, Kompromisslose, alleine dann, wenn er radikal dichotom denkt.

Brückner stellt ein Kennzeichen des bürgerlichen Subjekts heraus: das nie Genügen. Es genügt sich nie selbst. Es ist mit sich nie zufrieden. Es muss sich immer zerreißen mit Ansprüchen, die nicht zu realisieren sind. Auch unter diesem Aspekt bleibt es fragmentiert.

So ist dann nahezu jede Einbindung, Bindung von Brückner als faschistoid zu begreifen. Zumindest ist sie einem massiven Verdacht ausgesetzt. Traue nimmer und niemals der Gemeinschaft! Aber diese Bindungsvorstellung ist genauso undifferenziert wie der Begriff des Bürgers. Es hat doch auch Widerstandsgruppen gegeben. Diese waren auf enge Bindung und Verlässlichkeit in höchstem Maße angewiesen.

> „Kurz: ich passte mich – mit meinen Mitteln und partikular – den neuen Zumutungen des NS-Staates an. Eine Bedingung dafür war Reife, die neue Organisierung des >Ich< in Rollen; eine zweite ganz offensichtlich die Regression auf Erfahrungen der Kindheit (Schwimmen..." (ebd., S. 63)

Was sind die neuen Zumutungen des Systems? Und wird mit dem etwas schwammigen Begriff der Zumutungen der Terror des Nazi-Regimes nicht erheblich verharmlost? Es ist eine Zumutung, wenn ein Verlag von mir verlangt, den Text einer Buchveröffentlichung ein Vierteljahr früher als verabredet zu liefern. Aber das ist kein Terror.

Brückners Idee und Ideal vom Menschsein ist die Echtheit, das Gegenbild zur Rolle. Aber verschiedene Rollen in unterschiedlichen sozialen Situationen zu haben, ist konstitutiv für das Menschsein (Goffman). Das Konzept des Echtseins ist dagegen selbst totalitär. Es verbietet Rollenverhalten als vermeintliche Anpassung an die Realität beziehungsweise an unterschiedliche Realitäten. Aber niemand ist niemals *echt* echt. Auch die Tränen am Grab der geliebten Person sind Teil eines erwarteten Rollenverhaltens. Auch in der größten Intimität mit dem Partner werden bestimmte Impulse zurückgehalten und andere stilisiert. Und Rollenverhalten kann doch eine prima Sache sein. Sollten die Widerstandskämpfer zur Gestapo gehen und denen sagen, dass sie Hitler nicht mögen? In der Tat wären sie dann echt gewesen. Rollenverhalten kann überlebenssichernd sein – und realitätsangemessen. Die Flugbegleiterin, von der sich gerade der Partner getrennt hat, kann nicht flennend die Fluggäste begrüßen.

Das bürgerliche Subjekt ist auch an diesem Punkt gespalten. Es drängt auf Echtheit und begibt sich zugleich in soziale Rollen, die unausweichlich sind. Es verlangt von sich das Unmögliche, um nur so sein zu können.

Wenn ein Kind geschwommen ist, dann wird sich später der Erwachsene eventuell an dieses erinnern. Aber dies ist keine Regression, sondern besteht aus einer potenziell lebenslänglichen Lust an der Bewegung. Und sollte die Lust am Schwimmen mit dem pränatalen Zustand in Verbindung gebracht werden (Fruchtblase), so ist dies ein Element unserer Bedürfnisse, aber keine Regression, weil diese bedeutet, wieder in Gänze

9.1 · Zum Beispiel Peter Brückner

Kind zu werden, darauf etwa zu verzichten, als Erwachsener zu arbeiten. Wenn Freud von Regression spricht, dann meint er damit zum Beispiel die Ersetzung der genitalen Befriedigung durch orale. Dies ist dann eine vollständige Ersetzung. Für Brückner sind Fusionswünsche negativ besetzt, zu kindlich, Ich-Grenzen und damit Autonomie zu verlieren. Auch in diesem Zusammenhang ist Bindung eine Bedrohung, die ein bisschen mit dem Begriff Regression pathologisiert werden muss. Aber Fusionswünsche gehören zur menschlichen Natur dazu.

Das sich selbst gegenüber unbarmherzige bürgerliche Subjekt ist zerrissen, weil es seine basalen menschlichen Bedürfnisse nach Bindung und Fusion nicht zulässt. Diese sollen aus der Psyche ausgeschlossen werden, ohne dass dies jemals gelingen könnte.

Brückner ist sich und anderen gegenüber gnadenlos. Spaß am Sport zu haben, ist nicht annehmbar, nicht minder eine Rolle zu spielen (es sei denn, sie wäre eine Waffe gegen das System, aber auch dann ist sie immer noch grenzwertig), Fusionswünsche zu hegen, regressiv zu sein. All das ist in Brückners Beichtspiegel verboten. Mit einem Wort: Er ist ein Feind von Lust und Spiel. Nur so kann er dem System trotzen; nur so kann er ein bürgerliches Subjekt sein.

Brückner ist durch und durch Gnostiker, der die Verlockungen des irdischen Lebens mit dem Locken und Werben der Nazis (natürlich mit dem der kapitalistischen Warenwelt auch) gleichsetzt. Nur ein radikaler Asket ist ein echter Antifaschist. Die primäre Quelle des Linksseins ist die Gnosis. Das Linkssein ist in gewissen Anteilen nur eine aktuelle Variante des Gnostizismus. An anderer Stelle wurde dies für die 68er-Generation insgesamt festgehalten (Klotter 2015).

Brückners Lust ist es, dem Spiel, dem Spaß, dem Körper des anderen zu trotzen, unverbunden zu sein, im Abseits, in der Gruft, aus der nie etwas Lebendiges hätte entsteigen dürfen. Triebtheoretisch wird somit sexuelle Triebenergie in einen narzisstischen Panzer umgewandelt, an dem das Begehren des anderen und die Verlockungen des Lebens majestätisch abprallen, und der ein mächtiges moralisches Überlegenheitsgefühl garantiert.

Dass Brückner sich für Sport begeistert, ist die eine Missetat, die andere, von Mystikern beeindruckt zu sein, allen voran Meister Eckehart.

> „Der Mystiker wurde von der NS-Fraktion der Evangelischen Kirche stark propagiert und als Ausdruck *deutschen Glaubens* auch von einigen Lehrern empfohlen." (1982, S. 75)

In der Logik Brückners bedeutet dies, dass er die Texte von dem Mystiker innerlich ablehnen muss. Schließlich empfiehlt sie der Feind. Mit der Nichtablehnung offenbart er sich womöglich als Nazi-Sympathisant. Er zieht nicht in Erwägung, dass diese rechten Pastoren mit dem Ziehen der Verbindung zwischen Hitler und dem Meister vermutlich falsch lagen. „War ich ein Opfer der Verlags- und Kirchenpropaganda?" (ebd.) Der Begriff Opfer ist nicht unhübsch, wird mit ihm doch seine Unschuld, seine jugendliche Unschuld, quasi untermauert.

Um freigesprochen zu werden oder gegebenenfalls als Hitler-Sympathisant verurteilt zu werden, zitiert Brückner Meister Eckehart:

> „>Das schnellste Ross, das Euch zur Vollendung trägt, heißt Leiden<, und >Wer von der Welt am wenigsten besitzt, der besitzt von ihr am meisten. Niemandem gehört die Welt so zu eigen, als wer die ganze Welt aufgegeben hat.<" (ebd.)

Es ist doch offenkundig, dass eine Ideologie, die auf massive Erweiterung des arischen Lebensraums setzt, mit Meister Eckehart nichts zu tun hat. Aber für Brückner lauert immer und überall der Verdacht, ein halber Nazi zu sein oder einer zu werden. Es lauert die Gefahr, wider Willen manipuliert zu werden, Opfer zu werden. Die eigene Anschlussfähigkeit an die Volksgemeinschaft ist stets reflexiv zu prüfen – in einer permanenten Beichte mit sich selbst. Aber das Ergebnis der Selbstprüfung ist hier und letztlich auch beim Sport dasselbe: Er kann sich freisprechen, naziaffin zu sein. Brückner geht als Held aus diesen Prüfungen hervor – als unausweichlich einsamer Held. Nur derjenige hält solche Gerichtsverhandlungen aus, der in der Lage ist, einsam zu sein. Dies ist die größte Ehre für ein bürgerliches Subjekt: die Fähigkeit die Einsamkeit nicht nur zu ertragen, sondern zu genießen. Auch in diesem Zusammenhang ist Brückner in keiner Weise antibürgerlich, sondern der Prototyp des bürgerlichen Helden. Nicht müde wird er, dieses zu betonen.

So hält Brückner eine weitere Tugend des bürgerlichen Subjekts hoch: in einem permanenten kritischen Dialog mit sich zu sein, sich permanent zu überprüfen, ob es selbst nicht gefallen ist – in den Morast des Massenmenschen. Das bürgerliche Subjekt muss sich selbst immer verdächtigen. Es führt durchgängig Ermittlungen gegen sich selbst. Es ist auch in diesem Punkt fragmentiert.

Wann verlässt ein einsamer Held sein Abseits? Wenn er Gleichgesinnte trifft und lernt, diese zu lieben. Brückner nennt dies ein „alternatives Milieu" (ebd., S. 90). Es muss eine große Anzahl großer Zeichen enthalten, um den Abstand zum Nazi-Deutschland unübersehbar zu haben und zu demonstrieren. Die Besitzerin der Wohnung, die das alternative Milieu beheimatet, ist gottlob Kommunistin, besitzt verbotene Bücher, verbotene Schallplatten. Der ist offenbar zu vertrauen. Erst dieses Milieu erlaubt das, was sich Liebe nennt. Auch Bindung braucht so harte Prüfung. Der andere ist genauso verdächtig, wie man selbst.

9.2 Zusammenfassung

Wir wähnen uns in Sicherheit. Wir leben in einer Demokratie mit Gewaltenteilung und Wahrung von Menschenrechten und individueller Freiheit. Diese Sicherheit ist dennoch eine fragile, eine bedrohte. Sie kann jederzeit in ein Desaster umschlagen. Von einem Tag auf den anderen kann der Notstand ausgerufen werden. Es kann zu willkürlichen Verhaftungen kommen. Menschen können massiv ausgegrenzt werden. Davon erzählt Peter Brückner, auch von dem Versuch, damit umzugehen lernen.

Das Desaster der Ausgrenzung und gegebenenfalls Liquidierung ist somit allgegenwärtig, ist potenziell immer möglich. In unserem Unbewussten wissen wir davon. Wir sind traumatisiert, bevor wir traumatisiert sind.

Romantische Liebe

10.1 Eine große Liebe – 198

10.2 Das Programm der romantischen Liebe – 200

10.3 Romantik versus Lebenskunst – 201

10.4 Radikalisierung des Lebens durch romantische Liebe – 203

10.5 Die Funktion der Romantik – 207

10.6 Was übrig bleibt I – 210

10.7 Was übrig bleibt II – 211

10.8 Zusammenfassung – 213

© Springer Fachmedien Wiesbaden GmbH, ein Teil von Springer Nature 2018
C. Klotter, *Warum der Spaß am Bösen ein Teil von uns ist*,
https://doi.org/10.1007/978-3-658-18638-8_10

Es wurde bereits erwähnt, dass die Romantik die Gegenbewegung zum vernunftgeleiteten Subjekt der bürgerlichen Aufklärung ist – eine notwendige Gegenbewegung zum vernünftigen Subjekt, weil diesem eben etwas fehlt: die Dominanz der Gefühle, der Wunsch nach Risiko, die Todessehnsucht. Die vernünftigen und romantischen Anteile des Subjekts ergänzen sich, wie sie es auch zerreißen.

Heute soll das Berufsleben überwiegend planerisch und vernünftig gestaltet werden, wie nach Feierabend davon nicht mehr die Spur zu sehen sein darf. Dann fährt ein Paar spontan in der Nacht ans Meer oder nach Paris; dann soll dies sehr spontan und ungestüm sein, vor allem im Bett. Drogen, insbesondere illegale, sind Katalysatoren des Bruchs zwischen dem vernünftigen Subjekt des Tageslichts und dem romantischen der Nacht.

Geht die Aufklärung vom kohärenten vernunftgeleiteten Subjekt aus, erkennt die Romantik die zerrissene Seele des Menschen an. Er ist eben vernünftig und zugleich unvernünftig; er soll die ganze Bannbreite an Gefühlen erleben, die gänzlich widersprüchlich sein können. Im Sinne der Romantik ist der Mensch niemals in sich ruhend, sondern ständig auf dem Sprung. Die romantischen Liebesvorstellungen veranschaulichen dies insbesondere.

10.1 Eine große Liebe

Wir schreiben das Jahr 1792. Ludwig Tieck (1773–1853) und Wilhelm Heinrich Wackenroder (1773–1798) kennen sich von dem legendären Berliner Friedrichwerder'schen Gymnasium und versichern sich in einem Briefwechsel, dass sie für diese Welt nicht geschaffen seien, dass sie das, was in dieser Welt als wichtig gelte, als unwichtig einstuften und dass diese Welt sie für „exzentrische Schwärmer" (zitiert nach de Bruyn 2006, S. 122) halte. Weltabkehr ist die logische Schlussfolgerung; Abkehr von der gewöhnlichen Welt.

Wackenroder ist der Liebende und Leidende, der, der auf die Briefe von Tieck wochenlang wartet, warten muss, in „Rausch und Taumel" (ebd., S. 124) verfällt, wenn er an ein Wiedersehen denkt, aber ansonsten schmachtet und verzweifelt ist.

» „Aber ich schwör' es Dir bei den Seligkeiten, die ich je in den erhabensten Stunden von Deinen Lippen geküsst und aus Deinen Augen getrunken habe …" (ebd., S. 124)

Küssen, und sollte es sich auch nur um eine Metapher handeln, ist nicht „geil" oder „scharf", wie wir heute eventuell sagen würden, Küssen wird bei Wackenroder mit Erhabenheit, also mit etwas Edlem, etwas Erhobenen in Verbindung gebracht. Einige Jahrzehnte später wird Nietzsche im „Zarathustra" von der Höhe träumen und sie verehren.

Aus den Augen trinken, ist eine nährende oder kannibalistische Metapher. Wenn das Auge eine Metapher für das männliche Geschlecht ist (Bataille 1999), dann trinkt Wackenroder aus dem Penis von Tieck und will sich von seinem Sperma nähren. Diese Version klingt nun nicht mehr ganz so erhaben. Somit wird die Aufgabe der romantischen Erhabenheit sichtbar: Sie erhöht und verklärt den sexuellen Akt und gibt ihm ein unerhörtes Mehr. Aus den Augen trinken, ist etwas nahezu vollkommen anderes als Fellatio bzw., um die aktuelle Metapher zu verwenden, als ein Blow-Job. Der Romantiker erschrickt vor dem nur Körperlichen, im Grunde schreckt er vor jeder Tat zurück.

10.1 · Eine große Liebe

Carl Schmitt, der Rechtstheoretiker des Dritten Reichs, graust sich ebenfalls vor dem nackten Sexuellen. Ca. 120 Jahre nach Tieck und Wackenroder weiß er seinem Tagebuch anzuvertrauen. „Wie ekelhaft ist alles Fleisch", schreibt Schmitt (2005, S. 32) 1912. Am 05.12.1912 notiert er:

> „Die Einheit des leeren blauen Himmels ist die Einheit des weiblichen Bewusstseins, die Einheit des Obelisken ist die Einheit des männlichen Bewusstseins. (Schon daraus ergibt sich, dass Freud ein Schwein ist.)" (2005, S. 36)

Ein Schwein ist man für Schmitt, wenn man die Dinge beim Namen nennt, wenn die Sexualität nicht umhüllt wird mit höheren Werten und Dingen.

> „In Wahrheit ist die Sexualität nur ein armseliger Schatten, eine >verunglückte< zotige Karikatur eines großen und erhabenen Begehrens." (2005, S. 48)

Das Desaster ist dann nicht ein Ereignis, das irgendwann einmal eintreten wird, es ist permanent vorhanden: im eigenen Körper, der nackt und unanständig und uneingehüllt die Seele in den Schmutz zieht, in den Schmutz zu ziehen droht, wenn da nicht die Möglichkeit bestände, den Körper mit etwas Höherem zu verbinden. Und das ist eben das Programm der Frühromantik.

Erhabenheit ist das Gegenteil eines trivialen Alltags. Tieck beichtet seinem Freund in einem Brief, einen Abend nur Karten gespielt zu haben. Wie reagiert Wackenroder?

> „Um Himmels Willen, wie ist das möglich ... Das ist ja ganz schrecklich ... Das ist mir das schauerlichste, ich kann es gar nicht vergessen." (zitiert nach Bryun 2006, S. 124)

Der Romantiker ist entsetzt angesichts des Banalen, des Alltäglichen. Offenbar hasst er die Zerstreuung. Der Romantiker wird nie von der „geilen Party" sprechen. Er wird beim Schreiben eines Buches nie „viel Spaß" haben. Wackenroder und Tieck wandern zu verwunschenen Orten, lieben „verfallene Burgen und wilde Felsen". (Bruyn 2006, S. 125) Sie besichtigen Gefängnisse, Irrenhäuser, Bergwerke und haben einen Sinn für jedes Detail. Sie ringen um die Intensität des Augenblicks, um eine außergewöhnliche Erfahrung, die sie aus der Normalität entführt. Kartenspielen ist beileibe nicht außergewöhnlich. Kartenspielen beschmutzt und entehrt die schöne Seele – wie der nackte und bloße Sex.

Die Frühromantiker ringen um die Einheit der eigenen Person, um die Integration von Seele und Körper, wissend, diese Integration niemals erreichen zu können; sie kämpfen um den Abstand zum Gewöhnlichen, ohne ihm jemals entkommen zu können. Sie hinken wie der kartenspielende Tieck ihren Ansprüchen immer meilenweit hinterher. Oder sie sterben rechtzeitig wie Wackenroder, um den als niedrig eingestuften Impulsen zu entkommen.

Die schöne Seele wird in der Selbstwahrnehmung allerdings nicht beschmutzt von dem vor den Gläubigern Stets-auf-der-Flucht-Sein. Das „Pumpgenie" Tieck (Güntzel 1995, S. 336) hat es nie als nötig erachtet, hinreichend Geld für seinen Lebensunterhalt zu erwirtschaften. Dafür waren andere zuständig: seine Gläubiger und seine Mäzene. Nicht nur in dieser Hinsicht ist der Romantiker ein Anti-Bürger – sei es willentlich oder unwillentlich. Er ist eben nicht gesteuert durch ein Über-Ich, eine moralische Instanz, die ihn dazu anhält, seinen Lebensunterhalt zu erwirtschaften.

Wackenroder setzte sich auf Drängen des Vaters die Maske des Bürgers auf. Er arbeitete ab 1794 als preußischer Staatsdiener. Diese Arbeit war ihm inniglich verhasst und er ging daran zugrunde. Vier Jahre später starb er, wie Tieck es beschrieb, „endlich am Nervenfieber". (zitiert nach Güntzel 1995, S. 363)

10.2 Das Programm der romantischen Liebe

Die romantische Seele von heute zieht es nicht mehr ins Gefängnis. Das ist zu exzentrisch und zu befremdlich. Mit dem Thema Romantik und insbesondere der romantischen Liebe assoziieren wir heute Nähe und Vertrautheit. Mit Romantik verbinden wir eigentlich populäre Bilder. Wir denken an einen bezaubernden Frühlingstag mit den ersten warmen Sonnenstrahlen, an einen Spaziergang im Herbstwald, an ein sehr intensives Gespräch mit einem guten Freund bei einer Tasse Tee, während draußen der Wintersturm tobt, natürlich an den ersten zarten Kuss, als wir alle noch jung waren, an das Zittern und Bangen, ob und wann sie oder er zurückruft, an das Candle-Light-Dinner mit den Kerzen und mit dem erotischen Verlangen, das sich von Gang zu Gang steigert.

Romantik hat sich also verharmlost, sie ist nett geworden, das Riskante, Böse, Anti-Normative ist aus ihr getilgt, soll aus ihr getilgt sein. Auch in diesem Zusammenhang wird in der Moderne das Böse definitorisch ausgelöscht. *Natürlich* ist dieses Vorhaben zum Scheitern verurteilt. Es muss nicht hervorgehoben werden, dass diese definitorische Löschung das bürgerliche Subjekt fragmentiert und desintegriert.

Beim Thema Romantik und romantischer Liebe denken wir aber nicht an die bürdenreiche und komplexe historische Aufgabe, die mit der (Früh-)Romantik verbunden ist. Sie ist keine historische Beliebigkeit. Sie ist Wegbereiterin der und Gegenbewegung zur Moderne in eins. Sie ist das korrespondierende Gegengift zum Primat der Rationalität. Sie treibt die Individualisierung voran und träumt von nicht individualisierten Zeiten. Sie lockert die Zwänge des Zivilisationsprozesses und forciert die Entregelung und die Missachtung des Normativen sowie des Gesetzes. Und was ist mit der romantischen Liebe?

Sie ist das Gegengift zur Liebe als Lüge, Täuschung und Manipulation (Grawert-May 1980). Romantische Liebe will echte Gefühle und einen aufrichtigen Geist, sie will zwei entflammte Herzen, die sich alles sind:

> „Ja! Ich würde es für ein Märchen gehalten haben, dass es solche Freude gebe und solche Liebe, wie ich nun fühle, und eine solche Frau, die mir zugleich die zärtlichste Geliebte und die beste Gesellschaft wäre und auch eine vollkommene Freundin. Denn in der Freundschaft besonders suche ich alles, was ich entbehre und was ich in keinem weiblichen Wesen zu finden hoffte. In dir habe ich es alles gefunden und mehr als ich zu wünschen vermochte: aber du bist auch nicht wie die anderen." (Schlegel 1985, S. 20)

Lucinde - das ist die Frau, der Julius aus dem Roman von Schlegel („Lucinde") diese Ode an die Liebe singt - ist deshalb so einmalig, weil sie für ihn alles ist: Geliebte, Gesellschaft, Freundin. Romantische Liebe ist ein Rundum-Paket, das alles enthält, was der Mann braucht, und von dem er zugleich ewiglich träumen kann:

> „Du fühlst alles ganz und unendlich, du weißt von keinen Absonderungen, dein Wesen ist Eins und unteilbar. Darum bist du so ernst und so freudig: darum nimmst du alles so groß und so nachlässig, und darum liebst du mich auch ganz und überlässt keinen Teil von mir etwa dem Staate, der Nachwelt oder den männlichen Freunden. Es gehört dir alles und wir sind uns überall die nächsten und verstehen uns am besten." (ebd., S. 20)

„Alles", „ganz", „unendlich": Julius beschreibt die Liebe als etwas radikal Possessives und Totalitäres. Julius gehört alleine und zudem mit Haut und Haaren ihr, seiner Lucinde.

Für immer. Gesetzt den Fall, dass ein kleiner Teil von ihm seinen Freunden gehören würde, dann wäre die wahre Liebe nicht mehr vorhanden. Der Romantiker begnügt sich nicht mit einem Kompromiss. Niemals. Ansonsten würde er sich selbst untreu werden, sich selbst verraten.

Auch in diesem Zusammenhang muss eigentlich nicht erwähnt werden, dass diese totalen Ansprüche unerreichbar sind. Das Subjekt hängt seinen Ansprüchen immer hinterher. Es scheitert an sich selbst.

Die Angebetete muss nicht nur alles für ihn sein, sie muss selbst „Eins" sein, also selbst eine Totalität – ohne Fragmentierung, ohne Brüche, ohne Konflikte. Da diese Totalität niemals erreichbar ist, führt dieser Anspruch unausweichlich in das Fragmentierte. Romantische Liebe atmet den Hauch von Diktatur, wie umgekehrt die revolutionären Bewegungen im 20. Jahrhundert ohne romantischen Geist nicht zu denken sind.

Schlegel, der Autor der „Lucinde", entwirft diese Frauengestalt in seinem Roman im Übergangsbereich zwischen Realität und Fiktion.

Dagegen gab es im Leben von Schlegel ein Vorbild für seine Romanfigur: Dorothea (1764–1839), die älteste Tochter des Philosophen Moses Mendelsohn, die dreizehn Jahre unglücklich verheiratet war, im Sommer 1797 den jüngeren Schlegel kennen lernte, sich in ihn verliebte und wegen dieser Liebe ihren Mann verließ. Und was macht Schlegel? Er formt aus dieser Liebe einen Roman: *Lucinde*, was Dorothea nicht wenig verstörte. Die Enthüllung ihres Liebeslebens machte ihr schwer zu schaffen (Bruyn 2006, S. 109). Schlegel hingegen nicht. Etwas Unerhörtes und Einmaliges erleben, um es dann in Schriftform zu gießen – so lässt sich die Logik des romantischen Schreibens zusammenfassen, wobei das Schreiben wichtiger zu sein scheint als die romantische Erfahrung. Ein halbes Jahr später, nachdem Friedrich Schlegel und Dorothea zusammen gekommen waren, schreibt Schlegel an seinen Bruder:

>> „Meine Freundin lebt glücklicherweise sehr eingezogen und schont meine Zeit aufs äußerste." (zitiert nach Bruyn 2006, S. 119)

Welch glückliche Fügung: Die Angebetete lässt ihn arbeiten, so viel er will. Romantische Programmatik und (romantisches) Leben müssen nicht unbedingt übereinstimmen, dürfen nicht übereinstimmen.

Dieses Schreibmodell setzt Jünger fort. *Er macht auf Krieg*, um dann über diesen zu schreiben. Er erweist sich als Romantiker durch und durch, auch wenn er über die liebliche Landschaft und die Dörfer Belgiens berichtet.

Wie bereits erwähnt, verdankt sich dieses Schreibmodell möglicherweise dem Siegeszug der Naturwissenschaften in der Neuzeit. Denken, Forschen und Schreiben muss sich an dem brechen, was sich Empirie nennt.

Wenn romantische Programmatik und Leben nicht koinzidieren müssen, dann zeigt sich hierin ein gleichsam programmatischer Bruch im Menschen. Anspruch und Wirklichkeit müssen gar nicht zusammen passen. Beides kann kollidieren, ohne dass dies das Subjekt stören müsste. Es ist wissend fragmentiert.

10.3 Romantik versus Lebenskunst

Es wurde bereits darauf hingewiesen, dass Romantik kein willkürliches historisches Phänomen ist, sondern diverse historische Funktionen hat. Eine hiervon ist folgende: Romantische Liebe ist die Antwort auf den Untergang der höfisch-aristokratischen Welt, die Liebe als Machtspiel und Stellungskrieg inszeniert hat. Die aristokratische Liebe beruht auf der Politik der Täuschung und Verstellung. Dem Anspruch nach basiert romantische Liebe auf dem Echten. Genau das löst sie nicht ein. Sie ist nichts anderes als die Fortsetzung von Listen im Zeichen der Aufrichtigkeit. Das fragmentierte Subjekt zeigt sich hier in voller Blüte.

Chloderlos de Laclos beschreibt diese Form der Liebe und ihren Untergang in dem Brief-Roman *Schlimme Liebschaften*. Im einundachtzigsten, an den Vicomte von Valmont gerichteten, Brief zeigt sich die Marquise von Merteuil von seiner bisherigen Leistung sehr enttäuscht. Der Vicomte hatte die Aufgabe, die Präsidentin zu verführen und sie dann kalt fallen zu lassen. Doch dies gelingt ihm nicht. Stattdessen verliebt sich dieser Tor in sie:

> „Was haben Sie denn eigentlich getan, was ich nicht tausendfach übertroffen hätte? Sie haben viele Frauen verführt, sogar zugrunde gerichtet: aber welche Schwierigkeiten haben Sie zu brechen gehabt? Welche Hindernisse zu überwinden? Wo ist darin das Verdienst, das wirklich Ihnen gehört? Ein schönes Gesicht, reiner Zufall; gute Manieren, die Übung fast immer verleiht; Geist allerdings, den zur Not aber Geschwätz ersetzen würde; eine Unverschämtheit, die ziemlich lobenswert ist, die Sie vielleicht aber einzig und allein der Mühelosigkeit Ihrer ersten Erfolge verdanken – das sind, irre ich nicht, alle Ihre Hilfsmittel." (Laclos 1796, 1972, S. 219)

Der Vicomte, so die Meinung der Marquise, musste sich gar nicht richtig anstrengen, um zu verführen. Sie dagegen hat sich echten Herausforderungen gestellt und sie auch bestanden. Und wie gelang ihr das? Welche Waffen besitzt sie? Es sind im Wesentlichen zwei: die der Kontrolle ihrer eigenen Gefühle und die Fähigkeit, sich zu verstellen:

> „Diese nützliche Neugierde diente dazu, mich zu bilden, und lehrte mich zugleich, mich zu verstellen. Oftmals genötigt, die Gegenstände meiner Aufmerksamkeit vor den Augen meiner Umgebung zu verheimlichen, probierte ich es, meine eigenen nach meinem Gefallen zu lenken. Schon damals erreichte ich es, dass ich beliebig den zerstreuten Blick bekam, den Sie so oft gelobt haben. Durch diesen ersten Erfolg ermutigt, trachtete ich, mein Mienenspiel ebenso zu regeln. Empfand ich etwa Kummer, befleißigte ich mich, heiter auszusehen und sogar freudig. So habe ich über meine Physiognomie die Macht erlangt, über die ich Sie manchmal so in Erstaunen gesehen habe." (ebd., S. 222f)

Diese Kunst benutzt sie zur Aufrechterhaltung einer *guten* Ehe:

> „Diese Art von Studium fing mir bald zu gefallen an; doch meinen Grundsätzen treu und in dem vielleicht instinktiven Gefühl, dass niemand meinem Vertrauen ferner stehen müsse als mein Gatte, beschloss ich, gerade deswegen, weil ich viel empfand, mich vor seinen Augen unempfindlich zu zeigen. Diese anscheinende Kälte war in der Folge die unerschütterliche Grundlage seines blinden Vertrauens." (ebd., S. 225)

Die Marquise zeigt sich bei ihrem Gatten frigide, damit er nicht den Verdacht hegt, sie könne andere Männer begehrenswert finden. Und sie hat mit dieser Strategie Erfolg. Er vertraut ihr blind. Umgekehrt wird in *Schlimme Liebschaften* Liebe geheuchelt, um sich zu rächen, um den anderen zu zerstören, um über ihn zu triumphieren. Derjenige gewinnt, der das Schachspiel der Liebe mit einem Pokerface gewinnt. Lasse niemanden in deine Karten schauen. Ein Narr, der aufrichtig liebt. Mit der Marquise wird klar, dass Menschen böse sind, böse sein wollen.

Diese Liebeskunst orientiert sich an barocker Lebenskunst (die Marquise agiert im Spätbarock), die am besten von Balthasar Grazián formuliert worden ist. In seinem von Schopenhauer übersetzten Werk *Handorakel und Kunst der Weltklugheit* gibt er folgende wertvolle *Tipps*:

> *„Über sein Vorhaben in Ungewissheit lassen.* Mit offenen Karten spielen ist weder nützlich noch angenehm. Indem man seine Absicht nicht gleich kundgibt, erregt man die Erwartung, zumal wenn man durch die Höhe seines Amts Gegenstand der allgemeinen Aufmerksamkeit ist. Bei allem lasse man etwas Geheimnisvolles durchblicken und errege, durch seine Verschlossenheit selbst, Ehrfurcht." (1647, 2005, S. 7)

> *„Abhängigkeit begründen.* Wer klug ist, sieht lieber die Leute seiner bedürftig als ihm dankbar verbunden; sie am Seil der Hoffnung zu führen, ist Hofmannsart, sich auf ihre Dankbarkeit verlassen Bauernart, denn letztere ist so vergesslich als erstere von gutem Gedächtnis." (ebd., S. 8)

> *„Nicht abwarten, dass man eine untergehende Sonne sei.* Es ist eine Regel der Klugen, die Dinge zu verlassen, ehe sie uns verlassen. Man wisse, selbst aus seinem Ende sich einen Triumph zu bereiten. Sogar die Sonne zieht sich oft, noch bei hellem Scheine, hinter eine Wolke zurück, damit man sie nicht versinken sehe und ungewiss bleibe, ob sie untergegangen sei oder nicht. (ebd., S. 64)

Grazián präsentiert eine Lebenskunst, die auf taktischem Verhalten beruht, mit dem Ziel, sein Überleben zu sichern und seine Ehre zu bewahren. Die Marquise aus Schlimme Liebschaften" heuchelt Liebe quasi auf der Grundlage der Ratschläge Graziáns.

Allerdings verfolgt sie aus unserer Sicht destruktivere Ziele. Heute würden wir derartiges taktisches Verhalten als verlogen und als unmoralisch einordnen. Denn wir sind letztlich alle Romantiker. Unser romantisches Herz verbietet uns, danach zu fragen, ob wir nicht auch in der Tradition von Grazián stehen, ob wir nicht in Liebesangelegenheiten mehr oder weniger unbewusst in hohem Maße taktisch sind.

Romantik zerreißt das bürgerliche Subjekt, indem es auf Aufrichtigkeit setzt, auf das spontane Ausleben spontaner Gefühle. Das wäre die Programmatik. Zugleich stellt sie nur eine andere Inszenierung dar. Der Liebende soll dann dem Anschein nach nicht inszenieren und manipulieren, vielmehr sein empfindsames Herz naiv offenbaren, koste es, was es wolle.

10.4 Radikalisierung des Lebens durch romantische Liebe

Die bürgerliche Revolution fegt die Liebe als aristokratisches Intrigenspiel weg und fordert ehrliche Gefühle von authentischen Bürgern. Der aus spontaner Leidenschaft entstandene Seitensprung wird dann nicht verschwiegen, sondern der betrogenen Frau oder dem betrogenen Mann en detail erzählt. Die höfische Intrige á la Laclos ist ersetzt worden durch die potenziell sadistische Gewalt der Aufrichtigkeit, die aber als Aufrichtigkeit präsentiert wird.

Das ehrliche und leidenschaftliche Liebesgefühl, das wir heute als romantisch begreifen, begünstigt nicht nur ehrliche Sex-Geständnisse, die den anderen quälen können, es steht auch für die irrationale Liebe, eben jenseits des Taktierens und rationalen Einschätzens des Möglichen. Es ist dann möglich und legitim, sich in jemanden zu verlieben, der garantiert die Liebe nicht erwidert. Wer in Liebesdingen nicht kühl und rational bleibt, macht sich potenziell unglücklich.

Die leidenschaftliche und eventuell Unglück und Verzweiflung herauf beschwörende Liebe ist historisch das Liebesmodell des Orients (Klotter 1999), für die Liebe sterben ihr Motto. Bereits Ovid (1991) hat diese Liebe vor 2000 als unvernünftig und töricht gescholten. Der Mann soll die Frau mit kühlem Kopf jagen. Er gibt Tipps, wie dies am besten zu bewerkstelligen ist. Die Romantik verweigert Ovid die Gefolgschaft, weil sie sich von dem raffinierten und höchst taktischen höfisch-aristokratischen Liebesleben absetzen musste. Die Romantik orientalisiert die Liebesvorstellungen. Seinen Kopf zu verlieren und für die Liebe zu sterben, wird wieder schick. Wer heutzutage noch niemals unglücklich verliebt war und gelitten hat, gilt als Gefühlskrüppel. Gerade das Unrealistische und Irrationale ist das Attraktive. Die Romantik attackiert den Bürger, weil er nicht nur in Liebesdingen auf Vernunft und Sicherheit setzt. Im Zeichen des Fortschritts und der permanenten Erhöhung der Lebenserwartung, erwartet man sich den *Kick* vom Unerwarteten und Ungewissen. Die Romantik versucht dies zu garantieren.

Wie bereits festgestellt: Der vernünftige Bürger, der plant und effektiv arbeitet, und der romantisch Liebende sind keine entgegengesetzte Entitäten, sondern programmatisch widersprüchliche Teile einer Persönlichkeit.

Jedoch ist es nicht einfach, ein Gegensatzpaar von Vernunft und Leidenschaft unter einen Hut zu bringen. Dieses Gegensatzpaar zerreißt eher die Psyche, weil das Subjekt so unterschiedliche Aufgaben zu bewältigen hat: tagsüber erfolgreich zu arbeiten, abends zu feiern; doch schon beim Business-Lunch stellt sich die Frage, ob nicht auch ein bisschen Romantik dabei sein sollte, sein muss. Die Rollenerwartungen sind unscharf und ungewiss. Die Integration von Vernunft und Leidenschaft fällt schwer, weil sie sich faktisch im Lebensvollzug eher ausschließen. Mal muss das eine fast ausschließlich dominieren, mal das andere, und zwar stets so, als existiere das andere nicht. Das ist das, was als Zerreißen der Psyche umschrieben werden könnte.

Die Romantisierung der Liebe kann nicht nur zu unerfreulichen Sex-Geständnissen führen, nicht nur zu hoch dosierter Verzweiflung, weil der andere mich nicht so liebt, wie ich ihn, sie kann auch den Weg ebnen, das geliebte Objekt nicht los zu lassen, ein Gefühl zu haben, ein Recht darauf zu haben, den anderen zu bekommen, weil ich ihn so sehr liebe.

Das Jagdmodell der Liebe (siehe Ovid) wird radikalisiert durch die permanente Verfolgung des Gejagten. Der Jäger akzeptiert nicht, dass das Opfer entkommen ist. Die höfischen Intrigen werden ersetzt durch das Darbieten des absoluten Gefühls, dem der andere Folge zu leisten hat. Romantische Liebe gibt Taktik nicht auf, sie setzt nur auf eine andere Taktik. Wenn ich den anderen verfolge, dann bin ich nur meinem großen Gefühl gefolgt, das mich zu Recht überwältigt. Das mich legitimierende große Gefühl ist die taktische Meisterleistung der romantischen Liebe. Der Jäger sagt: Ich will das Tier jagen. Der Romantiker sagt: Meine Liebe will den anderen einverleiben, nicht ich. Romantik ist potenziell totalitär. Sie musste 100 Jahre auf den Satz von Freud warten, dass der Mensch nicht Herr im eigenen Haus ist, um dann diesen Satz sofort gegen Freud zu wenden und zu verkünden: „Hier stehe ich und kann nicht anders, als meinen Gefühlen zu folgen. Sie reißen mich hinfort." Ich-Stärke im Sinne Freuds tötet Romantik. So lehnt die Romantikerin sowohl das Über-Ich, als auch das Ich des Freud'schen Strukturmodells der Psyche ab.

So sehen wir wiederum stark widersprüchliche Tendenzen in der Moderne: Sie soll die Epoche der Etablierung des Über-Ichs sein, der Triumph der Aufklärung, bei der die Vernunft (das Ich im Sinne Freuds) gekrönt wird durch eine Installierung moralisch-gesellschaftlicher Anforderungen im Über-Ich, die dann das Erleben und Verhalten des Menschen leiten. Dies ist das Modell der (französischen) Aufklärung im Sinne Diderots und Voltaires: Das freie und vernünftige bürgerliche Subjekt strebt einer neuen Sittlichkeit nach.

Dies ist jedoch in keiner Weise eine unilineare Entwicklung. Das moderne Subjekt soll zugleich mehr unkontrollierbare libidinöse Emotionalität entfalten, eine, die es fortreißt – ein krasser Widerspruch zum aufklärerischen Modell des bürgerlichen Subjekts.

Das moderne Subjekt ist definiert durch ein Auseinandergerissensein von widersprüchlichen Strebungen. Es soll das Unmögliche leisten: da reine Vernunft und Sittlichkeit, dort tosende Emotion, die fortreißt und fortträgt. Einen Kompromiss zu finden ist da nicht leicht.

Freud selbst hat als Kompromissleistung die anmutigsten und zugleich unpersönlichsten und stereotypen romantischen Briefe an seine spätere Frau, Martha Bernays, geschrieben:

>> „Ich bin glücklich, dass Du Deinem Widerstand gegen mein Kommen entsagt hast. Erinnerst Du Dich noch an das erste Kompliment, das ich Dir, der Ahnungslosen, vor mehr als dreieinhalb Jahren gemacht habe? Es war, dass Dir, wie der Prinzessin im Märchen Rosen und Perlen von den Lippen fallen und dass man nur zweifeln müsste, ob Güte oder Verstand bei Dir die Oberhand haben. Von jenem Wort her hast Du den Namen Prinzesschen erhalten." (1988, S. 125)

Freud bezeichnet Martha Bernays außerordentlich originell als seine Prinzessin und spricht ihr gar noch Güte und Verstand zu. Wenn dies kein individuelles Portrait ist! Er wendet sich an die Frau, in die er verliebt ist bzw. bei der er so tun muss, als sei er unsterblich verliebt. Freud schreibt aus sicherer räumlicher Entfernung und macht vier Jahre lang nie Anstalten, sich wegen ihr zu verzehren. Diese Form der Triebkontrolle ist uns heute suspekt geworden. Wir sind aus Überzeugung Romantiker.

Romantische Liebe als Verfolgung, wir bezeichnen heute eine gewisse Variante hiervon als Stalking, basiert auf tief empfundenen Gefühlen, die ohne moralische Hemmung handlungsleitend werden, werden müssen.

Eines der frühesten Beispiele hierfür sind die Briefe, die Julie de Lespinasse (1732–1776) an den Comte de Guibert geschrieben hat.

Als sie posthum 1809 veröffentlicht werden, erregen sie Aufmerksamkeit, weil Lespinasse ihren Gefühlen freien Lauf lässt – für die damalige Zeit war dies – noch! – außerordentlich ungewöhnlich. Zu stark wirkte die Marquise von Laclos in dieser Zeit noch nach. Auch Lespinasse argumentiert teilweise noch im Sinne der „Schlimme[n] Liebschaften". Das aber, was sie von der Marquise unterscheidet, ist die Transformation einer intersubjektiven Inszenierung der Liebe in die Selbstillusion wahrer Liebesgefühle. Aus einem sozialen Raum wird ein persönliches Gefühl. Der zentrale Nebeneffekt, vielleicht ist es auch der Haupteffekt, besteht hierbei darin, dass Lespinasse den Comte mit ihren starken Gefühlen förmlich umzingelt. Das heftig geäußerte Liebesgefühl ist verbunden mit einer Rhetorik der Einkerkerung. Die beiden haben sich nur einige Male gesehen und sind noch kein Paar. Dies hindert Lespinasse nicht daran, ihn zu ergreifen.

> „Mir will es scheinen, als spräche ich nur noch mit Ihrem Schatten. Alles, was mir an Ihnen vertraut war, ist verschwunden. Kaum noch werden Sie in Ihrer Erinnerung die Spuren jener Zuneigung finden, die Sie während der letzten Tage, die Sie in Paris weilten, beseelten und erregten, und das ist auch besser so. Sie wissen nur zu gut, dass wir uns darin einig waren, Weichherzigkeit sei ein Merkmal der Mittelmäßigkeit, während Ihr Charakter Sie zur Größe bestimmt, Ihre Talente Sie zum Ruhm verurteilen. Überantworten Sie sich also Ihrem Schicksal, und gestehen Sie es sich ein, dass Sie nicht für dieses süße und nach innen gerichtete Leben geschaffen sind, das der Zärtlichkeit und des Gefühls bedarf." (Lespinasse 1997, S. 13)

Allein mit dieser Passage ist der Comte bereits festgenagelt. Sie beginnt mit einem Vorwurf, dass sie nur noch mit ihm als Schatten spreche, sie beklagt also seine Abwesenheit. Eigentlich müsste er bei ihr in Paris weilen. Dann operiert Lespinasse mit einer paradoxen Intervention. Sie rühmt ihn als bekannten Offizier, der er nur sein könne, wenn er auf tiefe Gefühle und Zärtlichkeit verzichte. Um nicht als Verräter in Sachen Zuneigung und Liebe da zu stehen, muss sich der Comte zwangsläufig in seinem nächsten Brief als zärtlicher Liebhaber darstellen. Er muss sich zu ihr und der Liebe bekennen, um nicht seine Ehre zu verlieren, die er auf dem Feld des Krieges so meisterlich zu verteidigen weiß.

Die Aufrichtigkeit des Gefühls kann also, an Lespinasse ist dies gut abzulesen, perfekt mit einer rhetorischen Fesselung der geliebten Person verbunden werden. Die höfische Liebe und Intrige sieht dagegen blass aus. Gegen romantische Taktik ist kein Kraut gewachsen.

> „Ich bin nämlich nichts anderes als ein treuherziges, recht dummes, sehr natürliches Geschöpf, dem das Glück und das Vergnügen dessen, den er liebt, weitaus mehr am Herzen liegen als alles, was mich anbelangt oder mir bestimmt ist." (ebd., S. 15)

Kein Mensch glaubt ihr, dass sie treuherzig, dumm und natürlich ist, und dennoch scheint dieses Imago unwiderstehlich zu sein. Es ist das Imago der Kindsfrau, das möglicherweise in der damaligen Zeit geschaffen worden ist. Das Perfide dieser Selbstbeschreibung besteht darin, dass sie stimmt und zugleich in keiner Weise stimmt. Ihre vollkommene Hingabe ist selbstlos, wenn vergessen wird, dass das Ziel ihrer Selbstlosigkeit darin besteht, ihn zu gewinnen – mit ihrer Selbstlosigkeit.

> „Ja, ich kann es mir eingestehen und es Ihnen auch sagen, dass ich Sie zärtlich liebe. Ihre Abwesenheit ist mir so schmerzlich, aber ich vermag nicht mehr, gegen das Gefühl anzukämpfen, das Sie in mir geweckt haben. Der Zustand meiner Seele steht mir klar vor Augen. Ach, das Ausmaß meines Unglücks rechtfertigt alles weitere: Ich habe keine Schuld auf mich geladen, aber dennoch und bevor das geringste geschehen ist, werde ich das Opfer sein." (ebd., S. 16)

Spätestens jetzt steht der Comte de Guibert mit dem Rücken zur Wand, er, der diese Gefühle in ihr geweckt habe, er, der sie so tief ins Unglück gestürzt habe. Wie steht er nun da, dieser Unhold, der eine unschuldige Frau dem Elend überantwortet hat. Um sie zu retten, muss er ihre Liebe mit Liebe beantworten. Und tatsächlich werden sie alsbald ein Paar.

10.5 Die Funktion der Romantik

Julie de Lespinasses emotionale Erpressung funktioniert nur deshalb, weil der Comte ein Bürger und ein Offizier war, ein Mensch mit einem Ehrbegriff und einem Bewusstsein davon, dass es wichtig ist, in der Öffentlichkeit hohes Ansehen zu genießen. Ein Mann jedoch, der eine Frau ins Unglück stürzt, gerät ins Zwielicht und in Misskredit. Das gilt für den Bürger, aber weder für den Adligen noch für den Romantiker. Der Adlige bekommt sein Ansehen im Prinzip mit der Geburt verliehen, der Romantiker wie z. B. Tieck pfeift auf Reputation. Reputation gehört für ihn zum bürgerlichen Schein. Der Comte de Guibert trägt zwar noch einen Adelstitel, aber er lebt in einer Zeit, in der das bürgerliche Zeitalter näher rückt, dessen Werte Fortschritt, Sicherheit und Wohlbefinden für alle sind. Nach außen übernimmt der Bürger Verantwortung in und für die Gesellschaft, aber ganz Mensch ist er nur zu Hause, bei seinen Liebsten, bei seiner Frau und seinen Kindern. Da muss er in keine öffentliche Rolle mehr schlüpfen. Da ist er so, wie er wirklich ist. Zumindest nimmt er dies an. War es in der höfischen Gesellschaft noch eine Selbstverständlichkeit, dass die Ehefrau ihre Liebhaber und der Ehemann seine Geliebten hat und war das Fremdgehen nur peinlich, wenn es aufflog, war also Unaufrichtigkeit die zentrale Lebensmaxime, so setzt sich in der bürgerlichen Epoche ein Ehemodell durch, das fordert, dass Ehe auf aufrichtiger und individueller Liebe beruhen müsse. Keine Vernunftheirat, keine Heirat auf Anraten der Eltern, sondern eine Ehe, die auf zwei ehrlichen, entzückten und verliebten Herzen beruht. Die Liebeshochzeit ist Teil des so genannten Individualisierungsprozesses in der Moderne. Nicht Blut und Stand sollen mehr das Schicksal eines Menschen bestimmen, sondern die freie Wahl. Jeder Mensch soll sich eigene Ziele setzen und diese auch umsetzen. Selbstverwirklichung ist das Zauberwort der Individualisierung. Jeder Mensch hat es in der Hand, was aus ihm wird, so die Ideologie der Moderne. Selbstverwirklichung gelingt nur, wenn ich weiß, was ich will. Und ich weiß dies nur, wenn ich weiß, was ich fühle. Wenn nicht mehr meine Eltern auswählen, wen ich heiraten soll, dann muss ich selbst die Entscheidung fällen. Das bürgerliche Zeitalter, das so sehr auf Rationalität setzt, verbietet die Ehe, die auf einem Kalkül beruht. Alles muss rational bestimmt sein, nur das private Leben nicht. Die kühl berechnende Eheschließung wäre ein Tabubruch in der Moderne. Die Sphären des Öffentlichen und des Privaten dürfen nicht dem gleichen Gestaltungsmodus folgen. Da der Verstand, dort das Herz. Der Verstand sichert das Leben, das Herz die persönliche Identität, das Eigentliche unseres Daseins. Die imperiale Vernunft, die die vollkommene Naturbeherrschung zum Ziel hat, produziert eine Gegenwelt, in der sie vermeintlich nichts zu suchen hat: die individuelle Liebe, als schämte sich die imperiale Vernunft ihrer eigenen unerbittlichen Grausamkeit. Wäre der Bürger nur kalter Ingenieur, gnadenloser Beamter und brutaler Krieger, so würde er sich nicht als guter Mensch fühlen. Um sich so zu fühlen, braucht er die Liebe und die Romantik. Im zärtlichen Kuss vergisst der Bürger des 19. Jahrhunderts, dass sein Imperialismus einige Teile der Erde zerstört hat. Ein Adliger musste moralisch nicht gut sein, ein Bürger muss dies, sonst schwankt sein Selbstwertgefühl. Für die Adligen gab es Anstandsbücher, für den Bürger das Werk Kants und dessen kategorischen Imperativ.

Um dies nochmals zu bündeln: Lespinasse bekommt den Comte de Guibert nur, weil er bereits als Bürger funktioniert, als einer der sittlich und verantwortlich handelt und von den Konsequenzen weiß, die sein Handeln hat. Wenn er ihr den Kopf so verdreht hat, dann muss er dafür auch einstehen. Er kann nicht gewissenlos handeln.

Die Figuren aus den „Schlimme[n] Liebschaften" hätten sich über Lespinasse Briefe entweder tot gelacht oder sie hätten sie als Ränkespiel dechiffriert und sie hätten sich überlegt, wie sie dieses fortsetzen können.

Auch hier wird ein neuer Realitätsbegriff deutlich. Der Comte de Guibert wertet ihre Briefe nicht als Teile eines Illusionstheaters, sondern als etwas Reales, für das er verantwortlich ist. Der Siegeszug der Naturwissenschaften, der Empirie, führt in der Liebe zu Transformationen.

Der Bürger braucht das romantische Liebesmodell, wie es Schlegel umrissen hat, um sich zu individualisieren und um sich moralisch gut zu fühlen. Er braucht die Romantik, um eine Kompensation zur restlichen rational geprägten Welt zu haben. Er bedarf der romantischen Liebe, um die höfischen Verhaltensstandards mittels Gefühl und Spontaneität zu überwinden. Wenn in der romantischen Liebe ganz unzweifelhaft ein anarchistisches Motiv mit schwingt: „Werft die Regeln der Höflichkeit und überhaupt alle Regeln über Bord, weil sie die individuelle Liebe nur einengen und stören", dann wird mit der Romantik der von Elias beschriebene Prozess der Zivilisation unterlaufen. Der romantische Mensch will sich nicht mehr ängstlich an die Etikette halten, vielmehr will er sich so verhalten, wie er sich fühlt. So viel Zivilisation und Affekt- und Selbstkontrolle vertrage ich einfach nicht, sagt der Romantiker, die Zivilisation hat mir meine Seele geraubt. So tragen der Prozess der Individualisierung und damit auch die Romantik dazu bei, dass die ausdifferenzierte, zum Zerrissenwerden neigende Seele samt dem Unbewussten im 19. Jahrhundert sozusagen erfunden wurde.

Aber der Bürger von heute will nicht die ganze Romantik, es reicht ihm eine gezähmte Romantik für die schönen Spaziergänge und das Picknick. Das Sicherheitsdenken des Bürgers verhindert, dass das radikale Liebesmodell der Romantik gänzlich Eingang findet in das bürgerliche Leben. Keine ausschließliche Konzentration auf den geliebten Tieck, wie Wackenroder dies getan hat, schließlich soll der *normale* Bürger auch überlebensfähig sein. Ein bisschen unglückliche Liebe ist echt schön, aber man darf nicht übertreiben. Das Leben geht weiter. Keine totale Liebe wie die von Lucinde zu Julius, schließlich soll Erhebliches von Julius und Lucinde für Freunde und den Staat übrig bleiben. Kein sich in den anderen Verbeißen, wie es Lespinasse prototypisch tut, schließlich hat man auch seinen Stolz. Und lange hat die Lespinasse nicht gelebt (1732–1776, die Briefe schrieb sie von 1773 bis 1776). Klar, ein Seitensprung ist unmoralisch und gefährdet die Ehe, aber ein bisschen Spaß muss sein. Man lebt nur einmal. Der oder die Andere muss es ja nicht erfahren.

Die Romantik bildet so einen Möglichkeitsraum des Anderen, zum Verrückten, sie markiert eine Grenze zum Unvernünftigen, die der Bürger dringend braucht, um in dieser Welt der Planung und des Kalküls leben zu können, und dennoch wird der Möglichkeitsraum nicht voll ausgeschöpft, wird die Grenze nur zögerlich um ein paar Zentimeter überschritten, um alsbald zurück zu kehren: in die sichere Welt des Büros, der Familie oder des Single-Daseins. Romantik verkümmert zu Urlaubsfotos, Balladen und Kerzenschein. Diejenigen, die bei Konzerten ganz romantisch mit Wunderkerzen wedeln, bemerken nicht einmal, wie sehr sie das ursprüngliche Programm der Romantik verwerfen. In gewisser Weise missbraucht der Bürger die Romantik: Er kann auf sie nicht verzichten und er will sie aber auch nicht ausschöpfen. Im Stall des Bürgers steht das wilde Pferd Romantik. Von ihm werden nur Fotos gemacht. Auslauf hat es fast nie.

Diese zumindest halbierte Romantik erlaubt es dem heutigen Subjekt, nicht vollständig zerrissen zu werden, sie erlaubt eine gewisse Form von *Integration*.

10.5 · Die Funktion der Romantik

Die romantische Bewegung muss den parasitären Zugriff der bürgerlichen Welt von Anfang an geahnt haben. Die sexuellen Provokationen in der „Lucinde" sollten den Bürger abschrecken. Aber die bürgerliche Mentalität lässt sich von nichts abschrecken. Oder sie ignoriert einfach. Jeder Mensch, der heute lebt, glaubt zu wissen, was Romantik ist, aber das Programm der Frühromantik ist kollektiv verdrängt. Schlegel fährt die Stacheln der sexuellen Provokation aus. Tieck baut auf das Düstere. In seinem Märchen „Der blonde Eckbert" (2003) lässt dessen zukünftige Frau Bertha ein Tier verhungern und bestiehlt eine alte Frau, Eckbert selbst erschießt seinen besten Freund Walther mit einer Armbrust und wird wahnsinnig. Geständnisfreudige und intime Freundschaft, das will Tieck mitteilen, ist nur eine Illusion und kippt um in Paranoia. Aber auch die Geschichten des sinistren Tiecks halten heute niemanden davon ab, beim Anblick einer schneeverhangenen Tanne heiter auszurufen: „Ach wie romantisch!"

Der Begriff der Romantik wurde vom Bürger zur Spannungsreduktion eingeebnet und annektiert. Heute ist das Romantische etwas, das die Sinne anspricht (Sonnenuntergang und Spitzendessous), etwas, das schön ist (das Bild einer Blume) und besänftigend wirkt (eine streichelnde Hand), etwas Warmes (Kerzenlicht) und Außergewöhnliches (der Ausflug in die Natur).

Schlegel wollte hingegen eine neue libertäre Liebesordnung, ein Abschied vom Gesetz, Tieck beschwor die Abgründe des Lebens.

Auch die Radikalisierung der Frühromantik in eine todesversessene Schwarze Romantik konnte nicht verhindern, dass Romantik heute einfach etwas Liebes ist. Romantische Liebe unserer Tage ist demnach im Wesentlichen lieb und zart. Das Dunkle und Radikale ist verbannt, so wie eben Aufklärung das Böse ausgeklammert hat, und kehrt dennoch in jede liebe Liebe zurück. Die Rückkehr des Verdrängten, weswegen die romantischen Lieben nicht funktionieren. Oder nur für ein paar Tage.

Bislang wurde argumentiert: Die Moderne erklärt das Böse im Menschen als nicht existent. Es lässt sich aber noch eine etwas andere Überlegung finden, warum die Romantik dunkel und radikal sein muss, warum dies kein historischer Zufall ist. Eine Antwort auf diese Frage lautet: Das strahlende Licht der Aufklärung, das qua Vernunft den Menschen Glück auf Erden geben will, produziert und provoziert ihr Gegenteil: das Dunkle und das Böse. Die Siegesgewissheit der Aufklärung wird durch die Romantik quasi notwendig unterhöhlt, weil auf diese Gewissheit der vollständige Sieg nie folgte und dafür eine Erklärung herhalten musste, dass der Mensch eben leider auch romantisch sei.

Um den Gedankengang noch anders fortzusetzen: Also, ohne Aufklärung wäre Romantik gar nicht denkbar. Insofern gehören beide inniglich zusammen. Sie werden auch hier als zerreißende Gegenspieler begriffen, ohne wahrzunehmen, dass sie in gewisser Weise ein Team bilden, dass das aufklärerische Primat der Vernunft quasi wartet auf die Ergänzung um das Gefühl, auch um gänzlich unvernünftige Gefühle wie eine Liebe ohne Erwiderung. Der Prozess der Individualisierung wäre stecken geblieben, wenn Gefühlserkundung und Gefühlsarbeit die Vernunft nicht begleitet hätten. Nur wenn ich meine Gefühle kenne, kann ich die Person finden, die ich liebe und die mich liebt. Ohne Kenntnisse meiner Gefühle falle ich bei der Partnerwahl immer wieder auf die Nase. Nur wenn ich meine Gefühle kenne, kann ich andere verstehen und mit ihnen kommunizieren. Nur wenn ich Zugang zu meinem Unbewussten habe, verstehe ich, warum ich mich so und nicht anders verhalten kann.

Eine Variante der eben gegebenen Antwort lässt sich so formulieren, dass das strahlende Licht der Aufklärung die affektiven und dunklen Seiten des Menschen ausblenden wollte. Kant konnte mit Gefühlen nichts anfangen. Angenommen, Freuds Menschenbild wäre angemessen, dass der Mensch sowohl gute als auch böse Anteile hat, dann hätte die Aufklärung, wie bereits mehrfach ausgeführt, die bösen Anteile übersehen, übersehen wollen. Für diese musste jemand zuständig werden: die Romantik.

Mit der Illusion der lieben Romantik, dass die Welt fast nur sich total gut verstehende und kuschelige Bewohner beherbergt, korrespondiert die vornehmlich das Unergründliche und das Böse beschwörende Romantik. Beide Positionen basieren auf Spaltung, auf der Ausklammerung ihres Gegenstückes und beiden haftet deshalb etwas Lächerliches an.

10.6 Was übrig bleibt I

Der kleinen Revolte der Frühromantik in Berlin war keine lange Dauer beschieden:

> „Tiecks Krise in den ersten Jahren des neuen Jahrhunderts (das 19., A. d. A) war auch eine der gesamten Frühromantik. Das >Athenaeum< (das *Zentralorgan* der Frühromantiker, A. d. A.) war eingegangen, Wackenroder war 1798, Novalis 1801 gestorben, Friedrich Schlegel hatte Berlin verlassen, sein Freund Schleiermacher (Hermeneut und Platon-Übersetzer, A. d. A) hatte 1802 eine Predigerstelle im hinterpommerschen Stolp angenommen und auch Tieck hatte Berlin den Rücken gekehrt." (Bruyn 2006, S. 288)

Der kurze Sommer der Frühromantik ging fast unbemerkt zu Ende.

Das, was von der Frühromantik bleibt, ist *einerseits* eine gewisse Form von Morbidität und Todessehnsucht. Als Beispiel hierzu kann das Leben der Karoline von Günderrode (1780–1806) dienen, das Gersdorf (2006) unter dem bezeichnenden Titel „Die Erde ist mir Heimat nicht geworden" erzählt hat.

Caroline von Günderrode ist eine permanent Leidende, eine ins Unglück Gestoßene, die das Leben nur aushält, wenn sie weiß, dass der Dolch bereit liegt, mit dem sie sich jederzeit umbringen kann. Sie ist von zahlreichen Krankheiten heimgesucht und ist körperlich nie richtig gesund. Die einzige Freude ist die Poesie, sie verschlingt die Bücher der Frühromantik und dichtet selbst. Wenn sie sich verliebt, das kommt selten vor, dann geht es garantiert schief. In ihrem kurzen Leben hat sie eigentlich nur gewartet. Und irgendwann war sie des Wartens leid.

Am Ende des 19. Jahrhunderts findet sich der Typus der Günderrode wieder im Kultus um die TBC, die Lungentuberkulose, die als ausgemachte Erkrankung von Künstlern gilt. Wehe dem Künstler, der von ihr nicht eingeholt wird. Er kann gar kein Künstler sein. Todessehnsucht und Romantik sind so fast Synonyme geworden.

Das, was *andererseits* von der Frühromantik bleibt und was in die liebe romantische Liebe des Bürgers nicht einging, fand anderweitig Unterschlupf. Die radikale Romantik überwinterte in der Lebensreformbewegung (Frecot et al. 1972), um dann in Deutschland in die revolutionären, seien sie linke oder rechte, Bewegungen einzufließen, allerdings in einer transformierten Version. Aus dem Wort soll Tat werden. Aus der Unentschiedenheit der Romantik, tändelnd zwischen Realität und Fiktion, soll Entschiedenheit und Unerbittlichkeit werden. Carl Schmitt (1985) formuliert dies, um dies zu wiederholen, auf seine Weise:

> „Den deutschen Romantikern ist eine originelle Vorstellung eigentümlich: das ewige Gespräch; Novalis und Adam Müller bewegen sich darin als der eigentlichen Realisierung ihres Geistes. Die katholischen Staatsphilosophen, die man in

Deutschland Romantiker nennt, weil sie konservativ und reaktionär waren und mittelalterliche Zustände idealisierten, de Maistre, Bonald und Donoso Cortes hätten ein ewiges Gespräch wohl eher für ein Phantasieprodukt von grausiger Komik gehalten. Denn was ihre gegenrevolutionäre Staatsphilosophie auszeichnet, ist das Bewusstsein, dass die Zeit eine Entscheidung verlangt … Alle formulieren ein großes Entweder-Oder, dessen Rigorosität eher nach Diktatur klingt als nach einem ewigen Gespräch." (S. 66)

Der zentrale Begriff ist der der Entscheidung, der Dezision: lieber etwas Falsches tun, als nichts tun. Damit ist die Romantik überwunden und zugleich aufgehoben. Diesen Begriff der Dezision hat die radikale Linke in der 68er-Bewegung von dem Rechten, Schmitt, übernommen und umgesetzt.

Jünger bringt den Bruch mit der Romantik auf den Punkt. Der Romantik wirft er vor, sie habe nur Gegenspieler zum Bestehenden sein wollen, er hingegen wolle ein „Vabanquespieler" sein (1982, S. 47). Weiter führt er aus:

> „Dem Schritt vom romantischen Protest zur Aktion, deren Kennzeichen nun nicht mehr die Flucht, sondern der Angriff ist, entspricht die Verwandlung des romantischen in den elementaren Raum. Dieser Vorgang vollzieht sich, indem das Gefährliche, das an die äußersten Grenzen verbannt war, mit großer Geschwindigkeit in die Zentren zurückzuströmen scheint… Nunmehr aber flammen die gesicherten Bezirke der Ordnung selbst wie Schießpulver auf, das lange trocken gelegen hat, und das Unbekannte, das Außergewöhnliche, das Gefährliche wird nicht nur das Gewöhnliche – es wird auch das Bleibende." (Jünger 1982, S. 57)

Jünger beschreibt hier das Programm der nationalrevolutionären Bewegung, die Hitler politisch spielerisch rechts überholte. Natürlich sind das romantische Inhalte: das Suchen des Unbekannten, des Außergewöhnlichen und des Gefährlichen. Träumte der traditionelle Romantiker nur von diesem, so will Jünger dies in der Wirklichkeit einholen. Dieses deutsche Großprojekt ist mit dem Nationalsozialismus grundlegend gescheitert. Zurück bleiben ein fundamentaler Schrecken und eine heimliche Identifikation mit den großen, wenn auch bösen Taten des großen Deutschlands.

Davon zeugen nicht nur die unverbesserlichen Neonazis, sondern auch das Interesse an den Personen Schmitt und Jünger. Zu diesen sind die Menschen geradezu gepilgert. Der deutsche Ex-Bundeskanzler Kohl und der Franzose Mitterand haben Jünger besucht, vermutlich wissend, dass Jünger in der Zeit der Weimarer Republik im Dunstkreis rechtsradikaler Terroristen gelebt hat. Schmitt steht nach wie vor im Zentrum intellektueller Debatten. Von vielen wird er verehrt.

10.7 Was übrig bleibt II

Die liebe Romantik ist nicht nur staatstragend geworden (wir sind alle liebe und gute Menschen), sie ist auch ein wichtiger Motor wirtschaftlichen Reichtums. Große Teile der Unterhaltungsindustrie kreisen um das Thema unschuldiger und trauriger Liebe. Die Musikindustrie führte ein marginalisiertes Dasein ohne den Liebessong. Auch die Filmindustrie hätte mächtig zu knabbern, gäbe es keine Liebeskomödien und dergleichen mehr. Ohne die gezähmte romantische Liebe würden Adoleszente – und sind wir nicht alle ein bisschen adoleszent geblieben? – überhaupt nicht mehr wissen, was sie tun sollen. Am Ende gar müssten sie zu einem Buch greifen und sich bilden. Das ist nicht auszudenken.

Roland Barthes (1915–1980) stellt in seinem Werk *Fragmente einer Sprache der Liebe* (1984), das drei Jahre vor seinem Tod in Frankreich erschienen ist, zu Recht fest, dass es im 20. Jahrhundert keinen Diskurs über die Liebe mehr gibt, sieht man einmal von der lieben Romantik ab, zu der es aber keinen Diskurs, sondern nur eine endlose Redundanz gibt. Er konstatiert dies nicht nur, vielmehr füllt er die Lücke. Ohne jeden Anflug von Ironie beginnt er seine Ausführungen mit dem Satz: „Es ist also ein Liebender, der hier spricht und sagt." (1984, S. 23). Er hätte ergänzen müssen: „Es ist ein romantisch Liebender, der …" Noch genauer: „Ein Liebender, der sich der Frühromantik verpflichtet fühlt." Barthes ist aber nicht nur ein schlichter Nachfolger. Vielmehr unterzieht er die Frühromantik einer Psychoanalyse, mit der Barthes in seinen Veröffentlichungen eigentlich nie viel zu tun hatte. Zugleich zerlegt er die Totalität der romantischen Liebe à la „Lucinde" in Fragmente, in Figuren, in Tableaus. In der Sprache der Psychologie könnte man von Verhaltensanalysen sprechen. Für Barthes gibt es nicht das totale Liebesgefühl, sondern situationsbezogene Erfahrungen, die aus uns Liebende machen.

> „Die Mechanik der Lehnspflicht des Liebenden setzt eine bodenlose Belanglosigkeit voraus. Denn damit die Abhängigkeit ganz rein in Erscheinung treten kann, muss sie sich unter den lächerlichsten Begleitumständen äußern und aufgrund allzu großen Kleinmuts uneingestehbar werden: einen Telefonanruf erwarten ist eine gewissermaßen zu grobe Abhängigkeit; ich muss sie über alle Grenzen hinaus verfeinern: also werde ich mich über das Geschwätz der Klatschbasen aufregen, das mich in der Apotheke aufhält und meine Rückkehr an den Apparat verzögert." (1984, S. 25)

Barthes müsste sich heute etwas anderes aushecken, um Abhängigkeit und damit Liebe zu erfinden und zu gestalten. Heute hätte Barthes in der Apotheke ein Handy dabei. Aber es würde ihm bestimmt etwas einfallen: die Sorge, dass der Akku gleich leer ist, die schlechte Verbindung, das geringe Guthaben auf der Prepaid-Karte. Entscheidend ist, dass Barthes sagen will: Wir inszenieren die Abhängigkeit in Liebesangelegenheiten, um Liebende zu sein. Und wir wollen Liebende sein, um Ich sagen zu können. Der Geliebte oder die Geliebte ist laut Barthes a priori der oder die Abwesende:

> „Das immer gegenwärtige *ich* konstituiert sich nur angesichts eines unaufhörlich abwesenden *du*." (1984, S. 27)

Die notwendige Abwesenheit des Anderen ist nicht nur subjektkonstituierend, sie stellt einen direkten Draht zum Göttlichen her:

> „Hier beginnt ein ewiger Hunger, der niemals gesättigt wird: Er besteht in einem innerlichen Gieren und Trachten der liebenden Kraft und des irdischen Geistes nach einem überirdischen Gute. Und diese Begierde des Geistes nach einem Genuss, zu dem der Geist von Gott eingeladen und angeeifert wird, die will sich mit aller Macht erfüllen." (1984, S. 31)

Keine Frage, der Hunger wird nie gestillt, aber der Liebende ist erfüllt von diesem Hunger und zum Himmel hin erhoben. Vielleicht ist dies die Erhabenheit, von der Wackenroder geschrieben hat. Auf jeden Fall wird mit Barthes unmissverständlich klar, dass die irrationale Liebe, die, die unerwidert bleibt, die, die unglücklich macht, das moderne Subjekt erst schafft. Ovid würde heute die Sachlage falsch einschätzen, wenn er für unsere Tage die irrationale Liebe ablehnen würde. Masochismus und Frustration sind heute keine Fallstricke, sondern Kletterseile und Karabinerhaken, um den schwierigen Berg der Individualisierung zu meistern. Die Aufgabe der gezähmten Liebe würde deshalb darin bestehen, in der unendlichen Wiederholung der gleichen lieblichen Bilder vom tragischen Kern der Liebe heute abzulenken. Die zentralen Gedanken der Frühromantik sind gewiss kollektiv abgewehrt, aber an „Lucinde-light" führt kein Weg vorbei. Nur diese Variante der Lucinde führt zur Individualisierung und zur halbwegigen Integration des Risikos und ein bisschen des Bösen.

P.S.: Der Autor und Fotograf Herve de Guibert hat Barthes nicht gerade als Romantiker kennen gelernt. Als Guibert ihn bat, ein Vorwort zu einem seiner Bücher zu schreiben, schlug Barthes einen Deal vor: Er würde ein Vorwort schreiben, wenn Guibert mit ihm ins Bett steigen würde. So unromantisch können Romantiker sein. Und merke: Wo viel Romantik ist, da ist auch vieles andere.

10.8 Zusammenfassung

Zu der besonderen Leistung der Moderne gehört es, dass sie nicht nur die Aufklärungsphilosophie hervorbringt, nicht nur die Idee des vernünftigen willensstarken Bürgers, sondern zugleich auch das Gegenmodell hierzu: die Romantik. Dieses Kunststück produziert einen zutiefst zerrissenen Menschen, der aber daran festhält, kohärent zu sein – etwas, was die Zerrissenheit nur noch weiter vertieft. So ist der Mensch der Moderne ein zutiefst absurdes Wesen.

Ein kurzer Ausblick

Spontan würden wir wünschen, dieses absurde Wesen auf die Freud'sche Couch zu legen, auf dass es seine fundamentale Widersprüchlichkeit erkennen könnte und integrierter werden würde – nach dem großen Vorbild des kohärenten Bürgers der Moderne. Und schon bewegen wir uns wieder im Fahrwasser aufgeklärten Denkens.

Blanchot hingegen würde sagen: Dem Menschen ist das Desaster inhärent. Es pocht, wenn es gut geht, nur an die Tür, in der Regel liegt es mit im Bett und sitzt beim Fernsehen mit auf der Couch und isst die meisten Chips in Windeseile.

Auch Bataille will sich mit der Idee der kohärenten aufgeklärten Bürgerin nicht anfreunden. Für ihn strebt sie nach unproduktiver Verausgabung. Sie setzt sich selbst aufs Spiel; und das macht ihr Spaß. Und sie kann nicht anders.

Um aus dem Desaster nicht ein größeres Desaster werden zu lassen, bleibt so nichts anderes übrig, als uns als fragmentierte Subjekte wahrzunehmen, als Subjekte, denen das Böse richtig Spaß macht.

Serviceteil

Literatur – 218

Literatur

Akhtar, S. (1996). Deskriptive Merkmale und Differentialdiagnose der narzisstischen Persönlichkeitsstörung. In O. Kernberg (Hrsg.), *Narzisstische Persönlichkeitsstörungen*. Stuttgart: Schattauer.

Ariès, P. (1995). *Geschichte des Todes*. München: dtv.

Barthes, R. (1984). *Fragmente einer Sprache der Liebe*. Frankfurt a. M.: Suhrkamp.

Barthes, R. (2015). *Fragmente einer Sprache der Liebe* (Erweiterte Ausgabe). Frankfurt a. M.: Suhrkamp.

Bataille, G. (1975). *Die Aufhebung der Ökonomie*. München: Rogner & Bernhard.

Bataille, G. (1978). *Die psychologische Struktur des Faschismus – Die Souveränität*. München: Matthes & Seitz.

Bataille, G. (1999). *Das obszöne Werk*. Reinbek: Rowohlt.

Beauvoir, S. (o. J.). *Müssen wir de Sade verbrennen?*

Beckenbach, N., & Klotter, C. (2014). *Gleichheit und Souveränität*. Wiesbaden: Springer VS.

Benjamin, W. (1991). *Über den Begriff der Geschichte* (Bd. 1–2, Gesammelte Schriften). Frankfurt a. M.: Suhrkamp.

Berger, G. (1989). Einleitung. In J. L. R. D'Alembert & D. Diderot (Hrsg.), *Enzyklopädie – Eine Auswahl*. Frankfurt a. M.: Philosophie Fischer.

Blanchot, M. (1974). Sade. In A. Glaser (Hrsg.), *Wollüstige Phantasie*. München: Reihe Hanser.

Blanchot, M. (2005). *Die Schrift des Desasters*. München: Fink.

Blom, P. (2010). *Böse Philosophen*. München: Hanser.

Böhme, G. (1990). *Der Typ Sokrates*. Frankfurt a. M.: Suhrkamp.

Bredekamp, H. (1999). *Thomas Hobbes Visuelle Strategien*. Berlin: Akademie.

Brückner, P. (1982). *Das Abseits als sicherer Ort – Kindheit und Jugend zwischen 1933 und 1945*. Berlin: Wagenbachs Taschenbücherei.

Bruyn, Gv. (2006). *Als Poesie gut*. Frankfurt a. M.: Fischer.

Burleigh, M. (2000). *Die Zeit des Nationalsozialismus*. Frankfurt a. M.: Fischer.

Cassirer, E. (1991). *Rousseau, Kant, Goethe*. Hamburg: Meiner.

Colpe, C. (1993). Religion und Mythos im Altertum. In C. Colpe & W. Schmidt-Biggemann (Hrsg.), *Das Böse. Eine historische Phänomenologie des Unerklärlichen*. Frankfurt a. M.: Suhrkamp.

Colpe, C., & Schmidt-Biggemann, W. (1993). *Das Böse – Eine historische Phänomenologie des Unerklärlichen*. Frankfurt a. M.: Suhrkamp.

Cooper, D. (1994). *Sprung*. Wien: Passagen Verlag.

Culianu, J. P. (2001). *Eros und Magie in der Renaissance*. Frankfurt a. M.: Insel.

D'Alembert, J. L. R., & Diderot, D. (1989). *Enzyklopädie – Eine Auswahl*. Frankfurt a. M.: Philosophie Fischer.

Dabringhaus, S. (2008). *Mao Zedong*. München: Beck.

Diderots Enzyklopädie (Hg. Von Selg, A., Wieland, R.) (2013). Frankfurt a. M.: Eichborn.

Diderot, D., & Rond d'Alembert, J. de. (1751–1780) (Hrsg) Encyclopédie ou Dictionnaire raisonné des sciences, des arts et des Métiers. Paris.

Ehrenberg, A. (2011). *Das Unbehagen in der Gesellschaft*. Frankfurt a. M.: Suhrkamp.

Elias, N. (1978). *Über den Prozess der Zivilisation* (Bd. 1–2). Frankfurt a. M.: Suhrkamp.

Feyerabend, P. (1986). *Wider den Methodenzwang*. Frankfurt a. M.: Suhrkamp.

Foucault, M. (1973). *Wahnsinn und Gesellschaft*. Frankfurt a. M.: Suhrkamp.

Foucault, M. (1974). *Die Ordnung der Dinge*. Frankfurt a. M.: Suhrkamp.

Foucault, M. (1977a). *Überwachen uns Strafen*. Frankfurt a. M.: Suhrkamp.

Foucault, M. (1977b). *Sexualität und Wahrheit* (Bd. 1). Frankfurt a. M.: Suhrkamp.

Foucault, M. (1993). Technologien des Selbst. In M. Foucault, M. Rux, L. H. Martin, W. Paden, K. Rothwell, H. Gutman, & P. H. Hutton (Hrsg.), *Technologien des Selbst*. Frankfurt a. M.: S. Fischer.

Foucault, M., Rux, M., Martin, L. H., Paden, W., Rothwell, K., Gutman, H., et al. (1993). *Technologien des Selbst*. Frankfurt a. M.: S. Fischer.

Frecot, J., Geist, J. F., & Kerbs, D. (1972). *Fidus – Zur ästhetischen Praxis bürgerlicher Fluchtbewegungen*. München: Rogner & Bernhard.

Freud, S. (1988). *Brautbriefe*. Frankfurt a. M.: Fischer.

Freud, S. (1989a). *Zur Einführung in den Narzissmus* (Bd. III, Studienausgabe). Frankfurt a. M.: Fischer (Erstveröffentlichung 1914).

Freud, S. (1989b). *Die Zukunft einer Illusion* (Bd. IX, Studienausgabe). Frankfurt a. M.: Fischer (Erstveröffentlichung 1927).

Freud, S. (1999a). *Drei Abhandlungen zur Sexualtheorie* (Gesammelte Werke V). Frankfurt a. M.: Fischer.

Freud, S. (1999b). *Die Zukunft einer Illusion* (Gesammelte Werke XIV). Frankfurt a. M.: Fischer.

Freud, S. (1999c). *Namens- und Autorenregister* (Gesamtregister, Bd. XVIII). Frankfurt a. M.: Fischer.

Gersdorf, D. v. (2006). *Die Erde ist mit Heimat nicht geworden – Das Leben der Karoline von Günderrode*. Frankfurt a. M.: Insel.

Giese, H. (1972). Vorwort zu: Die 120 Tage von Sodom. In D. A. F. de Sade (Hrsg.), *Die 120 Tage von Sodom*. Frankfurt a. M.: Fischer.

Literatur

Glucksmann, A. (1996). *Die Meisterdenker*. Berlin: Ullstein.
Goethe, J. W. (2005). *Die Leiden des jungen Werther*. Frankfurt a. M.: Insel.
Grawert-May, E. (1980). *Zur Geschichte von Polizei- und Liebeskunst*. Tübingen: Konkursbuch Verlag.
Grazián, B. (2005). *Handorakel und Kunst der Weltklugheit*. München: dtv & Beck.
Guibert, H. (1990). *Dem Freund, der mir das Leben nicht gerettet hat*. Reinbek: Rowohlt.
Güntzel, K. (1995). *Die deutschen Romantiker*. Zürich: Artemis & Winkler.
Herbert, U. (1996). *Best – Biographische Studien über Radikalismus, Weltanschauung und Vernunft – 1903–1989*. Bonn: Dietz.
Hinshelwood, R. D. (1993). *Wörterbuch der kleinianischen Psychoanalyse*. Stuttgart: VIP.
Hobbes, T. (2009). *Der Leviathan*. Köln: Anaconda.
Horkheimer, M., & Adorno, T. W. (1997). Dialektik der Aufklärung. In T. W. Adorno (Hrsg.), *Gesammelte Schriften 3*. Frankfurt a. M.: Suhrkamp.
Howatson, M. C. (1996). *Reclams Lexikon der Antike*. Stuttgart: Phillipp Reclam jun.
Jünger, E. (1982). *Der Arbeiter*. Stuttgart: Klett-Cotta.
Jünger, E. (2014). *In Stahlgewittern* (Dritte Aufl.). Stuttgart: Klett-Cotta.
Kittsteiner, H. D. (1995). *Die Entstehung des modernen Gewissens*. Frankfurt a. M.: Suhrkamp.
Klee, E. (2003). *Das Personallexikon zum Dritten Reich*. Frankfurt a. M.: Fischer.
Klossowski, P. (1996). *Sade – Mein Nächster*. Wien: Edition Passagen.
Klotter, C. (1999). *Liebesvorstellungen im 20. Jahrhundert*. Gießen: Psychosozial-Verlag.
Klotter, C. (2014). *Fragmente einer Sprache des Essens*. Wiesbaden: Springer VS.
Klotter, C. (2015). *Männergruppen, Politsex, Entgrenzung: Zu den Folgen der 68er Bewegung*. Lengerich: Pabst.
Klotter, C., & Beckenbach, N. (2012). *Romantik und Gewalt*. Wiesbaden: Springer VS.
Krafft-Ebing, R. v. (1984). *Psychopathia sexualis*. München: Mathes & Seitz.
La Mettrie, J. O. de. (2004). *Über das Glück oder das höchste Gut („Anti-Seneca")*. Nürnberg: LSR-Verlag.
Laclos, C. de. (1972). *Schlimme Liebschaften*. Frankfurt a. M.: Insel.
Laska, B. A. (2004). *Einleitung zu: La Mettrie. Über das Glück oder das höchste Gut („Anti-Seneca")*. Nürnberg: LSR-Verlag.
Lespinasse, J. D. (1997). *Briefe einer Leidenschaft*. München: Beck.
Lever, M. (1995a). *Marquis de Sade – Die Biographie*. Wien: Europaverlag.
Lever, M. (1995b). *Marquis de Sade*. Wien: Europaverlag.
Lotter, M.-S. (2012). *Scham, Schuld, Verantwortung – Über die Grundlagen der Moral*. Frankfurt a. M.: Suhrkamp.
Mesrine, J. (1994). *Der Todestrieb*. Reinbek: Rowohlt.
Meyer, A. E. (1996). Geleitwort zur deutschen Ausgabe. In O. Kernberg (Hrsg.), *Narzisstische Persönlichkeitsstörungen*. Stuttgart: Schattauer.
Neumann, E. (1997). *Die große Mutter*. Zürich und Düsseldorf: Walter.
Nietzsche, F. (1999). *Jenseits von Gut und Böse* (Bd. 5, Kritische Studienausgabe). München: dtv.
Obermeit, W. (1980). *„Das unsichtbare Ding, das Seele heißt" Die Entdeckung der Psyche im bürgerlichen Zeitalter*. Frankfurt a. M.: Syndikat.
Overy, R. (2005). *Die Diktatoren – Hitlers Deutschland, Stalins Russland*. München: DVA.
Ovid, (1991). *Ars Amatoria – Remedia Amoris*. München: Artemis & Winkler.
Ovid, (1996). *Metamorphosen*. Zürich: Artemis.
Poppenberg, G., & Weidemann, H. (2005). Nachwort der Übersetzer. In M. Blanchot (Hrsg.), *Die Schrift des Desasters*. München: Fink.
Reinhardt, V. (2014). *De Sade oder die Vermessung des Bösen*. München: Beck.
Renger, A.-B. (Hrsg.). (2002). *Narcissus*. Stuttgart: Metzler.
Reuleaux, N. (2006). *Nationalsozialistische Täter*. Gießen: Psychosozial-Verlag.
Rilke, R. M. (1982). *Werke* (Bd. 1–2). Frankfurt a. M.: Insel.
Ritter, H. (2013). *Die Schreie der Verwundeten – Versuch über die Grausamkeit*. München: Beck.
Roth, G. (2001). *Fühlen – Denken – Handeln: Wie das Gehirn unser Verhalten steuert*. Frankfurt a. M.: Suhrkamp.
Roth, G., & Strüber, N. (2014). *Wie das Gehirn die Seele macht*. Stuttgart: Klett-Cotta.
Rousseau, J. J. (1996). *Vom Gesellschaftsvertrag*. Frankfurt a. M.: Insel.
Sade, D. A. F. de. (1972a, 1909). *Die 120 Tage von Sodom*. Frankfurt a. M.: Fischer. (Erstveröffentlichung 1785).
Sade, D. A. F. de. (1972b). *Der Greis in Charenton – Letzte Aufzeichnungen und Kalkulationen*. München: Reihe Hanser.
Sade, D. A. F. de. (1990). *Justine und Juliette* (Bd. 1). München: Matthes & Seitz.
Sade, D. A. F. de. (1994). *Justine und Juliette* (Bd. V). Darin: Die neue Justine oder vom Missgeschick der Tugend gefolgt von der Geschichte ihrer Schwester Juliette oder vom Segen des Lasters. München: Matthes & Seitz.
Samuels, A., Shorter, B., & Plaut, F. (1989). *Wörterbuch Jungscher Psychologie*. München: Kösel.
Schlegel, F. (1985). *Lucinde*. Frankfurt a. M.: Insel.
Schmidt-Biggemann, W. (1993). Vorwort: Über die unfassliche Evidenz des Bösen. In C. Colpe & W. Schmidt-Biggemann (Hrsg.), *Das Böse. Eine historische Phänomenologie des Unerklärlichen*. Frankfurt a. M.: Suhrkamp.
Schmitt, C. (1985). *Politische Theologie*. Berlin: Duncker & Humblot.

Schmitt, C. (2005). *Tagebücher*. Oktober 1912 bis Februar 1915. Berlin: Akademie.

Schupp, F. (2003). *Geschichte der Philosophie im Überblick* (Bd. 3). Hamburg: Meiner.

Selg, A., & Wieland, R. (Hrsg.). (2013). *Diderots Enzyklopädie*. Frankfurt a. M.: Eichborn.

Siegert, M. (1971). *De Sade und wir – Zur sexualökonomischen Pathologie des Imperialismus*. Frankfurt a. M.: Makol Verlag.

Sorg, E. (2011). *Die Lust am Bösen*. München: Nagel & Klimsche.

Steiner, J. (1999). *Orte des seelischen Rückzugs*. Stuttgart: Klett-Cotta.

Stoller, R. (1998). *Perversion*. Gießen: Psychosozial-Verlag.

Tenorth, H.-E. (2013). „Erziehung des Menschengeschlechts" – Pädagogik zwischen Gattung und Individuum. In G. Jüttemann (Hrsg.), *Die Entwicklung der Psyche in der Geschichte der Menschheit*. Lengerich: Pabst.

Tieck, L. (2003). *Die schönsten Märchen*. Frankfurt a. M.: Insel.

Valk, J. (1981). Der Narzissmus in der psychoanalytischen Theorie. In Psychoanalytisches Seminar Zürich (Hrsg.), *Die neuen Narzissmustheorien*. Frankfurt a. M.: Syndikat.

Volkan, K. V. D. (1994). *Spektrum des Narzissmus*. Göttingen: Vandenhoek & Rubrecht.

Weber, M. (1993). *Die protestantische Ethik und der ‹Geist› des Kapitalismus*. Bodenheim: Athenäum.

Wild, M. (2002). *Generation des Unbedingten*. Hamburg: Hamburger Edition.

Zweifel, S., & Pfister, M. (1990). Sade zwischen Justine und Juliette. In D. A. F. de Sade (Hrsg.), *Justine und Juliette*. München: Matthes & Seitz.

Zweifel, S., & Pfister, M. (2015). *Shades of Sade – Eine Einführung in das Werk des Marquis de Sade*. Berlin: Matthes & Seitz.

The manufacturer's authorised representative in the EU is Springer Nature Customer Service Centre GmbH, Europaplatz 3, 69115 Heidelberg, Germany. If you have any concerns regarding our products, please contact ProductSafety@springernature.com

Printed and bound by CPI Group (UK) Ltd, Croydon, CR0 4YY

23/03/2026

02076744-0013